長白山傳説（第三冊）

目錄

第一冊

地　理

第二冊

植物・花草

植物・樹木

第三冊

飛禽・昆蟲

人 參

飛禽・昆蟲

人參鳥的傳說（之一）

在長白山腳下，有個屯子。屯子旁邊有條小河，河岸邊有塊形狀很像棒槌的大石頭，屯子因而取名叫棒槌屯。

傳說在很久很久以前，這裡住著一戶窮苦人家，只有母子二人。母親年老多病，臥床不起，兒子叫山寶，才十三四歲。山寶每天獨自進深山老林砍柴，再挑到很遠的集市上去賣，養活母親。

有一天，山寶正在林中打柴，發現一隻小鳥，那鳥見到山寶不但沒飛，反而撲棱著翅膀朝他飛過來。山寶連忙捧起小鳥說：「美麗的鳥，你怎麼啦？有事求我嗎？」小鳥抖抖翅膀伸出一條受傷的腿。原來這隻鳥折斷了一條腿，正滴著鮮血。山寶趕緊從衣服邊上撕下一塊布來，小心地將小鳥的腿包紮好。小鳥高興地唱到：「小山寶，你真好，我的傷腿你治好。我要送你幾樣寶，任你要來任你挑！」山寶望著這隻會說話的鳥，愣了半天，忙說：「小鳥唱歌真動聽，你的心意我領情。任何寶貝都不要，只求老母不生病。」那鳥聽了山寶的話，立刻飛到林裡，不一會兒又飛回來，嘴裡叼著一棵草，丟在山寶面前，小鳥又唱起來：「小山寶，聽我說，拿回家去熬湯喝。你娘喝了這種湯，身強力壯好體格。」說完，小鳥就飛得無影無蹤了。

山寶拾起草來，心裡好納悶，仔細一瞅，有五片鋸齒形的葉子，中間挺出一朵紅鑼頭花，根子又白又嫩，長著很多鬍子。他叫不出是什麼草，趕緊下山回去給他娘看。

山寶娘一瞅：「哎呀，這也許是棵人參吧？你是從哪弄來的呀？」山寶把經過一五一十地告訴母親，然後又給母親熬湯。山寶娘喝了湯，第二天就能下地幹活了，娘倆高興得不得了，就找出一些米裝在一個小罐裡。山寶娘說：「孩子，多虧那隻鳥治好了我的病，那一定是隻人參鳥！今兒個你上山，把這罐米帶上，遇見那隻鳥，要好好謝謝它！」山寶聽了母親的話，帶著米罐上山

去了。他又來到那棵樹下，等了許久，不見鳥來，他就爬到大樹上，發現樹上有個小洞，伸手一摸，裡邊有五個鳥蛋。他想這一定是人參鳥的窩，就把罐掛在鳥窩旁的樹上，說：「老古樹啊高又高，樹上住著人參鳥。小小米罐樹上吊，鳥兒飛來吃個飽！」說完下了樹，上山砍柴去了。

一連幾天，他打柴都要走到這棵大樹下看一看，就是不見鳥來，只見米罐仍然掛在樹上。他決定上樹看看罐裡的米還有沒有。於是他爬到樹上取下米罐一瞅，米沒了，卻是滿滿一罐紅鄒頭籽。他正看得出神，忽然聽到一隻鳥在樹上唱：「小山寶，熱心腸。這些種子送你娘，把它種在山坡上，結出千棵『棒槌王』！」這鳥唱完又不見了。山寶高興地拿著罐子回家，母子倆就在山坡上開了一塊地，把紅鄒頭籽種上了，不幾天，就長出枝葉來，變成了一片人參園。

從那往後，母子倆的日子好過了，他們用人參換了很多錢，自己用不了，就分給鄰近的窮人。誰家要是有了病人，就送幾棵人參給人家治病。

這事傳得很快，不久就被長白山下大財主獨眼龍知道了，便帶著人馬闖到山寶家。獨眼龍來到房前一看，呵！山坡上一大片人參園子，他饞得口水直流，就質問山寶娘：「你這窮婆子，從哪偷來的人參籽？」山寶娘說：「我家雖窮，可不曾做賊，這是孩子在山上採到的人參籽。」獨眼龍一聽火了：「什麼？山上採的？山是我家的山！地是我家的地！這人參籽是偷我的！來人，把這片園子參都起出來！」來的人正要動手，山寶打柴回來了，他一看獨眼龍一夥蠻不講理，非常氣憤地說：「住手！這人參還沒長成，拔出來有什麼用？等長成了我挑著給你送去！」獨眼龍一聽，此話有理，齜著大黃牙笑了：「說得對，說得對呀！」然後湊近山寶說：「你好好給我侍弄人參園子，我虧待不了你！可是，你得告訴我，你是怎麼得來的人參籽？」山寶尋思：你這個壞蛋，告訴你也弄不來！就把實話講了，獨眼龍聽著聽著都快聽傻了。他想：我有錢有勢福氣大，山寶給人參鳥米吃，我給人參鳥芝麻，還愁人參鳥不報答。獨眼龍問好了上山的路和那棵大樹在什麼地方，就帶著人馬回去了。

第二天，獨眼龍一夥抬著雕花大壇上了山。來到那棵大樹下一望，大樹半腰果真有個鳥窩，裡面還有小鳥嘰嘰喳喳叫，連忙吩咐：「來人哪！把這棵樹撂倒！」幾個打手立刻衝上去，鋸的鋸，砍的砍，把這棵參天大樹放倒了。鳥窩裡五隻小鳥，當即摔死了四隻，剩下一隻活的被獨眼龍抓住了。他掐著小鳥的脖子哈哈大笑：「小鳥小鳥，別飛別跑，折斷你腿，我再包好，你傷痊癒，為我效勞，我要最大最大的人參，吃了長生不老！」他邊說邊將小鳥的腿折斷，小鳥疼得發抖，掉下好些羽毛。他吩咐來人包紮鳥腿，小鳥痛苦地掙紮著飛回樹林中去了。獨眼龍看著小鳥沒影，就命令眾人把花罈子抬到倒樹跟前，倒上一口袋芝麻，得意洋洋對倒樹說：「倒木啊倒木，你別裝糊塗，大罈子放在此處，你給我看住，小鳥來獻寶，你小心看護！」然後帶人下了山。

　　獨眼龍一夥兒走了，人參鳥和受傷的小鳥回到大樹旁。看著淒涼的景象，又氣又恨。人參鳥憤怒地唱起來：「獨眼龍，狠心腸，橫行霸道喪天良。砍倒古樹把鳥傷，叫你不得好下場！」

　　沒過幾天，獨眼龍帶人上山取寶，來到大倒樹旁一看，樂得他一蹦。壇裡真的有一棵棒槌粗的大人參，他連忙拿起來狼吞虎嚥吃了。吃完了立刻覺得渾身冒火，腦袋發暈，眼前直冒金花，四肢像火燒一樣難忍。他心裡想：這大概是吃了長生不老的人參起了作用。趕緊吩咐眾人扶他下山。他一邊走一邊喘，覺得口乾舌燥熱得要命，就讓眾人抬他到山下河邊喝水洗澡。獨眼龍一看到水，一頭紮進河裡，咕咚、咕咚喝個沒完。眾人一看獨眼龍肚子脹得溜圓，上前拉他，怎麼也拉不動。就拽他兩條腿往岸上撈，哪知道，他的腿越來越硬，不一會就變成了大石頭。大夥兒一看嚇壞了，一個個都跑了。

　　現在，這條小河還淌著水，人們常在河邊上洗衣服，都在這塊石頭上捶布。這塊石頭形狀也非常像棒槌，大夥叫它「棒槌石」。後來人們看見人參鳥，就管人參鳥叫棒槌鳥了。

人參鳥的傳說（之二）

傳說在很早以前，長白山裡只有白雲峰上有棒槌（山裡人都管人參叫「棒槌」）。可去白雲峰要經過一個「迷魂陣」，那兒是一個群峰聳立的盆形山谷，大晴天也是霧氣騰騰，白茫茫的一片，遇上陰天下雨，就像天要塌下來一樣，黑沉沉地壓得透不過氣來，特別嚇人。森林裡野獸成群結隊，非常凶猛。山裡人明知在白雲峰能挖到棒槌，可誰也不敢去闖那個「迷魂陣」。好多年以後，雖然有個把機智勇敢的小夥子穿過了「迷魂陣」，到白雲峰上採回棒槌籽，撒到附近的山林裡，想讓滿山遍野都長出棒槌苗來。可是，一棵苗也沒出。到底為啥？誰也說不清。

不知又過了多少年，整個長白山上都長出了棒槌苗。原來山裡有一種像布穀鳥一樣的黃雀，它聰明、勤快、愛唱歌。一天天總在林子裡飛呀，唱呀。有一次，它飛到白雲峰上，發現那兒有許多六品葉大棒槌，正是紅鋪頭市（人參籽紅的季節）的時候，紅彤彤的參果非常好看，吃起來也甜酸可口，聰明的黃雀想到，其他的林子裡如果都有這種棒槌果，那該有多好呢。於是黃雀把參果吃到肚子裡，而後飛到很遠的地方，再把參籽拉到山林草地上。第二年，果真長出參苗了。從此山裡人給這種鳥起了名字，叫棒槌鳥。

每當山裡人進山「放山」的時候，棒槌鳥總是在給「放山人」引路，它不停地唱著歌：「這裡有一棵棒槌！這裡有一棵棒槌！」「放山人」只要跟著棒槌鳥走，一定會在深山老林裡找到棒槌的。

在棒槌鳥身上，山裡人悟出了一個理兒，他們把棒槌籽採回來以後，經過熱化磨殼，再撒到園子裡就能長出苗了。打這以後，山裡人便學會了種植棒槌。這就是人工栽培的園參。

人參鳥的傳說（之三）

在長白山百鳥之中，聽老人講有兩種鳥是人變的，他們為了愛情，焚身變鳥。這個故事在長白山區流傳很廣。

在很久以前，長白山下有個山貨莊，老闆叫銅大錢，買賣做得挺大，每年到挖參的季節都會雇很多人去給他到長白山裡挖參。挖參的隊伍裡有個叫王敢的年輕人，一連去了幾年也沒挖著人參。回來後，銅大錢就對他冷眼相待，說些不好聽的話。

在銅大錢山貨莊有個丫頭，是老闆買來的，叫松梅，對王敢挺好。一來二去兩人有了感情。松梅對王敢說：「今年挖人參，你在山裡多等幾天，興許能挖著大山貨。」

等進山那天，松梅把乾糧用手巾包好，囑咐他進山要小心，要挖不著就早些回來。王敢說：「你放心吧。」

王敢在山裡找了十多天，也沒見人參的影兒。這一天，他正在河邊發愁，冷不丁看見一條小白蛇在河裡洗澡，一隻老雕猛地紮下去，照準小白蛇一爪子抓起來，王敢上去就是一棍子，把老雕打得撲棱一下子，扔下白蛇飛走了。

「謝謝你，好心的大哥，救了我的命。」

王敢一看，身旁站著個和自己歲數相仿的小夥兒，穿著一身白，就是袖口破了。王敢知道他是那條小白蛇變的，忙說：「沒啥，沒啥。」那小夥兒笑了笑，說：「大哥，你真是大好人，我看你心裡有愁事。」王敢就把幾年挖參沒挖著的事說了。白衣小夥笑了笑：「這事不難，你轉過身去。」王敢轉身一看，一苗大人參出現在他的眼前，再回身找白衣小夥，沒影了。

王敢包好人參，走出長白山，回到山貨莊。松梅見王敢挖到了寶參，兩人準備賣了參結婚。這事叫銅大錢知道了，幾次要以低價買寶參，都被王敢回絕了。

銅大錢趁王敢和松梅在房裡說話的時候，把房子點著了火，不一會兒就把房子燒落了架。銅大錢看著燒落架的房子，心想，叫你們不賣，燒死你們。忽然，從火堆裡飛出兩隻小鳥，帶著滿身的火球飛向山貨莊，火借風勢，山貨莊著起了大火，就聽遠處傳來：「梅妹妹，湊火。梅妹妹，湊火。」緊接著就聽到：「王敢哥哥，王敢哥哥。」

　　從那以後，長白山裡多了兩種鳥，一種是王敢變的叫趕山王，一種是松梅變的人參鳥。現在一到人參開花季節，就能聽到趕山王叫著：「梅妹妹，湊火，梅妹妹，湊火。」人參鳥叫著：「王敢哥哥，王敢哥哥！」

▌烏鴉受封

　　清朝時期的瀋陽皇陵周圍，修了好幾處烏鴉窩。當時，無論是誰打死烏鴉都要處死罪。為什麼會有這樣的事呢？說起來，還有這麼一段故事呢！

　　明朝末年，人們傳說，在東北的長白山一帶上空出來了兩個太陽。這預示著在長白山要出一個皇帝。這件事，一傳十，十傳百，一下子傳到了京城，又傳到了皇帝的耳朵裡。皇帝大怒，馬上下了聖旨，派人去長白山巡查，發現有人就抓回來。

　　那時的長白山裡，淨是幾丈高的大樹。那大林子裡邊總是陰森森的不見天日，要是麻達了山，就很難走出來。

　　就在這年夏天，老罕王——努爾哈赤和他叔叔王杲進山挖棒槌在山裡轉了不知多少天，爺兒倆在大樹林子裡麻達了山，叔叔後來餓死了。老罕王餓得拖著兩條腿，拄著索撥棍，一瘸一拐地走啊，走啊，一下子跌倒在河邊，昏了過去。這時，從四面八方飛來了足有四五百隻烏鴉，在他跌倒的上空盤旋。有的叼來了魚，有的叼來了喇蛄。這麼一來，這些烏鴉把努爾哈赤嚴嚴實實地遮住了。

　　朝廷派來巡查的官兵，正好來到這裡，他們聽到了烏鴉叫聲後，巡查官說：「咱們過去看看！」他們趕到河邊老遠望去，遮天蓋地的全是烏鴉。官兵說：「沒有，淨是些烏鴉。若是有人，也是死人，沒事，走吧！」這樣，這伙官兵騎著馬就走了。

　　巡查的官兵走了以後，努爾哈赤被烏鴉的「哇哇」叫聲驚醒了。

　　後來努爾哈赤作了女真族的首領，統一了東北，當了皇帝，建立了後金。他不忘當初在長白山挖參時，烏鴉救了他的事。他下聖旨封烏鴉為「神烏」，並在皇陵周圍修了好幾處烏鴉窩。還安排人飼養烏鴉，並下令無論在什麼地方，誰打死烏鴉就要處死罪。打那以後，不管在皇宮，還是在別的什麼地方，

沒有人敢打烏鴉。烏鴉受到皇封以後就自由自在地在天空飛翔了。

陳靜之（講述）

王傑夫（蒐集整理）

鴻鵠（烏鴉）的傳說

　　公冶長是古書中的一個傳奇人物，他有個表弟叫澹台勝，兩人從小一塊長大，經常在一起。公冶長懂百鳥之語，澹台勝跟著學了多少年，才懂三種鳥的語言。傳說公冶長後來變成了石頭。澹台勝為了紀念他，養了八哥、鸚鵡、鴻鵠三種鳥，天天和鳥說話。澹台勝最喜歡的就是鴻鵠，它不僅長得漂亮，嘴也靈巧，學啥會啥。時間長了，鴻鵠覺出主人對自己好，所以不禁洋洋自得起來。

　　有一天，鴻鵠在屋裡到處亂飛，一下子把瑪瑙花瓶給打碎了。正巧澹台勝進屋碰見了，不由得發起火來：「這是公冶長給我的花瓶，你給打碎了，我再上哪兒弄去？你這個該死的混蛋！」鴻鵠被主人訓斥了一頓，讓八哥、鸚鵡見了笑，很是氣惱，總想找機會報復澹台勝。

　　一天早晨，鴻鵠飛走了，到了中午也沒回來。澹台勝以為它生氣不會回來了，難過得直嘆氣。誰知天快黑的時候，鴻鵠急急忙忙飛回來了，進屋就說：「不好了，不好了！我今天飛出去玩兒，在幾百里地以外看見那發大水了。水很快就淹過來了。澹台勝半信半疑：最近也沒下雨呀？怎麼會發水？可鴻鵠從來沒撒過謊呀。管咋的，明天再說。第二天天剛亮，鴻鵠又飛走了，到了晌午飛回來，說：「大水馬上就要來了，別看咱這沒下雨，上頭雨可大哩！」這回澹台勝相信了，忙告訴左鄰右舍，趕緊躲避洪水。鴻鵠又對澹台勝說：「快去稟報知縣大人吧。」澹台勝一聽有道理，馬上跑到縣府，稟報了發大水之事。知縣大人說：「不可能啊？前些日子還聽說鬧旱災，沒見下雨怎麼會發水呢？」澹台勝著急地說：「這是鴻鵠親眼看見告訴我的，上頭雨下得挺大。」聽說是鴻鵠看見的，知縣大人也就相信了，重賞了澹台勝，馬上傳下命令，做好逃難的準備。

　　澹台勝回家以後，忙著收拾行李細軟之物，可是看到鄉親大多數沒有動

彈，他心裡也犯了合計，就跟八哥、鸚鵡悄悄說：「你們倆出去看看，到底發沒發水，快去快回！」八哥、鸚鵡飛走不到兩個時辰就回來了，說：「大小河溝都乾了，哪有什麼水。」澹台勝一聽這話，頓時嚇傻了眼，馬上關上門窗，要捉拿鴻鵠算賬。剛將門窗關好，就聽門外人群嘈雜聲傳來，接著進來一幫兵丁，不由分說，把澹台勝抓走了。八哥、鸚鵡知道不好，跟在後邊飛進了縣衙。澹台勝被帶上公堂，先打四十大板，知縣才開口說話：「澹台勝，大膽刁民，你謊報險情，擾亂民心，知罪嗎？」澹台勝現在是有苦說不出，不知如何回答是好。只聽大堂上邊有說話聲：「是鴻鵠告訴的，是鴻鵠說要發水的。」知縣和眾人抬頭一看，見是八哥和鸚鵡，吃了一驚。澹台勝立時來了精神，說：「啟稟大老爺，正是我養的鴻鵠告訴我的，不信可以回家去問它。」知縣說：「好吧，去幾個衙役，把鴻鵠帶來！」幾個衙役押著澹台勝回了家，八哥和鸚鵡也飛回來，可到處找不到鴻鵠。澹台勝見自己家的門窗關得還挺嚴實，它能藏到哪去呢？便說：「諸位官差爺們，先坐下喝口水，容我們好好找找。」剛點上火，就聽灶坑裡直撲棱。澹台勝想：八成鴻鵠躲在裡面。忙把火撤出來，用棍子伸進裡面扒拉，也沒找到。澹台勝急出了冷汗，這要是燒死了可怎麼對證，不由得傷心落淚。這時八哥說：「在煙筒上，在煙筒上。」澹台勝和官差們聽說了，忙跑到院子看，可不知咋的，鴻鵠正站在煙筒頂上，全身的漂亮羽毛不見了，都熏成了黑色。鴻鵠低頭一看，澹台勝被打得渾身是血，衙役們拿著棍棒要來捉自己，嚇得它「哇」了一聲飛走了。衙役們相信了澹台勝的話，稟報了縣官，免了罪。從此鴻鵠成了黑色，也不會說話了，只會「哇，哇」地叫。都說現在的老鴰——烏鴉，就是鴻鵠變的。

王德富（編）

天鵝的故事

很久以前，在煙集崗美麗的布爾哈圖河棲息著許多千年大蚌，身帶斑點的七星蚌、碧如翡翠的額其塔蚌、金黃耀眼的盤龍蚌……都懷藏價值連城的東珠。江上，招來成群成群啄食蚌蛤肉的天鵝，在河岸草叢裡孵蛋育雛。

江邊有個善使飛叉的打牲奴，叫闊爾什，一年三百六十天給貝勒府採漁貢。冬天，鑿冰窟窿叉魚；開江了，風雨再猛，白浪再高，總是駕條小威呼漂搖在漩渦急流裡，叉得的大魚堆滿金沙灘。

一天，闊爾什劃著威呼，打一片柳條通裡穿過，瞧見垂柳嘩啦啦，嘩啦啦，東擺西晃。幾隻黑膀天鵝「格昂——格昂」叫著飛出柳條通。闊爾什起先沒理會，照舊划船趕路。劃著，劃著，柳條通裡躥出來五隻小天鵝，圍住闊爾什的小威呼，叫著不讓走。

闊爾什奇怪，笑著問：「天鵝啊，天鵝，難道有事麼？」

小天鵝抻著白脖，叫得更歡啦，它們轉過身子，游進柳條通裡。闊爾什掉轉過威呼，跟著劃了進去。

走啊走，小天鵝光朝裡頭叫喚，不走了。闊爾什抓起魚叉，衝到岸邊，只見有條大長蟲纏住一隻母天鵝。闊爾什唰的一聲撒出魚叉，不偏不倚，蛇頭隨著飛叉一下子叉進沙土裡，蛇鬆開天鵝，死了。

闊爾什抱起天鵝，理了理羽毛，擦了擦鵝眼上的血，把魚皮圍裙扯下一小塊，包好傷。天鵝慢慢能站立了，張開翅膀飛上藍天，在闊爾什頭頂繞三圈，叫三聲，帶著五隻小天鵝飛走啦！

一天，闊爾什正在院裡刮魚鱗，晾魚乾，聽到天上有天鵝飛過的聲音。不一會兒，一隻天鵝落到闊爾什跟前。一瞅，是他救活的那隻母天鵝，它翻動一下嗉子，往闊爾什貂尾帽裡吐出一粒閃亮的東西。闊爾什拿起一看，又驚又喜，是珍貴的尼楚赫！自從闊爾什得了珠子，布爾哈圖河冬天十里以內就不封

凍。貝勒府的奴僕們，罩上一件破皮桶子，在江上鋸木、撈魚不挨凍啦！

世上的奇聞很快傳進了貝勒耳朵裡。貝勒把闊爾什讓進擺著紅火盆的小暖閣，說：「恭喜你，闊爾什。財寶是富貴的明燈。我和你是布爾哈圖最富有的人嘍！我用十匹駿馬換你的尼楚赫，從此，你不再是我的家奴，幹不幹？」

十匹駿馬迷醉了闊爾什的心，他答應了，樂顛顛地牽馬回家。慾望是無底洞。闊爾什琢磨，光有馬咋行啊，再有十畝地不就闊了麼！想著，來到江邊柳條通，朝通裡念叨三遍：「天鵝啊，天鵝，給我一顆珍貴的尼楚赫吧！」

闊爾什念叨完，回家坐在門墩上等。不一會兒，母天鵝真飛來了。它往闊爾什的貂尾帽簷裡吐了顆寶珠，叫著「紅火盆，藍火盆，窮家喜，富家亡，格昂，格昂」飛走了。闊爾什捧著珠子，高興得眼睛笑成一條縫。寶珠像大馬哈魚子那樣大，晶紅透亮，光亮閃閃。闊爾什渴望換地啊，於是拿著寶珠去了貝勒府。貝勒眼珠一掃，認識了，是顆盤龍珠呀！這寶珠，能讓旱地冒清泉，石山生百草，無價寶啊！他樂得跳下炕，貪婪地說：「好！好！換給我吧，你要啥？」

闊爾什說：「河套子十坰好地換給我吧！」

貝勒府好地千坰，十坰地算個啥，忙說：「行，行，河套子地全歸你！」

闊爾什有了十匹馬、十坰地，身邊雇了一幫使喚人。好日子沒過幾天，闊爾什又琢磨，光有馬有地，還比不上貝勒富有！要能把貝勒城分一半麼，當個半城王，多闊氣啊！想著，想著，抓耳撓腮睡不著覺。大毛楞星沒落呐，他來到柳條通，朝著柳條通念叨三遍：「天鵝啊，天鵝，珍珠再好趕不上天上月，送我一顆最大最亮的尼楚赫吧！」

闊爾什唸完，回到小院門墩上望著天，等啊，盼啊，從南天雲彩裡飛來兩隻大天鵝。一隻母天鵝飛得緩慢，身上翎毛都快掉光了，越飛越矮，鵝眼睛紅脹脹的，半天才吐出一顆閃著金光的寶珠，熱乎乎地滾在闊爾什手心上，大小像「窩楞」蛋，沉甸甸的，珠子上沾著鵝嘴裡的血。天鵝叫著「紅火盆、藍火盆，窮家樂，富家亡，格昂，格昂」飛遠啦！

闊爾什帶著寶珠，跨馬奔貝勒府來了。

　　貝勒正趴在虎皮褥上，叫婢女捶腿吶！闊爾什一邁進小暖閣，就帶進一股清涼的風，眾人像吃了仙丹一般，渾身爽快！呵，屋裡窗櫺、桌椅、炕沿灰塵不知啥時都沒有了，像三十個奴婢新刷洗一番似的。貝勒是藏珠迷，笑著對闊爾什說：「阿布凱保佑，你得了避塵珠！」

　　闊爾什很驚奇，就說：「用這珠子，我要換你半個城。」

　　貝勒猶豫半天，咬咬牙說：「半個城就半個城，咱倆都做半城王吧！」

　　闊爾什當上威嚴的半城王，早忘了自己過去是個叉魚的窮阿哈，比毒蛇還貪得無厭。那天，他坐在樓台飲酒聽歌，一眼望見貝勒陪福晉在芍藥園打鞦韆吶。貝勒的愛妃，是布爾哈圖河畔最美的鮮花，遠近聞名。闊爾什望著，望著，兩眼發呆，酒也喝不下去了，一步，兩步，來到江邊柳條通，朝著柳條通叩咕三遍：「知恩必報的天鵝啊，天鵝，送來一顆天上的尼楚赫吧，我就心滿意足了！」

　　闊爾什嫌江邊冷，回到香菸繚繞的花台上坐著等啊等，等了老半天，瞧見從白雲裡下來一隻母天鵝，翅膀都扇不動，飛得很費勁，咕咚一聲掉在花台上。闊爾什開始一愣，只見胖胖的大嗓子，脹得母天鵝兩眼直冒血和淚，寶珠卡在嗓門吐不出來。闊爾什急著去貝勒府啊，走過去，吱啦一下子把鵝嗓子撕開啦，掏出帶血的珠子。母天鵝撲騰撲騰翅膀，死了。

　　闊爾什一進貝勒住的小暖閣，貝勒府擺著的百顆珍珠，一下子變成砂粒，都不放光啦！只有闊爾什手上的大寶珠，像虎眼睛，唰唰放光。貝勒驚喜地說：「這是天上的八音月明珠啊！」

　　闊爾什哼了半天，笑笑說：「貝勒爺，我，我……想獻上珠子，換你的妃子。」

　　貝勒是有名的好色的人。闊爾什的話，像撕他的臉皮，剜他的心，貝勒氣得腮幫子肉直哆嗦，金魚眼珠子要蹦出來啦，喊聲「送客！」給手下人使個眼色，把闊爾什拉出門，扔進布爾哈圖河。闊爾什變成了一條老頭魚，光長大

嘴，不長身子。它嘴大，身子細，吞進食就憋死了，漂在河上，臭得水鳥不稀理……

貝勒得了八音月明珠，張燈結綵，殺豬宰牛，把附近的貝勒、穆昆、親朋好友都接來了。眾人都知貝勒好搜刮珍寶，騎馬的，坐轎的，吵吵嚷嚷，來玩賞「明珠會」。

貝勒府正堂，玉桌案擺滿世上難見的東珠。珠山當央，有座珍珠塔，珍珠塔上有顆像小月亮似的八音月明珠，光輝耀眼。珠子邊放光，邊丁零零丁零零響，像天宮美樂，非常好聽。八音月明珠，響聲越來越大，珍珠像蓮花瓣唰唰開啦。在金紅色的光芒裡，飛出一隻美麗的天鵝，嘴吐火球，貝勒府成了大火團，燒成灰啦！母天鵝扇扇翅膀，飛上藍天。成千成百的男女家奴，在灰堆裡揀寶珠，從此，在布爾哈圖河邊，安家立業，煙集崗這地方才慢慢興旺起來啦！後來叫成了延吉。

天鵝仙女

　　滿族人稱母親為額娘。傳說那始於清始祖愛新覺羅‧布庫里雍順。

　　這是一個古老的傳說。那時天上住著三位美麗的仙女，她們是同胞姐妹。有一天，三仙女對兩位姐姐說：「咱們整天住在這裡，看著那些玉帝呀王母呀一幫老頭老太太們，他們整天沒個笑模樣。」二姐說：「可不是咋的，還有那些天兵天將，總是盯著咱們。」大姐也覺得在天上的生活真是又膩味又無聊。於是姐妹三個就悄悄合計尋個好地方去散散心。可上哪去好呢，三仙女說：「天上除了雲彩和宮殿，有啥好玩的？聽說下邊有個果勒敏珊延阿林山上有個天池，咱們到那玩玩去。」兩個姐姐也同意了。是呀，誰不想到下邊看看呢，可怎樣去呢，還是聰明的三仙女想出了辦法。

　　她們全身披上潔白的羽毛，兩隻細長的手臂變成了翅膀，一會兒工夫就變成了三隻美麗的天鵝。她們衝開了層層雲霧，飛出了天宮。

　　她們用力地煽動著翅膀，飛著飛著，來到了果勒敏珊延阿林山。只見那地方四面全是陡峭的高山。有的山尖兒上蒙蓋著一層白雪，有的像寶劍直插雲天，有的像潔白的玉柱，有的又像兩隻老虎蹲在峰頂。更美的是在那群峰中間的天池，水清清亮亮，平靜得像一面寶鏡。三位仙女都被這美麗的景色迷住了。

　　她們一路上飛得太累了，見到這樣清澈的池水，就趕忙落到了天池邊上，立刻又變成了三位美麗的姑娘。他們脫掉了衣裳，到天池裡去洗澡。

　　正當她們快快活活地在天池裡游來游去的時候，不知從哪裡飛來一隻金色的小鳥，嘴裡叼著一顆閃閃發光的紅果。這小鳥也怪，三仙女游到東，它就飛到東，游到西，它跟到西，總在她頭頂上飛。三仙女也太喜歡這只小鳥了，她仰著笑臉兒看著它，看著看著，就聽「吧嗒」一聲，紅果一下落到了三仙女的嘴裡，她一下就嚥了下去。她從來沒有吃過這樣香甜的果子，它比天上的仙桃

甜，比瓊漿玉液香。

三位仙女洗完澡，也玩夠了，要往回飛的時候，三仙女覺得身子又沉又重，兩隻胳臂再也舉不起來了。兩個姐姐知道她是誤食紅果懷了孕，就安慰她，等生下了孩子，再來接她。兩個姐姐飛走了。

三仙女就這樣留在了果勒敏珊延阿林山。她餓了就採山果吃，渴了就喝天池水。這裡的天氣變化無常，有時是萬里晴空，有時又陰雲密佈，雷電交加，颳起大風，山上的浮石橫飛。三仙女懷胎十二個月，生下個又白又胖的小小子。這孩子一落草就會說話。三仙女就對他說：「生你的地方是果勒敏珊延阿林，你的姓名是愛新覺羅・布庫里雍順。」

三仙女用了三天三夜的工夫，做了一隻小樺皮船，樣子和小孩的悠車一模一樣。她把孩子放到小船裡，用樹枝鋪床，採鮮花做被，再把小船輕輕地放到天池裡，流著眼淚說：「親愛的孩子，願上天保佑你，平安地長大吧！」說完就用頭上的簪子把天池劃個豁口，水嘩嘩地順著這豁口淌下去，三仙女把小船用手輕輕一推，小船兒打個漩兒，就像射出的箭一般順著瀑布衝了下去。

這時，三仙女變成一隻潔白的天鵝，飛到天上。孩子是媽媽的寶貝疙瘩，是自己的心頭肉啊。她在天上盤旋不走，後來又跟著小船兒飛，一直到小船讓遠方的樹林遮住，她才飛走。

孩子也離不開娘啊，看著媽媽變成了天鵝，就扎撒小手，不住嘴地喊：「鵝娘，鵝娘！」

從那以後，凡是滿族人，就都稱自己的母親為鵝娘了，一輩傳一輩，時間久了，就叫成了額娘了。

白天鵝找樂園

　　一群白天鵝，想找最美麗的地方生活。它們飛呀，飛呀，一下子看見長白山天池，就落了下來，在天池裡愉快地洗起澡來。忽然，空中一隻大老鷹在飛，嚇得天鵝們鑽進水裡。過了一會兒，老鷹飛走了，天鵝們慌忙離開天池，往西飛。飛了不遠，看見一個壯觀的瀑布，又落了下來。瀑布濺起的水珠，離很遠都能落到身上，天鵝們覺得舒服極了。這時，一隻小水獺走來。它想同天鵝說說話。天鵝沒見過水獺，以為又是要來吃它們的怪物，驚叫一聲飛走了。飛了不遠，來到一個大花園，紅的、黃的、白的、紫的……什麼顏色的花都有，它們盡情地在花園裡嬉戲玩耍。一隻旱獺循聲走過來，想同白天鵝談談天，白天鵝以為是瀑布附近的水獺追來了，又慌忙飛走了。

　　飛了一陣兒，來到槽子河旁，這是一條奇怪的河，河床像又深又陡的槽子，水就像在槽子底流似的，「嘩嘩」直響，怪瘮人的。一隻天鵝說：「長白山太危險了，咱們也飛不動了，真不該出來亂闖，還是投河自殺吧！」大夥你看我，我看你，誰也沒吱聲。這時，突然一聲虎嘯，震得樹林子嗡嗡直響。一隻天鵝帶頭跳進槽子河，接著「呼啦啦」天鵝們都跳進去了。

　　不知過了多久，天鵝們睜開眼一瞧，都高興了，誰也沒摔死！它們被水衝進一個圓形的大池塘，水面非常平穩，岸邊有花有草，十分美麗。這時，一對野鴨游過來了。天鵝們見了，都在想；野鴨子比我們還小，這不是生活得挺好嗎？又有一對野鴛鴦游了過來，天鵝們更高興了。這些小動物都在自由自在地生活，我們比它們大得多的天鵝幹嘛還要害怕呢？一隻天鵝「嘎」地叫了一聲，想跟野鴨、野鴛鴦打招呼，沒曾想，這一聲叫把人家嚇跑了。天鵝想，它們比我膽還小啊！於是膽子更壯了，把野鴨和野鴛鴦找了回來。從此，長白山下的圓池就成了白天鵝的樂園。

海東青和鸕鶿

在鏡泊湖畔，獵鷹海東青最受獵人推崇，魚鷹鸕鶿深得漁民喜愛。傳說，這是因為它們的來歷與眾不同。

從前，鏡泊湖邊上住著許多布特哈人，老海青和女兒蘆茨是這裡最受人敬重的爺倆。別看老海青快六十歲了，可上山打起獵來，像穿山的老虎。下湖遇上魚群，小褂一脫，露出一身白淨的疙瘩肉塊，甩起大網，有使不完的力氣。打獵捕魚的本領，全嘎珊（村屯）的人，沒有一個能比得上他的。蘆茨姑娘，人勤手巧，村裡遇上難做的活，都來找她。她的相貌出眾，平常總穿著一件黑裡透綠的旗袍，脖子上繫著一條白手巾，顯得格外漂亮。爺倆通宵打魚，去了租稅和生活用度，剩下的全拿去接濟那些生活有困難的人。

漁民們能在黑夜下湖打魚，全靠湖裡有面金鏡。那金鏡四周鑲著九十九顆夜明珠，一到夜裡，它就發出通亮通亮的光。有了它，黑夜下湖打魚就不轉向。可是就在不久前，黑夜看不見金鏡的光亮了。緊跟著就發生了好幾回翻船和漁民失蹤的事兒。打那以後，人們又都不敢貪黑下湖了。魚打得少了，生活更艱難了。因此家家犯愁，人人嘆氣。

老海青看到這般情景，他一聲沒吱，獨自駕起小船下湖了。他劃呀劃呀，劃了很久，來到了湖心的一座山上。這山上住個老道，據說是長白老祖的徒弟，道行很深。所以人們把這山就叫作道士山。老海青登上道士山，一進廟門，老道就念了句詩：「休問龍王事，免遭大風波。」

老海青一聽，這是封門的言語，想不讓我開口哇，那可不行。於是他也順口念了句：「為救漁民苦，可下滾油鍋！」

老道一聽，他是誠意救漁民的苦難，就樂呵呵地接待了他。老海青求問金鏡的下落。老道說，金鏡眼下還在湖底那塊大青石上，只是邊上那些珍珠被大海裡的魚龍一天一個地給吞食了，到今天只剩三顆了。它若是吞完這九十九顆

珍珠，再把金鏡銜去，那它就可以在江、河、湖、海裡任意橫行了。老海青問要怎樣才能除掉這魚龍，老道告訴他：「魚龍吃這珍珠，也不是件輕鬆的事兒。它從大海到這來，一次只能吞食一顆珍珠，每吃進一顆珍珠，就得在那裡睡上三五個時辰。只要趁它睡覺時，用大、中、小三種樺木劍，就可以殺死它，從它肚裡取回珍珠。不過，去殺魚龍可得是個勇敢的人，還得有個大膽、忠實的助手，才能成功。」最後，老道又把用這三種劍的方法告訴了老海青。

老海青回到家裡，做好了三種劍後，就犯起尋思來：殺魚龍的角色由我承擔，但那忠實、大膽的助手到哪去找呢？女兒蘆茨，已到出嫁的年齡，常到這來轉悠的小夥子倒是不少。來時口裡喊著瑪發，眼睛卻盯著姑娘。還看不出哪個是大膽、忠實的人。

這時，女兒走過來問道；「阿瑪[1]為什麼事在犯愁？」

老海青就把要給她選個大膽、忠實的女婿，好幫他去除魚龍的想法說給了女兒。蘆茨想了想，認為阿瑪想得對，要能殺了魚龍，索回珍珠，金鏡就會重新放光，鄉親們都能吃上飽飯，過上好日子了，嫁給這樣的人是值得的。

這事兒一傳出去，第二天就來了個小夥兒名叫喀布，表示願意做幫手，請求做他家的女婿。老海青問：「你有膽量嗎？」

喀布非常自信地回答：「我三歲時，阿瑪就給我吃過豹子膽，我的膽子是大的。」

「你阿瑪給你吃的豹子膽，不能算做你的膽子。你應當知道，下到湖裡去會遇著意想不到的危險呀！」

「什麼危險我都不怕。」

「那好吧，一言為定。靺鞨的後代，說到哪就做到哪。只要你能協助我除掉魚龍，保住金鏡，你就可以做我家的女婿了。」

說完，他倆就帶著木劍，劃著小船，到湖裡去了。太陽下山的時候，他們

1　阿瑪：滿語，父親。

的小船劃到了湖心。往湖裡一瞅，見湖底有塊大青石，上邊有面金鏡，鏡上的珍珠，只剩下一顆了。老海青告訴喀布，太陽一落，魚龍就來。話剛說完，就聽遠處傳來了嘩嘩的響聲。他倆抬頭一看，一簇三尺多高的水浪，向這邊衝來。他們忙把小船劃到湖邊。見一條三丈多長的大魚，游了過來。兩隻大眼睛像扣著兩口小鍋，長長的嘴巴，齜著尖尖的白牙，還有四條像船槳一樣的腿。它來到青石旁，打了個旋兒之後，就玩弄起金鏡來。玩了一會兒，就把金鏡上最後一顆珍珠吞進了肚裡，接著就趴在青石上不動了。

老海青打了一輩子魚，頭一回見到這樣古怪的東西。心想這麼說它就是魚龍了。於是他就操起那把小號木劍，低聲對喀布說：「趁它睡著的時候，我得馬上動手。你千萬記住，不論發生什麼情況，你都得守在船裡。等我伸出手來，你就把中號劍遞給我，等我二次伸手時，你再把長劍遞給我。你無論如何也不能離開這裡啊。」

「你放心吧，我一定堅守在這兒。」

老海青見他答應得挺痛快，就下到湖底，向魚龍游去。

魚龍雖睜著眼睛，可一動也不動。老海青按照老道告訴的方法，用小木劍猛勁一穿，把魚龍的下頜與上額扦在一起。它的大嘴張不開了，就搖起尾巴，來撐老海青。湖面立刻翻起了一人多高的大浪，小船一會兒跳到浪尖上，一會兒紮下浪谷裡，好像就要扣斗子了。喀布嚇得兩手死死抓住船幫兒，臉兒蒼白，兩腿直打哆嗦。

天黑了，湖面又颳起了大風，湖水拍在石崖上，濺起一道道白浪。這時，一隻二盆大的手伸出水面，喀布夯著膽子把中號木劍遞了過去。湖底就開始了一場惡戰。被血染紅了的湖水，也跟著怒吼起來。一個紅波衝來，好像要把小船扔出湖外；一個血浪回頭，又把小船甩進湖心。喀布嚇得差點癱倒在船上。

再說老海青同魚龍在水中戰了幾個回合，那魚龍逐漸招架不住了，想挾起金鏡逃跑。老海青沖上前去，用腳踩住金鏡，一劍刺進了魚龍的前胸。魚龍向前一躥，老海青手中的木劍折了。

這時，湖面上又伸一隻簸箕大的手。喀布嚇得渾身發抖，再也不敢把最後一支木劍遞過去了，他望著那隻大手，驚慌地劃起船逃跑了。

老海青等了好長時間沒有人遞劍，就將頭伸出水面一看，心涼了。可是無論如何也不能讓魚龍把珍珠帶跑了。怎麼辦呢，只有豁出命來。他又沉到湖底，不顧一切地衝上前去，拔下穿在魚龍嘴上的那把木劍。這一下可糟了，木劍一拔下來，魚龍就張開大嘴向他撲來。老海青手疾眼快，撲哧，撲哧兩下，刺瞎了魚龍那對大眼睛。魚龍只好順水向下游去。老海青一看它要逃回大海，就一下子躥到魚龍的脊背上，想治住它。不料魚龍更加使勁地甩起它那四條大槳似的腿，像箭一般順流直下。它雙目失明，瞎跑亂竄，只聽一聲巨響，魚龍一頭撞在石山上了，把這石山撞成兩截，左右並立，山豁口就像一座石門。魚龍粉身碎骨，老海青也被撞死了，沉到這石門下。魚龍肚子裡的珍珠散落在這石門下，放起光來。從此，這石門就被稱作珍珠門了。

魚龍死了，但它心還不死，它那被撞碎了的屍骨又變成了一群蠣鷸，還去銜珍珠，想把珍珠叼進大海。這時，老海青的屍體立刻變成了一隻大鷹，趕跑了蠣鷸，然後蹲在這珍珠門上，守衛著珍珠。

蘆茨姑娘在家等著阿瑪的消息，從日頭卡山兒，等到月亮爬上樹梢，從深夜等到東方發白，仍不見阿瑪他們回來。蘆茨覺得不妙，就跑到了湖邊兒，找了一條小船兒，一邊劃一邊呼喊著阿瑪，可就是聽不到老阿瑪的回音。

一天，她來到這珍珠門下，看見了這些珍珠。她想，我要是把這些珍珠鑲到金鏡上，鄉親們又能在黑夜裡打魚了。阿瑪正是為了這個，才下湖除魚龍的，說不定阿瑪看見金鏡重新放光，他就會回來呢。想到這裡，她立刻跳下水去，把珍珠一顆顆撿到船上來。她駕起小船，找到金鏡，用她的巧手，往金鏡上鑲起夜明珠來。這麼多日子，她茶飯沒進一口，身體一天比一天瘦弱。當她鑲完第九十九顆珍珠時，覺得自己的身體特別輕巧，不知不覺地漂到水面上，原來她變成了一隻水鳥。

沒找到海青，又丟了蘆茨姑娘，全嘎珊的人都下湖尋找他們爺倆。當人們

來到珍珠門時，一隻大鷹突然大叫三聲，飛起來在人們頭上打了三個旋兒，就落在船頭上。人們看到它那明亮的眼睛、敏捷的動作，英姿勃勃的神態和那身羽毛，一下子就認出來了，這就是海青瑪發的化身。人們尊敬地稱它為海東青。

大家正在高興的時候，又見漂來一隻小船，船上落著一隻水鳥。它也飛起來大叫三聲，落在船頭上。人們一看這水鳥，黑裡透綠的羽毛，脖子下有一塊白毛，正跟蘆茨姑娘穿旗袍，脖下繫條白手巾一模一樣。這鳥，見人們看著它，就一展翅跳下船，向上游游去。人們划船跟著它，一直來到金鏡處，看到金鏡又鑲上了夜明珠，大家才明白了，都興奮地說，除了蘆茨姑娘的巧手，誰也不能把這九十九顆夜明珠鑲得這樣巧妙，這水鳥肯定就是蘆茨姑娘變的。於是人們就親切地叫它鸕鶿。

打這以後，人們又可以黑夜在鏡泊湖裡打魚了。住在這裡的布特哈人，上山打獵，由海東青帶領。這矯健敏捷的海東青，翅膀一展，狡兔酥骨，豺狼驚心。每次出獵，都是滿載而歸。下湖捕魚又有鸕鶿幫忙，所以家家都過上了飽暖的日子。人們都打心眼裡感謝海青瑪發和蘆茨姑娘。因此，人們就世世代代精心飼養海東青和鸕鶿了。

果　鈞（蒐集整理）

雉的來歷

很早的時候，長白山區的大森林裡，住著各種各樣的鳥兒。他們每年春天都聚集到一塊兒，舉行一次盛大的舞會。在舞會上，誰跳得最好，打扮得最漂亮，大家就選誰為鳥中之王。當時，在鳥兒當中，最漂亮的要數鳳凰了。她不但跳舞跳得好，而且還有一身五彩繽紛的羽毛，兩條綵帶一樣的尾巴。每次舞會上，鳳凰的精彩表演，總是博得大家的喝采，一連多少年，鳳凰都被大家選為鳥中之王。

鳳凰當了鳥中之王以後，覺得自己是最漂亮的，理所當然應該當鳥中之王，至於別的鳥兒，都是她的奴僕。

有一天，鳳凰來到一個山坡上，見幾隻母雞在草地上找食吃。她想：「所有的鳥都歸我管，唯獨雞不來侍奉我。她們仗著人的庇護就這樣膽大妄為。不行，我得教訓教訓她們。」她大搖大擺地走過去，對雞說：「喂，你們這些膽大的雞，見了我怎麼連吭都不吭一聲吶？」

母雞們嚇了一跳，抬頭一看，原來是鳳凰，連忙笑著說：「啊，原來是鳳凰小姐來了。你瞧，我們在這找食呢，你也來和我們一塊兒找食吧！」鳳凰一聽母雞稱她為「鳳凰小姐」，頓時，氣不打一處來。她用鼻子哼了一聲說：「你們這些只知道吃的雞，長得又粗又笨，既不會跳舞，又不會飛，活在世上還有什麼趣味！」

聽了鳳凰的嘲笑，母雞都氣得「咯咯」地直叫，說不上話，過了一會兒，一隻蘆花雞抖了抖羽毛，拍了拍翅膀說：「尊敬的鳳凰小姐。我們雖然沒有您那樣的才能，可是我們會生蛋，人們為了吃到美味的蛋，一日三餐地餵我們。我們靠自己的貢獻換取報酬，活得也很有意思呢！」

聽了蘆花雞的話，鳳凰剛要發作，轉而一想，自己是鳥中之王，應該有點肚量。於是，她裝作不在乎的樣子，哈哈大笑說：「看你說得多叫人可憐哪，

費好大的勁兒下蛋換飯吃。你們看我，既不用下蛋，也不用報曉，可人們照樣喜歡我，尊敬我。宮殿的壁上畫著我，我飛到誰家的房上，誰家就以為這是吉祥的徵兆。可你們呢，有誰願意畫你們呢？哈哈，可憐的母雞們，我勸你們別再靠生蛋掙飯吃了，還是來和我學跳舞吧！」鳳凰說完，哈哈地大笑著。接著，她在母雞們面前又跳了個舞，然後，才洋洋得意地飛走了。

這下，可把母雞們氣壞了。她們拍打著翅膀，「咯咯」地叫著，蘆花雞的嗓門最高：「呸，和誰擺臭架子！別看你現在神氣，到頭來恐怕還不如我們呢！」

鳳凰養尊處優，越來越驕傲、懶惰。走路的時候，她覺得兩條綵帶太沉重、礙腳，就讓尖嘴烏鴉給剪掉了，只剩下兩根尖溜溜的尾翅。出巡的時候，她覺得自己呼扇著翅膀飛，有失體統，乾脆讓別的鳥兒抬著她。漸漸地，鳳凰的翅膀退化了，變得軟弱無力，往往飛不了多遠就要從空中掉下來，她吃飯要別的鳥兒餵，衣服也不洗，羽毛漸漸地失去了絢麗的色彩，身子越來越胖，連走路都困難了。

春天又來到了。鳥兒們照例要舉行舞會，推選鳥中之王，鳳凰滿以為大家還會選她做鳥中之王，沒想到，她剛扭了幾下，就被大家哄了下來。鳳凰呆呆地愣在一旁，看著別的鳥唱呀，跳呀，誰都有一套過硬的本領，再看看自己翅膀又短又小，尾巴上只剩下兩根光禿禿的長翎，不由得心裡一陣難過。舞會結束了。鳥兒們簇擁著新推選的鳥中之王——美麗而又善良的孔雀走了，只剩下孤苦伶仃的鳳凰在那兒發愣。這時，鳳凰才覺得自己的肚子有些餓了。她蹣跚地拖著步子找食去。路過一個山坡的時候，她看見母雞們正在吃黃橙橙的玉米粒兒呢！

鳳凰想起了蘆花雞的話，不禁又愧又悔。她躲在草叢中，遠遠地望著母雞們吃玉米粒兒，饞得直流口水。眼瞅天要黑了，母雞們才打著飽嗝，鑽進窩裡去了。鳳凰一下子從草叢中跳出來，一溜小跑地奔到食盆旁，大口大口地吃著玉米粒兒。這時，蘆花雞聽到了動靜，從窩裡探出頭來問道：「你是誰，偷我

們的食吃？」鳳凰怕母雞們笑話自己，不敢說出自己的真實姓名，含含糊糊地回答說：「我是雉，我是雉！」

　　從此，鳳凰絕了種，長白山裡又多了一種鳥，叫作雉——野雞。

孫德全（蒐集整理）

鷹城與海東青

五常縣境內，有一條河，叫拉林河。在河北岸，有一座小城叫營城子。早先年，它叫鷹城。提起這個城名的來歷，還有一段八百年前的老古話呢！

那時，滿族還叫女真，大遼王正在坐龍庭。他們欺負女真人可邪乎了，要踩就踩，要殺就殺，女真人還不如一棵芨芨草。大遼兵一來，不但搶好馬，貂皮，海東青，還把最好看的姑娘搶去，獻給大遼王當妃子。

女真人心裡的火，就像林子裡的天火一樣，再也壓不住了。有些人就把來搶人、搶東西的大遼兵殺了，這下可就惹來大禍了。隔不幾天，大遼王發來大兵，進行報復，見人就殺，見部落就燒，安出虎水兩岸幾十里見不到人煙，女真人的日子就更慘了。

就在這時候，女真完顏部出了個大英雄，他就是阿骨打，遠近部落的人都很敬重他。後來，他當了完顏部的大首領，投奔他的人越來越多，他就領女真人造了反。

阿骨打一起兵，可給女真人出氣了，一路上殺了不少平日欺壓女真人的貪官污吏。那些作威作福的大遼兵，平常對老百姓比惡狼還厲害，可是，一聽到阿骨打的女真兵來了，都長了兔子膽、麅子腿，還沒見影呢，就溜沒了。這樣，阿骨打一口氣攻下不少城池，眼看就要打到大遼王的上京城了。

大遼王聽說阿骨打一連奪了許多城池，氣得他一連殺了九個帶兵的元帥，可還是擋不住阿骨打的女真兵。這節骨眼兒，各地打敗仗的消息，是連日向京城飛報。他把看家的兵都派出去了，還是不頂用。

一天，大遼王聽說阿骨打的兵馬已逼近上京城東門，他急忙派人收拾金銀財寶，準備逃跑，忽見一個貼身太監跑來了，說是大遼王的弟弟豹頭元帥，從南邊帶著兵馬回來了。大遼王一聽，親自下了金鑾殿來迎接。這豹頭元帥一見大遼王驚慌的樣子，心裡不覺好笑。拍拍胸脯說：「皇兄放心，阿骨打這野牲

口成不了氣候，我們抓他還抓不到呢，現在他倒自己送上門來啦！我從南方帶來了十萬兵馬，把阿骨打踩也踩巴平了。要是滅了女真後，皇兄給我什麼獎賞呢？」說到這裡，他的兩隻大眼睛嘰裡咕嚕亂轉。大遼王明白他的意思，就低聲下氣地說：「只要你打退了阿骨打的兵，我就把那漢人妃子讓給你。」原來他兄弟倆曾為爭奪一個漢人妃子，鬧過一陣爭風吃醋的醜事兒。這回豹頭元帥聽皇兄讓了步，就哼了一聲：「好吧！皇兄不可食言，我明日就把阿骨打攆出三十里。」說完轉身回府歇息去了。

再說阿骨打帶著三千子弟兵，一路上士氣很高，勢如破竹，一直打到上京城外。女真兵一路上太疲勞了，來到上京城外，幾次攻城，都因城高壕深，靠近不得。阿骨打只好在城外紮營，一面叫大家休息，一面派人挖地洞、造雲梯，準備攻城。

第二天，太陽剛出來一竿子高，阿骨打走出軍營，想到護城河去看看大遼兵的動靜，沒走多遠，忽聽得通！通！通！三聲炮響，上京城城門大開，殺出一撥人馬，為首的正是豹頭元帥，兩條狼牙棒上下翻飛，河邊的兩個女真兵剛想往回跑，去稟報阿骨打，被豹頭元帥快馬趕上，一棒一個，把腦袋打飛了。阿骨打一看，吃了一驚，心想，自從起兵以來，還沒見過一個遼將敢出城迎戰的，今天一看這來者氣勢洶洶，阿骨打想攔住勢頭，趕緊拍馬上前，掄起金斧打了過來。豹頭元帥一見來者是阿骨打，二話不說，舉起狼牙棒就奔阿骨打腦門砸來。這一來，斧棒相交，你來我往，打了一陣，不分勝負。就在這時，阿骨打見遠處也塵土飛揚，心想：不好，遼兵援軍到了。他不敢戀戰，找個空子，跳出戰陣，帶兵退走了。

豹頭元帥率領大軍，一路追來，一直追殺到拉林河。那時，拉林河水大浪急，女真兵搶先過了河，就拆了橋，燒了船，守在右岸的一塊鵝頭地上。阿骨打對眾將士說：「我們不能再退了，再退，我們所有的部落就都完了。為了不給我們的祖宗和子孫丟臉，今天我們要在這裡決一死戰。」眾將士群情激憤，個個摩拳擦掌，都準備和大遼兵拚個你死我活。

單說豹頭元帥追到拉林河左岸，看到阿骨打的兵馬在右岸紮營，心想：這回我看你還往哪兒跑，今天我要把完顏部全都踏平。他正在尋思，先鋒來報：「阿骨打把橋拆了，渡船也找不到，河水太急，從這兒過不了河。」豹頭元帥聽罷哈哈大笑，他笑阿骨打太妄想了，你是面對十萬大軍，拆一座橋能頂什麼事？想到這裡，他說：「來人哪！傳我的命令，每人抽出一支箭，每百支捆成一捆，馬上給我搭一座箭橋，我們不能讓阿骨打有喘氣兒的工夫。」命令一下，全軍就行動起來，還不到一個時辰，拉林河上就搭成了一座箭橋。豹頭元帥用狼牙棒一指，大遼兵像亂蠅子一樣湧過河去。

　　阿骨打一點也沒有料到，大遼兵會這麼快就過了河，他感到戰事危急了。好在鵝頭地上是一片又高又密的榆樹林子，他趕緊指揮女真兵都躲進老林子裡去。女真兵個個都是好獵手，箭法都很準。他們躲在林子後，大遼兵一靠近，就被一頓亂箭給射回去了。

　　豹頭元帥指揮大遼兵，攻了半天也攻不進去，一看自己人死傷很多，趕緊命令鳴鑼收兵。他站在河邊望了一陣，想出了一個主意。他命令有盾牌的兵不斷往上衝，讓女真兵消耗自己的箭。他想，等會兒讓你們把箭射沒了，我就生擒活捉你們。豹頭元帥見女真兵射出的箭不那麼密了，他又下令把從南方帶來的硫磺火藥箭，集中向林子裡射。不一會兒，榆樹林子就起了大火。火借風勢，越燒越旺，不少受傷的女真兵來不及撤下，就被活活地燒死了。

　　豹頭元帥見此光景，哈哈大笑，心想，這回阿骨打是逃不了啦。他一高興，連忙叫人在河邊上擺上酒宴，一邊吃喝，一邊觀看林中的大火。

　　大火整整燒了一天一宿，第二天清早，鵝頭地燒得只剩下相連的四棵大榆樹了。阿骨打和一些女真兵，趴在林子中的幾條水溝裡，才沒有被燒死。阿骨打站在四棵大榆樹下，把一些女真將士召集在一起，拿出他父親留給他的牛角刀，在手臂上劃了一個口子，鮮血滴在地上。他鎮靜地對大家說：「我們女真人從沒屈服過，今天，我們只有殺出一條血路了。」將士們齊聲呼應：「殺出去！」就在這時，忽聽天上一聲長嘯，阿骨打抬頭一看，從北邊飛來了一隻巨

大的海東青，後面跟著的是黑壓壓的一群海東青，齊向鵝頭地飛來。領頭的海東青在四棵大榆樹上盤旋一圈，「阿咕！阿咕！」不停地叫，後面的海東青也跟著「阿咕！阿咕！」連聲叫個不停。女真兵一看，自己家鄉的鷹飛來了，就像見到親人一樣。「阿咕」叫一聲，就覺得骨頭節嘎嘎響，好像增加了很大的力氣。「阿咕」再叫一聲，就覺得滿山遍野都是女真人，好像在追殺大遼兵。阿骨打聽到這「阿咕！阿咕」的叫聲，就感到好像有了千軍萬馬。

再說豹頭元帥，一早走出軍帳一看，大片大片林子都被火燒光了。心想，這下阿骨打是完了，他馬上命大遼兵四處搜山，還惡狠狠地說：「看見有氣的就都給我殺死，一個不留！」

豹頭元帥在馬上看見了幾具女真兵的屍體，樂不滋兒地尋思：這回滅了女真兵，那美麗的漢人妃子就要歸我了，連那皇上的寶座，也應該讓我坐了。

豹頭元帥騎在馬上，往裡走了半天，見沒有動靜，也沒看見多少女真兵的屍體，他挺納悶：難道這些女真兵能長翅膀飛出去？他四下里撒目，也看不著蹤影。走著走著，離四棵大榆樹近了，忽聽「阿咕」一聲，一隻像馬那樣大的海東青衝天飛起，在半空中，「阿咕！阿咕！阿咕！」連叫三聲，就見從東北方鋪天蓋地飛來數不清的海東青。豹頭元帥一看，愣住了，還沒等他尋思過味來，就見那領頭的巨鷹猛地向他撲來，他剛想轉身往回跑，他的一隻眼珠已被巨鷹叼去了。他摀住眼睛回馬急往拉林河跑。這時，那後面的海東青，一齊撲向遼兵，遼兵一陣哭爹喊媽，亂了營了。

豹頭元帥打馬往回跑著，突然醒過神兒來，忙喊：「快放火箭哪！快放火箭！」一陣火箭飛上天，有不少海東青在半空中給燒死了。領頭的海東青急眼了，又飛到半空中，長嘯三聲，轉眼工夫，從四面八方，又飛來無數海東青，把日頭都遮住了。全女真的海東青都來啦！這下子大遼兵全嚇傻了，還沒等張弓搭箭，他們的眼睛都被叼瞎了。後面的大遼兵，嚇得亂了營，紛紛逃跑了。阿骨打一看時機已到，帶著完顏部的女真兵，從各條水溝中衝殺出來。

這時逃得最快的是豹頭元帥，他仗著馬快，第一個跑到了拉林河邊，也顧

不得找橋了，連人帶馬跳進水裡。領頭的海東青發現了他，一撲騰翅膀飛上前去，兩隻巨爪輕輕地一提，把他從馬上拽到半空，再輕輕一放，咕咚一聲，他沉到拉林河底去了。

遼兵沒了元帥，成了無頭蒼蠅，死的死，降的降，十萬大軍全完蛋了，領頭的海東青才領著群鷹飛回去了。阿骨打乘勝追擊，一直打到上京城，活捉了大遼王，滅了大遼國，建立起女真人的大金國。

阿骨打建國後，命令大金兵把戰死的海東青都埋在拉林河畔。在原來的鵝頭地上，建起了「鷹城」。後來叫白了變成了現在的營城了。

「忘恩鳥」的悲憤

　　長白山區有一種忘恩鳥，也叫野蘇鳥或山芝麻鳥。紅肚皮，白尾巴，脊背黃褐色，挺好看。這種鳥有這樣一個傳說：

　　很早以前，有個善良的女人，叫梅氏。嫁給鄰村的吳大，兩口子恩恩愛愛，不到一年，生了個兒子，取名吳明。一家三口，日子過得挺紅火。可是好景不長。吳大平白無故攤上官司，被折磨死了。梅氏怕吳明有後爹多受氣，就再也沒找丈夫，娘兒倆相依為命。

　　吳明自幼聰明伶俐，梅氏省吃儉用，幫人洗衣、推磨打短工，掙來錢供他上學。吳明唸書挺用功，學習成績拔尖，就是不願意幹活，也不孝敬母親。梅氏也不在乎這些，心想，只要書唸好了，能出息個人就行。

　　轉眼吳明到了十九歲，經教書先生推舉，到縣裡當了縣令。從此春風得意，心裡想的是怎麼能當上州官、府官。對於生身母親梅氏，不理不問，過年了也不回家鄉探望。

　　有一天，梅氏病了，就讓鄉親們捎信給吳明，吳明只好回了家。見了梅氏，既不叫娘，又不問安。梅氏順嘴叫吳明的小名，吳明聽了很不高興，丟下幾塊銀錢就回縣衙了。這可把梅氏氣壞了。她想起自己這大半輩子，為了兒子吃盡了苦，遭夠了罪，沒曾想到頭來兒子對自個兒這個樣，梅氏整整哭了一宿。第二天雇了馬車趕到縣衙，護兵不讓進，梅氏說自己是縣令的娘。護兵半信半疑，回稟縣官吳明。吳明一愣，說：「我娘早死了，這是何人冒名攪鬧公堂，轟出去！」梅氏聽了護兵的話，更是氣憤，一頭把護兵撞倒，硬闖上了大堂。見兒子坐在大堂上，便破口大罵。吳明惱羞成怒，命衙役們把她打入囚牢。

　　縣官不認親娘，反而把親娘打入囚牢的事很快在全縣傳開了，有些講義氣好打抱不平的人，買通了獄頭，把梅氏救了出來。梅氏越想越傷心，親生兒子

不認母親，不相識的人卻把自己從囚牢中救出來。她一狠心跳了崖，摔死了。從此長白山多了種小鳥，整天「忘恩、忘恩」地叫。吳明聽到這種鳥叫就頭痛。說來也怪，這種鳥偏願意在縣衙門口叫，吳明上哪，鳥就跟著上哪。日子不長，吳明成了瘋子，官也被免了。

老百姓都說，這種鳥是梅氏變的，整日「忘恩、忘恩」地叫，是說兒子吳明當了官忘了娘的養育之恩。打那以後，人們就把這種鳥叫「忘恩鳥」了。

光棍兒雀

在長白山裡有這樣一種雀兒，長得像鴿子似的，渾身藍灰色，白天不大露面，一到晚上就出來，在地頭兒上飛來飛去，一邊兒飛還一個勁兒地叫：「光棍兒多苦！」大夥兒都說它是光棍兒變的，都叫它「光棍兒雀」。

傳說，早先，在長白山裡有個年輕小夥子，二十多歲，叫啥名誰也不知道，反正是光棍兒一個。他成年背著行李捲兒，到處去給財主扛活。他本想多掙幾個錢，好娶個媳婦成個家，餓了有人給做飯吃，衣裳破了有人給縫縫補補。小夥子為了掙錢娶媳婦，不管在哪兒都使勁地幹活。白天幹，晚上幹，可是幹了一年又一年，咋幹也白搭，掙幾個錢都叫財主給扣去了。

有一年，他又背著行李捲兒去給財主扛活，壞心眼子財主為了騙他多幹活兒，就對他說：「小夥子，我知道你是幹活兒的一把好手，你不是要多掙幾個錢娶個媳婦嗎？這好辦，今年你給我好好幹活兒，到秋後不但多給你工錢，還把來我家頂債的寡婦給你做媳婦。」這小夥子是個老實厚道人，也沒有什麼心眼子，聽財主一說就信了。

從上工的頭一天，他就白天晚上起早貪黑地幹活兒。春天種地他精心下種，夏天鏟地他細鏟深耨，秋天割地他早割早收，樣樣活計幹得都挺好。他一邊幹活兒一邊尋思，今年不但能多掙幾個錢，還能娶個寡婦做媳婦，這樣我就有個家了，再也不用背行李捲兒到處遊逛了。哪承想，眼瞅著就要秋後結賬了，小夥子一下子就累得病倒了，病勢一天比一天重。財主不給請先生看病，連飯也不給吃，喝口涼水也不給。就這樣連病帶餓，不幾天的工夫小夥子就死了。鄉親們都說小夥子是為了掙錢安家娶媳婦，叫財主給活活累死的。那些無家可歸的光棍兒漢湊了幾個錢，買口棺材把小夥子抬出去埋了，含著眼淚說：「光棍兒苦啊，要有個家哪能這樣！」

說也怪，就在小夥子死去的第二年春天，冷不丁地從長白山老林子裡飛出

這麼一隻雀兒來，像家裡養的鴿子那麼大，一到夜晚它就從樹林子裡飛出來，在地頭地邊上一個勁兒地「光棍兒多苦、光棍兒多苦」地叫喚，大夥兒都說這只雀就是死去的那個小夥子變的。

劉金生（講述）

劉殿祥（蒐集整理）

魚鷹

傳說古時候，在牡丹江邊上，住著一家姓王的老夫妻。老兩口兒年過半百，無兒無女，依靠老頭在江邊釣魚為生。老漁夫把釣來的魚拿到市場上去賣，可是，換來的錢剛剛夠兩個人餬口。

有一天，老漁夫和往常一樣坐在江邊釣魚。釣啊，釣啊，從早晨一直釣到後半晌，才釣了十來條小魚，這時候，忽然江面上飛來一隻魚鷹，越飛越低，越飛越低，一下子落在老漁夫身旁的沙灘上了。只見它翅膀撲拉著，渾身直哆嗦，站也站不住了。老漁夫看它挺可憐，就把釣來的十來條小魚扔給它吃了。魚鷹吃了以後，精神好了些，抖了抖翅膀飛起來，在老漁夫頭頂上打了個旋兒，飛走了。老漁夫看看天也快黑了，嘆了口氣，收拾收拾，無精打采地回家了。

以後，接著好幾天，魚鷹都到河灘上來，老漁夫不管釣的魚多少，都給它吃個飽。慢慢地，魚鷹硬實起來了。一天，老漁夫又坐在江邊釣魚，魚鷹又飛來了，落在沙灘上看著老漁夫釣魚，直到傍黑時候，老漁夫又是只釣了幾條很小的魚。老漁夫又是唉聲嘆氣地自言自語說：「完了！今天又得挨餓了。」魚鷹早已看在眼裡，一展翅飛到老漁夫身邊，揚揚膀說：「老漁夫，你今天只釣了幾條小魚，怎麼生活呀？」老漁夫說：「我也沒有辦法呀！」說完低下了頭。魚鷹說：「你等一等。」說完又一展翅，飛到江心上空，打了幾個旋兒，猛向水面撲去，水掀起一陣浪花，魚鷹叼起一條大魚飛到老漁夫身旁，把魚扔給老漁夫。又和老漁夫說：「以後每天早晨我給你叼一條大魚，你的生活就不用愁了。可是你對任何人都不要提起我！」說完魚鷹飛走了。

從此，魚鷹每天都給老漁夫叼一條大魚，然後老漁夫拿到市場上去賣。從此以後，老漁夫富裕起來了。他把賣魚得來的錢蓋了兩間新房子，添置了許多家具，晚年生活越過越好起來。

老漁夫富裕的消息很快在全村傳開了，村中有一家姓錢的地主，外號叫「錢財迷」。他聽說以後，立刻派狗腿子趙小三去打聽老漁夫是怎麼富裕起來的。趙小三去了一些時候，回來對錢財迷說：「我問他怎麼富裕起來的，老東西什麼也沒說。我只看到他每天拿著一條很大的魚到街裡市場上去賣。」錢財迷尋思了一會兒說：「小三！你明天從早晨起來跟他一天，看他上哪去拿魚，回來咱好想辦法。」小三連連答應：「是！是！」

　　老漁夫和往常一樣早早到江邊去，魚鷹和過去一樣到深水中把大魚叼出來，扔到老漁夫面前，然後飛走，老漁夫拿起大魚去趕集。這情景卻被後邊跟著的趙小三看得一清二楚，小三看完後樂得連蹦帶跳，跑回家把經過原原本本告訴了錢財迷。錢財迷一聽，也樂得直晃腦袋。又轉念一想，怎麼才能把魚鷹弄到手呢？他想著想著，突然，心裡一亮，告訴趙小三把老漁夫叫來，趙小三去了。

　　錢財迷告訴家裡人準備酒菜，趙小三把老漁夫請來了，錢財迷早已把酒菜擺好，客氣地讓老漁夫坐下，說：「今天請您老家人吃頓家常便飯，你老人家不要見外。」老漁夫心裡想：我一個被人看不起的窮漁夫，今天錢財迷怎麼這樣客氣請我吃飯呢？奇怪呀！不管怎樣，不可大意，要小心老傢伙的詭計。老漁夫說：「您有什麼事，就說吧。」錢財迷說：「不忙，不忙！沒啥要緊的事。喝酒呀，喝酒呀！」老漁夫果斷地說：「不喝！有事你就說吧。」錢財迷一看酒肉不行，也只好和老漁夫說：「這些日子聽說你發財了，恭喜恭喜你呀！」老漁夫說：「我沒發什麼財，請不要恭喜。」錢財迷說：「不要客氣，不要客氣！我有一個腰腿疼病，請了好多醫生都治不好，後來據一個老醫生說，喝魚鷹血能治好我的病。我聽說你有一個魚鷹，不知你能不能把魚鷹賣給我？」

　　老漁夫心裡一驚，但是還是心平氣和地說：「我沒發財，我也沒有什麼魚鷹。」說完就走了。

　　老漁夫走後，錢財迷氣得在屋子裡亂轉。發狠地說：「我一定給他安一個聚眾謀反的罪名，送進官府處死他。」趙小三看到這種情形，走到錢財迷身

旁，趴在他的耳朵上嘀咕了一陣，錢財迷一聽，樂得眉開眼笑，連聲說：「好，好。」

第二天，老漁夫照常到江邊去取魚。他剛走到江邊，魚鷹已經叼起一條大魚飛向老漁夫身旁，把魚扔在地上，剛要起飛，這時江邊草叢裡跳出有好幾十人，向魚鷹撲去。魚鷹振了振翅膀，飛起來了。錢財迷一把抓住了魚鷹的腳，趙小三抓住了錢財迷的腳，他們的爪牙抓住了趙小三的腳，一個抓住一個都同魚鷹一起升上天空。

幾十個人一長串掛在空中。魚鷹飛到江心上空，振了振翅膀，錢財迷手抓不住魚鷹，他們都從空中落下來。幾十人一下子掉進江心，江水掀起一陣浪花。魚鷹在老漁夫頭上繞了一圈，飛走了。老漁夫又提起那條大魚，趕集去了。

王憲德（蒐集整理）

▎「車老闆鳥」傳奇

在長白山地區，有一種叫聲奇怪的鳥，它的叫聲聽上去就好像車老闆趕車似的，有緊有慢。緊叫聲：「嘚兒駕，嘚兒駕，嘚兒駕……」慢叫聲：「軲轆轆轆，軲轆轆轆……」因此，人們叫它「車老闆鳥」。

很久很久以前，長白山地區有個陡溝子，這裡住著幾戶人家。那時森林茂密，人煙稀少。也沒有個正兒八經的路，出門不是過大溝，就是爬砬子。

為這事兒，幾家人合計了一下，決定修一條路。這可不是一件簡單的事兒。憑這幾家人幾把鍬鎬修出一條路來，沒有幾十年的工夫是辦不到的。他們做了幾輛木輪子車，套上小毛驢，一鎬一鎬地刨，一鍬一鍬地撮，一車一車地拉。春去冬來，冬去春來，也不知修了多少天，熬過了多少個夜晚。手上磨出了又硬又厚的老繭，車輪子也不知換了多少個，可是，路還沒修出多遠。

在修路這些人當中，出力最多最大的，要數黑牛這小夥子。他二十來歲，從小死了爹娘，是大夥把他拉扯大的。他矮矮的個子，胖墩墩的，虎實實的身體，寬眉大眼睛，渾身滿是疙瘩肉。大夥稱他是「車軸漢子」。因為是大夥把他拉扯大的，他十分感激，總是想方設法報答大夥的恩情。所以，在修路時幹得最起勁，什麼活累，他就搶什麼幹，哪地埝危險，他就往哪去，生死不在乎。

這天，他們修到一個大砬子邊，這砬子又高又陡，別的地方還繞不過去，是一段非修不可的路。以前有人曾經從這裡路過，不小心滾下砬子摔死了。因此，大家叫它「閻王鼻子」把那連接的山坡叫「滾兔子嶺」。要想修通這條路，就得從中間把砬子劈開，這真比登天還難。黑牛把繩子拴在樹幹上，另一頭繫在腰上，一錘一釺地打著石砬子。由於天長日久，大繩子被石砬子磨斷了好幾股。這天，黑牛打得正來勁兒，繩子一下子斷了，他「哎喲」一聲，只覺得忽悠一下，就像搖車似的，大頭朝下栽到大深溝裡摔死了。大夥流著眼淚把

黑牛埋在山底下。

一天，他們正修著路，忽見天空飛來一群鳥，各式各樣的都有，其中有一隻黑乎乎的小鳥，領頭飛到「閻王鼻子」上用小爪使勁地扒碴子，那些鳥也學著它的樣子，扒下一塊就用嘴叼走，連著好幾天都是這樣。大夥私下談論這樁奇怪的事兒。

又一天半夜，大夥睡得正香，忽然一聲山崩地裂，房屋也直晃蕩，把人嚇醒了。起來看看，什麼事兒也沒有，就又睡著了。

第二天，大夥照樣趕著驢車去修路，走啊，走啊，從早上一直走到晌午，也沒到「閻王鼻子」，大夥感到是件怪事兒，路本來沒修多遠，怎麼今兒個走不到地方呢？有的以為自個兒的眼睛花了，使勁兒揉揉，睜開眼再好好看看，還是沒有。有的想：這「閻王鼻子」和「滾兔子嶺」怎麼一晚上就沒有影了？正在這節骨眼上，那群鳥又飛來了，在頭上轉來轉去，那叫聲婉轉動聽，不一會兒就飛走了。

原來，黑牛死後，變成一隻黑乎乎的小鳥，自把修路這件事和那些鳥一說，它們都願意來幫忙搬碴子。可是，搬了好幾天，也沒搬多點兒。黑牛又去向「土地佬」求援，「土地佬」被黑牛的誠心感動了，捋著鬍鬚說：「無論如何我也幫著想辦法。」

正巧，二郎神這天夜晚巡遊，路過這裡。「土地佬」便述說了黑牛和大夥修路的事，請求二郎神為老百姓解除痛苦。二郎神立即叫手下的兩個大力神把碴子背走了。那晚上的響聲，就是大力神在背山呢！

打這以後，這個地方的路越來越好。為了紀念黑牛，就管這路叫「黑牛路」。管那小平崗叫「黑牛崗」。

每當人們趕車走在路上時，道旁的樹叢裡就傳出一種鳥的叫聲「嘚駕兒、嘚駕兒，轱轆轆轆」。

據說，這種車老闆鳥就是黑牛變的。它看到大夥兒能趕車走上這麼好的路，便高興地為趕車人鳴叫助威。人們一聽到這叫聲，就想起了黑牛。

金喜鵲成就罕王大業

　　長白山東北有一座布庫里山，山上有個布勒瑚裡湖。傳說，古時候，天上有三位仙女來湖中沐浴，老三佛庫倫食了喜鵲叼來的朱果，懷孕生了個男孩，額娘把她金子般明亮純潔的心作為姓——愛新覺羅，因生在布庫里山下，取名布庫里雍順。這就是滿洲始祖布庫里雍順。他生下來就會叫額娘，從小母親教他讀書習武，十來歲就懂得兵書戰策，練就了一身超群的武藝。十八歲時，母親對他說：「老天生你就是讓你做大事的，你現在已經成人了，該下山了。」遂送給他一隻小舟，順流而下，來到鄂多理城（現吉林省敦化市郊區），以他的智慧和武藝平息了三家爭奪部族首領的戰爭，並被推舉為鄂多理城貝勒。後來布庫里雍順統一了各部，成為滿洲的首領。他的後代世代鎮守建州，努爾哈赤就是他的後代。

　　罕王努爾哈赤一家，遭到明朝總兵李成梁殺害，李成梁夫人見努爾哈赤相貌奇特，偷偷把他放走，他躲過多次劫難方回到鄂多理城。他決心報仇，招兵買馬，準備起事，想先殺死李成梁，再滅大明。眼看起事時間將近，但軍餉一時籌措不齊，把罕王急得團團轉。

　　一天早上，弟弟舒爾哈齊對罕王講：「哥哥，昨天晚上我夢見一隻金喜鵲，從南邊飛來，在我頭上盤旋，喳喳地叫，看我沒理它就落在一棵樹上，大聲叫了幾聲，好像喊我的名字，我感到奇怪，我抬起頭來，它真的開口說話了：『滿洲大業三百年，軍餉儲藏長白山，白綾飄帶無阻擋，巧破天機如願償。』說完使勁拍了拍翅膀就往南方飛去。」罕王聽了說：「我想起來了，我也夢見過這樣一隻金喜鵲，和你說的一模一樣，我沒往心裡去。既然又給你託夢，當不住能有這樣的事，長白山那麼大，上哪去找哇？」哥倆犯愁了。罕王忽然眼睛一亮：「是不是神祖母托的夢？」

　　「是呀，爺爺不是說，我們的神祖母下凡到布庫里山圓池洗澡，吞下了喜

鵲叼來的紅果，才生下祖先布庫里雍順嗎？」

「對了，有可能是神祖母要幫我們。不妨明天你帶兩個人去試試，能找到金喜鵲更好，找不到咱也不搭啥，有一打無一撞的事。我這邊該咋籌集還咋籌集，要找不著也早點回來，別耽擱咱的大事。」

舒爾哈齊備足了食用的東西，帶人騎快馬直奔長白山。光聽老人說布庫里山上有個圓池，可長白山上大小湖泊數不清，究竟哪個才是呢？他們到了長白山下找了一個當地的老鄉，一盤問，趕巧正是愛新覺羅氏的同族兄弟，把舒爾哈齊樂得上前一把將兄弟摟在懷裡，左手拍著他的肩膀，兩眼盯著這位兄弟說：「我是罕王的弟弟，他派我到這裡來找咱們的神祖母洗浴的圓池。我正在犯愁呢，卻遇上了你，太巧了。」這位兄弟說：「我也是聽老人說，我沒去過，我們回家問問薩格答瑪發（爺爺）吧。」他帶舒爾哈齊等人回到家中，拜見了一位白鬚白髮身體健壯的老人。舒爾哈齊向老人說明了來意，老人一聽是努爾哈赤的兄弟急忙把他讓到屋裡，老人說：「你阿哥努爾哈赤胸懷大志，一定能成就一番大事業。在困難的時候，肯定是神祖母派喜鵲給送的信。圓池的位置，在布庫里山頂，小時我跟著阿瑪（父親）去過一次，大致是在東邊，離這裡能有八九十里地，沒有大路，騎馬也得走一天，你們跑一天了，先歇一晚上，明天起早咱們就去。」

第二天，天沒亮，早早吃完飯，帶了不少黏耗子（用椵樹葉子包的黏糕），老爺爺帶著他們直奔向布庫里山，晌午歪了（過了中午）大約到了布庫里山下，他們轉了一個多時辰，爬了好幾個山頭，上面都沒有圓池，老人突然想起說：「我記得，布庫里山的山頂是紅色的，當地人都管它叫紅土山。」爺爺帶著他們一行人專門找有紅土的山，太陽偏西了，爺爺抬頭看見太陽照著一座山頂紅彤彤的，喊道：「你們看，那座山頂不是有紅土嗎？那座山可能就是布庫里山，從哪邊上去能找到圓池呢？」正在著急之時，忽然聽見有喜鵲叫，但是光聽叫聲，看不見喜鵲。老爺爺高興地說：「喜鵲給咱們領路來了。咱們順著它的聲音走，肯定能找到圓池。」他們把馬拴到山下，留一個人看著，怕

山牲口把馬禍害了。老爺爺帶著舒爾哈齊等人，順著喜鵲的叫聲，往山頂爬。別看爺爺七十多歲，穿過一座座懸崖，身輕如燕，幾個年輕人根本跟不上。好容易到了山頂，看見一個大大的水潭，潭水清澈透明，如同鏡面，水池圓圓的，看不見水是從哪流進來的，老爺爺說：「這就是咱們要找的圓池，快跪下給神祖母磕頭。謝謝神祖母。」之後，爺爺又犯愁了：「這麼大的地盤，上哪找寶呢？」他們正在叨咕時，隱隱約約又聽見金喜鵲的叫聲，好像在池子對面，他們循聲找去，到對面，聽見山間有流水聲，原來是池水從石頭下面流淌的聲音。沿著水溜下去，是一座很大的懸崖，水從懸崖上流下形成一條瀑布，舒爾哈齊和爺爺說：「我先下去看看。」爺爺說：「讓你兄弟和你下去，遇到什麼事好有個幫手。」

「那也好。」舒爾哈齊和同族兄弟每人腰上繫了一條繩子，把皮囊掖在腰裡，蹬著岩石下到懸崖底下的瀑布旁邊，這條瀑布真像透明的白綾，飄然落到下面的水潭中。水霧中輝映出一條五彩繽紛的彩虹，正看得入神時，同族兄弟捅了舒爾哈齊一把：「將軍你看，彩虹裡面裡怎麼放光呢？」舒爾哈齊也發現彩虹裡面有絲絲金光閃動，從細細的水霧中隱映著一隻金鳥。同族兄弟輕輕地對舒爾哈齊說：「好像是金喜鵲。」舒爾哈齊長出了一口氣，高興地說：「嗨，總算找到了！」說話的工夫，彩虹不見了，金喜鵲也沒影了。舒爾哈齊納悶地說：「剛才看見的就是夢見的那隻金喜鵲，怎麼就沒了呢？」同族兄弟也說：「是呀，難道是咱們看花眼了？」舒爾哈齊肯定地說：「不會的，這個瀑布指定是咱要找的那個『白綾飄帶』。」同族兄弟說：「將軍，你在這等著，我下水裡看看底下有什麼機關沒有。」說著就脫了衣服，一個猛子扎到潭裡，下去半天才落到底，站起來一看，呵！又寬敞，又明亮。他在裡邊找了一圈也沒看見金喜鵲，只有一張石桌，上面放著一把石斧。他就拎著斧子浮出水面。舒爾哈齊見他上來了，著急地說：「你一下去怎麼就沒影了呢？我還以為出什麼事了呢？」同族兄弟把在水下看見的情景和他講了，舒爾哈齊拿起石斧看了半天說：「這是一把開山斧，用它可以打開山門，寶貝就在山裡。」可是，山門在

哪呢，又是怎麼個開法呢？舒爾哈齊又把夢中的經過回想了一遍，喜鵲說『白綾飄帶無阻擋，巧破天機如願償』的話，又想起金喜鵲臨飛走時，翅膀使勁搧了三下，翻了三個跟頭，從嘴裡吐出一顆櫻桃大小的金豆子。他想了想，舉起斧子跑到瀑布後邊，看見一道光禿禿的石壁，他照著石壁就是三斧子，只聽「嘎，嘎，嘎」石壁裂開了，一縷耀眼的金光放射出來。二人急忙鑽了進去，裡面的金光晃得眼睛都睜不開，他們揉了揉眼睛，漸漸才看清，這裡是另一個世界，金銀財寶堆積成山，五光十色，金碧輝煌。同族兄弟想要到裡面取寶，舒爾哈齊把他喝住：「不能貪，若太貪了咱就出不去了。金喜鵲只給咱們金豆子，趕快找金豆子，不能要別的。」撒目了半天也沒看見金豆子。想了想，舒爾哈齊舉起斧子往地上敲了三下，門口立即冒出三小堆像櫻桃大小的金豆子，倆人匆匆忙忙裝了兩口袋，拎起來就往外跑，腳剛邁出洞口，身後就「嘎，嘎，嘎」的響起來，「咣！」一聲，山門關上了。回過頭再看，石壁和當初一模一樣，嚴絲合縫。

得了寶貝，二人心中大喜，想拎起口袋往回走，可這回誰也拎不起來了。同族兄弟說：「我經常爬山，腿比你快，我上去給爺爺他們報個信，再拿幾個口袋裝金豆子，你在這等著。」工夫不大，同族兄弟拿來兩個皮囊下來，把金豆子勻了四小袋，兩人拎到懸崖下，上面的人費了很大勁，才拽到上面。爺爺捋著鬍子，滿面笑容地說：「這回我們的英雄可以大顯神通了，建立大業指日可待了。我們向神祖母謝恩吧！」他們虔誠地向圓池叩了三個響頭，急急忙忙往回返。

半路上，同族兄弟問舒爾哈齊：「將軍，你怎麼知道用斧子劈石壁，還敲地呢？」

「是夢裡的金喜鵲告訴的，它臨走時，翅膀使勁搧了三下，又折了三個跟頭，這不就明白了嘛！」

到了山下已到亥時，也顧不得吃飯，舒爾哈齊下馬要和爺爺跪別，爺爺急忙把他拉起：「將軍，這可使不得，能為罕王大業出點力，那是我今生的福

分。我就不挽留了，快快趕路吧。」舒爾哈齊施禮與爺爺和同族兄弟告別，感謝他們鼎力相助，然後飛身上馬，連夜趕回鄂多理城向罕王交差，罕王不勝歡喜，仰天長嘆：「是神祖奶奶助我，大業必成也！」

罕王備足了軍餉，囤積糧草，迅速壯大了隊伍，打敗了女真葉赫、哈達、輝發、烏拉四部和扈倫三部，以及長白山二部，征服了蒙古科爾沁、錫伯、卦爾察與東海各部，統一了女真。於一六一六年稱帝，建立大金國，年號為天命元年。羽翼豐滿之後，擊敗了李自成，大軍入關長驅直入，消滅了腐敗的明王朝，創立了大清王國二百多年基業。

由於滿族的祖先來自長白山，又是長白山提供了軍餉，為努爾哈赤創建統一中國大業打下了基礎，他總是念念不忘祖先對他的恩賜，所以把長白山稱為龍興之地，世代祭祀，並在吉林烏拉小白山建望祭殿，年年派官員遙祭長白山神。

鵮鷹報恩

山裡人都知道老鷹是一種極其凶猛的動物。它的嗅覺特別靈敏，從幾里之外就能聞到它熟悉的東西的氣味；它的眼睛特別毒，從幾百米高空就可以看到它要獵取的食物；它那兩隻翅膀又大又壯，能夠一氣飛行幾百里不停歇；它的利爪像兩把鋼鉗，只要抓住獵物絕不會讓獵物跑掉；它的嘴尖銳有力，無論動物皮有多厚，都能開膛破肚。別看它的身體龐大，動作卻非常敏捷，常常以迅雷不及掩耳之勢，搞突然襲擊而不被發現。

聽參加過大刀會的老人講，大刀會就曾經被一隻老鷹保護過，薛大法師帶領大刀會到哪裡活動，它就跟到哪裡，在高高的空中滑翔。大刀會剛成立那天，有一隻老鵮鷹領著一隻半大子鵮鷹，在龍王廟上空盤旋了好一陣子，才飛走了，當時沒人在意，只有薛大法師瞟了一眼。

一九三二年夏天的一個凌晨，薛大法師帶人攻打杉松堡，當時小鬼子對大刀會沒有認識，大刀會的會員們舉著大刀嗷嗷地攻進來時，閃著寒光的大刀片，誰碰上就沒命，把敵人一個個嚇得蒙頭轉向，還以為是天兵天將衝下來了。自衛團都是中國人，一槍沒放就紛紛逃命。大刀會趁勝追擊，準備圍殲日本守備隊，小鬼子拚死突圍，一名大刀會員不幸重彈負傷，其他隊員都奮力追趕鬼子兵去了。這時，不知從哪放出一隻軍犬，瘋狂地衝到傷員面前，這名大刀會員傷勢過重，身體動彈不得，只能用一隻手舉著刀，想抵擋齜牙咧嘴撲過來的惡犬，就在這條大狼狗張著血盆大口要咬斷傷員的喉嚨之時，一隻神鷹從天而降，刷一下就落了下來，這個傷員眼前一黑，就昏過去了。原來，老鷹並沒著地，一口把狗的左眼珠子給啄了出來，疼得狼狗嗷嗷地號叫著逃走了，傷員得救了。

大刀會打了勝仗，把傷員抬回駐地，傷員和大家講日本鬼子的狼狗如何凶猛地向他撲來，從天上呼啦啦衝下來一個大傢伙，他就什麼也不知道了。大家

問：「大狼狗為什麼沒咬著你呢？」他說：「我也納悶呀？咱們的人都沒在，誰救的我呢？」把大家都弄糊塗了，這件事就成了一個謎，當時誰也沒猜透。

一九三三年八月，大刀會得到烏林溝來了一夥鬼子兵的消息，就想把他們幹掉，進攻時被鬼子發覺，架起機關槍等候大刀會衝鋒，當大刀會的人進入射程之內時，子彈像雨點一般掃來，當時大刀會的人就倒下一大片，後面又喊著：「刀槍不入！刀槍不入！」一個勁兒往上衝，眼看弟兄們一批一批地倒下，大法師眼珠都紅了，恨得咬牙切齒，把衣服一扔，大吼一聲，揮舞著大刀就衝上去，其餘的弟兄們緊跟在身後往上衝。恰在此時，不知何故，敵人的機關槍突然啞巴了，就看小鬼子的機槍手摀著眼睛栽倒了，這功夫，薛大法師帶著幾個弟兄乘勢沖上去，把陣前的敵人全砍了。另一側的敵人上來了，大法師一看確實抵擋不住，當即下令撤出陣地，才算保住一部分力量。

這一次，薛大法師親眼看見，在他們去襲擊烏林溝的路上，就有一隻鵰鷹在他們頭上高高盤旋。在敵人機槍手倒下的瞬間，他看見一隻老鷹從地上像箭一樣射向雲霄。

事後，薛大法師向大家講述了他救小鷹的故事：

那還是在薛大法師組織大刀會之前，他天天到處講道。有一天從車背溝屯出來往西代露河去的半路上，看見一隻小毛還沒長齊的拳頭大小的鳥，抻著脖子吱吱地掙命叫喚，發現有人來了，嚇得一瘸一拐地往前蹦，撲棱了兩下，就動彈不了了。薛大法師把鳥捧在手裡，原來是一隻受了傷的雛鷹，它的半拉身子不知被什麼東西咬傷了，大法師頓時產生憐憫之心，就把它裝到背筐裡，準備回去給它療傷。

法師來到住地，把小鷹從背筐裡拿出來，這小鷹傷勢挺重，右腿、右膀窩下都有傷，而且腫得像小饅頭似的，看樣子剛被蛇咬過，是大法師路過時把蛇驚跑了，不然這只小鷹就沒命了。因為法師經常給人治病，什麼藥都有，趕緊找出專治蛇毒的藥膏，給小鷹包紮好，不大工夫，小鷹就站了起來，扎撒著翅膀敢蹦了，法師才放了心。

做飯的剛把桌子放上準備吃午飯，還沒等端起飯碗，就聽見房蓋上呼　呼的，震得房子亂顫，棚頂上的灰土嘩嘩往下掉，飯都沒法吃了。一個小夥子推開門一看，嚇得急忙把頭縮回來，喊：「大法師大法師，不好了！一個大老鵰子在房上呼噠呢，兩隻大翅膀把苫房草都扇乎飛了。」法師一聽就明白了，趕忙把小鷹放到鐵鍬頭上送到了外面，老鷹看見了，撲拉拉從房上飛下來，抓起崽子飛到空中，在房頂上轉了兩圈就飛走了。看，這老鷹的鼻子多麼尖，它的崽子讓人帶出去數里地，都能順著氣味找上來，怪不得誰也不敢惹它呢。

乍看起來老鷹是一種凶殘的動物，但它也是通人性的，甚至也是有良知的。從漁夫訓練的魚鷹，獵人訓練的獵鷹，都可以說明它們是很聰明、有理智的動物。薛大法師救了這只雛鷹，它卻始終不忘大法師的救命之恩，總在關鍵時刻前來報答，成了後人流傳的佳話。

恨狐

在長白山上，有一種猛禽：貓形的腦袋上，一雙大眼睛炯炯有神，彎爪鋒快，勾嘴銳利，有鷹那麼大，全身上下一片黧褐色。它白天不露面，一到晚上便飛出來，專追撲狐狸和兔子，而且還張大嘴，悲沉淒厲地呼號著：「恨──狐」「恨──兔」「恨──狐」「恨──兔」，因為這，長白山區的人們管它叫「恨狐」（也有叫「恨狐兔」的）。

恨狐是咋來的呢？老輩人講，很早很早以前了，那時，在長白山上，住著一位老爺爺，他頭髮脫得精光，鬍鬚雪白，連眉毛也像霜打了一樣。老爺爺孤苦伶仃地在一座小木房子裡過日子，四面全是古樹參天的林海。

有一天，老爺爺正在磨刀，身旁站著一隻老鵪鷹，身後蹲著一隻大黑貓，忽然來一個小孩，衝著木房子喊道：「有人嗎？有人嗎？」老爺爺聞聲抬頭一看，只見窗外孩子大眼睛，尖下頦，又黑又瘦，穿得破破爛爛，光頭赤腳。心想：不是狐，不是兔，不是狼，穿人衣褲。便推開門，慈祥溫和地說：「好孩子，快進屋，怎麼踏上這條路？」

孩子給老爺爺施過禮，說道：「老爺爺，好爺爺，到您屋裡歇一歇，給點什麼填填肚，好去再找俺爹爹。」

老爺爺忙把孩子領進屋，一邊忙做吃的，一邊和孩子嘮起來。原來，孩子叫劉小，跟他爹從山東逃荒來到長白山，實指望能刨點參挖點藥物。可誰知，爺倆一進山，就「麻達」了山（迷了路）。爺倆在老林子裡轉了兩天，帶的乾糧也沒了。咋辦？劉小爹讓劉小在棵大樹下等著，自己去找點啥吃的，剛走出十幾步，一條獨眼狼躥過來，拖著劉小爹便跑。劉小才十歲呀，又急又怕，哭著喊著撞過去，哪有爹的影子？若不是碰上木房子，他也完了。劉小說著說著，嗚嗚大哭起來。

老爺爺安慰劉小一番，說：「那條獨眼狼可凶啊，八成你爹是沒了。在這

吃飽歇著，我去找找看。」

劉小連連揉著紅腫的眼睛說：「謝謝好爺爺。」

老爺爺帶著強弓利箭，挎上腰刀，放起老鷂鷹，說：「劉小，我去找找，你和大黑貓看家。記往，要是大黑貓「噪噪」叫，外頭有啥動靜，也別出去。」

老爺爺住的木房後面，有一片老松樹，下邊都是七彎八拐的洞。這些洞連在一塊，住著一隻老狐狸，一隻老兔子。這隻狐狸渾身像被癩狗舔了似的，一塊黑，一塊白，一疙瘩有毛一疙瘩禿。它又奸又滑，又壞又狠。那隻兔子呢，耳朵毛都掉沒了，雖說膽小怕事，可最愛投機取巧。

說起來，這片洞本來都是兔子的，狐狸鑽進來就住。兔子沒招，便想方設法溜須巴結狐狸，就這樣，狐兔交上了朋友。俗話說：「兔跑狐隨，狐死兔悲。」一點不假。這隻老狐狸帶著一大家，老兔子帶一幫兔崽子，就住到了這一片洞裡。狐狸想著老爺爺的禽翅獸肉，兔子饞著老爺爺的瓜果飯菜。它們出著招，變著法來騙老爺爺。比方，趁黑燈瞎火的深夜，兔子躲在大樹後面「嗚嗚」學人哭，狐狸趴在木房門邊，等老爺爺出去看看，狐狸便進屋搶點什麼就跑。常言道：「一回生，二回熟，三回四回把心留。」老爺爺心裡明白了，喂起一隻大黑貓，養起一隻老鷂鷹。狐兔耍啥鬼把戲，也騙不了老爺爺了。沒出兩年，小狐狸、兔崽子全讓老爺爺收拾了，只剩下老狐狸和老兔子。它倆氣急敗壞，勾來一條老狐狼。老狐狼裝扮成人樣，來打聽路，被爺爺識破，用箭射瞎了左眼，成了獨眼狼，夾著尾巴跑了。打那以後，老爺爺凡事更慎重了。

「狐狸鼻子尖，兔子耳朵長。」兩個老東西聽說剛來的劉小看家，樂得直撒歡。等老爺爺一走，老兔子蹦蹦跳跳跑過來，在木房前打起圈圈。劉小見了，忙要開門去抓。大黑貓昂頭翹尾地攔住他，「噪噪」叫起來。劉小抱起貓說：「大黑貓，快別叫，你看白兔胖又好，抓住做碗肉，管你吃個飽。」大黑貓連連搖頭。劉小急得直搓手，眼看著老兔子在門前來回竄。老兔子累得「呼哧」「呼哧」直喘氣，也不見劉小出來；老狐狸在房頭蹲得腰疼腿酸，也不見

門開。兩個老東西點點頭，回到洞。不一會兒，一前一後奔出，在木房前撕咬。劉小正感到兔子跑了多可惜，一看見狐兔相鬥，高興地操起大棒子便開門。大黑貓「嗥」一聲，用爪子扯住他的腿，劉小急了，忙說：「大黑貓，快讓道，門外狐兔把架咬，出去逮一對，給爺爺補皮襖。」大黑貓兩眼盯著劉小，「嗥嗥」叫著，好像說：「不好，不好。」兩個老東西累得汗濕皮毛，渾身泥土，也不見門開，只好垂頭喪氣地回洞去。

天剛黑，老爺爺回來了，嘆著氣說：「找著你爹的幾塊骨頭，我埋了。劉小啊，就跟爺爺住這兒吧。」劉小一頭撲向老爺爺懷裡，哭著直點頭。老爺爺摸著他的頭說：「好啦，沒看見什麼嗎？」劉小從頭到尾一學，老爺爺點頭道：「在山裡要防狼蟲虎豹，也要小心狐兔。這大黑貓，不管耗子嗑東西不嗑東西，在哭在笑，抓住就不客氣。劉小啊，可要擦亮眼睛，分清好歹。」老爺爺接著講了狐兔獨眼狼的事。從此，劉小便和老爺爺相依度日。

轉眼過了三年，老爺爺病倒了。臨死時，老爺爺再三囑咐說：「劉小啊，要記住爺爺的話，凡事要看準好壞，不能粗心。想法把那隻狐狸和兔子弄死，也要防著那條狼。鷹和貓，好好養著，能幫你忙。」說完就死了。

劉小已十三歲了，長得挺結實，會過能幹。可千不該萬不該，老爺爺的話他沒往心裡裝。

老爺爺死了，老狐狸老兔子可樂壞了，整天在木房前挑逗、戲耍。頭一天，劉小還能忍著，不眨眼地往外看。第二天，開開門，用箭射，放鷹追。過了三天，他抬腿便追。他一去，鷹貓立刻守著門，狐兔白忙活，也沒得到啥便宜。

這樣，過了七七四十九天。劉小覺得，大林子裡太孤單寂寞了，若有個夥伴多好。可這兒經常在外的，只有老狐狸、老兔子。他想啊想啊，自語道：「狐狸兔子也不傷人，跟他們在一起，準有意思。」

劉小這麼說，兩個老東西就聽到了。老兔子跑來，站起身子，前爪摸著三瓣嘴，晃著耳朵說：「渾身胖又白，能跳跑得快，給你遞消息，還能採點菜。」

劉小一聽，高興地說：「哎呀，老白兔，你還會說話，快進來。」氣得大黑貓直磨爪子，急得老鶘鷹連扇翅膀。老白兔忙說：「黑貓老鷹不饒我，進你門裡不能活。」劉小尋思尋思說：「黑貓黑貓莫逞硬，老鷹也別瞪眼睛，咱家來了個小夥伴，過日子多高興。」可大黑貓一躍身子撲過去，老鶘鷹飛旋著追上前，老白兔「哧」地鑽進洞。氣得劉小把大黑貓拴在了炕梢，把老鶘鷹關進木籠，然後大聲喊道：「老白兔，快進屋，鷹進籠，貓拴住！」老白兔果真來了，後邊還跟著老狐狸。老狐狸呲牙咧嘴，搖頭擺尾地說：「四腿拖條金尾巴，能捏能算會說話，有啥病災我能治，還能幫你看看家。」劉小一聽，高興得直拍手，連聲說：「快進家，快進家，咱們交個朋友吧。小木房裡過日子，劉小在這不用怕。」

就這樣，狐兔大搖大擺出入木房，氣得大黑貓和老鶘鷹不住地叫，嗓子都啞了。兩個奸懶饞滑的老東西，挑好的吃，揀好的拿，往洞裡偷，兩個老東西一看著大黑貓和老鶘鷹又蹦又跳又叫，心裡就打哆嗦。老狐狸說：「劉大哥，劉大哥，貓鷹沒用白養活，去毛扒皮好肥肉，吃了保你福壽多。」老白兔也說：「劉大哥，劉大哥，貓鷹沒用白養活，殺了做菜香又香，再弄二兩喝一喝。」劉小聽了，搖搖頭。

兩個老東西見劉小不同意，便偷偷合計起來。這個說：「劉小要看透咱們咋辦？」那個說：「趁他不注意，兩刀不就完啦！」老狐狸和老兔子越說越怕，乾脆，請來獨眼狼，吃掉劉小、貓鷹，就能放心地霸占木房了。獨眼狼早就想報一箭之仇，聽說只劉小一個小孩，便趁著天黑奔向木房。狐兔忙把門打開，獨眼狼一躍直奔炕上而來。大黑貓和老鶘鷹一看，拚命地叫起來。

劉小躺在大炕頭，睡得正香，猛聽叫聲，睜眼一瞧，一隻獨眼狼已撲上來。劉小忙翻身爬起，拿過老爺爺留下的腰刀，狠狠向獨眼狼砍去。冷不丁，老狐狸一縱身，用頭一撞劉小，劉小一晃身子，一刀落空。獨眼狼趁勢撲上，咬住劉小胸脯。劉小啥都明白了，他忍著痛，咬著牙，飛起右腳，把老狐狸踢個觔斗；反過刀刃，用勁一掄，狼頭落地。老兔子站在門口，撒腿就跑，老狐

狸翻身站起就逃。劉小用力砍斷貓繩，劈開木籠，大黑貓和老鵰鷹猛追出去。劉小強打精神，剛到門口便昏過去。

劉小甦醒過來時，只剩一口氣。他想起過去，想起老爺爺，心如刀絞，兩眼充滿淚水。他想起大黑貓和老鵰鷹，便睜大眼睛喊道：「我學你們，恨狐恨兔，恨狐恨兔！」

劉小喊著便死了。他剛死，小木房也塌了，把他緊緊蓋在下邊。整整過了九九八十一天，在一個雷雨交加的深夜裡，從裡邊飛出一隻猛禽，長著貓頭，帶著鷹性，專吃狐兔。這就是劉小變的恨狐啊。他生怕有人再像他，記不住好話，分不清好歹，或者只認得像狼一樣的敵人，卻忘了像狐兔之類的壞蛋。因此，恨狐在長白山區慢慢地飛，放開嗓子高叫：「恨──狐」「恨──兔」「恨──狐」「恨──兔」。提醒人們，夜深人靜，狼蟲狐兔又出來了，可要多加小心啊。

神鵲救凡察

據說，大清皇帝就是愛新覺羅・布庫里雍順的後代。

愛新覺羅・布庫里雍順，被三姓人推舉為首領之後，建立了鄂多理城，率領眾人建設家園，頗受人們的擁戴。可是，由於他的後裔們不善於撫民理政，而引起了族人們的反叛與抗爭，致使其子孫們慘遭殺戮。

在這族人們反叛、抗爭的戰亂中，愛新覺羅・布庫里雍順的子孫死傷者居多，唯其正宗嫡孫凡察，因人小體弱，倖免一死。

凡察從父兄的死難屍體裡爬出來時，恰好被敵人們發現。正在他走投無路，木樁般立在那裡不知所措的關鍵時刻，翱翔至此的神鵲卻不偏不倚地落在了他的頭上，叛族儼然看見鳥鵲棲息在枯木上啾啾哀鳴，振翅欲飛，卻不見被追殺者的蹤影，索性轉身返程了。等追殺的人走遠，神鵲又尖聲驚叫了起來。

凡察聽得叫聲甦醒了，略微整理了一下衣裝，便朝神鵲飛走的方向逃命去了。就這樣，愛新覺羅・布庫里雍順的嫡傳子孫凡察得以活命。後又經過若干年的繁衍、征戰，愛新覺羅・布庫里雍順的家族才重振雄風。從猛哥帖兒到董山、妥羅、福安、覺昌安、塔克世，直至努爾哈赤、皇太極，經過幾代人的奮鬥，終於建成了大清王朝。

打椿鳥

在長白山區，有一種鳥，長得像雞一樣，尖尖的嘴巴，「呼呼」地叫，就像人們在水中打樹椿子一樣，大夥就叫它「打椿鳥」，提起這名還有一段故事呢。

很早以前，在長白山腳下的一個小山村裡，住著夫妻倆，男的姓柳名青，女的姓楊，大夥都叫她楊花，這小兩口以種田為生，日子還算過得去。可是，老天不作美，一連下了七天七夜大雨，江水出了潮淹沒了莊稼，衝進了村莊，淹沒了房子，有一些生病的老人和孩子，行動不方便的人，都被這無情的大水沖走了，真是天地一片洪水流，高山一片哭聲悲，老人叫孩子，孩子叫大人。柳青看在眼裡，急在心上，他對老婆楊花說，我們得想個辦法，把洪水擋住。想個什麼辦法哪？這時柳青說，我想起來一件事，以前我在山中打柴時，正趕上下大雨，我看見山溝裡有一棵大樹被山洪衝倒，掛在溝邊的樹枝上，而洪水就被延向另一邊了。我想咱們也在江邊上打一排木椿，再掛上樹枝，把江水迎住，大水就衝不進村莊了，村邊的田地也都能保住，咱倆到江邊上先打兩隻樹椿，掛上樹枝試一下看。當時，他倆在江邊上打了樹椿，掛上樹枝，江水真的被迎住了。柳青說：「這個辦法真行，我們就這樣幹吧。」「咱倆流點汗水，能保住全村的老小和田地，也不枉我們為人一世。」

就這樣，小兩口在江邊上打起了木椿，一天的工夫，就從村上頭的江邊打到村下頭的江邊上，一排木椿打成了，又上山砍樹，再把樹枝運到江邊掛到樹椿子上，這一下把江水迎了下去，村莊和田地保住了。可是，柳青和楊花累得一點力氣都沒有了，他倆想坐一會兒，休息一下，看見江邊上有塊大石頭，就來到石頭跟前，坐下來。柳青和楊花誰也沒想到，這次大水，是江裡的兩隻大烏龜精作的怪，他們看到村裡富裕了，就有些生氣，因為再也沒有人給他們送禮，求神求雨了，所以就發了這次大水，想把村莊給淹了。可是，這兩隻烏龜

精萬萬沒有料想到柳青和楊花把水迎住了，氣得烏龜精就變成了一塊石頭偷臥在江邊上，另一隻在江水裡，只要柳青和楊花坐在上面，下面的烏龜精一拉，就把柳青和楊花給拽進江水裡淹死，這一切柳青和楊花是不知道的。柳青和楊花剛坐下，大石頭連同柳青和楊花就一起掉進江水裡，被這無情的江水沖走了，從那以後，他兩口子再也沒有回來。

那兩隻大烏龜精，有一隻變成了大石頭，另一隻在江水裡拉，在江水裡拉的那一隻一下用過了勁，把大石頭壓在自己的蓋上，壓得它亂叫亂跑，烏龜殼被壓碎了，順著江水流進大海裡去了。所以，現在大海裡的烏龜，有整蓋的，也有碎蓋的，碎蓋的就是那次被石頭壓碎的。

鄉親們後來知道柳青和楊花被洪水沖走，就沿江邊向下游找，十幾天過去了，也不見柳青和楊花的影子。

時間一天天過去了，有一天早上，江邊又傳來打樁聲，鄉親們聽見了，都來到江邊看，認為是柳青和楊花回來了，到了江邊卻不見柳青和楊花，看見了兩隻水鳥在叫，聲音極像柳青和楊花打樁聲，後來人們傳說，那兩隻水鳥就是柳青和楊花變的，每年夏天，都來到江河邊打樁，是為了提醒人們，注意洪水，保護家園。從那以後，鄉親們就叫這種鳥為打樁鳥了。現在人們叫它「水雞」。

姜玉春

奇怪的「草爬子」

「草爬子」是長白山裡一種頂頂奇怪的小動物，不論吃多少，一點兒也不排出，肚子越撐越大，直到撐得比原來大幾十倍的時候，肚子就破裂了，「草爬子」也就死了。它雖然死去，可是肚子裡又生出來很多小崽。它們就這樣一輩一輩地往下傳。

關於草爬子，有這麼一個傳說。

從前，關裡曹家莊有個姓曹的，他沒有正兒八經的名字，外號叫曹耙子。為啥呢？就是因為他能「劃拉」，不管到誰家，總要吃點兒，拿點兒、要點兒，從來不帶空手走的。時間一長，誰也不搭理他。他自個兒也覺得名聲太臭，想挪挪地方。正好曹家莊有個曹老大闖關東發了小財，曹耙子就死皮賴臉地跟著他來到了長白山，想弄些人參發個大財。

曹老大把他領到長白山，放了七天山，挖了十苗大山參，可把曹耙子樂壞了，他打起了壞主意。一天早上，曹耙子突然說肚子疼，不能去挖了，曹老大就自己進山了。等晚上回來一看，地餞子裡的山參沒有了，小米子也沒有了，曹耙子也不知哪去了，曹老大明白過來，準是曹耙子偷了人參下山了。立刻氣得背過氣去。曹耙子哪去了呢？曹老大猜對了。他裝肚子疼，等曹老大走了，偷了人參和小米子就跑了。他走了三天，走迷了路。老林子裡地形都差不多，轉來轉去也沒走多遠。這時，小米子也吃光了，他連累帶餓加著急，昏倒在地上。過了一會兒，曹耙子覺得臉上怪癢癢的，睜開眼一看，是一隻梅花鹿在舔他。他一下子抱住鹿頭，把鹿壓在身下，像瘋狗似的咬住了鹿的脖子，一口一口吸起鹿血來。不管鹿怎麼掙扎，曹耙子死死地抱住鹿不放，不大一會兒，把鹿血全喝乾了，他自己的肚子撐得像一面大鼓似的，一點也動不了。他迷迷糊糊地做了一個夢，夢見閻王爺來要他的命，曹耙子說：「閻王大人，我死了還能轉生為人嗎？」閻王說：「你好吃懶做，壞事兒幹盡，只能轉生牛馬，為人

幹活。」曹耙子一聽，連忙說：「不，不，我不轉生牛馬。我就想轉生一個不用幹活，光吃不拉的東西。」閻王點了點頭。曹耙子嚇醒了，知道是做了個夢。可是剛睜開眼，猛然看見曹老大來到跟前，嚇得他爬起來想跑，沒跑上兩步，那個像鼓似的肚子「崩」的一聲破了，曹耙子叫了一聲，倒在地上死了。

　　原來曹老大丟參後，自己又去放山，走到這兒，正好碰見了曹耙子。曹耙子死了，曹老大嘆了口氣，就地把他埋了。剛埋好，只見墳裡鑽出一個紅肚黑頭的小玩意兒，爬到曹老大身上就咬，怎麼拽也拽不下去。曹老大脫下鞋，打了一鞋底子，再一拽，才拽下來。從此，長白山就多了這麼種小動物。曹老大想，這可能是曹耙子轉生的，就叫它「曹耙子」吧。時間久了，不知怎麼就叫成了「草爬子」。

　　就是現在，「草爬子」也不用幹活，只要遇到人和其他動物，叮上就咬，專門喝血，光喝也不尿不拉，早晚撐死拉倒。要是「草爬子」叮人，你先給它一鞋底子，再使勁兒猛拽，要不然，它的頭留在肉裡可就麻煩了。

小咬兒

在長白山裡，有一種小小的昆蟲，名叫小咬兒。冰消雪化的時候，它就出來了，到了暑伏天氣，它就多起來，尤其在陰天下雨的時候，一團兒一團兒的，紛紛揚揚，冷眼一看，像揚起的谷糠。它專靠吸人和牲畜的鮮血過活。太陽一出來，或者颳起了風，它就藏了起來。這東西咬人，像錐子扎，刀子剜，一轉眼就咬得又紅又腫一大片。人們都恨得直罵：「張士貴這小子，損出胰子來了。」小咬兒咬人，為啥罵張士貴？聽我給你講個故事。

在唐朝的時候，有個官兒叫張士貴。這小子是又刁又狠，又奸又壞，專靠喝老百姓的血汗過日子。他在朝中，欺君瞞主，做盡了壞事。老百姓恨透了這小子。

有這麼一天，他陷害薛禮，沒成，露出了榫頭，被皇帝定了死罪。皇帝在為薛禮設的慶功宴上，當著滿朝的文武大臣，把張士貴點了天燈兒。點完了天燈兒，就把他的屍首扔到荒郊野外。就這樣也沒解過老百姓的恨。老百姓又把他的骨頭磨碎了，把骨粉揚到野外，正好吹來一陣風，把骨粉吹得滿天飄揚。飄著飄著，就變成了一些小昆蟲，這就是小咬兒。這小子生前就靠吸血過活，死後它的本性還沒改，又變成了小咬兒來喝人血。

他生前幹了不少見不得天日的事，變成小咬兒就怕太陽。人們一叫小咬兒咬著了，就恨得直罵：「張士貴的骨頭──損小咬兒！」

你別看小咬兒這樣凶，老百姓也有治它的法子。張士貴是叫人家點天燈兒燒死的，變成小咬兒它就怕煙熏火燎。哪兒有小咬兒，人們就生起煙火，一頓傢伙就把它們嗆昏了，熏死了。

於樂畔（講述）

劉勇志（蒐集整理）

走　獸

梅花鹿的傳說（之一）

傳說很早以前，關東的長白山沒有積雪，一年到頭總是樹木成林，草兒青青，花兒鮮豔。群山之間還有一個圓池，圓池水清亮亮的能看見底，天上玉皇大帝的七個姑娘，常來洗澡。因為這個，圓池又叫「天女浴躬池」，現在叫「天池」。

長白山上生長著一種長壽草，開的花通紅通紅的，漫山遍野，到處都是，這草能治百病，延年益壽。玉帝讓太上老君來管白頭山，種植長壽草，煉長生不老藥。玉帝害怕長壽草被凡人偷去，讓黑龍將軍日夜守護著。

有一年秋天，長白山這拉溜發生了瘟疫，村子裡病死許多人。哭聲震天動地的，傳出挺遠。這個節骨眼，正趕上七個仙女在圓池裡洗澡。她聽見哭聲覺得挺納悶，老百姓有啥傷心事兒，哭得這麼厲害？就這麼的七個仙女到越了七彩祥雲，擺動著長袖子，飄飄悠悠來到村子上空。她們往下一瞧：哎呀！可了不得啦。家家煙筒不冒煙了，一具具屍體停放在院子裡。妻子哭丈夫，女兒哭爹娘，哭嚎聲一陣比一陣大，這個慘哪：仙女中的六妹妹見到這個情景，心裡酸溜溜的，眼淚在眼圈裡含著，對姐妹們說：「咱們快到山上挖點長壽草，給百姓治病吧。」

眾姐妹忙阻攔說：「不行啊！私挖仙草，父王要降罪的！」

「救人要緊，我不怕治罪！」六仙女一賭氣，頭也不回地飄向山頂。她降落雲頭，悄悄地挖著長壽草。

黑龍將軍巡察各山頭回來，看見有人偷挖長壽草，氣得渾身發抖，濃密的絡腮鬍直蹶�。他按落黑雲，跳下來，雙手舞動銀錘，大聲喝問：「誰在那偷挖仙草！」

六仙女聽見喊聲，猛一抬頭，見是黑龍將軍，忙說：「將軍，我是玉帝的六姑娘啊。」

黑龍擦擦眼睛，仔細一瞅認出是六仙女，慌忙扔下銀錘，雙腿跪倒，說：「不知仙姑駕到，有失遠迎！」

六仙女說：「將軍，山下百姓生病，死了好些人，我來取些長壽草給他們治病。」

黑龍問：「不知仙姑可有玉帝的聖旨？」

「沒有。」

「那可不行，玉帝知道會發怒的，我擔當不起呀！」黑龍見六仙女沒有聖旨，冷笑一聲站起來說，「仙姑請回吧。」

六仙女見黑龍態度突然變了，腳一跺說：「挖仙草，救百姓，我鐵了心啦！」

「那好啦，我押送你回天宮，一起去見玉帝。」黑龍說著，舉起銀錘向六仙女頭上砸來。

六仙女右手一伸，一道金光閃過，變出兩把寒光閃閃的寶劍。她杏眼圓睜，柳眉倒豎，揮動寶劍交叉一架，「咣噹噹」劍錘相碰，火星四濺。就這樣，錘來劍往，黑云翻捲，白雲繚繞，好一場廝殺。黑龍使出渾身的道行，也不能使六仙女降服。他急忙現出黑龍原形，張牙舞爪地飛往天宮，向玉帝報信去了。

六仙女挖了七七四十九棵長壽草，裝扮成村姑模樣，來到村子裡，教人們把長壽草用水熬成湯，病人喝了仙湯，頓時覺得渾身輕快多了，添了許多力氣，慢慢地恢復了元氣。村民們扶老攜幼，紛紛前來向六仙女道謝。

再說，黑龍氣喘吁吁來到天宮凌霄寶殿，把六仙女偷挖仙草給百姓治病的事兒，告訴了玉帝。玉帝聽後大怒，立刻派兩名大力神下界，捉拿六仙女。

六仙女被大力神押回天宮，玉帝惡叨叨地說：「你膽子不小啊！竟敢違犯天規，私挖仙草，貶你到凡間變成鹿吧！」

天宮的各路神仙聽說了，都來向玉帝求情，齊刷刷跪在大殿裡，請求玉帝把六仙女從輕發落。玉帝不理不睬，袖子一甩，轉身回寢宮去了。

六仙女被大力神押出南天門，拋到層層雲霧裡。她落到長白山老林子裡，

變成了一隻頭頂茸角的梅花鹿。

再說，天宮裡銀龍大王的二太子。這小夥子心眼好使，憨厚善良，常常私到凡間遊玩，看見哪疙塊乾旱，小苗缺雨，就行雲降雨，滋潤田地。可是，沒多久就被玉帝知道了。玉帝發怒，也將二太子貶到長白山變成梅花鹿，頭頂著一對茸角。

從這以後，六仙女和二太子就跟隨在童顏鶴髮的太上老君左右，形影不離。後來，六仙女頭上的茸角沒了，二太子頭上的茸角也被一年割一茬，這是咋回事呢？

原來，又是一年秋天，長白山腳下的村子裡又發生了瘟疫，貧苦百姓被疾病折磨得死去活來。由於缺醫少藥，許多人眼睜睜地死去了，村外添了許多新墳。六仙女和二太子站在山頂向村裡張望，心裡像刀絞一樣難過。他倆去央求老君熬藥救救百姓。老君挺為難，這事兒一旦讓玉帝知道就要被懲處。可老君又架不住他倆苦苦哀求，心就軟了。老君一狠心，架起大鍋燒水，又領著六仙女和二太子採來九九八十一種草藥，挖了九九八十一棵萬壽草，倒進鍋裡，用溫火慢煨。湯藥一直熬了三天三夜，老君這才慢悠悠地說：「這藥要想藥勁大，還缺一副鹿茸角，你們兩個誰肯把自個兒的茸角摘下來呀？」「這……」二太子在小溪旁照了照自個兒美麗的茸角，心中有點打怵。

「摘我的吧！」六仙女湊到老君身旁，爽快地說，「為救百姓，我什麼都捨得。」她說著，眼睛剜了一下二太子。

老君慈愛地撫摸著六仙女頭上的茸角，心痛地說：「仙姑，摘角很痛苦，你能受得了嗎？」

「能！」六仙女果斷地說：「老君快動手吧！」

老君取來太極劍，手顫抖著，刺向六仙女的頭皮，左右一剜，六仙女痛得「啊」的一聲慘叫，鮮血淌出來，昏過去了。二太子見狀，驚呆了。隨後，他用胳膊彎托起六仙女的頭傷心地痛哭。老君取下連著頭皮的茸角，又趕緊拿來兩棵長壽草搗碎，敷在六仙女頭上，又從寶葫蘆裡倒出一顆紅丸，給六仙女灌

下去。工夫不大，六仙女就醒過來了，頭上的傷口也癒合了，微笑著依偎在二太子懷裡。老君提起血淋淋的茸角放到藥鍋裡，茸角一點一點地融化了，藥汁變得越來越濃，藥色深紅。

藥熬好了，老君取來罈罈罐罐，把藥汁舀進去。六仙女和二太子變幻成人形，提著罐子到村子裡給生病的村民分藥。病人喝了藥汁，病很快就好了。村子裡人歡馬叫，男耕女織，又有了生氣。

就這樣，平平安安過了兩年。有一年秋天，瘟疫又降臨了，百姓重染疾病。老君知道後，馬上領著六仙女和二太子採藥、挖長壽草，架鍋熬藥。藥快熬好了，老君說：「這劑藥還需要一副茸角，怎麼辦吧？」

「摘我的吧！」二太子說。

「不行啊，」老君搖搖頭，「你這副茸角用完了，還怎麼辦呢。」他在地上來回踱著步，皺著眉頭。突然，他眼睛一亮，說：「我想出一個辦法，不知你倆可否贊成？」

「能治好百姓的病，豁出命也不怕。」六仙女和二太子異口同聲地說。

「好哇」老君被感動了，磨身取來太極劍，輕輕握住二太子頭上的角，飛快地一削，一道寒光閃過，茸角就割下角來了，二太子痛得一咧嘴，頭上的茸角根淌出了鮮血。老君拿起兩棵長壽草搗碎，敷在二太子頭上，血馬上就止住了。「這，這回該取你倆的膽啦！」老君吞吞吐吐地說，「不，不怕嗎？」六仙女和二太子一愣，互相看了一眼，問：「老君，不知取膽作啥用？」

老君說：「取出雌雄兩個鹿膽，按在二太子頭上蠹角根，就可以長出兩個新的茸角。」

「好哇！」六仙女和二太子高興地說。

「按老君的辦法做吧！」說完，雙雙躺在草地上。

老君用太極劍劃破他倆的肚子，取出兩個膽來。隨後又趕忙搗碎兩棵長壽草給他倆敷上傷口止血。取出寶葫蘆裡的紅藥丸，讓他倆吞下。待傷口癒合了，老君這才把兩個鹿膽，分左右按在二太子頭上的茸角根上。真神奇，二太

子頭上的茸角就像莊稼拔節一樣，嘎吧嘎吧響了一陣，長出兩個分四個叉的、茸嘟嘟的漂亮茸角，二太子樂壞了，麻利地跑到溪水旁照了又照。

這一年，村子裡的病人喝了鹿茸、長壽草和其他草藥熬成的湯，病很快就好了。

可是，這個事兒，又讓黑龍將軍發現啦！起先，黑龍看見老君領著六仙女和二太子挖長壽草、採草藥，還尋思是給玉帝煉長生不老藥呢。後來看見六仙女和二太子提著藥罐往村子裡去了，才知道老君是給凡人熬藥。黑龍恨得直咬牙。「大膽的老君，我要告你的御狀！」他知道自個兒的道行鬥不過老君，急忙現出黑龍原形，捲起黑雲飛往天宮，向玉帝告狀去了。

黑龍來到凌霄寶殿，添油加醋地這麼一白話，玉帝大怒，立刻傳旨，命托搭天王李靖帶領五百天兵天將，到長白山捉拿太上老君。

李靖接旨，不敢怠慢，馬上點起天兵天將，駕起雲頭，浩浩蕩蕩來到長白山的上空。老君望見雲端裡的李靖，知道壞菜了，要大禍臨頭啦！他趕忙對六仙女和二太子囑咐：「我這回一去就回不來啦，留下太極劍，你倆繼續割茸熬藥給百姓治病吧，茸角割完了還會長出來。」老君說著，兩顆淚珠掛上了腮邊。

「記住啦！」六仙女和二太子淚滾滿面地跪在老君面前：「你放心地去吧！」

老君用手擦去臉上的淚珠，起身騰空，迎著李靖他們飛過去……

老君剛被押走，玉帝又派觀音大士和風神、雪婆來到長白山，觀音拋出萬寶袋，裝走了山上的長壽草；風神、雪婆颳風降雪，眨眼工夫，長白山就變成了一座雪山。

打那以後，長白山就長年有積雪，長壽草也很難找到了。可是，六仙女和二太子每年秋天，總還要翻山越嶺，歷盡千辛萬苦，去尋找長在邊邊拉拉的長壽草，割下二太子頭上的茸角，熬成湯藥給百姓治病。這個美麗、動人的故事，也一輩接一輩地在長白山流傳下來了。

李文瑞（編）

梅花鹿的傳說（之二）

這是老輩子的事兒，在長白山裡住著哥兒倆，哥哥叫達布倫，弟弟叫達布蘇，都沒有娶媳婦，長年以打獵為生。

一天，達布蘇打獵路過一個懸崖下，發現在一片沒膝深的荒草中，有一塊空地，什麼都沒長。空地中間有一棵奇怪的草，開著幾朵非常非常好看的花。他覺得很納悶兒，便蹲在地下用手扒拉起來。不一會兒，扒出個像小胖孩一樣的東西來。他想，會不會是棒槌呢？於是把這東西捧回家去。哥哥達布倫一看，大吃一驚：「這不是個大棒槌嗎？」他心裡樂壞了，嘴上卻對達布蘇說：「這東西是不是棒槌我也不認識，這樣吧，明天我把它拿到別處賣賣試試，你在家等著，若賣了錢，哥哥一定給你買件新衣裳穿。」達布蘇高興地答應了。第二天達布倫就離開了家。

兩個多月過去了，達布倫也沒回來。達布蘇急壞了，心想：是哥哥去的地方遠嗎？還是病在路上？他盼了一天又一天，怎麼盼也沒有盼回來。

家裡就剩下達布蘇一人過日子了，這年冬季有一天，颳風下雪，天特別的冷，達布蘇打完獵往家走，突然，見一隻猛虎嘴裡叼著個黑乎乎的東西奔過來。他急忙閃在大樹後，張弓搭箭。老虎來到跟前，他看清楚了，原來叼著一隻小梅花鹿。他一箭將老虎射倒下了，可是小鹿也奄奄一息了。達布蘇把小鹿抱回家去，生火為它取暖，慢慢地小鹿甦醒了。說也奇怪，小鹿一點也不怕，親暱地依偎在達布蘇身邊。

從此以後，小鹿成了達布蘇的好夥伴。白天打獵，它跟著翻山越嶺，夜晚就守在達布蘇身邊。一天晚上，達布蘇睡覺醒來，發現小鹿不見了，一連幾天也沒回來，他很捨不得。過些日子，達布蘇中午打獵回來，老遠看見自家煙囪冒煙，他很奇怪，一推屋門，愣住了：地上站著個漂漂亮亮的大姑娘，鍋裡的飯已經做好了。這時，那姑娘來到達布蘇跟前，羞答答地說：「阿哥，快吃飯

吧！」達布蘇急忙問：「你是誰家的格格，為啥來這給我做飯？」姑娘只是紅著臉不說話。

從此逃布蘇每天都能吃到熱乎乎的飯菜，可他心裡很不踏實。暗想：這姑娘怎麼會走進這無邊無際的深山老林裡呢？這天他拿著弓箭假裝出去打獵，走了一會兒又偷偷繞回來，扒著後窗縫往屋裡瞧。瞅了一會兒，屋裡沒人，正發愣，突然，見那天被他救的小鹿從門外跑進來，然後在地當間兒打了個滾，脫下一張鹿皮，變成那個給他做飯的姑娘。達布蘇差點叫出聲來，他一切都明白了。這工夫，他見姑娘拿起鹿皮，藏在外頭的石堆裡，然後回屋做起飯來。達布蘇偷偷地把鹿皮找出來，用火燒了。姑娘做好飯，去取鹿皮發現沒有了，迎面遇到達布蘇，她問道：「石堆裡的東西是你拿去的嗎？」達布蘇說：「已經被我燒了，一切我都明白了，你就留在這兒別走了。」梅花鹿姑娘又是喜又是悲地說：「我本是梅花山的鹿仙，自那日被你救了性命，我見你心地好，孤單一人怪可憐的，所以來幫幫你。如今我沒有了鹿皮，只恐大難臨頭時，無力解脫……」說完她長嘆了一聲。達布蘇聽了姑娘的話，感動得流出淚來，後悔不該燒掉鹿皮。

從此，達布蘇與梅花鹿姑娘結成夫妻，兩人感情非常好。達布蘇一天看不見妻子，就像丟了魂似的，打獵也不願去。倒是梅花鹿姑娘想出個主意：她對著清亮的水面把自己的容貌活靈活現地畫在一張紙上，讓達布蘇帶在身邊。達布蘇高興極了，打獵時想念妻子，就拿出來看看。不料，一天他正拿著畫像看，冷不防被一陣大風給捲走了。畫像在空中飄呀飄呀，最後落在渤海郡王的宮殿裡。渤海郡王一看，大吃一驚：「天下竟有這般絕色美女！」當下派出兵馬到處尋找畫中的美女。並傳下聖旨：有誰尋著這美女，封大官，享受厚祿，否則殺頭問罪。可是半年過去了，還沒尋著，派出去的人不知被殺了多少。

單說這派出去的人當中，有一個人正是達布蘇的哥哥——達布倫。原來，那年他拿著棒槌出了長白山，在一家大藥鋪賣了五百兩銀子，他便見財起意，撇下了達布蘇，留在虎爾哈河一帶，後來混在渤海郡王府上當了差。如今他親

眼見那些派出去的兵將個個被殺了頭，知道自己回去也免不了同樣的命運，便獨身一人逃進了長白山，厚著臉皮去找弟弟。達布蘇以為哥哥早已不在人世了，如今見哥哥回來了，悲喜交加，一頭撲在哥哥懷裡大哭起來。達布倫也假惺惺地擠出了幾滴眼淚。達布蘇向妻子介紹說：「這是失散多年的哥哥，快來見禮。」達布倫抬頭一看，不禁大吃一驚：「這不就是要找的畫中美女嗎？她怎麼會成了弟弟的妻子呢？」達布倫眼瞅著愣住了，心裡暗自打起了鬼主意。他縐巴作套地說：「那年我出山去賣棒槌，走了三個月，把棒槌賣了，也沒賣上幾個錢，不想在路上被強盜打了槓子，連衣服都給剝了去，幸虧遇上好人救了我。後來我在渤海郡王宮裡當了差，一直脫身不得，在那成了家。可是我一直想念弟弟，如今借外出公差的機會，偷偷回家來看看弟弟。」

聽了達布倫的話，老實憨厚的達布蘇相信了。就這樣，貪得無厭的達布倫為了領功請賞，第二天便藉口出差緊急，匆匆別了達布蘇夫妻，向渤海郡王報告去了。

這天，達布蘇家裡突然闖進來一幫披盔帶甲的朝廷的官兵，不容分說，進屋就搶梅花鹿姑娘。達布蘇氣瘋了，不顧一切上前同官兵廝打，可是寡不敵眾，梅花鹿姑娘被強行推進了一乘轎子裡。臨走時，梅花鹿姑娘含淚對達布蘇說：「阿哥不要難過，請記住我的話，如果你誠心愛我，就去梅花山向我那些梅花鹿姊妹求救，她們會設法救我的。」沒容梅花鹿姑娘把話說完，她就被官兵搶走了。

達布蘇記住了妻子的話，在梅花鹿姑娘被搶走的第二天，他便背上弓箭離開家去尋找梅花山。可是梅花山在哪個方向，有多遠，他全不知道。他走啊，走啊，餓了吃野果，渴了喝泉水，一路上不知殺死了多少狼蟲虎豹，整整走了一百天，終於從遠處望見了雲煙繚繞、直搖雲天的梅花山。他樂得心都快要跳出來了，拚命地跑哇跑哇。天陰得伸手不見掌，摸不著路，達布蘇對著黑夜說：「月亮啊月亮，出來給我照照路吧，我要救梅花鹿姑娘！」奇怪，月亮真的鑽出了雲層，照得地上如同白晝。地上大石頭絆腳，達布蘇說：「石頭啊石

頭，給我閃開條路吧，我要救梅花鹿姑娘！」石頭真的滾在一邊，閃出一條路來。達布蘇終於來到了梅花山下，往上一瞅，梅花山像一根柱子，望不到頂，達布蘇犯了愁：「這可怎麼攀上去呢，」他摸著順山根石壁長起來的一棵葫蘆秧兒說：「葫蘆秧啊葫蘆秧，我要能扯著你上去該多好哇！」話音剛落。這葫蘆秧兒真的長了起來，一會兒就看不見梢兒了。達布蘇忙用手一搬葫蘆葉子，一點不晃蕩，他樂壞了，腳踩著葫蘆葉子一節一節地往上攀。

　　天亮了，達布蘇終於攀上山頂，舉目四下一看，只見雲霧縹緲，怪石林立，到處是蒼松翠柏，遍地是奇花異草，真如仙境一般。這時，從遠處聳立的怪石後面，閃出一群歡蹦亂跳的梅花鹿，一眨眼兒，變成了一群仙女，從雲霧中朝達布蘇走來。達布蘇望著那些衝他微笑的仙女說：「眾位仙女，救救梅花鹿姑娘吧！」話音剛落，就見一個非常漂亮的仙女甩手扔下一件美麗的梅花鹿衣，落到達布蘇身上。又聽那位仙女說：「好心的達布蘇，你有了這件梅花衣，梅花鹿姑娘就得救了。記住我的話，你只管安心去打獵，一定會有人把這件梅花衣親自送給梅花鹿姑娘，那時，梅花鹿姑娘就會重新回到你的身邊。」說完，仙女們飄飄地離去了。達布蘇感激不盡，對空拜了幾拜，把梅花衣背在身上，順著來路，踩著葫蘆葉子下了山。他雙腳剛一著地，葫蘆秧子就跟著落下山來，那枯老變黃的秧蔓上掛滿了嘀裡嘟嚕的葫蘆，有幾個已經裂開縫子，露黃黃澄澄的東西。達布蘇仔細一看，全是金子，他只拿了一個掖在懷裡，匆匆離開了梅花山。

　　再說梅花鹿姑娘自從被搶進渤海郡王宮裡，一心想念達布蘇，茶不進，飯不吃，終日悶悶不樂，不許郡王靠近身邊。什麼山珍海味，珠寶綾羅，都動不了她的心。這可把渤海郡王愁壞了。這天，老郡王又厚著臉皮對梅花鹿姑娘說：「我的心肝肺兒，你知道嗎？為了你，這幾個月工夫竟使我變老了。快告訴我，你到底稀罕什麼東西？你就是要龍肝鳳膽我也給你取。」

　　梅花鹿姑娘突然開口說：「你的東西我啥也不稀罕，我就想穿家裡的那件梅花衣，快給我拿來好了！」老郡王一聽，樂壞了，他還是第一次聽到悔花鹿

姑娘對他說話呢！為了儘快取來梅花衣，要選一名最熟悉路途的人前往，這時財迷心竅的達布倫，為了再討好郡王，主動承擔了這個差事。

達布倫離開王府，揚鞭催馬，日夜飛奔，沒用一個月工夫，便到了達布蘇家裡。進屋一看，達布蘇不在家，正疑惑間，一眼看見牆上掛著一件梅花衣，他急忙把它拿下來。這時，突然打衣服裡掉下一個葫蘆，他仔細一瞧，葫蘆裂縫裡露出了金黃的東西：「啊！是金子！」達布倫樂得叫出聲來。他怕弟弟回家看見，急忙用梅花衣裹了葫蘆，出門上了馬，飛奔而去。

一個月後，達布倫回到渤海王宮，他把那葫蘆藏在懷裡，雙手捧著梅花衣交給老郡王，然後匆匆回到家裡。回家後他急急忙忙從懷中取出葫蘆，扒開一看，傻眼了，裡邊哪是什麼金子，全是白花花的葫蘆籽。他氣壞了，正要往地下摔，突然一股醉人的清香鑽進他的鼻孔，他抓起一顆葫蘆籽，聞了聞就放在嘴裡，吞進肚中。哪知葫蘆籽剛一進肚立時腹中疼痛難忍，霎時七竅出血，喪了性命。原來他吞的是金子。

再說梅花鹿姑娘這時穿好了梅花衣，正衝著老郡王微笑呢！老郡王看著這勾魂攝魄的美人兒，早已魂不附體了，他不顧一切撲上前去。這時梅花鹿姑娘忽然變成了一隻美麗的梅花鹿。在老郡王還沒弄清是怎麼回事時，梅花鹿用嘴叼起老郡王騰空而起。老郡王只覺得身邊冷風嗖嗖，天旋地轉，兩手一鬆從空中摔了下來，摔成了一灘爛泥。

這時，梅花鹿已經飛過重重高山，越過條條大河，奔長白山找她心愛的達布蘇去了。

梅花鹿的傳說（之三）

這是很多年以前的事兒，那時候滿族還叫女真呢。

富察部落有兩個小小子，是同一年，同一個月，同一天生的，一個叫阿甲，一個叫阿乙。阿甲家和阿乙家是近鄰，兩位額娘摽著勁兒侍候孩子。你給阿甲扎個紅兜肚，我就趕緊給阿乙去討換紅布；你給阿乙吃一頓肉糜粥，我就給阿甲做一頓肉末飯。兩個小小子像氣吹似地往大長，三年頭高過板凳，五年整超過方桌。模樣長得也都不賴歹，阿乙長得白白淨淨，雙眼有神，誰見了都說：「這孩子長得真水靈。」阿甲長得虎頭虎腦，惇惇實實，誰見了都說，「這孩子多壯實。」

小哥倆長到七歲就不吃閒飯了，一人拎著一把鞭子上山放羊，腰裡還都挾著鐮刀，得空就割點羊草和柴火。阿甲割柴火總是揀又粗又長的割，一天割一大捆，用背架往回背。阿乙割柴火專挑細枝細稈的割，半頭晌就能割一大片，他把柴火分成四捆，用根長扁擔挑著。回到家，阿甲額娘一看，心裡真高興，她常常告訴兒子阿甲說：「阿乙長得單薄，做活計時要幫幫他。」

小哥倆給自己家割柴是這樣，給部落首領割柴也是這樣，割柴去賣錢、去換鹽換布也是這樣。每逢趕集，阿乙都比阿甲賣的錢多，阿甲每回都比阿乙賣的快。集上的人希罕阿甲的柴火，也稀罕阿甲這個人，一來二去人們就都叫他「老實疙瘩」。

一晃又過了十多年，兩家的老人都死了，阿甲、阿乙都長成大小夥子了。阿乙到外城去趕馬回來賣，日子過得挺興旺，住上了三間大瓦房。阿甲學了個燒瓦盆的手藝，就在家門口捏坯，燒盆，雖說沒住上瓦房，倒是擺了一當院的瓦盆、瓦罐、瓦碟，瓦碗。阿乙越過越精細，趕回來的馬直到賣完，他只飲水不餵草，半夜裡馬餓得咳兒咳兒直門叫，他也不管。阿甲聽了，可憐不會說話的牲口，就用草去餵。阿乙看見了假裝沒瞅著。日子長了，部落裡的人都氣不

忿兒地說：「阿甲餵馬，阿乙得錢。」

有一天，阿甲剛進林子要砍燒盆的柴火，就看見一匹白眼狼咬住了一隻小梅花鹿。阿甲連忙把鐮刀拋過去，白眼狼跑了，救下了小梅花鹿。小鹿的腿被咬傷了，小爪子滴溜噹啷的，還一個勁兒地往外流血。阿甲柴火也不砍了，抱著小梅花鹿回了家。阿乙聽說了，心裡算計，鹿長大了長鹿茸，一副鹿茸，能頂兩、三匹馬的價錢，於是便急忙拿著刀口藥去幫助阿甲給小鹿治傷。小鹿在阿甲精心護理下，傷好啦，慢慢地長大了。原來還是只母鹿，不長茸，阿乙非要殺了吃肉不可。阿甲苦苦相勸，阿乙說不殺就賣，對半分錢。鄰居們說鹿是阿甲救回來的，不干阿乙的事。阿乙說要不是他的刀口藥，小鹿早死了。他又說：「不殺不賣，就砍下受過傷的那條腿。」說完他拿起刀就要動手。

小梅花鹿兩隻眼睛盯著阿甲淌眼淚，阿甲沒辦法，給了阿乙半條鹿錢才算完事。

一天，天湛藍湛藍的，阿甲剛生著火燒瓦盆瓦罐。湛藍的天冷不丁下起了瓢潑大雨，把火澆滅了不說，土堆還灌飽了雨水，盆坯碗坯都泡爛了。阿甲連挖開看看的興頭都沒有了，就等天晴了重頭做起。不曾想，半夜裡火又燒起來了，柴火噼噼剝剝燒得直響。阿甲趴窗戶往外看，只見有個黑影子正在撥火，他出去尋找，沒見到什麼人。一連轉了幾圈，啥也沒看見，就是小梅花鹿在那來回溜躂。這把火燒得可真好，把整個的土堆燒成了一個扣著的大瓦盆了。挖還挖不開，用鐵鍬敲敲嗡嗡直響。他只好從旁邊挖個口，往出取燒好的瓦器。真是奇了，那百十件盆、罐、碗、碟，一件也沒裂、沒碎，還都燒成了鐵青色。原起燒的瓦盆都是土紅色的，既不好看，又不結實，還不抗抹劃。這回可把部落裡的人喜歡壞了，都來問阿甲，這瓦器是怎麼燒出來的。阿甲就實話實說，大夥聽了都不信，有個老婆子說：「只有小梅花鹿來回溜躂，八成是它燒的吧！」她又湊趣地說：「趕明個梅花鹿還備不住變個大姑娘來給阿甲做媳婦呢！」

這話可真叫老婆子說著啦。

原來這只梅花鹿是仙鹿，下凡來只因貪玩，被白眼狼咬傷。傷好了，要報答阿甲和阿乙的救命大恩，就沒有回天宮。它本以為阿甲、阿乙是兩位恩人，現在看清了，恩人只有一個，那就是阿甲。

第二天，梅花鹿真的變成一個俊俏的大姑娘，和阿甲成了親。打那以後，燒瓦盆的就有了瓦盆窯，再不埋在土堆裡燒了。那碻青碻青的瓦盆，叫個什麼顏色呢，還是那位老婆子開口了，阿甲從小就是「老實疙瘩」，就叫「實青」吧。實青瓦盆，一叫叫了好幾百年，後來叫白了就叫成「石青」了。直到如今，吉林東面石青瓦盆，也還是有名的好物件。

年深日久，人們只知道石青瓦盆，對阿甲和阿乙早就忘沒影了。倒是不會說話的牲口，總是記著他們哥兒倆，不論拉車的挽馬，還是馱人的走馬，只要一聽說「阿甲」，就歡歡騰騰地奔跑，一聽說「阿乙」，就蔫兒蔫兒地站下了。

不信你看，普天下擺弄大牲口的，叫馬快跑時，就大喊：「甲甲（駕駕）」。叫馬站下時，就呼喚：「乙乙（吁吁）」。

王恩龍（蒐集整理）

梅花鹿的傳說（之四）

　　從前，在江南杭州一帶，有一戶姓張的人家，就母子二人過日子，很是艱難。有一天，兒子張柱對媽媽說：「媽，樹挪死，人挪活，咱不能在這兒眼巴巴地等死啊！咱家裡還有幾斗晚稻，你先對付著吃，我到關外闖闖看，興許能賺點銀錢糧米來，咱好度艱年哪！」

　　媽媽聽了兒子的話，免不了一陣心酸，兒子只有十七歲，走東闖西的，當媽的哪裡能夠放得下心？但是，不這樣又有啥法子呢？逃個活命要緊，總不能叫兒子活活餓死呀！沉吟一會兒，她終於點頭答應了。但是，等兒子背起小鋪蓋卷要離家時，媽媽卻又擦眼抹淚地哭了起來，她哽哽咽咽地囑咐兒子，在外要勤儉，行為要端正，掙到錢掙不到錢都要早點回來，要死娘倆死在一塊堆。張柱點頭答應著。

　　張柱背起鋪蓋捲走了，幾步一回頭，媽媽灰白的頭髮讓風吹得拂拂拉拉的，他看了鼻子發酸，禁不住也撲簌簌地落下熱淚來。

　　不知走了多少天，吃了多少辛苦，這一天終於來到了長白山。那陣，長白山老林子裡，雖然人煙稀少，但從山外來放山打圍的卻不少。他力氣單薄，打圍、伐木頭的營生幹不了，就自個在山裡壓了個地餃子，天天上山挖藥材。這樣過去好些天，只挖了些細辛、貝母，天麻啥的，值不幾個錢，連回家的盤纏都不夠。連憂愁帶想念老母親，外加上著了點涼，就病倒下了。幾天沒起炕，粒米沒沾牙，他就更懊糟的慌了。

　　正在這時，門開了，走進來一個八九十歲的老奶奶。她慈眉善目的，雖說頭髮花白了，但臉頰卻紅堂堂的。進了屋，放下竹籃子，從裡面拿出海碗麵條和兩個雪花大饅頭，熱氣騰騰的，直放香氣。老奶奶笑著說：「孩子，你沒親沒故，怪可憐見的，我侍候侍候你吧。」她指著面條和饅頭讓張柱吃，張柱幾天沒吃東西了，也真有些餓了，就喝了半碗麵條，吃了一個饅頭。老奶奶收拾

了碗筷，又安置張柱躺下，還給他蓋上被，讓他發發汗，囑咐了幾句話，才走開了。

老奶奶一走，張柱就想起心事來：「她待我這樣好，跟我媽一個樣，我得怎樣感謝人家？」不由得又想起家中的老母親，免不了又心酸一陣子。

傍黑天，老奶奶又來了，又給他帶來菜和饅頭。他一邊吃，一邊問：「老奶奶，你待我這樣好，我永遠不會忘記您老，只是還不知您老人家姓什名誰。」

老奶奶笑著說：「我姓鹿，在東邊砬子根下住。明天就不送飯了，你也別見外，自個兒到我那兒吃飯吧。」

張柱聽了，說：「老奶奶，等我好些了，一定到你家串門去！」

這頓飯他吃得挺好，菜有滋有味，饅頭又暄乎又香。老奶奶抬掇完碗筷，又囑咐他千萬去串門，這才離開了地餃子。

第二天一大早，張柱的病全好了。看看米口袋也撮了底了，沒啥下鍋的。肚子又有點餓，他一尋思，真得到鹿奶奶家去找點飯吃了。

他奔東邊的砬子去，來到砬子根，也沒有見到有人家。他攀著石砬子往上爬，到石砬子頂上，往高處一瞅，還有一條毛毛道。他碼著毛毛道往前走，走不多遠，前面就閃出兩間小草房。門口還有人在走動，他緊趕幾步，走上前仔細一打量，那人正是鹿奶奶。

鹿奶奶笑呵呵地把他迎進屋裡，叫他脫鞋上炕裡坐。鹿奶奶一邊跟他嘮嗑，一面刀勺一齊響，不大一會兒工夫，飯菜就做好了，擺了滿滿登登一桌子。吃完飯，張柱要回地餃子，鹿奶奶說啥也不讓他走，叫他在這將養幾天。張柱拗不過她，就只得在這住了下來。鹿奶奶天天好飯好菜侍候他，不幾天，他的身子就將養得跟以前一樣了。他是個手腳勤快的人，總也不識閒，裡裡外外地幹這幹那的，鹿奶奶看了，更打心眼裡喜歡他了。

一天，張柱對鹿奶奶說：「奶奶，我在這吃香喝辣的，給你添了不少麻煩。我家中還有老母親，正在吃糠咽菜過年。我在這住不安吃不下啊！」

鹿奶奶笑著說：「好孩子，我約莫你也該這樣想。好吧，待幾天我就打發你下山。」

這一天，鹿奶奶帶張柱上山了。翻過一座山，前邊就是一條溝。鹿奶奶站在溝邊用手一指溝那沿說：「你看，那就是棒槌！」張柱順著她手指的方向一望，只見溝對沿石砬子下，長著一片棒槌，那棒槌朵子紅豔豔金閃閃的，好像燃燒著的大火。

他們打橫在溝上的一棵風倒木上爬了過去，鹿奶奶指了兩苗參叫張柱挖了出來。張柱細細一瞅，這兩苗棒槌，一苗精細精細的，像一根掉了毛的豬尾巴；一苗圓鼓鼓的，長著四個蹄子，活像一隻大蛤蟆。鹿奶奶笑著說：

「這苗參是龍參，天旱無雨了，把它放進水缸裡，那水就浮流浮流的了，像一口大泉眼，總也淌不完；這一苗是蛤蟆參，若是下暴雨漲洪水了，把它放在水中，它就能把水吸乾了。」

張柱聽了，暗暗高興。心裡尋思，帶回家鄉去，準有大用場。

鹿奶奶叫張柱揭下一張青苔，再剝下一張松樹皮，把棒槌打起包來。一切都拾掇好了，兩個人就往回走。到了鹿奶奶的家裡，鹿奶奶又留他住了兩天。這一天，張柱要往回走了，鹿奶奶又做了滿滿一桌子好飯好菜，給他送行。吃完了飯，鹿奶奶又對他說：「孩子，你就要走了，我就照實告訴你吧。我是一隻有八千年壽命的梅花鹿啊！我看你怪可憐見的，才把你請到家裡。我還要送一件東西給你，這就是靈芝草。誰要是有病鬧災的，把它放嘴裡那麼一含，病就好了。」張柱千恩萬謝地感激鹿奶奶，把靈芝草和棒槌都放在褡褳裡，準備要動身了。鹿奶奶說：「家鄉的人等你回去搭救，你媽媽也盼著你快點回去。你一個人步行，啥時候能到家？還是讓我送你一程吧！你閉上眼，趴在我的背上。」

張柱趴在鹿奶奶的背上，緊閉雙目。就覺得忽悠一下起了空，像坐搖車一樣，耳畔的風嗖嗖直響。這樣過了不一會兒，又聽鹿奶奶說：「到家了，你睜開眼吧！」

張柱睜眼一看，眼前有一座禿山，這不是他家後邊的禿山子嗎？這時鹿奶奶又發話了：「孩子，回到家好生營生，好生侍候老母親。好生對待窮苦的鄉親們！」張柱連聲答應著。這時眼前忽然閃出一道金光，一眨眼工夫，鹿奶奶不見了，只見一隻梅花鹿，撒開四蹄，起了空，駕著一朵朝霞似的祥雲，飄飄然地飛走了。

　　張柱回到家裡，母親見兒子回來了，自然十分高興。那兩苗棒槌，他沒有賣，一鬧水災了，他就拿根紅頭繩把蛤蟆參拴住。放在洪水中，一手扯著繩子頭，那汪洋似的大水，頃刻間就乾涸；若是久旱無雨，禾苗急需澆水了，他就把龍參用紅頭繩拎住，放在井水裡。那白花花的泉水就咕突咕突往出冒，日夜不停地流啊淌啊，澆灌著千萬頃莊稼。

　　他為大家解除了災害，鄉親們沒有一個不誇他的。

王恩龍（蒐集整理）

金鹿王

古時候，老爺嶺上有許許多多梅花鹿，有一頭金色的鹿王，金光閃閃，跑起來帶著一溜金光，它的叫聲像金鐘一樣清脆悅耳。它站在老爺嶺頂上一聲長鳴，四面八方的鹿都會向它跑來；它帶著鹿群奔跑時，連老虎黑瞎子都得讓路。那時候老爺嶺還沒有人煙，它們過著自由自在的生活。

很多年以後，山上出現了人的身影，他們手拿刀叉，身背弓箭獵槍，見什麼打什麼，尤其看中了梅花鹿，渾身是寶，膽子小，還容易打，所以每天鹿群都有傷亡。金鹿王看到自己的部族遭到殘害，心疼得不得了，想盡一切辦法來保護它們。

金鹿王每天站在高高的山峰上，為同族瞭望。當它發現有獵人從東邊來，它就衝著西邊叫，鹿群就往西跑；如果發現獵人從北邊來，它就衝著南方叫，鹿群就往南跑。它這麼一叫不打緊，連其他野獸也跟著跑，獵人總是啥也打不著。一撥一撥地的來，一撥一撥地都空著手回去，以後就沒人來了，老爺嶺上的野獸們算安生了一些年。

有個老炮手姓何，專靠打圍過日子，人稱神槍手。對打各種野獸，飛禽都有研究，各有各的打法，都是一槍命中要害，從不補槍。每年到這打圍，都是滿載而歸，今年他到這打幾回獵，回回撲空，總覺得不對勁，這個人腦瓜聰明，非要弄個明白不可。

有一天，他多帶了些乾糧、彈藥、槍砂什麼的，一切準備停當，誰也不領，就一個人悄悄地上山了。

他怕暴露目標，遠遠的在山下溝口搭了個窩棚。每次上山時都把槍藏在身後，包袱皮紮在脖子後邊把槍蒙上，偷偷摸摸輕手輕腳地往山上爬。有一次，爬到半山腰，遠遠地看見有幾頭小鹿在那吃草，他躲到樹後伸手摘槍的工夫，隱隱約約地聽見「哞」的一聲叫，他還以為是耳鳴呢，一看那幾個小鹿竄著高

的往南跑了，剛舉起槍，鹿就跑遠了。這讓他回想起以前來這時，恍恍惚惚好像也聽見過類似的聲音，當時沒太在意，這一回他才知道原來是有一頭鹿給它們報信。鹿全跑沒影了，他只好回到窩棚，琢磨著怎麼能找到這頭報信的鹿。既然它那麼機靈，都能把人糊弄了，肯定是個鹿精，想不出好法子恐怕對付不了它。

第二天，老何照樣把槍藏好，進了山溝不遠，山頂上就傳來「哞」的一聲長鳴，這聲音像洪鐘那麼清脆，他停住腳，知道已經被發現了，只好回了窩棚。

隔一天，他轉到東邊溝塘，弓著腰往山上爬，剛爬到半山腰，又聽到一聲長鳴，老何無奈便退了回來。怎麼辦呢？既然來了，打不著狐狸，也得惹一身臊，不能白來呀。他啥也不顧了，竟大搖大擺地往山上闖，也不管那鹿叫不叫了，徑直奔山頂，想看看這頭鹿到底在什麼地方。爬到山崗上，太陽已升起兩桿子高了，經太陽一照，山頂上射出萬道金光，他看看太陽，又看看山頂，金光是從山頂上反射過來的，他就更想到上面看個究竟了。他以大樹做遮掩，一點點向發光的地方靠近。到了山上，遠遠地看見金光一閃一閃的直晃眼，慢慢靠近了才看到，一團金光在石砬子上跳來跳去，像流星球似的，看不清是什麼東西。他怕被發現，藏在一塊大石頭後面偷著瞧。那東西耍了半個時辰，一道金光射向四方砬子，停在砬子尖上。啊！原來是一隻金色的梅花鹿，身上的梅花是金的，鹿角是金的，蹄子是金的，全身放射著耀眼的光芒，把老何的眼都晃花了。心想：這才是真正的寶貝，千載難逢啊，要把它抓住了，給個皇上都不當，那可是要啥有啥了。想到這，不由自主地舉起槍，可是距離太遠夠不上，而且，前邊還有一道山澗隔著，只能乾瞅著，看它能到哪去。小金鹿站在砬尖上，四下望瞭望，悠的一下，從高高的石砬子上一下跳到另一個石砬子上，輕鬆地跳來跳去，就像小鳥飛來飛去的那麼自如。玩夠了，一道金光射進山澗，消失了。老何往山澗裡瞅了瞅，不但沒留下什麼痕跡，連一點聲音也沒聽到。

雖然金鹿沒影了，老何還沒死心，他想金鹿可能發現了他被嚇跑了，早晚還會出來的。他繞過溝溝岔岔，來到金鹿玩耍的地方看了看，連踩草的腳印都沒有，有點撓頭了，要逮住金鹿可不是件容易的事。他在那走了兩個來回，到底想了一個絕招，就是在金鹿走的地扔下一溜套子，在四方碇子底下掛上地槍，如果套子套不住，地槍也能打住，想得倒挺周全。回窩棚繫套子、裝地槍忙活了半宿。

他怕小金鹿發現，晚上趁著月光，帶著家什上了老崗，把地槍拴上，方向找準，套子綁好，都隱蔽在草窠裡，就等第二天來取寶了。第二天，老何沒起早，覺得拿住金鹿是十拿九穩的事，不管早晚，到那取貨就是了。話雖這麼說，他心裡還是挺癢癢的，也怕有點啥閃失。草草地吃了口飯，拿出平生練就的腿上功夫，往崗頂上衝去。這時他才發現，儘管自己明目張膽地出來，都快到崗梁了，怎麼沒聽見金鹿的叫聲呢？如果讓套子套住了，得有點動靜啊，可能是讓地槍打著了？想著，想著，加快了腳步，轉眼就到了山頂，碼蹤一看，下的套子一功沒動，只見金鹿正站在四方碇子頂上等著他呢。他一看事要不好，是小金鹿已經識破了他的陰謀，心裡就有點毛了，但也不能眼睜睜地讓快要到手的寶貝跑了，他硬著頭皮向它靠近。金鹿就像沒看見他一樣，老老實實地站在那，等老何走近了，金鹿突然扭頭就往四方碇子那邊跑，老何不顧一切地追，忘了昨天晚上下套子的事了，沒跑幾步就給套住了，撲通一下就摔了個大前趴子。心裡這個氣呀，套在腳上的釦子越拽越緊，半天也解不開，把他氣得咬牙切齒，真是自作自受哇！正在這時，聽見四方碇子那邊「啪！」的一聲響，老何還以為金鹿被地槍打中了呢，到了這時候他還想好事呢。一看，金鹿站在碇子尖上紋絲不動，那股煙是從下地槍的地方冒出來的，不用說，是地槍炸了膛。正在傻眼時，看金鹿仰起脖來，「哞——哞——」叫了兩聲，不知從哪跑來兩條大公鹿，用犄角把老何架起來，扔到懸崖下，老何耳邊呼的一響，就不省人事了。

不知過了幾個時辰，一陣瓢潑大雨把他澆醒，老何眨巴了眨巴眼睛，看到

自己躺在一棵大樹底下，往側面一瞅，嚇得他一激靈，再稍稍一動就得掉進無底深淵，虧得這棵大樹救了他，不然非得粉身碎骨不可。他想坐起來，兩手一拄地，渾身一陣劇痛，又昏了過去。等甦醒過來，強忍著疼痛爬了起來，活動了一下手腳，只是左腳脖子痛得厲害，原來是套子還被勒著呢，腳脖子腫的比腿肚子都粗，像紫茄子似的，掏出刀子費了好大勁，把腿都劃破了，才把套子割開，連滾帶爬地下了山。到這時方才醒悟，人不能太貪了，有多大本事也鬥不過神吶，虧得神鹿仁慈，給留了一條生路。

從此，打獵這個行當，老何是洗手不幹了，落了個左腳殘疾，行動也不方便了。

道哩救鹿

從前有個叫道哩的小夥子，是個種稻的能手，他還射一手好箭。由於家鄉土地瘠薄，又連遭旱災，全村的人，日子過得都挺艱難。他家也窮得吃不上飯。道哩滿腹愁腸，就背上弓箭到山裡去打獵，剛到林子邊就聽到小鹿在驚叫。走近一看，一隻小鹿被老虎撞進泥塘裡，那個白嘴丫子老虎正蹲在泥塘邊等它上來，吃這小鹿。道哩一箭射在老虎脖子上，老虎帶箭逃跑了。道哩從泥塘中抱出小鹿，回到家裡用水洗去泥漿，是頭乾乾淨淨的小黃鹿，還帶白頭心兒，十分招人喜歡。這小鹿，你餵牠什麼它也不吃，在院裡活蹦亂跳，一心想逃回山林。它猛勁往外一跳，左耳朵被木頭障子刮掉了一塊。它也顧不得疼，只是「哞，哞」一聲接一聲地叫著。道哩看它怪可憐的，就把它放了，小鹿往林子裡走去。道哩想，這小鹿崽兒，不用說再碰上虎，就是碰上豹或狼，它也活不成啊，於是他就跟在小鹿後邊。小鹿進了林子有些害怕，它走幾步叫一聲，就回頭瞅瞅道哩再往前走。他們在林子裡走了好長時間，一隻母鹿突然跑了過來。小鹿見到母鹿親近的沒法，它們親近了一咋，小鹿又回頭看道哩。這時母鹿才發現近處站著獵人，立刻驚慌起來。小鹿卻對他點了點頭。道哩剛見到母鹿時，也習慣地摸了一下箭，可是他一想，這小鹿好像找到了母親，我哪能把它母親射死呢，救它就救到底吧。想到這，他也對小鹿點了點頭，轉身往回走了。道哩一路上回想著小鹿見到母鹿的那種快活情景，心裡也感到挺高興。當他回到家裡，一看到老母親正在犯愁沒有米下鍋呢，他心裡一下子沉重起來。他又後悔不應該把到手的東西又放了，父母都快到七十歲了，有我這麼個膀大腰圓的兒子，他們還得為家裡的生活而犯愁，太不應該了。可是有什麼辦法吧？田地顆粒沒收，村中家家如此。這時道哩的未婚妻皋布尼來了。見他在發呆，便問：「道哩，你為什麼事情苦悶？」道哩把家中沒米下鍋，今天他捉到了一隻小鹿又放了，告訴了她。皋市尼說：「你做得對，對弱小的東西，

多發些善心是應該的，不必後悔。」

一見到未婚妻，他又多了一股愁腸。皋布尼已二十出頭的姑娘了。村裡有些愛說俏皮話的人，總說：「道哩，你是不是打算讓皋布尼這朵鮮豔的花兒褪了顏色，你們才結婚呢。」道哩對這事兒也不是不上緊，可現在連飯都吃不上，拿什麼結婚呢。

一晃過了三年，日子一點也沒好轉。眼看又快到播種的時候了，鄉親們一個個無精打采的，對在這地方種田，已不抱什麼希望了！都想離開這裡，但又無處可去。道哩比別人更愁。手中沒錢，婚期可以再往後推，可是秋後就是父親七十大壽，壽誕之日，能往後推遲嗎？他滿腹愁腸，又背起弓箭上山去打獵。沒想到剛一出村，就看見了一頭高大肥胖的黃鹿在前邊。想射吧，太遠，弓箭夠不上，他就往前湊去。可是他走鹿也走，他站鹿也站。不管怎麼樣，道哩這個有名的獵手，絕不肯輕易放過獵物。這鹿終於在林子邊兒站住了。雖然還挺遠，但道哩憑著自己的經驗知道箭是夠上了，就「嗖」一箭射去。他眼見射中了鹿，可是到跟前一看，驚得他目瞪口呆，原來箭射在石頭上了。他正在奇怪，那隻大黃鹿從石頭後站起來。道哩剛舉弓，就看鹿搖了搖頭，已來到他的面前，這鹿左耳少了一塊，又是白頭心兒，道哩細一端相，正是他放生的那隻小鹿長大了。他伸手摸它的臉，這鹿不但不躲閃，而且臥在了他的腳下，示意讓他騎在身上。道哩感到這事稀奇，就問，「你有事求我嗎？」

大黃鹿點點頭，於是道哩就騎在它背上了，這鹿馱著他像射出去的箭一般飛跑著。也不知跑過了幾座山，躥越了幾道河。來到長白山裡，在兩山夾著的一條又深又窄的溝塘裡，有一大群母鹿，領著崽子。溝塘的兩頭，一邊趴著一隻老虎。原來是一大群鹿，被虎趕進這峽谷裡。單身大鹿都衝了出去。只剩下這些領著崽子的母鹿，為了保護小鹿，沒跑出去。老虎餓了就抓一頭鹿吃，吃飽了就趴在溝口不動。道哩看明白了，對準近處的老虎射了一箭，老虎大叫一聲帶著箭跑了。另一隻正是三年前他射過一箭的那個白嘴丫子老虎。它聽到叫聲，趕忙弓起腰，一看到道哩就大吼一聲，一個懸空奔他腦袋撲來。道哩不慌

不忙，把弓拉滿，一箭射中心窩，老虎掉在地上，打了個滾兒，慘叫著逃跑了。這群鹿得了救，從溝塘裡跑出去了。

大黃鹿高興地又馱起道哩來到一處，四周群山環繞，山下流水淙淙。別處的草剛出地皮兒，這裡已是鳥語花香。仔細一查看，早先年這裡住過人，屋院遺跡還很明顯。四周有上百坰荒地，土質肥沃，適於種稻。這可把道哩樂壞了，他從心底感謝大黃鹿把他馱到這裡。

道哩回到村莊後，立即把鄉親們領到了這理想的地方。鄉親們在這裡蓋起了房屋，成立了新村。男女老少一齊下手挖好水渠、稻池、田埂，就開始了播種。可是大部分人家沒有畜力，大家串換著，總算把地種上了。端午節這天，鄉親們為了搶農時插秧，連鞦韆都沒去打。道哩正在水田地裡調整水池，從林子裡走來了一大幫人，人人都像皇后一樣，頭上頂著高高的鳳冠霞帔。他們來到田頭，把頭上戴的東西摘下來，放在田埂上。道哩細一看他們都是些乾淨利落的小夥子。領頭的個大，歲數大，左耳缺一塊。他上前對道哩說：「謝謝您，我們沒有什麼禮物可送，把我們頭上戴的東西送給你，來報答你對我們的救命之恩。」

道哩驚慌地說：「我根本不認識你們，從哪說起救命之恩呢。你們一定是記錯了人。」

「錯不了，一會兒你就知道我們是誰了。」小夥子們說著大笑起來，笑完轉身向林中跑去，弄得道哩莫名其妙。他又看了一眼，他們送來的禮物，哪是什麼鳳冠霞帔呀，原來是一架架長滿珍珠毛的四平頭鹿茸角擺滿了田埂。太陽一照，裡邊血紅血紅的，像一大排紅珊瑚。道哩明白了，這一定是他在長白山裡救的那群鹿送來的，為首的是那頭大黃鹿。

皋布尼看到這些值錢的東西說：「這回好了，有錢給大伯辦壽了。」

母親說：「也有錢給你們成親了。」

可是道哩跟父親和皋布尼商量後，卻用這些東西，換來了幾條世上最好的大黃牛。鄉親們看了高興地說：「有這種黃牛和這樣肥沃的土地，我們就什麼

都不愁了。」

　　這年秋天，家家五穀豐登。父親生日那天，鄉親們都用新鮮稻米做成雪白的打糕，來為老爺子祝壽。灑宴雖然不十分豐盛，但鄉親們的快樂情緒，這山村裝不下了。林中的鳥在唱，水裡的魚在跳，真是山歡水笑。不知是誰喊了一聲；「道哩和皋布尼這時還不結婚，更待何時！」於是鄉親們簇擁著道哩和皋布尼，舉行了婚禮。

　　從此大黃牛就世世代代地耕耘起這塊富饒美麗的土地，成為人們的得力助手。大夥都說，這是道哩和皋布尼用善良的心腸換來的，因此都特別尊重這對兒為鄉親們做好事的夫婦。

劉鳳雲（蒐集整理）

蛤蟆的傳說（之一）

　　相傳清太祖努爾哈赤年輕時，曾聽一術士指點，說遼中永陵有山，勢如龍騰，內蘊王氣，若葬人，其後代必得天下。因思欲背負先祖遺骨前往安葬。

　　時值冬季，長白山區異常寒冷。他因旅途勞頓，疲憊交加，不幸途中染病，再由於飢渴難耐，便倒於一河邊。掙扎中欲取河冰化水煮凍乾糧，偶見破冰之處有一凍乾蛤蟆。雖飢餓至極，努爾哈赤亦不捨得一次吃完，便將蛤蟆撕作兩半，取其一隨冰煮下。待水開時，忽然發現這半隻蛤蟆腹內的一塊只有拇指般大小的脂狀物，竟漲滿裝了一鹿蹄碗。食後頓覺元氣立升，渾身勁從底起，疲勞全無，精神大振。

　　遂起身夜行，身負祖先遺骨持續八十里路而不覺飢乏，因而想到這蛤蟆體內之物是不可多得的極好食品。此後，努爾哈赤率軍征戰，臨陣前必令將士服食蛤蟆油以壯軍力。

　　入關立朝之後，清皇族遂將蛤蟆油列為貢品，每年由長白山區地方官員進奉食用，以期延年益壽，強筋壯體。後宮嬪妃們則以此駐容保顏，永持芳華。

　　此種蛤蟆即為生長在長白山區的中國吉林長白山林蛙。民間百姓常以林蛙油作為孝敬老人之上乘滋補營養品。體弱久病者，婦女及生長期弱體質孩童亦可用以扶持。

蛤蟆的傳說（之二）

幾百年以前，長白山沒有人煙，群峰中的天池，一池碧水，靜如處子，沒有波瀾。天池像一面大鏡子平鋪在群峰之中，山影倒映，陽光反射直衝雲霄。長白山，山高人稀，雲霧瀰漫，只有珍奇猛獸和靈禽能到這裡。由於人跡罕至，上天王母的三個女兒經常下凡到天池裡沐浴，因此人們說天池其實是仙女的浴池。

這一天，仙女三姐妹閒來無事，聚到一起在天庭裡遊玩。大姐提議：「二妹、三妹，今天我們去天池洗澡好嗎？」二仙女和三仙女一聽，非常高興。於是三姐妹便駕起彩雲向天池飛來。不大一會兒，三姐妹來到了天池，三姐妹知道這裡沒有人煙，便無所顧忌地脫去衣物，赤身入浴，無拘無束。她們時而嬉戲於水中，時而躺在水面上展示著自己美麗的身體。群山作屏障，水面起漣漪，三姐妹無憂無慮，幾乎忘記了時間。

這時，遠處的天邊飛來了一隻雪白的仙鶴，這是女媧娘娘身邊的送子鶴。這只仙鶴口中銜著一枚紅果，盤旋了一會兒，便慢慢地落在天池岸邊。仙鶴來到了仙女們的衣服旁邊，將口中銜著的紅果悄悄放在了三仙女的衣服上，然後一拍翅膀飛走了。

三位仙女浴後穿衣，仙女小妹突然發現一枚晶瑩剔透的紅果放在自己的衣服上，紅果散發著撲鼻的香甜氣味，令人垂涎欲滴。小妹立即將紅果悄悄含在口中，急忙穿衣服。大姐穿好衣服後，看到小仙女正手忙腳亂地正穿衣服，急忙喊道：「小妹，快點！時間快到了。」

三仙女忘記了口中含著的一枚紅果，急忙答應：「哎！」，誰知，小仙女一張嘴，紅果一下子被嚥入腹中，三仙女立刻感到有一股暖流在體內流動，慢慢地向腹部聚集。

此時，大姐和二姐已經升到空中，三仙女小妹剛想駕雲，卻感到身子特別

沉重，沒有飛起來，她試了幾次，都難以駕雲飛起。此時天鼓響了，兩位姐姐無奈飛回了天宮，三仙女小妹被迫留在了人間。

這顆紅果是女媧娘娘讓仙鶴送給有緣人孕育新一代君王的。三仙女誤食紅果便立即懷孕了，三仙女無法升空，只好找了一處依山傍水、桃花盛開的山邊住了下來。送子仙鶴又飛來了，它向三仙女扔下一條黃絹，點點頭又飛走了。三仙女拾起黃絹看到上面有幾行字「仙女食紅果，孕育新君王，大罕長成人，方可回天庭。」三仙女這才知道落凡生子是天地的意志，於是便安下心在長白山裡生活下來，十月過後，三仙女生了一個男孩子，她給孩子取名叫大罕。

孩子滿月那一天，天氣晴朗，陽光燦爛，三仙女在河邊沐浴著溫暖的陽光，同時給孩子哺乳。大罕用兩隻胖胖的小手捧著母親的乳房，津津有味地吸吮母親的乳汁。突然，一隻棒槌鳥飛落在三仙女的肩頭，「棒槌！棒槌！」地叫個不停，正在吃奶的大罕看到棒槌鳥，高興地鬆開了母親的乳頭伸手去捉棒槌鳥。因為大罕當時正用力吸吮三仙女的乳汁，他突然一鬆嘴，仙女正往外湧的乳汁卻沒有止住，一下子全滴到了河裡，一群蝌蚪魚正好游到這裡，它們立即把三仙女滴到河裡的乳汁全都喝到肚子裡。仙女之乳，乃日月精華所凝，蝌蚪魚吃了三仙女的乳汁，立刻發生了變化，不僅長出了四肢，而且變成了一副怪模樣，黃皮膚、白肚皮、大嘴巴，兩隻眼睛鼓起來往外突著。這些小精靈不僅能在水中游泳，而且還能在陸地上跳躍。

一隻小精靈從水中跳出來，蹦到了大罕身上，孩子突然看到這種怪物，嚇得「哇！哇！」叫了幾聲。這些個精靈怪物立刻學會了仙女之子的哭聲「哇！哇！」，然後紛紛從水中跳到岸上往山林裡蹦去。三仙女看到自己的乳汁竟然化成了一個新的物種，就給它們起了一個好聽的名字——「哈士蟆」。從此長白山裡就多出了一個物種——能在水中和森林裡生活的林蛙。當這些「哈士蟆」長大之後，三仙女發現「哈士蟆」味道鮮美、營養豐富，特別是雌蛙之油，營養價值更高。從此三仙女便開始為兒子燜蛤蟆、燉人參、煮靈芝，用以滋補孩子的身體。

為了讓孩子健康成長、強壯、聰明，三仙女經常下河捉魚，上山採參煮湯餵大罕。大罕漸漸長大，變成了一個武藝超群、身強力壯的小夥子。這一天，三仙女把大罕叫到身邊，說：「孩子，我是上天的三仙女，因誤食仙果在凡間生下了你。你是玉帝和王母的外孫，三仙女的兒子。你屬於天地之生，也是即將統治天下的一朝君主。你出山以後，還要吃一番苦才能夠成功。你將來得了天下之後，一定要愛惜子民，普度天下眾生。上天賦予你神聖的使命就是要統一天下，天意不可違啊！你下山以後，媽媽就要回到你外祖父的身邊，從此我們母子將天地永隔。」

　　罕記住了母親的囑託，臨行前，三仙女又告訴他：「你吃的蛤蟆是蝌蚪魚誤食我的乳汁變成的，它和人參、靈芝等山珍經常食用，可以讓人強身壯體，延年益壽。如今這些物種我已遍撒長白山脈，你可以讓自己的子民適時取用。」

　　有一次大罕戰敗躲避追殺時，幾天沒有飯吃，他突然想起了母親告訴他的話，便捉了一些哈士蟆、挖了一些人參，採了一些靈芝用以充飢，不成想吃了哈士蟆、人參和靈芝以後，大罕立即感到體力充沛，並且比以前更加強大。罕王回到部落以後，便按照母親的囑託，把哈士蟆和人參、靈芝介紹給部落裡的子民，他的部落裡的人吃了這些山珍後個個身強力壯。不久罕王率領著八旗子弟兵統一了各個部落，使滿族逐漸強大起來。最後一戰，大罕終於打敗了大遼建立金國，定都於赫圖阿拉城（今遼寧新賓永陵），從此人稱其為老罕王。

蛤蟆的傳說（之三）

　　早年，張家莊有個張老三，五十多歲了，還無兒無女。老兩口兒天天想，夜夜盼，總尋思得個一男半女才好。這一年四月十八娘娘廟會，老兩口兒去燒香禱告說，哪怕是生個蛤蟆大的兒子，這輩子也就知足了。說也奇怪，從打趕廟會回來，不多日子，張老三的老伴兒真的有了身孕。到了月頭，生個男孩。這小孩只有蛤蟆那麼大，有胳膊有腿兒，可就是長了個蛤蟆腦袋，渾身也像癩蛤蟆似的，儘是疙瘩。張老三越瞅越來氣，要把他扔了，老伴兒捨不得，說：「不管怎麼的，也是從我身上掉下的肉，你不要我要！」就這麼的，老兩口子你一句我一句地吵了起來。張老三一賭氣，打了個包裹，一甩劑子走了。

　　張老三一走就是十八年。他老伴兒屎一把尿一把地拉扯蛤蟆兒。一晃到了十八歲，蛤蟆兒身材雖然矮小，長得倒是惇惇實實。別看蛤蟆兒的模樣不濟，可從小就懂事，又聰明，又能幹，特別是對待他媽，照顧得可周到啦。天頭冷了，他把炕燒得滾頭熱；天頭熱了，給他媽搧風。蛤蟆兒還有個好記性，他沒進過學堂，可不管什麼書，只要聽別人念一遍，就能背下來，不管什麼活計，只要到跟前看一遍，就能學會。

　　有一次，碰見莊裡的一個浪蕩公子，死氣白臉地纏著一個過路的美貌姑娘。他上前去評理，幫助姑娘解了圍，那姑娘千恩萬謝地慌忙走了。可他卻挨了那個浪蕩公子一頓罵，罵他有媽沒爹，是個野種。他回家就問媽媽，爹是誰？在哪裡？非讓他媽告訴他不可。沒辦法，他媽就把他爹出走，後來聽人家說在蓮花鎮的一家客店裡當夥計的事對他說了。蛤蟆兒非要去找他爹不可，他媽見攔擋不住，只好答應了。

　　第二天，蛤蟆兒辭別母親上路了。他一邊走一邊打聽，走了七七四十九天，總算到了蓮花鎮。

　　蓮花鎮不大，只有百十戶人家。蛤蟆兒一打聽，就把他爹找著了。張老三

一看蛤蟆兒找他來了，心裡也挺樂呵。

　　客店裡來了個蛤蟆兒，大夥兒都感到很新奇，你來他去，穿梭似的，都爭著要看看。

　　這家客店掌櫃的姓劉，老婆早年去世，扔下三個女兒，大女兒喜蓮，二女兒秀蓮，三女兒翠蓮，都沒出閣。這姐兒三個一個比一個長得好看，又頂數翠蓮長得最標緻。遠近不少有錢人家的少爺公子托媒求親，她都沒應允，一心想要找個可心如意的丈夫，始終沒遇到。這姐兒三個聽說店裡來了個蛤蟆兒，也都想去看看。天黑時，姐兒三個悄悄地來到伙房拐角。大姐，二姐先趴窗戶一看，直勁兒咧嘴。說這個蛤蟆兒長得可難看了，真嚇人，妹妹翠蓮悄手躡腳地走到窗前，往裡一看，愣住了，心裡撲通撲通直跳，這個蛤蟆兒，不正是在半道兒上搭救過她的救命恩人嗎！那一次，她到姥姥家串門兒，在回來的路上，要不是遇見這個蛤蟆兒，恐怕自己到現在都不知怎麼樣啦！她左看右看，一點兒不錯，正是他。翠蓮有心進屋去再次拜謝，又覺得深更半夜了，哪有一個沒出閣的閨女到男人房裡去的道理！她正站在那裡二心不定，屋裡的豆油燈滅了，爺兒倆都睡覺了。翠蓮這時也顧不得許多，想趁著月光把救命恩人多看上幾眼。你說怪不怪，躺在張老三身邊的哪有什麼蛤蟆兒，分明是一個英俊漂亮的小夥兒。一張蛤蟆皮放在枕頭旁邊，一閃一閃地發著亮光，這下可把翠蓮的心給拴住了。她眼睛瞅著這個英俊青年，心裡想，我要是能跟他過一輩子那該多好。正這時，她的兩個姐姐來到她身後，使勁地掐她一把，把她嚇了一跳，這才像做了一場夢似的醒了過來。

　　回到閨房後，兩個姐姐一齊數叨翠蓮。大姐說：「三妹，你是不是被那個癩蛤蟆給迷住了？」二姐說：「三妹，你要是看他好，就把你嫁給他吧！」翠蓮回答得倒也乾脆：「大姐，二姐，你們要是真體貼三妹，明天就和爹說說，讓我跟蛤蟆兒去吧。」乍開始，兩個姐姐還以為是說著玩兒的，後來，一看翠蓮是真心實意想嫁給蛤蟆兒，百般勸說也不聽，只好答應跟爹爹去說此事。她爹一聽閨女要嫁給蛤蟆兒，氣得拘攣暴跳，連喊帶罵。不管怎麼的，翠蓮要死

要活非嫁不可。她爹就只好依了女兒。不過有一條，今後永遠不許翠蓮登劉家的門。

第二天，喜蓮、秀蓮託人把這門親事和張老三一說，張老三還有不願意的！蛤蟆兒更是滿心歡喜，心想，以後侍候爹娘又多了個幫手。就這麼的，蛤蟆兒重新拜見了岳父，當天就在劉家店裡拜堂成親。三天後，張老三辭別親家，帶著兒子，兒媳回家了。

這可把張老太太樂壞了。不但是離家十八年的老頭子回來了，兒子還帶回個漂亮媳婦，她能不樂嗎！媳婦翠蓮是個有心人，每天晚上睡覺時，她都偷偷地看著蛤蟆兒。這一天，忽然瞧見他脫了衣裳就變成個英俊的青年，一張蛤蟆皮放在枕邊，發著亮光。一連多少天，都是這樣，翠蓮看得真真確確。有一天晚上，翠蓮閉上眼睛假裝睡覺，等丈夫睡著了，她悄悄地爬起來，點著燈，把那張蛤蟆皮拿過來，塞進灶坑燒了。

從此以後，蛤蟆兒再也不是癩蛤蟆樣了，成了一個百里挑一的漂亮小夥兒。張老三一家的日子越過越興旺。不出幾年翠蓮生了一男一女。張老三子孫滿堂，合家歡樂。

王煥明（講述）

王力田（蒐集整理）

蛤蟆的傳說（之四）

　　從前，有個小女孩，三歲沒了納納，七歲死去阿瑪。人們看她孤苦伶仃，可憐得像一隻沒有了母親的羔羊，都叫她妮嫚。

　　村落裡有一個年輕的寡婦，守著個比妮嫚只大兩歲的兒子松阿里，靠給人家推米、拉磨、洗衣服過活。日子本來夠苦了，可是她還是把妮嫚領到家裡，像親生女兒一樣養起來。有吃的，先讓妮嫚吃飽，有穿的，不讓妮嫚赤身露體。妮嫚天生聰明伶俐，哪肯自己先吃先穿。她總是先想著納納，再照顧哥哥松阿里。松阿里更是懂事，不用納納教，幹什麼都讓著小妹妹。一家人你尊我讓，日子雖然比黃連還苦，心裡卻甜絲絲的。

　　時間過得很快，兄妹倆就像兩棵小松樹似的長大了。妮嫚模樣長得俏麗，為人誠實，加上那雙描龍繡鳳的巧手，美名越傳越響，松阿里英俊魁梧，心地善良，尤其是他那百發百中的好箭法，更是遠近聞名。老納納看到這些有說不出的歡喜。

　　一年，納納突然得了急病，她把妮嫚和松阿里叫到跟前說：「我已經不行啦，苦命的孩子，我死後你倆就……」話沒說完，眼睛一閉，離開了人世。

　　妮嫚和松阿里伏在納納身上哭了三天三夜，然後拿出松阿里阿瑪死時留下的紅幡，送納納到了墳塋地，安葬在風景秀麗的池塘旁邊。

　　納納死後，松阿里決定為妮嫚選一個富家的阿哥，他認為這樣才能對得起去世的母親。可是一連提了幾個，妮嫚都搖頭。他著急了，問妹妹到底有什麼心思。妮嫚瞅松阿里一眼羞答答地說：「妹妹我不愛金錢，不愛富貴，願陪伴哥哥度過一生。」

　　松阿里問：「你不怕和我受苦嗎？」

　　「雖然和你在一起吃苣蕒菜，比不上山珍海味，穿獸皮，也不如綾羅綢緞。可是人心好，喝口涼水也甜。」

松阿里聽了高興極了，他倆決定等母親過了「百日」之後就結親。二人開始做起婚前的準備來。

鄰村有個額真老爺，白了頭髮，老掉了牙，心卻挺花花。他聽說妮嫚美貌無比，雖然沒見到面，心裡卻像饞貓嗅到鯽魚的腥味一樣著急。

他差手下一個管家去求婚，能說會道的管家見了妮嫚誇耀著說：「可愛的姑娘，你知道額真老爺有多少座高山，有多少頃良田嗎？你知道他家有穿不完的綾羅綢緞，數不清的牛馬嗎？你要是答應了，進門就是福晉。侍女成群，一呼百應，可真是享不盡的人間榮華富貴呀。」

「謝謝管家老爺的好意。額真雖然富貴無比，我不圖希，我就愛自己幹活，自己掙來吃。」管家碰了壁，灰溜溜地走了。

心腸狠毒的額真挨了頂，豈能善罷甘休。他召來家丁趁松阿里進山打獵，將妮嫚搶走了。

松阿里從山上回來，不見了妮嫚，到處去找，可人影也沒有。他悲痛萬分，來到納納的墳前哭訴這飛來的橫禍。

松阿里直哭了一夜，天亮後，他拿定主意要和額真老爺拚個死活。他站起身來剛要走，忽聽得池塘旁草叢中傳來一陣沙沙的聲音。他一看，原來是一條比「牛鞅子」還粗的毒蛇，揚著三棱腦袋，吐著黑舌頭，在撐一隻小青蛙。松阿里急忙上前，唰的一刀，將蛇斬為兩段。

青蛙得救了，在松阿里腳前腳後歡蹦亂跳。松阿里唉聲嘆道：「青蛙啊，我救了你，可誰能幫我除掉那萬惡的額真老爺，救出可憐的妮嫚呢？」

小青蛙挺著頭，眼睛瞅著松阿里說道：「好心的松阿里，不用愁，我會幫忙的！」

松阿里見青蛙會說話，大吃一驚，知道這個青蛙很不一般，就把事情的經過全部說了出來。

小青蛙聽完，指著身旁一棵松木橛子說：「這麼辦吧，就讓它來幫幫我們。你去弄一輛帶篷的送親車，再把妮嫚準備成親的新衣裳也拿來，我自有解

救的辦法。快去吧！」

松阿里趕來送親車，按著小青蛙的吩咐，把新衣裳給松木橛子穿上。青蛙對著松木橛子說：「姑娘，嫁衣已替你穿好，請上車吧！」話音剛落，那松木橛子忽地站起身來，邁著小步，輕輕盈盈地走進車篷，端端正正坐好，真像一個含羞出嫁的新娘。接著，小青蛙又張開嘴對松阿里吹了口氣，頓時松阿里變成一個非常醜的小夥子。小青蛙見一切準備就緒，自己跳進車裡，說道：「趕車吧！」松阿里拿起鞭子一邊趕一邊喊：「換媳婦，換媳婦啦！」

妮嫚被抓進額真家裡，心裡知道難再團圓，為了不讓額真玷污自己的身體，她準備以死報答松阿里母子對她的恩情。

額真老爺得到妮嫚，真好比老虎抓個活刺蝟，又喜又愁，他好話說盡，妮嫚沒動一點心，反而抓破了額真老爺的臉皮，摔碎了他心愛的玉石煙袋嘴。額真老爺氣得暴跳如雷，要親自殺掉妮嫚，出出心中的惡氣。

額真老爺拔出腰刀剛要動手，管家突然從門外跑來說：「額真老爺不必發愁，外邊有喊換媳婦的，小人看見了，這新娘子長得如花似玉，比天仙還美，依小人之見，妮嫚不從，倒不如把她換出去。」

「混蛋，有換房、換地、換馬、換箭，哪有換媳婦的？」額真老爺氣上加氣，大聲罵道。

「啟稟額真老爺，這事兒千真萬確，不信你聽……」管家賠著笑臉說。

「換媳婦，換媳婦啦！」

額真老爺真的聽到門外有喊換媳婦的聲音。他顧不得再罵了，出去一看，見一個醜小夥子一邊趕著車，一邊大聲喊，車後還跟著一群看熱鬧的人。他擠到前面往車篷裡一瞅，果然不假，車裡的姑娘身穿紅襖、紅裙，粉紅的臉蛋兒像水中的蓮花。樂得他哈喇子淌的老長，看呆了，好半天才緩過神來，他對車中的姑娘問道：「喂，美人兒，我是這裡最有錢的額真，我家有的是金銀財寶，豬馬牛羊，你願意給我做媳婦嗎？」

松阿里真害怕木橛子不說話，沒想到車裡嬌滴滴地答道：「奴家久居山

野，早已受不住貧寒之苦，額真如不嫌棄，情願嫁給你了。」原來代替木橛子說話的是趴在車裡後邊的小青蛙。

額真聽罷，哈喇子差不點流到地上，他急忙扯住松阿里說：「你要錢，我給錢，你要地，我給地，你要馬，我給馬。你要什麼我給什麼，你快把她換給我！」

「我不要錢，不要地，專換人。」松阿里說。

額真一聽，忙說：「換人？我有九房老婆，只要你同意，我都給你，實在不行，再加上個妮嫚姑娘。」

松阿里聽說額真要拿妮嫚換，心裡高興極了，但嘴上卻冷冷地說：「你的老婆我一個也不要，要換就把妮嫚換給我吧！」

「好！咱們一言為定。」樂得額真忙叫管家把妮嫚請了出來。

額真老爺沒費半點周折，換了個天仙般的媳婦，樂得他差不多連姥姥家姓啥都忘了。回到家裡，他捧起酒兒，一直喝到深夜，才吩咐家人扶他進新房。他迷迷糊糊倒在新娘身旁，天快亮時忽覺得什麼東西又涼又硬，睜眼一看，身旁哪是什麼媳婦，原來是一個松木橛子。

額真老爺上了當，又氣又恨，派所有的家丁去抓松阿里。

再說妮嫚從額真老爺家裡出來，上了松阿里的大車。她慶幸自己逃出了狼窩，又害怕再進虎穴。想著想著，禁不住抽抽搭搭哭了起來。那大車走了一程後，忽然停下來，她從車篷裡偷偷向外一看，見一隻小青蛙從車上跳到地下，朝趕車的醜小夥子的臉上一吹氣，那醜小夥立時變成了她日夜想念的松阿里。她驚喜萬分，忘記了一切，跳下車一頭撲到松阿里的懷裡，哭了起來。松阿里向她訴說了小青蛙解救她的經過。妮嫚聽過後，跪拜在地，謝了小青蛙。

松阿里趕著車一直向東南走去。走哇，走哇，走了三天三宿，眼前一條大河擋住了去路。兩人正不知如何過河，忽聽身後一陣馬蹄聲響，額真老爺追上來了。前邊是大河，後頭是追兵，這真是上天無路入地無門。怎麼辦呢，正在這緊急關頭，小青蛙一蹦一跳地來了。它張開大嘴，不一會兒就把一條波浪滔

天的大河喝得只剩腳脖那麼深了。松阿里一揚馬鞭，啪啪啪，跨過河衝到了對岸。回頭一看額真的家了也跟著趕到河中間了。這時只見小青蛙又一張嘴，把才纔喝乾的河水又吐了出來，頓時把額真老爺的家丁全淹沒了。

額真老爺的馬是一匹寶馬，不管水多急，浪多大都不能把它淹投。它架著波浪眼見要上岸了，松阿里連忙張弓搭箭，將額真老爺射落了馬，掉在河裡淹死了。

仇人死了，妮姐和松阿里駕著大車，來到遼東半島，在一個肥美富饒的山溝裡安家落戶，過上了幸福的日子。

孫淑清　佟鳳乙（講述）

張　卓　董　明（蒐集整理）

蛤蟆的傳說（之五）

在當年渤海郡王居住的上京龍泉府的西邊，有個蓮花泡。這蓮花泡真是個好地方。每年六七月間蓮花一開就像一片五彩斑斕的雲錦漂在水面上，小風一吹，香氣四溢，能令人迷醉。

每年一到這時，當地人總把又大又鮮的荷葉洗得乾乾淨淨，包上黏米麵，做出荷葉餑餑獻給自己的祖先神。到滿泡荷花盛開的時候，又選粉紅粉紅的荷花，摘下來插在梭木桿子底下孝敬佛陀。

有這麼一年，蓮花部落郭合樂戶族，要舉行荷葉餑餑祭祀，沒等摘荷葉，冷不丁從西北天空飛來一塊冰白冰白的雲彩，到蓮花泡上就霹靂閃電地下了一場雹子，把荷葉打得像篩子似的。雹子打在荷葉上，急在人們的心裡。全部落的老老少少都齊刷刷地跪在泡子沿上，恭恭敬敬地叨咕著：「有靈有聖的恩都裡，能不能賞賜我們一些又大又鮮的荷花葉啊！」禱告的聲音，在蓮花泡上空回轉。

雖然大家這麼禱告，荷花葉仍然像破篩子似的。大傢伙兒只好用它包黏米面做餑餑。郭合樂老穆昆達悶悶不樂，總覺這樣來祭祀祖先神太不恭敬了。晚上，整個部落鴉默雀靜。老穆昆達就著陰陰沉沉的月光，悄悄地來到泡子沿上。他瞅著荷花葉自言自語地叨咕著：「荷花葉啊，荷花葉，六月開放迎七月，雹子為啥這樣打，沒等開花就先謝。」叨咕完，就蹲下「吧嗒吧嗒」抽起旱煙來。抽著抽著就聽草窠裡「唰唰」直響，回頭一看，可不好啦，一條有雞蛋粗的大海蛇爬到泡子沿上了。泡子沿上有一隻小蛤蟆，呱呱，發出一聲慘叫，眼看就被毒蛇吞進去了，老穆昆達一急，大聲喝道：「呔！你要吃小蛤蟆，我要你的命！」他把煙袋鍋往毒蛇嘴裡一插，一股煙袋油子味過後，毒蛇打了幾個滾兒就挺屍了。再一看，小蛤蟆被毒蛇的毒氣熏了過去，直挺挺地躺在地上一動不動。老穆昆達仔細一看，小蛤蟆長著一對鼓溜溜的黑眼睛，綠油

油的身子直閃金光。他越看越喜歡它，就把小蛤蟆托在手心裡，說：「小蛤蟆，跟我回家吧。」

到家後，老穆昆達把小蛤蟆輕輕地放在水缸裡。第二天早晨，他往水缸裡一瞅，小蛤蟆甦醒過來啦，看見老穆昆達「呱呱」叫了兩聲，好像說：「謝謝老瑪發。」第三天早晨小蛤蟆不見了。

過了一個多月，有一天正當晌午，一個年輕的小阿哥繞過影壁，往屋裡瞅一瞅沒說什麼就到屋裡來了。老穆昆達一打量，小夥子穿著一件綠色袷袍，帶子上掛著一個繡花荷包，濃眉大眼，真是一個漂亮的賽音巴圖魯。

小夥子一進屋就右腿半跪，深深給老穆昆達請了個安。老穆昆達兩手一展趕忙讓了一個坐，小夥子就坐在南炕沿上，恭恭敬敬地說：「老瑪發，我有一件事相求，想要蓋間小房住上幾年。」老穆昆達是位心地善良的人，就滿口答應說：「好，好，你看哪個位置好就在哪蓋吧！」小夥子幹活麻利，不過三天小房就蓋起來啦。

這一年，因為下了一場雹子，莊稼都打了，一進臘月門，老穆昆達的糧囤子就空空的了，討借無門，老伴、兒子、媳婦都到外面找吃的去了。這天，日頭都卡山了，煙筒還沒冒煙，老穆昆達正餓得發慌，那個年輕的小阿哥一腳邁到屋裡，笑嘻嘻地問：「老瑪發，怎麼沒做飯呢？」老穆昆達有點磨不開地說：「我還不餓呢。」小夥子說：「我來幫你做飯。」

說完拿起盆就往小哈什糧囤走去，說也奇怪，小夥子竟從糧囤子裡端出滿滿一大盆米來。老穆昆達心裡很納悶。小夥子劈柴、點火、做飯，不一會兒便做出了香噴噴的米飯。

老穆昆達一看隔壁朱渾保的煙筒也沒冒煙。提起朱渾保真是個好阿哥，又勤勞又勇敢，可是趕上這個年頭也是一點辦法也沒有。老穆昆達把米飯端了一盆送了過去。小夥子也回到自己屋裡去了。老穆昆達吃完飯到哈什一看兩個空囤都裝滿了糧食，心裡真是高興，樂得鬍子都扎撒開了。他招呼全部落的人前來取米，可是怎麼取糧囤子還是滿滿的。全部落的人就這樣平平安安地度過一

個饑荒年。

第二年一開春，小夥子對老穆昆達說：「我要出趟遠門，你老給我照看照看房子吧！」走的時候，交給老穆昆達一個篩子，囑咐又囑咐說：「今年夏天，這地方還要下雹子，比去年還要大，你老人家看天頭不好，就趕快把這個篩子扣在院子裡，雹子就下不下來啦！」老穆昆達接過篩子收了起來。

小夥子一走就是幾個月。果然在這年夏天小暑那天，從西北天空推過來像雪山似的雲塊，沉重地壓在蓮花泡上空。老穆昆達知道是要下雹子啦，趕忙把篩子扣在院子當中，只見從篩子裡射出一道金光，像箭一樣穿進雲塊，雲塊很快滴下了細雨落在泡子裡，白的、粉的、紅的蓮花又開放了，托著荷花的葉又大又鮮。全部落的人又都高興地做了蓮花餑餑敬祖敬神，把粉紅色舊荷花插在梭木桿子底下，孝敬佛陀媽媽。這年，莊稼真得到了好收成。

真快，一晃又是一年多了。全部落鬧了瘟疫，家家老老少少都病倒在炕上，老穆昆達也病得起不來炕了，莊稼沒人侍弄。正當大夥走投無路的時候，小夥子又來了。一看老穆昆達病在炕上，趕忙打開了包裹，拿出一瓶涼粉似的東西，雙手捧著送到老人跟前說：「老瑪發，你若喝下這藥就會好的。」老穆昆達一看，又是那個小夥子，就點點頭把藥喝了下去，不一會兒就起了炕，比沒病時更精神了。老穆昆達看一看小夥子，心裡很感激，可又打個咳聲說：「你把我治好了，全部落人都病著，你能不能多弄些這樣的藥？」小夥子尋思了半天才說：「好吧！要治好全部落的人，得七天工夫。我每天只能拿出兩碗熬好的藥，挨家給喝點。」又囑咐老穆昆達說：「在這七天以內，無論出了什麼事你千萬不要到小屋看我！」

就這樣，每天小夥子端出兩碗藥，老穆昆達挨家送著喝。一天、兩天、五天、六天過去了，到第七天頭上，全部落的人，只有十二個沒有治好。

老穆昆達一看，小夥子六七天沒有吃飯，心裡不安，做了點好吃的東西，向小屋走去。怕驚動小夥子做藥，先舐開窗戶紙往裡一瞧，咦，哪有什麼小夥子，只看一隻小綠蛤蟆，一張嘴，一張嘴地往碗裡吐藥。

老穆昆達一看是被自己救活的小蛤蟆，不覺「啊」了一聲，話音未落，再往屋裡一瞧，小蛤蟆沒有了。老人後悔地直跺腳，只好端起剛裝滿的一碗藥，喪打幽魂地離開了小屋。一碗藥只能供三，四戶病人喝。還有三戶沒喝到，當天晚上六口人就都死了。

小蛤蟆送藥的事，一傳十，十傳百，全部落得人都知道了。大家都拿著香，捧著糕到蓮花泡去感謝小蛤蟆。

一晃三年過去了。五月節剛過，從老黑山裡來了一群強盜。進屯來沒容分說就把老穆昆達綁起來了。臨走時，大當家的對全部落人說：「你們聽著，想要活著回來的穆昆達，必須拿出黃金八百八，三天如果送不到，割下人頭送回家。」這真是意想不到的晴天霹靂，全部落的人都愁的耷拉了腦袋。

一天過去了，大家湊了十兩金子。兩天過去了，大家賣了糧又湊了五兩金子。三天期限，這八百八十兩黃金怎能拿得出啊！第三天雞剛叫，那個小夥子又從南邊回來了，大家上前圍住了他。朱渾保帶頭央告著說：「好心的恩都裡，救救老穆昆達吧！」小夥子點了點頭，左手撫著胸口對大家說：「甭著急，把你們湊的黃金都拿回去，我能弄到黃金，一定能把強盜斬草除根，把老穆昆達救出來！」

不知又和朱渾保說了些什麼，就看他從鹿皮鞘裡「嗖」的一聲抽出小刀，狠狠地對著自己的左眼一剜，把眼珠取了出來交給了朱渾保。大家嚇得目瞪口呆，等到醒悟過來，上前給他包紮傷口時，小夥子一擺手：「不用管我，你們趕快跟著朱渾保救老穆昆達去吧！」說完，小夥就不見影了。

朱渾保把小夥子的眼珠，放在合盤裡立刻變成了一個足有上千兩重的大金元寶。沒等吩咐，大家就齊下火龍關抬起大金元寶跟著朱渾保往老黑山去啦。

強盜一見大金元寶，一擁而上，有的用手掰，有的用牙啃，大當家的更是貓見老鼠一樣，他眼珠兒滴溜兒一轉，然後，對部落人一聲吆喝：「你們聽著，這麼一個刀槍不入的硬邦邦的傢伙，讓我們弟兄們怎麼分？要拿碎金八百八，才能把老穆昆達贖回來。」

大家一聽，都氣壞了，都心急火燎地望著朱渾保。朱渾保對大家點了點頭，眼望蓮花大聲念道：「黃金變刀快出鞘，殺死強盜人歡笑。」剛剛唸完，就看閃電一般從大金元寶裡飛出一把把飛刀。飛刀一百把，強盜一百個。只聽「唰唰唰」，人頭都落在地上。大家找到了老穆昆達，給他鬆了綁，攙扶著老穆昆達回到了部落。

　　打這以後，蓮花部落太平了，老穆昆達受過這場折磨，精力也有限了，在戶族選舉時，他向大夥舉薦，讓朱渾保接替他做穆昆達。從打這以後，老瑪發天天老早地圍著蓮花泡轉悠，可是再也看不見小蛤蟆了。

摘自《滿族民間故事選》

癩蛤蟆的來歷

從前，長白山老林子裡，只有蛤蟆，沒有癩蛤蟆。說起癩蛤蟆的來歷，還有一段傳說。

山東的一個村莊裡，有一對好朋友，一個叫王進財，一個叫李得寶，他倆情同手足。

一天，他們聽說關東的長白山上有很多人參，挖到人參能治百病，還能發財。這對兒好朋友一商量，為了不再過窮日子，決定合夥闖關東，上長白山挖參。他倆準備好一些乾糧，背著小鋪蓋捲兒，就上路了。

他們翻山越嶺，走了兩個多月，才來到長白山腳下。在山坡上壓了個餃子，支上鍋灶，住了下來。

夜裡，兩個人都翻來覆去睡不著，心裡都各自盤算這次進山挖參的事。李得寶打算：挖了參帶回村去，給鄉親們治好病，就不用遭罪了。王進財想：「我們倆走了這麼遠的路程，千辛萬苦到這裡，實在不易，如果挖到人參賣了錢，兩個人平分，肯定沒有自己一個人分的多。要是挖的參歸一個人，賣了錢，說不定夠我用一輩子的了。」想到這裡，他暗暗打定了主意。

他們進山後，在老林子裡轉悠了半拉個月，也沒開眼。這天，他們一大早拎著索撥棍進了林子。越走樹林子越密，來到了一片林子裡的空地，只見草窠子當間立著一棵四下沒草，頂子鮮紅的人參，幾步開外，有個流水呼呼響的深潭，李得寶樂得大喊了一聲「棒槌」，驚得紅頂子上的棒槌籽兒撲棱撲棱掉。王進財過去用紅絨繩將人參拴住，走到潭邊伸頭一看，喊道：「快來看，這裡有條大鯉魚！」李得寶不知是計，走過去將頭一伸，王進財在身後用膀子將他一扛，「撲通」一聲，李得寶掉進了深潭，不見了。

王進財見李得寶已經淹死了，轉身急忙去挖那苗人參。還沒走到近前兒，只覺得兩腳一軟，眼前一黑，腦袋「嗡」地響了一聲，昏了過去。待他甦醒過

來，睜眼一看，一個白鬍子老人和李得寶站在他面前，白鬍子老人手拿著那根帶著銅錢的紅絨繩，怒沖沖望著王進財說：「你這個畜牲！為了貪財，竟把自己的好朋友給害死了。世上還不如沒有你！」說完，用手杖一指，王進財立刻變成了一隻癩蛤蟆，在地上蹦了幾下，「嗵」的一聲跳進了潭裡。

白鬍子老人送給李得寶兩苗大人參，並對他說：「小夥子，交朋友可要小心壞心眼的人啊！」

從此，長白山老林子裡才有了醜惡難看的癩蛤蟆。

王大伯（講述）

溫　泉（蒐集整理）

小青蛙跳龍門

　　在長白山一帶有一種青蛙，人們管它叫「龍王爺小舅子」。為什麼叫這麼個名字呢？那還得從小青蛙跳龍門說起。

　　青蛙很有本事，能在水裡游泳，能在陸地上跑，在水族中算是「武藝高強」的了。因為他們蹦得高跳得快，能敏捷地伸出長舌捲害蟲吃，農家非常喜愛他們。雖然這樣，老青蛙夫婦從來不驕傲，安分守己，一代一代地傳下好的家風。

　　有一年，龍王擺龍門陣招選駙馬，誰要跳過龍門哨，將女兒許配為妻。

　　青蛙的小兒子小公狗蛙知道這件事以後紅了眼，非要去跳龍門，他以為自己年輕力壯，能蹦能跳武藝高強，一定能跳過龍門，當上龍王的駙馬。

　　老青蛙夫婦苦口婆心地勸告小兒子不要好高騖遠，並說咱家和龍王不門當戶對，弄不好還要吃虧的。小公狗蛙不聽，偷偷摸摸跳出池塘，私自離開父母跑到龍門哨去了。

　　「老兒子，大孫子，是老太太的命根子」。自從小公狗蛙離開家以後，老母蛙放心不下，哭哭啼啼地想兒子。老公蛙還經常和老母蛙吵架，埋怨她偏愛順從小兒子，慣成傲子。老母蛙一生氣又窩火，憂慮成疾，臥床不起。

　　小公狗蛙的姐姐小母抱蛙，顧不上忙嫁妝，放下描雲繡鳳的針線活，一面侍候老母蛙，一面求醫討藥。老母蛙心頭病是想兒子，吃藥是不管用的。病一天比一天重，眼看就要死了。全家人眼睛都盼紅了，小公狗蛙還是不回來。她姐姐為了孝敬老人，為母除病，決定拖延婚期，赴江入海，親自到龍門陣去找回弟弟。她臨去的時候，沒過門的女婿戀戀不捨地送她，送了一程又一程，囑咐她快去快回。

　　龍門陣好熱鬧，旗旛招展，鑼鼓喧天，人山人海。江河湖海裡的魚鱉蝦蟹都來了。要講水性和武藝，小公狗蛙還是數一數二的。經過幾天的比試，他的武藝高強，那些蝦兵蟹將們都敗在他的腳下。

高貴的龍女，從心眼裡不愛青蛙，她對龍王說，別說小公狗蛙跳過龍門，就是飛上天也不嫁給他。

婚事不成反結仇。龍王覺得事情不好辦便拿出壞主意調理小公狗蛙。他呼風喚雨，興風作浪。頓時，風起雲湧，傾盆大雨嘩嘩地下起來。小公狗蛙剛跳上龍門哨，水冒高往上漲，波濤滾滾，一個大浪直衝小公狗蛙打來。小公狗蛙被打昏了，失去知覺，被大浪掀到亂石山上，摔得鼻青臉腫肚皮破。這就是青蛙跳龍門，又搶鼻子又搶臉。

小公狗蛙的姐姐來到龍門陣，到處是一片汪洋，聽別人說，她弟弟被龍王禍害了。她十分難過，聲淚俱下，哭哭啼啼地到處尋找。後來，她去找龍王說理，龍王看她相貌出眾，搶去做了偏妾。

龍王為了害死小公狗蛙，發大水也害了黎民百姓，共淹了九州十八縣，民不聊生。人們恨龍王也恨小公狗蛙，小公狗蛙變成了千古罪人。

後來，小公狗蛙肚皮變得黑一塊紅一塊，脊背上疤疤癩癩。皮色變成深綠色，非常難看，身子又瘦又小，再也不能蹦跳了，一步挪不了二指遠，江裡去不成，池塘回不了，最後，只好爬到山間毛道上，待在車轍溝牛蹄子窩的臭水坑裡。孩子們見它那種難看無能的樣子，要打死他。他怕死，把身子往上一佝僂，肚皮朝下，殭屍成簍形裝死在道上。從此，就管它叫龍王爺小舅子。

直到現在，每逢雨過天晴，孩子們三五成群在道上棍打石擊龍王爺小舅子。

李奎武（講述）

甄殿義（蒐集整理）

長白山天池怪獸的傳說

很早以前，長白山雄偉美麗的風光就已聞名天下。鳥獸、凡人、神仙都被這十六峰和天池的奇觀異景所吸引。玉皇大帝也親臨觀賞，並興致勃勃地在龍門峰一石上揮毫題字：「山媲五嶽，池美九州」。這便是著名的神碣。

一年剛開春，天池竄來一條黑蛇精，它身長三丈三，芯子長三尺三，尖齒長三寸三。它渾身劇毒，凡是經過的地方，草枯花謝，鳥飛獸逃；它棲身天池，搞得水波駿黑，腥氣撲鼻。它渴了，一口氣喝乾了一條小溪；餓了，吞人噬畜。不多日子，長白山一片烏煙瘴氣，疫病蔓延，百里不見流水，旱得土乾地裂。

玉皇大帝得知情況後，立即派天兵天將捉拿黑蛇精，結果都敗下陣來。玉皇大帝只得張榜求賢：「有能捕殺黑蛇精者，招為駙馬，鎮守長白山，居於天池宮，與龍王等同；敗者，乃色財薰心之徒，重刑。」九仙女知道後喜出望外，盼望著有個如意郎君揭榜殺妖，在夢寐以求的長白山天池生活多好啊。她拿出一顆能祛除百毒的祛毒珠，準備助意中人一臂之力。可多少天過去了，竟無揭榜者，九仙女便偷偷來到長白山。

再說長白山下有個小夥子，長的魁梧英俊，人們都叫他好運。好運人好名也好，許多事情都能逢凶化吉。天池出了黑蛇精，好運要為民除害，他挎上弓箭直奔長白山。

好運走了三天三夜，翻過七座峰，穿過七條溝，爬過七道嶺，終於登上長白山。他拉開弓箭，衝著天池喝道：「黑長蟲，滾出來！」喊聲未落，天池掀起水柱，黑蛇精伴著風浪撲來，好運放了一箭便失去了知覺。待他醒來時，發現一個美貌的姑娘正餵他吃桃呢。

姑娘正是九仙女。他知道好運要除掉黑蛇精，便悄悄跟著他，漸漸被好運的品貌打動，深深愛上了他。誰知，好運那一箭只在蛇頭上紮了一個坑，自己

卻中了蛇毒倒下了。黑蛇精看到這種情況，吐著芯子，得意地怪叫起來。九仙女大吃一驚，飛身救出好運，黑蛇精一愣，急忙鑽進天池。原來，它怕九仙女懷裡的祛毒珠。

好運和九仙女一見鍾情。九仙女把祛毒珠放到好運手裡，憂鬱地說：「我得回去了，父王知道了可不得了。望你保重，得勝……」好運豪爽地說：「九妹放心，殺了黑蛇精，怎麼去找你呀？」九仙女笑道：「黑蛇精一死，長白山似白玉，天池如明鏡，在天上看得清楚啦，一見到山光池色我就馬上來找你。」

第二天，黑蛇精一溜黑風下山了，回來時肚子鼓鼓的，「嘎嘎」獰笑著。好運叫道：「不好，它不和我鬥，禍害人去了。」黑蛇精知道好運有祛毒珠，有意躲著他。好運決定下天池直搗黑蛇精的老巢。

常言道：「人多出聖人。」好運向躲在山林古洞的鄉親求救，製成一件奇特的服裝，把自己套上。頓時，好運變了模樣。看吧，鹿腦袋，長長的，鹿角是刀做的，尖利無比；鴨子嘴，扁扁的，裡面並排放三支利箭，一按機關即射出，再一按，又是三支箭，總共三七二十一支；牛身子，圓圓的，毛全是鐵絲的，能立起來；魚尾巴，寬寬的，牛筋編制，搖擺自如。好運邁著方步，晃晃悠悠地來到天池邊，「嗷嗷」咆哮起來。

黑蛇精趕忙浮出水面一看，愣在那裡，不知來者何物。好運見黑蛇精不動，便大吼一聲跳進天池。黑蛇精大怒，心想：只要不是帶祛毒珠的好運，我怕什麼！它張開血盆大口，狠狠地咬住那怪物的腦袋。他哪裡會想到，鹿角穿透了嘴巴，利箭紮住了喉嚨。它疼得用力一吸，不但沒吞下牛身子，牙還被「牛毛」刮掉了。黑蛇精急了，左翻右滾，前彎後卷，好歹逃脫沉入水中。

好運一看黑蛇精跑了，心急手慌，不慎將祛毒珠弄掉了。誰知，天池立即黑氣蒸騰，池水一層一層見清。好運大喜，知道是祛毒珠起作用了。他找遍七七四十九個洞穴，將氣息奄奄的黑蛇精殺死。長白山又恢復了往日的風情。

九仙女跑了過來，好運蹦著跳著迎上去，興沖沖地說：「九妹，勝啦，我

們可以成親啦！」九仙女看著好運，拍著手笑道：「牛身魚尾，鹿頭鴨嘴，追殺蛇精，可敬可佩。我看郎君，又威又美！」好運忙道：「別誇了，快幫我脫下來。」兩人忙活半天，怎麼也脫不下來，原來，裝飾已和好運的皮肉長在一起了。好運嘆口氣說：「這怎麼辦哪？」九仙女說：「愁什麼？好運哥有好運。走，上天一趟。」好運忙說：「對了，那祛毒珠……」九仙女說：「放在天池裡，池水永遠無毒，多好。」說著，她扶住好運騰雲駕霧直上凌霄寶殿。好運按九仙女所講，揭下招賢榜，拜見了玉皇大帝。

玉皇大帝知道了黑蛇精已滅，便對好運說：「看你容貌奇異，朕就賜你為天池怪獸，鎮守長白山，居所天池宮，去吧！」好運朗聲道：「謝玉皇，榜上還有一事，望玉皇恩准。」玉皇大帝支支吾吾地說：「這，這駙馬之事，待徵得小女同意再說吧！」九仙女進殿拜道：「父王，女兒願往天池。」玉皇大帝無奈，只得點頭答應道：「天池怪獸，你有功於世，又成乘龍快婿，好自為之吧。」兩人忙磕頭謝恩。九仙女說：「父王，女兒還有一事相求。」玉皇大帝笑道：「知道了，朕授一套法術，隨心所欲，怪獸可以變為怪叟。哈哈，怪獸，怪叟，妙哉妙哉！」

從此，長白山天池便有了怪獸，它牛身魚尾，鹿頭鴨嘴。人們知道，那就是好運。為了不忘好運的功德，人們紛紛到天池朝拜，高喊「天池怪獸——好運，」「好運——天池怪獸」。這時好運便浮出水面，搖頭擺尾致意。人們還在天池邊、二道白河旁、大碚子腳下等地，建起了寺廟，祭祀神靈。有時，天池怪獸好運也會變成大嘴慈眉善目的老人，凡是見到的人准走好運。

天池怪獸好運和九仙女相親相愛，認真守護著長白山和天池。有時，九仙女彈琴，好運擊鼓，人們說那是「龍宮鼓樂」；有時兩人嬉戲吶喊，人們說那是「龍宮操演」；有時龍來天池遊玩，數朵彩雲上下起舞，人們說那是「龍王朝拜」。呵，說法可多了。

王恩龍（蒐集整理）

花栗鼠的傳說

傳說，很久以前，花栗鼠和黃鼠狼是哥倆，長得一模一樣，都是黃色的毛。一天，黃鼠狼和花栗鼠說：「聽說吃了山參能延年益壽，還能掐會算，你去山參王那要一棵來咱倆吃吃試試。」花栗鼠一聽，這是件好事兒，就高興地去了。

花栗鼠蹦蹦跳跳地走了三天三宿，才找到山參王。花栗鼠說明了來意，山參王尋思了一會兒，說：「好吧，可是我只能給你這一次。」說完，拿出一個漂亮的虎皮包，交給花栗鼠。花栗鼠一看這個漂亮的包，非常高興，問道：「參王，我用這塊美麗的虎皮做件衣服穿行不行？」山參王說：「當然行。我這塊虎皮就送給你包山參用的，你拿回去怎麼用都可以。」花栗鼠一想，拿回家黃鼠狼要怎麼辦？不如現在就穿上它！想到這兒，花栗鼠打開這個虎皮包，把山參丟在一邊，將虎皮披在身上，跑到河邊一看，哈！簡直像個小老虎，甚至比老虎還要漂亮多少倍呢！老虎的尾巴像根直棍似的，哪有自己的彎彎尾巴好看！花栗鼠一邊哼著小調一邊往回走。到家以後，黃鼠狼連忙問道：「山參要來了嗎？」花栗鼠一愣，這才想起忘記拿了，只好向黃鼠狼說了事情的經過。黃鼠狼氣得一巴掌把花栗鼠打出門外，再也不認它這個弟弟了。

黃鼠狼自個兒又去要山參，參王只給它一根人參鬍子。它吃了以後，真就變得聰明伶俐了。

花栗鼠現在變得漂亮了，但是沒吃著人參，整天不死心，總想法子去偷，它弄不到，只好當人參果紅了的時候，偷吃人參果。一直到現在，花栗鼠還是一有機會就偷人參果吃呢！儘管這樣，花栗鼠還是傻乎乎的，沒有黃鼠狼機靈，它們再也不在一塊兒生活了。

王德富（編）

貂的故事（之一）

很早以前，老白山裡的松香河邊上有個屯子，屯子裡住個大財主，金銀無數，騾馬成群，仗著有錢有勢，什麼壞事都幹，誰也不敢惹他，人送外號「土皇帝」。他家專門養了一批打手，平常除了看門護院、催租討債，搶男霸女、行兇作惡外，再就是上山獵些珍禽奇獸，供給「土皇帝」當菜餚。

這一年冬天，「土皇帝」家裡的小半拉子劉二剛，從山裡打柴回來，到廚房裡烤火取暖，見菜墩子底下拴個小玩意兒，樣子像黃鼠狼，又不是黃鼠狼，個頭同家裡養的大貓差不多，毛色黑褐褐的油光放亮，尖耳頭，長尾巴。他就問做飯的長工：「大叔，這是什麼東西啊？」做飯的長工說：「你別小瞧它，它叫紫貂，皮毛可貴重了。老爺讓我把它宰了，貂皮留著做皮襖，肉做下酒菜呢。」

二剛一聽，心裡怪不好受的，自己從小失去父母，為了頂債，落入財主手裡受苦受罪。眼前這個招人喜愛的小貂，活生生地就要被殺掉，這怎麼行呢！二剛湊到近前，蹲下身子摸弄它的毛，那紫貂也像通人氣似地趴在那裡一動不動，眼睛眨巴眨巴地還直掉眼淚。他一看更不忍心了，也跟著悄悄地哭了，心裡合計著怎麼也得想辦法救這小貂。

正在犯難的時候，正好做飯的長工出伙房抱柴火，他急忙操起菜刀，割斷了綁著小紫貂的繩子。說也怪，一轉眼的工夫，那「小玩意兒」就不見了。

等做飯的長工抱回柴火，填進灶坑，燒熱了水，把米下到了鍋裡，要殺貂炒菜時，一看紫貂沒有影了，光剩下根繩子拴在那裡。他趕緊跑去告訴財主老爺。「土皇帝」一聽便炸了，硬賴做飯的長工偷著把紫貂給賣了，吩咐打手們把他綁起來吊打逼問。

再說二剛放了小貂，心裡老不落實，總像有個事兒，就在院子裡亂轉悠，剛走到馬棚，看見「土皇帝」領著一群打手，圍著做飯的長工，一面拷打一面

追問紫貂弄哪去了。二剛明白了，心想：好漢做事好漢當，別讓做飯的大叔受連累。他走上前去，對著「土皇帝」說：「紫貂是我偷著放跑的，和做飯的大叔沒關係，要打要罰，隨你們怎麼處置都行。」

「土皇帝」氣得直跺腳，小小的毛孩子竟敢這麼大膽，不狠狠地懲治，怕佃戶長工們翻了天，就讓手下的把二剛痛打了一頓，把他身上的破棉襖頭也扒下來，攆他到山上去打柴，要把二剛凍死在山裡。

二剛一邊哭著一邊往山上爬。西北風颳著冒煙大雪，越走越冷，不一會兒凍得手腳都麻木了，眼前一黑，一個跟頭栽進雪窩子裡。

這工夫，從林子裡跑出一個黑小子，來到二剛身旁，也沒吱聲便脫下一件黑褐色的布衫，給二剛披在身上。二剛覺得全身立時暖呼呼的，手腳也靈活了，爬起來想謝謝那個比他大不了幾歲的黑小子，可是抬頭一看，眼前啥也沒有，身上確實穿了件黑褐色的布衫，他也不知道這是怎麼回事，只好動手砍柴火。

等二剛打好了柴火，準備下山的時候，那個黑小子又來了，笑呵呵地對二剛說：「小兄弟，把布衫還給我吧！省得你穿回去惹麻煩。」二剛把衣裳還給他，又向他道了謝，挑起柴火回了財主家。

一連六七天都是這樣，二剛起早上山，傍晚回來，每天都是一挑柴火。「土皇帝」心裡可犯了疑：這數九寒天，自己穿著大皮襖，圍著火盆還冷，這窮小子身上連件棉衣裳都沒有，就凍不死？他又使出了鬼主意，派一個打手，讓他暗地裡盯住二剛，看出有什麼道道，快回來稟報。

第二天，二剛照常上山，那個打手就偷偷摸摸地在後面跟著。只見二剛一邊走，一邊凍得直打哆嗦，等爬到山坡上的林子邊，突然鑽出來個黑小子，給他披上了一件黑褐褐的布衫，二剛就立刻不哆嗦了，便動手砍柴火。打手看在眼裡，記在心上，急忙跑回去，添枝加葉地告訴了「土皇帝」。

「土皇帝」一琢磨，心裡明白了八九不離十，暗想那黑小子一定是個什麼精靈，那布衫也不是一件普通的衣裳。立即喚來一群打手，親自帶領著去找二

剛。

　　來到山坡上一瞧，果然，天上飄著鵝毛大雪，一片雪花也不沾二剛的邊，離著老遠便化了，他身上那件黑褐褐的布衫，還閃閃放光。「土皇帝」心裡樂開了花，心裡一勁兒地打鼓：二剛身上穿的是紫貂精的皮──火龍衫呀！就是十冬臘月天穿上，站在野地裡三天三宿，也還是渾身暖烘烘的，不涼不冷不凍，是個有錢買不到的寶物。他們連問也沒問，指揮著打手們闖上去，硬將黑褐褐的布衫從二剛身上扒了下來，搶到自己手裡。也沒容二剛說話，叫打手們把二剛捆綁上，準備塞進松香河的冰窟窿裡。

　　二剛拚命地掙扎，大聲叫喊著：「那衣裳是我黑哥哥的，你們不能搶啊！」打手和「土皇帝」根本不理這一套，像群餓狼撲羊羔，抓住二剛就向河邊推去。

　　正在這個節骨眼上，突然，封凍的河面上出現了一個黑褐褐的小動物，毛色油光放亮，尖耳朵，長尾巴，「土皇帝」眼尖，發了瘋似地號叫道：「那正是放跑了的紫貂啊，快，快給我抓住它！」

　　打手們也顧不得二剛，扔下他都爭先恐後地跑上松香河的河面，想要逮住紫貂搶個頭功。

　　小貂不慌不忙，跑幾步，站下回頭瞅瞅，打手們跟頭把式地剛要靠近它，它撒腿又跑。跑跑停停，停停跑跑，打手們撞到了河心，只聽呼隆一聲巨響，冰塌了一大片，打手們都哭爹喊娘地掉進了水裡。紫貂靈巧地躥上河邊，跑到二剛近前，就地一滾變成了黑小子。二剛抹把眼淚，指著山坡上的「土皇帝」，委屈地哭著說：「黑哥哥，那件布衫讓狗財主給搶去啦！」

　　「土皇帝」正樂得搖頭晃腦，脫下大皮襖，換上了布衫，心里美滋滋地朝家走，想回去等著貂肉炒菜作酒餚呢。

　　黑小子從身旁的柞樹棵上擼了一個枝兒，對著「土皇帝」扇了兩扇，乾巴了的樹葉子就呼啦呼啦地著了。「土皇帝」身上那件黑褐褐的布衫立刻著了火，他嚇得脫也脫不掉，撲也撲不滅，火苗子一竄多老高，不一會兒便把「土

皇帝」燒成了灰，那件黑褐褐的布衫卻一點兒也沒燒壞。

　　黑小子把那件黑褐褐的布衫拾起來，遞給了二剛：「小兄弟，我的這件衣裳就送給你了！」說著，便給二剛穿在了身上。

摘自《長白山動植物世界》

貂的故事（之二）

長白山老林子邊，住著這麼個老木把。這老木把年輕時砍木頭放排出過了力，落下個筋骨疼的病，一到冷天，渾身就像錯了骨縫一樣疼。

這年冬天嘎嘎冷，老木把又犯了病，躺在炕上哼哼。下半夜迷迷糊糊睡去，忽然做了一個夢，夢見一個老頭，青緞子襖黑緞子褲，衝著他哭咧咧地說：「後山有難，快救救我吧！」老木把醒來，夢清清亮亮，覺得奇怪，就起來到後山，才看見鄰居一個打獵的下關子（一種籠狀捉動物的器械）抓黃鼠狼，沒關住黃鼠狼，卻關住一個小動物。這小東西毛色錚亮，討人喜歡，見了老木把，那眼珠子骨碌骨碌，眼淚汪汪地。老頭子很可憐它，一瞅沒人看見，就打開關子放它跑了，關子裡閃下那小動物的一根毫毛，老頭子揀起來順手掖在棉襖領子裡。

打那天以後，老木把覺得天氣暖了不老少，筋骨疼的病也好了。後來又夢見那個穿黑袍子的老頭給他施禮，連連向他道謝救命之恩。老頭說，「回山東吧，山東有財發。」醒來細想這老頭，怎麼也想不起來在哪兒見過，夢裡的話可記得真亮。老木把心裡話，反正我是老孤碌棒子，來無牽去無掛，夢裡老大哥叫回山東，咱就回山東，收拾收拾鋪蓋就上路了。

這一天路過濟南府，正趕上下大雪。碰巧知府大人在野外斷案子，老木把也站在一邊瞧熱鬧。知府一抬頭，看出這老頭跟旁人不一樣：旁人滿身是雪，老頭身上一片不沾，雪離他身子老遠就化了。知府曉得老頭身上有玩意兒，就急忙斷完案，傳人把老木把帶回府內。

老木把無緣無故地讓當官的抓去，嚇得抗不了，渾身上下熱氣騰騰，汗越出越多。

知府大人一看，好傢伙。這老頭兒咋這麼熱？他身上一準有不尋常的寶物！就一遍又一遍地催老木把：「你身上帶的什麼寶物，快拿出來吧！」

老木把思前想後，我窮得叮噹響，哪會有啥寶物？猛然記起，襖領子裡有那小動物毫毛一根，就取出來獻給大人，並把這根毫毛怎麼得的和老頭託夢的事都跟大人回了。

知府大人說：「要多少錢吧，你給個數。」

要多少呢？老木把犯愁了。他活了這麼大歲數，看過幾個錢？只愁得他一會兒躺下，一會兒又坐起來。

過了一會兒，知府說：「行了，就這些吧。你一共躺了四回，是不是想要四帑（傳說四十八萬為一帑）銀子？」

知府大人說：「那小動物是貂精，夢也是他托給你的。你把銀子拿走吧，這些錢十輩子也花不了。」

聽說後來知府把那根毫毛獻給皇上，皇上還給他升了官。

打那以後，貂皮成了關東山的一樁寶物了。

顧顯龍（講述）

顧文顯（蒐集整理）

貂的故事（之三）

早先，長白山裡有個大糧戶，姓陳，糧食多得數不過來。他雇了許多長工幹活，講好幹一天活一瓢紅高粱，年終一次付。長工們頂星星披月亮地幹，好不容易到了年底，陳大糧戶卻拿出一個拳頭大的葫蘆瓢分糧。陳大糧戶刻薄到這個份上，四鄉八村都叫他「陳小瓢」。

這一年，大雪封了地的時候，財主們家的豬都圈養了起來。陳小瓢嫌小豬倌沒多少活幹，乾嚼食，便把小豬倌攆出門去。小豬倌下身穿條破燈籠褲子，上身一件袄襖補丁摞補丁，凍得直打哆嗦。奔哪塊去了呢，小豬倌不知不覺順著放豬的道向河灣地去了。這河灣緊靠大林子邊，一條挺急的河在這塊甩個急灣打個停，水深得發黑。河水再深吧，也架不住這號嘎嘎冷的天，凍得繃繃的。只有一條不知打哪鼓出的沿流水騰騰冒涼氣。

小豬倌趟著沒膝深的雪，一步一咕蹟，破衣爛衫遮不住寒，冷風像針一樣刺在身上，上下牙打起磕碰，好歹算是挪騰到他熟悉的河灣地。

小豬倌呆呆地望著再熟悉不過的場地，想起放豬時的樂趣。有一天困極了，躺在草地睡去，覺著鼻孔眼刺癢癢的，睜開眼一看，一個黑光溜滑的小子手裡拿根蒿草葉朝他齜牙樂呢，小豬倌也笑了。他成天孤孤單單的就盼有個伴兒啊。兩人年齡般大般，玩一塊兒去了。累了，歇一氣，餓了，黑小子就到柳毛趟子裡摸幾條魚燒著吃。轉眼一個多月沒到這旮來了，黑夥伴也怕冷吧？怎麼不見影呢？

北風嗖嗖地越刮越緊。小豬倌的腿不聽使喚了，渾身麻木了，昏倒在地上了。

小豬倌睜眼醒來時，愣了，黑夥伴笑嘻嘻地站在眼前。

小豬倌忍不住嗚嗚地哭起來了。黑小子啾啾著小嘴還是笑嘻嘻的，安慰著小豬倌：「甭哭，甭哭，先在這住幾天，吃的喝的都有，過幾天想個法治治黑

心東家。」小豬倌心敞亮了，四下打量著這個小屋。柳條編的牆，整整齊齊的，一邊牆上還掛著嘀哩嘟嚕的松鼠肉乾、魚乾、鳥肉乾……小屋裡暖和和的，像生著個小火爐子。

看小夥伴高興了，黑小子打聲呼哨，只見從門外走進一隊紫貂來！小嚓嚓嘴裡都叼著柳枝編的小笸籮，盛著魚乾、禽肉，整整齊齊地放在小豬倌面前。小豬倌明白了：「噢，黑夥伴是個小貂精啊！」尋思了尋思：管他呢，比人都好。這裡又不冷，反正餓了，先吃東西。小豬倌就在這住下了。

半個月後，小豬倌養得胖胖的，穿著貂皮大氅，走進東家陳小瓢的門。陳小瓢和賬房攏賬呢。聽到腳步聲抬頭一看，心裡一咯噔，可又不信小豬倌還活著，況且穿得這麼好，吃得滿面紅光。他嘴張開合不上了。有工夫了，才乍著膽子問一聲：「是小豬倌嗎？」

「東家，是我。」

「你，你，還活著？沒凍死？」

「東家，我發大財了，來謝謝東家呢。」

「噢？」陳小瓢看小豬倌穿得這麼好，臉上肉乎乎的，信了。他賬也不攏了，眼睛瞪得溜圓。急著問：「好孩子，你發的啥財？快告訴我！你年紀小，別叫人家熊了去。」

小豬倌就把遇見小貂精，小貂精送給他像小山一樣多的貂皮拿不回來的事，一枝一蔓地說了。

「啊呀，這還了得！」陳小瓢心兒一勾勾，「我是你東家，我不關顧你誰關顧你！天也挺冷的，你歇著，告訴我在啥地方，我去拉回來吧！」

「那敢情好。不過東家你這樣去了小貂精不認你呀！這樣吧，你穿上我這件大氅作個認信吧。」

小豬倌脫下貂皮大氅換上東家的羊羔皮襖。陳小瓢心裡美得不得了，還沒挪窩就得了便宜。

陳小瓢不信任夥計們，不用大騾大馬，他不會使喚。他挑了一頭老實的

牛，套上車，他在前牽著牛韁自個兒去了。

　　第二天一大早，牛自個兒拉著空車回來了。後來聽一個打柴的人說：「陳小瓢在河灣地裡，凍硬了。小豬倌從此得了好，在小貂精的資助下和鄉親們一塊兒過上了好日子。

李國棟（講述）

王希傑（蒐集整理）

貂的故事（之四）

　　小罕子歷經千難萬險，躲過遼陽總兵李承良的追捕，鑽進了深山老林，找了個避風遮雨的石洞住了下來。這正是秋後，深山老林裡沒有糧食可吃，他食用野果充飢，又採集了許多核桃、榛子等貯存在洞裡，準備過冬。

　　轉眼間秋去冬來，到了冰封江河、雪蓋大地的寒冷季節，小罕子身上衣衫單薄不說，還破得露肉，天氣暖和時能夠將就，在這滴水成冰的天氣裡怎能抗得住？就這樣，一到夜晚寒風往洞裡直灌，冷得還是受不了。

　　說也奇怪，近些日子每到晚上睡下之後，洞裡不但沒有風了，還像生了火盆一樣，早晨醒來身上還冒汗呢！不過，他積攢下來的核桃、榛子和樹雞肉，每天卻少了不少。他心裡納悶兒，也找不出是什麼緣故。小罕子只好把鳥毛裹滿全身，白天照樣出洞加緊多打樹雞，防備不夠吃的。

　　小罕子心裡老惦唸著弄清這個怪事。這一天，他又假裝出去打樹雞，卻悄悄躲在一棵大松樹後頭盯著洞口。傍晌的時候，忽然一隻頭小、耳大、尾短毛長、皮色暗褐卻油光鋥亮的小動物，穿過樹林來到石洞，從樹上跳進洞裡，連肉帶果地飽餐了一頓，又竄逃樹林便無影無蹤了。到了晚間，小罕子躺在鳥毛窩裡裝睡，一對大眼睛牢牢地盯著洞口。不一會兒，只見那個小動物又來了，趴在洞口一動不動，立刻洞內風消氣暖。小罕子心裡明白了，原來這小玩意沒白吃我的東西呀，是它用身子擋風避寒保護著我，他感激地爬起來便跪下叩頭。

　　小罕子這一叩頭不要緊，那小動物可受不了啦，在地上打了個滾便跑了。小罕子去追，在洞口揀到了那個小玩意的一張皮，他披在了身上。從此，無論在洞裡洞外，無論天氣有多麼寒冷，小罕子渾身都是熱乎乎的，就連下大雪，雪花也不往他身上落。後來，小罕子在山裡找到了以種地、打獵為生的佟、關、馬、索、齊、富、那、郎八戶人家，和他們在一起過日子，他把這個事一

說，又拿出那張毛皮給他們看，大夥說，那小動物叫紫貂，那張毛皮就是貂皮。

金聯檉（講述）

金　鑫（蒐集整理）

貂的故事（之五）

有一年，山外來了個打溜圍的，名叫趙成。趙成這年已五十多歲了，他打十三歲起就跟爺爺鑽林子，擺弄了大半輩子槍，是有名的炮手。他槍打得準，眼力還好，隔溝能看出對面山頭兒站的是什麼山牲口，用手一試蹄印兒，就知道山牲口走過的時間和山牲口的分量。

他這天來甸子街，正趕上鵝毛大雪天。趙成在街上走著，就見一個上下一身黑的小老頭兒在他前邊溜躂。這個人，從背後看，個兒不高，戴緞子帽頭兒，青衣青褲，走起來腿腳挺靈便。奇怪的是，所有走路的人，身上都落了一層厚厚的雪，唯獨這黑老頭兒身上片雪不沾。趙成心里納悶兒，這老頭兒身上穿的是什麼衣裳呢？他跟在老頭兒身後，想看看他到底是幹啥的。

這老頭兒不緊不慢，腳下可挺麻利，趙成是跑慣山的人，也有點兒跟不上趟兒。越是這樣，趙成越想知道這黑老頭兒的底細。他跟在黑老頭兒的身後，黑老頭兒左拐右拐，進了一家飯館兒，趙成也跟了進去。這黑老頭兒也真怪，不喝酒不吃飯，單單要了個紅燒魚，空口吃菜。趙成呢，正好肚子響了，買了十個包子一碗湯，和黑老頭兒坐了個對面兒。他一邊吃，一邊端詳黑老頭兒，只見他吃魚不吐刺，兩腮鼓鼓滿滿的，嚼半天才嚥一口。趙成問：「老哥，家在哪住啊？」黑老頭兒小眼兒一眯說：「不遠，柳毛河。」「正好，我想進柳毛河打圍，咱們還是伴兒呢。」

趙成和黑老頭兒正嘮呢，外面進來個收山貨的老客兒。黑老頭兒一見老客兒，魚沒吃完，起身便走。老客兒立刻堵住了房門，大聲嚷氣地說：「你站住！欠我的錢不給還想溜，把衣裳扒下來。」黑老頭兒的臉當即變了顏色，忙辯解說：「我，我沒欠你的錢，你讓我走！」「那不行！」兩個人打在了一起。趙成心裡很不平，暗自琢磨：就算欠你的錢，也不能在飯館兒裡寒磣人家啊！他上前拉住老客兒，說：「哎，人有臉樹有皮，哪能堵著門扒衣服呢？快別吵

了，別傷了和氣！」老客兒拚命推開趙成，再看黑老頭兒已無影無蹤了。老客兒火了：「你包我的！」趙成也奇怪，怎麼一轉身黑老頭兒就不見了呢？他對老客兒說：「我包你什麼？」「咳！我跟了好幾天，好不容易堵住了，你給放跑了，誤了我的大事！」老客兒說著一撅搭走了。

趙成鬧了個沒趣兒，背著獵槍進山了。他來到柳毛河，找了個餷子，打起火堆，便上山打溜圍。

這年冬天格外冷，地凍三尺，哈氣成霜。趙成在山上轉悠了半天，別說是山牲口，連個山牲口的蹄印兒也沒看見。回到餷子，心裡悶悶不樂。

這天晚上，趙成一覺醒來，頭上身上都是汗，他很納悶兒：這麼冷的天，不凍得篩糠就不錯了，還能熱得出汗？不管怎麼說，反正沒凍著，做了點兒飯，準備吃了好上山。

這工夫河邊來了一個人。他一看，呵！是那個黑老頭兒。黑老頭兒老遠就打招呼：「老弟，昨晚睡得好吧？」「好！好！快來坐。」黑老頭兒坐下，問：「怎麼樣？快當嗎？」「唉！快當啥！」趙成說，「半個多月了，一槍沒開，米口袋都戳不住了，看樣子得下山啦。「別忙，耍幾天。今兒個你到南坡轉轉，興許能開眼兒」。趙成按黑老頭兒的指點，吃完飯，背著獵槍上了南坡。南坡是一片密松林，樹挨樹，山連山。前兩天，他來過，什麼也沒遇上，今天他也沒尋思能有啥。他無精打采地走著，忽聽對面樹窠子響。他拿好槍，躲在一棵大樹後，一看，啊！從東邊跑過來好幾頭大野豬，好像有人趕仗似的。趙成端起槍，對準一個大的「砰」地一槍，這傢伙應聲倒下，餘下的都跑了。

傍晚，把野豬弄了回來。黑老頭兒又來了：「怎麼樣，今天快當吧？」趙成高興地說：「快當！快當！」趙成為了感謝黑老頭兒，用刀子切了塊豬肉，燉在鍋裡，要和黑老頭兒喝一盅。黑老頭兒說：「你先燉著，我回去取點兒魚。」不一會兒，黑老頭兒回來了，真的拎來了一條大魚。趙成問：「天這麼冷，哪弄的魚？」「柳毛河呀。」「老哥真行！」老哥兒們邊嘮邊吃邊喝，不覺星星出來老高了。黑老頭兒說：「我得回去了，省得家裡人惦記著。」趙成

也不強留。黑老頭兒走了，他也歪倒睡了，還打起了呼嚕，睡得挺香。

第二天早起，身上還是熱乎乎的。不一會兒，黑老頭兒又來了，叫他今天去北坡打圍。趙成又上了北坡，遇上了一群鹿，也像有人趕仗似的，他對準一個帶茸角的公鹿就是一槍。晚上，趙成把鹿拖回餃子，黑老頭兒早在那兒等上了，魚都燉好了。老哥兒倆照樣喝了一頓，黑老頭兒回家，趙成睡覺。

一連十多天，天天這樣。趙成每天大小都能得點兒獵物，心裡很高興。可他奇怪的是，為什麼每天晚上都睡得很暖和呢？這天晚上，他少喝了幾盅，躺在炕上眯著眼聽動靜。

不一會兒，見黑老頭悄悄來了，從身上脫下件衣裳，輕輕給他蓋上就走了。趙成這才明白為啥天天睡得熱乎乎的。第二天一醒，身上蓋的衣裳就不見了。

又過了三天，黑老頭兒對趙成說：「你該下山了。你走我沒啥送你的，你那天在飯館兒救了我一命，我送你一件衣裳吧，到當鋪換幾個錢兒，回老家吧。」說著，脫下件衣裳遞給了趙成。趙成正要道謝，一眨眼，黑老頭兒沒了。

趙成一算，也快到年根兒了，打的山牲口也不算少了，就雇了張爬犁拉著回了甸子街。晚上，到店裡住下後，想起了那件衣裳，從包袱裡拿出一看，哪是什麼衣裳啊，是一張上好貂皮，這時趙成才明白，黑老頭兒原來是個紫貂精啊！

鄭六炮（講述）

張棟材（蒐集整理）

趙初把打羆

　　這是件很多年以前的事了。在長白山裡有一個圍幫，四十多個炮手。老把頭槍法好，經驗也足。這伙兒人個個身板子硬朗，每次出圍，都能打到很多野物。在長白山裡，一提起這個圍幫，沒人不知道的。

　　這圍幫裡有個十八歲的小夥子，姓趙，也是打山東逃荒來的。他光桿兒一個，大家看他年歲小，又剛入夥兒不久，都叫他「趙初把」。

　　他個頭兒大，力氣足，練起功夫來是真上心用勁兒，槍法箭法也挺好。他遞上一槍，管叫飛著的禽鳥撲棱棱栽下地來，他端起槍來一瞄，喊聲「腦袋」，正在飛跑的麅子就倒下了，到跟前一看，不偏不倚，正好打在腦袋上。他趕起仗子來，捨得使力氣，就是一天跑二百里路，也不嫌累。坐起圍來，有耐心勁兒，山牲口不來，把頭不發話，就是死守它一天兩天，他也不帶動一下的。從老把頭到炮頭，炮貼、趕仗子的，沒一個不喜歡他的。

　　這一年，他們進山打了半個多月的紅圍，老也沒開眼，老把頭膩煩了，大夥兒心裡也不托底了。有這麼一天晚上，半夜時候，只聽外邊有「撲哧、撲哧」的撓門聲。老把頭問：「誰？」只聽外面「嗚嗚」叫。老把頭一聽，壞了，就嘆口氣說：「山王爺來了，咱這四十個人，不知該誰死了！」說完就按著放山人的規矩，都往外扔帽子，老虎把誰的帽子叼去了，誰就跟著老虎去。

　　第一個，是老把頭先把帽子扔了出去，那虎連看都不看，跟著炮手們一個接一個地把帽子扔了出去，那虎連理都不理，只管拿爪子刨地，直門吼叫著。末了，只剩下一個人了，那就是趙初把。

　　趙初把一個高兒跳起來，抓起帽子，「啪」的一聲，就甩了出去。老虎真就把他的帽子叼了起來。大夥兒一看，心裡可真難受啊。趙初把使勁一拍胸脯說：「不要緊，我去！可有一宗，我得多帶桿槍去，它就是把我吃了，我也得換它一個。」老把頭點點頭，把自個兒使了多年的老獵槍交給了他。他把槍藥

鉛砂子帶得足足的，拾掇妥了，就背起兩桿獵槍，拉開地子門，大步躥了出去。

出門一看，原來是只胖墩墩的小白老虎。見他來了，小白虎樂得直勁兒蹦跳撒歡兒。趙初把端起槍來，拉開架式要攛火。小白虎把頭往外一點，磨回身，叼著他的帽子，頭前走了。趙初把見了，心裡尋思你想把我領到別的地方去吃啊，那也便宜不了你，就邁開大步，跟著走了。

他們爬上一座大山，穿過一條深澗，越過一道大嶺，走進密密麻麻的老林子裡。走啊，走啊，只見前面燈明火亮的一片白。走到這兒，小白虎就停下了，把帽子放在地上，朝那片亮光點點頭。趙初把這才明白了，它是來找人幫忙的呀。

原來這只小白虎的爹媽都叫一個大野物給吃了，又把它也抓了去伺候這傢伙。有一天，瞅那傢伙「呼嚕呼嚕」睡覺的當兒，它偷著跑了出來。它聽說這疙瘩來了個圍幫，裡頭有個趙初把，有膽子又有能耐，就找趙初把來了。

再說，趙初把往亮光那地方一瞅，看見三四十隻老虎，齊刷刷地在一個傢伙面前蹲著，那傢伙高高地蹲在一個青石台上，兩隻眼睛像兩團火球，只聽它「哼」了一聲，一隻老虎馬上站起來上前給它搔癢，又聽它「嗚」一聲叫，一隻老虎馬上去給它摩挲毛。待了一會兒，只聽它「嗷」地一叫，毛一摩挲開，一掌就把那隻老虎打倒，撲上去就把它扯巴扯巴吃了。那些蹲著的老虎，嚇得趴在地上不敢抬頭，大氣也不敢出。

他往細一打量，那傢伙足有一丈五尺高有三四抱粗，長著老虎腦袋、黑瞎子身子，一根尾巴有五尺多長七十多節有碗口那麼粗。趙初把明白了，這群老虎是叫那傢伙給降住了。

他麻利兒往兩桿槍筒子裡灌了二斤火藥，又裝上十五粒一兩重的鉛砂子，緊緊褲管袖口，抻巴抻巴手腳，咳嗽了一聲，大聲喊叫：「山王爺們，你們躲開點兒，我來收拾它！」那些老虎都散開了。那傢伙一聽，火兒來了，站起身來，兩隻大火球樣大眼睛直射著他。那光又紅又亮，刺得他的眼睛直發花。他

揉揉眼睛，眨巴眨巴眼皮，就端起了老獵槍。那傢伙大口一張，大吼一聲，震得他頭昏腦脹，眼前直冒金星。那傢伙見趙初把還站在那裡紋絲兒沒動，就一個高兒跳下石台，抖摟抖摟身子，把大尾巴一掄，「喀」一聲響，直冒火花。

趙初把離那傢伙有一百多步遠，他端起槍瞄了起來，那傢伙「嗚嗚」一叫，呼的一聲從趙初把頭頂上懸了過去，落到一百多步遠的另一邊。剛落地，抖抖毛，大叫了一聲，又從他頭頂懸過來。越懸越低，越懸離他越近。趙初把乘它剛剛懸到頭頂的當兒，照準那傢伙兒的腦袋就摟了一槍，只聽一聲大叫，「撲通」一聲，那傢伙就跌到地上了。它還沒死，瞪著血紅血紅的眼珠子，張著血盆大口，又爬了起來，想往趙初把身上撲。趙初把拽出另一桿槍，照那傢伙又開了一槍。那傢伙一個跟頭栽到地上，四條腿一陣亂蹬達，死了。

這當兒，小白虎和那些老虎都跳了起來，跑上去，把那傢伙啃了個稀糊爛。啃巴完了，都朝趙初把圍攏過來，拿舌頭舔他，用鼻子聞他，拿嘴巴蹭他，那個親熱勁兒就沒法子說了。

趙初把往外一撒目，只見地上堆著一堆堆老虎的白骨。他扛起槍就要往回走，那些老虎攔著不讓他走。他只好留下跟老虎們玩耍一陣子。傍天亮，那些老虎都走了，滿山遍野追著撞著，不大一會兒，就圈來了四隻梅花鹿。趙初把把鹿打倒了，割下鹿角，背起來要走了，那些老虎還磕頭作揖地把他送出大老遠。

再說，那些炮手們，尋思趙初把八成是讓老虎給吃了。天一亮，見他背了四副大鹿角回來了，這可把大夥兒樂壞了。他把事兒原原本本地說了一遍。老把頭聽了，又驚又喜，說：「你知道那是啥物？那叫羆！三虎出一豹，三豹出一猛，猛再和黑瞎子配對兒，就生出這麼個怪傢伙。我說這幾天咋沒開眼呢！那傢伙可凶了，山裡的牲口沒有敢惹它的。它到哪兒，山牲口都逃得遠遠的。你倒敢來摟火揍它，真是好樣的。」大夥兒都說這四副鹿角是趙初把的財命，賣了錢都應歸他個人，趙初把說啥也不答應，他把鹿角拿到齊州賣了不老少錢，給大夥兒均分了。

打這兒以後，大夥兒就更佩服趙初把了。

孫鳳梧（講述）

於濟源（蒐集整理）

飛鼠戲烏蛇

一條烏蛇，覺得長白山沒啥意思，就去尋找美麗的地方，它找了七七四十九天，也沒找到滿意的地方，氣得又回來了。它又餓又累，爬上一棵核桃樹，趴在那兒，想等小鳥來，好飽吃一頓。忽然，它看見一隻老鼠蹲在樹杈上，心裡一驚：老鼠什麼時候學會爬樹了？烏蛇奇怪地問：「喂！你什麼時候學會的爬樹？」老鼠答：「你不在家這些日子學的。」烏蛇說：「真是可惜，你遇到了我。我馬上就要吃掉你了，你爬樹的本領不是白學了嗎？喂！你有什麼要求嗎？」老鼠說：「我要求你閉上眼睛數三個數，然後再吃我。」烏蛇痛快地答應了。它閉上眼睛慢騰騰地數到三，睜開眼一瞧，哪有老鼠的影子！它把樹上都找遍了，也沒見著老鼠，心裡直納悶兒。它左瞅右瞧，一下子在另一棵樹上看見了老鼠，烏蛇更奇怪了，問：「你是怎麼過去的？難道會飛不成？」老鼠說：「蛇老兄，您說對了。我是飛過來的。你離開家四十九天，我練習飛了四十九天，現在會飛了，成了飛鼠。我已經不是老鼠了。」說完，它把連在爪子上的皮膜一伸，又飛到一棵榆樹上。「你該相信了吧？」

烏蛇看傻了眼，啥也說不出來，紅著臉滾下樹，溜走了。

貂熊來白山

貂熊也叫狼獾，樣子很像熊，尾巴比熊的尾巴長，能爬樹，會游泳，非常厲害，一般生活在較冷的寒帶。有一隻貂熊，聽說白山地方挺好，就搬到這裡來了。它第一個看見的是灰狗子。灰狗子從來沒有見過貂熊，嚇得都不會跑了。貂熊說：「你真幸運，是我來到這兒的第一頓好飯。」灰狗子說：「我很樂意做您的食物。我知道還有比我更好吃的食物，您要願意，我這就領您去找。」貂熊說：「也好，那就走吧。」灰狗子把貂熊領到梅花鹿家門口，說：「這裡住著梅花鹿，您可以吃頓飽飯了，我該走了。」灰狗子剛要溜，貂熊一把抓住它：「你倒不傻呀！想讓別人來替你死嗎？再領我找幾個能吃的傢伙！」灰狗子又帶路，找到了獾、獐、麅子的家，貂熊把這些動物住的地方都記住了。灰狗說：「我給您帶路，找到這麼多可以吃的動物，大概您吃上半個月也吃不完。該放我走了吧？」貂熊笑了笑說：「可是，我最恨的就是像你這樣，為了自己活命，把別人拿來墊背的人。所以，我要先吃掉你！」灰狗子後悔了，可是已經晚了。

黑瞎子的故事（之一）

生在長白山老林裡的黑瞎子，夏天吃狗奶子，秋天吃圓棗子等各種野果。到深秋初冬季節，山溝裡下了酷霜，果落草枯沒啥吃的了，把黑瞎子餓得在老林裡東奔西竄嗷嗷號叫。恰巧，讓蹲在松樹上吃松子的小松鼠看見了，它哧溜溜從樹上竄到黑瞎子跟前說：「黑瞎子大哥，你嗷嗷叫啥呀？」

黑瞎子說：「好心的松鼠老弟！我好幾天沒打野食，肚子餓得咕咕叫，你幫忙給我點吃的吧！」

松鼠抬起小爪子撓了撓腮，說：「黑瞎子大哥，別著急，我有辦法。你看，那松樹上結的松塔兒可多呢，那松子嗑開可香呢！」

「那老高的樹咋上去呀？」「往上爬唄。」

「咋個爬法？」「我教你，保險一學就會。」

「那敢情好！只要學會爬樹，我一定多摘些松塔兒報答你。」接著，黑瞎子拜小松鼠為師學起爬樹來，費了九牛二虎之力，總算學會了。

小松鼠蹲在樹枝上，看到黑瞎子那個笨勁兒心裡好笑：「照你那個笨大傻粗樣兒，一輩子也不會靈巧。」說著，蹦蹦跳跳竄到密林深處嗑松子去了。

黑瞎子好歹爬到樹上，蹲在樹丫上大口大口嗑松子。一會兒功夫，撐得肚子滾圓，口乾舌爆，想要到河溝去喝水。它從老高的樹頂往下瞅，上不夠天，下不夠地，這下可傻眼了！只好蹲在樹丫上直晃腦殼。後悔當初只跟小松鼠學會了爬樹，忘了學下樹。越想越後悔，一不小心從樹上滾下來，跌在樹下，來了個嘴啃泥，摔得嗷嗷號叫。

常言道：吃一塹，長一智。可是，笨大傻粗的黑瞎子吃了虧也不接受教訓。每年松塔兒成熟時節，它還是爬到樹上嗑松子。不會下樹，只好抱頭一滾從樹上摔下來，年復一年的都是這個樣兒。

常年在深山密林裡伐木的老木把，給黑瞎子這一招起了個美名，叫「黑瞎

子跌膘」。

摘自《長白山花木禽獸傳說》

黑瞎子的故事（之二）

　　長白山區的人都知道，狗熊沒有腳後跟，冬天蹲倉時誰也叫不出來。這是為什麼呢？傳說是這麼回事兒。

　　那是很古的時候，長白山沒有人煙，是動物的天下。動物界也不平安，大的欺小的，凶的欺軟的。香獐子（學名麝）雖然個頭不算小，但沒長角，脾氣又好，所以總挨欺負。特別是狗熊，總想討獐子的便宜，弄些麝香吃，香獐子只得東躲西藏。一天，野豬碰見了獐子，問道：「你慌慌張張地要上哪去呀？」獐子說：「狗熊光欺負我，我想離開這兒。」野豬想：你要走了，我再上哪弄麝香去？得想法子留住他。於是說：「沒關係，我讓狗熊離開長白山，你別走了。」「他肯聽你的嗎？」「我自有辦法，你放心吧！你先住在我家，我這就去讓狗熊走。」野豬說完，就走了。他來到狗熊家，狗熊正在一個大樹洞裡收拾東西，準備過冬。野豬說：「熊老兄，告訴你個好事兒，天池有棵大椴樹，裡邊有很多很多的蜂蜜。」「真的？」「誰騙你不是人！」

　　狗熊還是不相信：「你是怎麼知道的？」野豬說：「我聽引路鳥說的，還有獐子也知道這事。」狗熊說：「可是我從來沒去過，不知天池在哪兒，聽說那非常冷，是嗎？」「沒關係，我讓引路鳥給你弄雙靰鞡穿，只要不凍腳，天冷點兒也沒關係。」

　　野豬把引路鳥請來，又找了雙沒有後跟的破靰鞡，送給狗熊。雖然腳後跟露在外面，但總比光著腳強。他告別了野豬跟著引路鳥走了。

　　狗熊走了以後，野豬自言自語地說：「哼！你再也別想回來了，天池那麼冷，不把你凍硬了才怪哩！」他鑽進狗熊的樹倉裡，想道：從今以後這個家就歸我了。我再讓獐子天天給我送麝香吃，真是一舉兩得呀！想到這兒，呼呼地睡開了美覺。

　　再說狗熊走了三天三宿，天越來越冷，雪越來越厚，腳都凍麻了，想回

去，又捨不得蜂蜜，只得咬著牙堅持著往天池走。又走了三天，終於到了天池，可差點兒沒把狗熊氣死，天池裡外連一棵小樹也沒有，哪有大椴樹？再說到處是雪，怎麼會有蜂子和蜂蜜呢？狗熊拿引路鳥撒開了氣，引路鳥一句話沒說，翅膀一抖飛走了。狗熊無奈，順著來時的腳印，氣沖沖地往回走。回來是下坡，走得自然快，用了不到兩天就回來了。到家一看，野豬正在裡面睡覺呢！狗熊使勁打了一拳，野豬醒了，見黑熊回來了，嚇得「嗚」的一聲逃走了。狗熊一屁股坐下了，實在累壞了。

他想好好睡一覺，就覺得腳又麻又疼，低頭一看，靰鞡不知啥時候跑沒了，腳後跟也凍掉了！從此就沒有腳後跟了。整個冬天躲在樹洞裡不敢出去，生怕再凍著。

香獐子呢，還得提心吊膽地過日子。

王德富（蒐集整理）

黑瞎子的故事（之三）

　　黑瞎子看起來是個呆頭呆腦的笨傢伙，除了力氣大之外，別無本事。其實不然，在深山老林裡，黑瞎子靈巧得很呢！有一個真實的黑瞎子玩兒人的故事就說明了這一點。

　　一位年輕的小夥子上山挖貝母，不巧與黑瞎子相遇。當他發現這個龐然大物時，有將近百米的距離。小夥子撒腿就跑。他使足了平生的力氣，跑得飛快。不一會兒，他就跑出了很遠。要知道，這是逃命啊！

　　可是，當他自以為逃離險境時，卻被黑瞎子按倒了。小夥子拚命反抗，黑瞎子便下口咬。可是，黑瞎子的嘴比老虎和狼的嘴要小得多，結果，只是把小夥子的一半頭皮給啃下來了。之後，它就伸出舌頭舔小夥子頭皮上滲出的血。這就是人們經常聽說的黑瞎子不吃人舔人。

　　黑瞎子舔著小夥子頭上的傷口，鹹滋滋的血味使它很過癮。舔了一會兒，它便一屁股坐在了小夥子的身上，並且不停地晃動著，好像在與小夥子開玩笑似的。

　　不知過了多久，昏迷的小夥子醒了過來，他發現黑瞎子已經走了，就試著伸伸胳膊、蜷蜷腿，發現自己還能動彈，他就用手把黑瞎子啃下來的頭皮擼回去，正要翻身坐起。誰知，黑瞎子並沒走遠，只是在附近看著他呢，這個傢伙發現小夥子一動彈，又跑回來坐上了。

　　這一次，黑瞎子晃動得更厲害了。小夥子再也沒敢動，一直裝死，直到後半夜，黑瞎子坐夠了、玩夠了才離開。

　　從此，小夥子得了個綽號——「黑瞎子樂」。因為，他叫黑瞎子樂了一天一夜。

摘自宮玉春《長白山動物趣聞》

黑瞎子的故事（之四）

這是一個真實的故事。一個周姓人家，用二斗高粱換了一個八歲的童養媳，雖說公婆對她還不錯，但公婆家也不富裕，只是靠種地為生。小童養媳與大人一樣起早貪黑地幹活，累得筋疲力盡。在她九歲那年，爺爺公公把她領到深山老林的簡易小房子裡，讓她給做飯，再幹些零活兒。當時已到深秋，苞米能啃青了。爺爺公公有時讓她燒幾棒青苞米吃，算是犒勞犒勞她。

一天夜裡，「看青」的爺爺公公來了酒癮，回去喝酒了，告訴童養媳去看地。可憐那九歲的小姑娘一個人孤零零地站在苞米地裡。

月亮剛剛爬上樹梢，天空卻突然暗了下來，黑壓壓的烏雲遮住了月亮，小姑娘只能盼著月亮早點兒穿過雲層，透給大地一絲光亮。

就在這時，一個高大的身影來到小姑娘面前，他對小姑娘理也不理，徑直走到苞米地裡就掰了起來。小姑娘眼淚汪汪地跑過去央求著：「行行好吧，大叔，你把苞米掰走了，一會兒爺爺就會打我的！」

大叔還是不理，繼續掰苞米，小姑娘繼續央求著：「大叔，您掰幾棒兒就走吧，要不，我會被打死的！」大叔仍然理也不理，繼續掰。

小姑娘突然大叫起來：「大叔，你掰的苞米都掉了，我幫你撿起來，你拿著走吧！」小姑娘把「大叔」腋窩裡掉下的苞米一棒一棒地撿起來，兜在衣襟裡，撐上掰苞米的「大叔」，又央求起來：「大叔，你就行行好吧，我是個童養媳，不比他孫子呀，求你啦，快走吧！咦，大叔，天這麼熱，你怎麼還穿皮襖呢？」

正在掰苞米的「大叔」突然站下，接過小姑娘遞過來的苞米往腋窩裡夾，他夾一棒掉一棒，最後夾著一棒苞米走了。小姑娘在後邊追他：「大叔，苞米反正也掰下來了，你就多拿幾棒吧，好給孩子燒著吃！」「大叔」再也沒回頭，徑直往林子裡走去。

小姑娘這才犯了愁，那個翻穿皮襖的大叔掰下來三十多棒苞米，怎麼向爺爺公公交代呢？她把「大叔」掰下來的苞米收攏到一起，撿些柴火架上火，一棒一棒地烤起來。

　　直到東方露出魚肚白，小姑娘才把這些苞米完全烤熟。她膽顫心驚地把苞米兜在衣襟裡，準備回去挨打。

　　這時，她突然看見爺爺公公站在面前，小姑娘「撲通」一聲跪下：「爺爺，饒了我吧，昨天晚上來了個翻穿皮襖的大叔掰苞米，我怎麼勸他他也不聽，可是，他掰了苞米也不拿，我都烤熟了，爺爺，你吃一棒吧。」

　　小姑娘一口氣說完，她悄悄地等著爺爺公公的發落。

　　可是出乎意料的是，爺爺公公卻把她扶了起來：「丫蛋兒，咱倆吃苞米吧！」小姑娘奇怪了，她把這件事告訴了鄰居，鄰居說：「那不是翻穿皮襖的『大叔』，那是只黑瞎子！它只掰了三十幾棒苞米，這就便宜他老周家了，要是在別的地裡，它得全掰完！」「可它只拿一棒走了……」小姑娘說。「是啊，這就是『黑瞎子掰苞米，掰一棒丟一棒。』丫蛋兒，看來，黑瞎子通人性，它可憐你這個童養媳呀！」

　　鄰居大嬸的眼睛裡閃動著淚花。

摘自宮玉春《長白山動物趣聞》

黑瞎子的故事（之五）

很早以前，黑熊冬天不蹲倉，它和老虎、梅花鹿，麃子一樣，白天滿山遍野地覓食，晚間就住在樹叢中，與蜜蜂為鄰，處得挺和睦。

有一年，蜂蜜剛下來，蜜蜂就給黑熊送來了一盆蜂蜜，讓它嘗嘗鮮。黑熊客氣一番後，把前掌伸到盆裡蘸點兒蜂蜜一舔，挺甜，就大把大把地往嘴裡抹起來。一會兒工夫，就把一盆蜂蜜吃光了，吃得甜嘴麻舌的，總想再弄點兒吃。

這天，黑熊看蜜蜂都到山裡採花釀蜜去了，就悄悄地來到蜜蜂家。它看屋裡一隻蜜蜂也沒有，就趕忙來到蜜缸旁邊，打開缸蓋兒，前掌伸到蜜缸裡大把大把地抓起來，抹得滿嘴和腮幫子都是蜜。它吃夠了，還不解饞，想把蜜缸弄到自己家去。它剛把蜜缸扳倒要往外軲轆，偏巧，蜜蜂回來了。黑熊怕露了馬腳，眼珠子一轉想出個主意。它對蜜蜂「嘿嘿」一笑，說：「梅花鹿來偷蜂蜜，讓我給打跑了。」

蜜蜂心眼兒實，信以為真，心裡十分感激黑熊，忙裝滿一桶蜂蜜給黑熊說：「熊大哥，這桶蜂蜜你拿回去，就算一點兒小意思吧。」黑熊假心假意地說：「老鄰老居的，咱們還有啥可說的。」

沒幾天，黑熊又把那桶蜂蜜吃光了。它沒吃夠，還想再弄些蜜來，又不好意思去要。就在這時，蜜蜂全家又出去採蜜了。樂得它一頭鑽進蜜蜂家，扳倒蜜缸就往外軲轆。可是還沒等出屋，蜜蜂們回來了。黑熊怕蜜蜂生疑，就向蜜蜂說：「老虎來偷蜜，讓我給打跑了。」

蜜蜂們嘴上不說，心裡卻尋思：老虎是獸中之王，黑熊怎麼能打過呢？看看屋裡地上又沒有虎爪印兒，心裡可就犯了尋思。

黑熊沒偷著蜂蜜總是不死心。一天晚上，黑熊趁蜜蜂都睡著了，就偷偷地鑽進蜜蜂的屋裡，往外軲轆蜜缸。眼看要出院兒了，突然，蜜蜂們追了出來，

把黑熊圍到中間，一齊說：「你為啥偷我們的蜜缸？」黑熊結結巴巴地說：「剛才麅子來偷蜂蜜，讓我給打跑了。我怕它再來偷，就把蜜缸挪個窩兒！」蜜蜂說：「實話告訴你吧，我們沒睡，看得清清楚楚的，你別想再騙我們了。」黑熊見露了餡兒，只好灰溜溜地跑了。

後來，老虎、梅花鹿和麅子知道了熊瞎子賴它們偷蜂蜜的事兒，都很生氣，都要治一治黑熊。這天，蜜蜂、老虎、梅花鹿和麅子找到了黑熊。黑熊看事不好，抬腿就跑。它在前邊跑，蜜蜂、老虎、梅花鹿和麅子就在後邊追。越追越近，眼看就要追上了。黑熊急得沒辦法，便鑽到旁邊的樹洞裡藏起來。

這時候，正是大雪天，蜜蜂、老虎、梅花鹿和麅子閒著沒事，就輪班兒在樹洞旁邊看守著，非要治治熊瞎子不可。黑熊怕自己吃虧，嚇得不敢出來，餓了就舔掌上沾的蜂蜜，在樹洞裡足足蹲了一冬天。等到冰雪融化，春暖花開時，蜜蜂都採花釀蜜去了，黑熊才從樹洞裡爬出來。

從此，每到冬天下大雪以後，黑熊就鑽到樹洞裡蹲起倉來，直到第二年春天暖和了才出來。

爭　大（講述）
閆守才（蒐集整理）

黑瞎子的故事（之六）

早先，老爺嶺上有好多好多的黑熊，經常出沒在大森林裡，也有許許多多蜜蜂在山上採蜜。

夏季的一天，一隻母熊領著一隻剛出生不到一個月的小熊，在山上打食。老母熊在前邊屁股一扭一扭地往前走，毛茸茸的小熊崽兒蹦蹦躂躂地緊跟在媽媽身後。那天特別熱，熱得娘倆直冒汗。山上的野果子還沒熟，都挺澀的嚥不下去，餓得小熊嗷嗷直叫，母熊看著心疼，就在一棵大樹下坐下來，給小熊餵奶，小熊依偎在媽媽懷裡，含著奶頭，乾裹也裹不出奶水來，急得直哼唧。媽媽摟著孩子來回晃著，說是餵奶，只不過是解解心疑罷了，實際上母熊早就沒奶了。

娘倆在樹下涼快一會兒，消了消汗。忽然，母熊像聽見了什麼聲音，伸著頭往山上看了半天，然後，一把將孩子推開，站起來就往山上跑，小熊不知是怎麼回事，爬起來也緊緊追趕媽媽。穿過了十多棵樹空，母熊在一棵大椴樹前停下了，抬頭看看，圍著大樹轉了兩圈，看見樹上離地一丈多高的樹丫旁邊有個樹疤，樹疤中間有一個小洞，經太陽一曬，裡邊往外淌蜜汁，上面落了不少蜜蜂。原來，母熊在餵奶時，聽見嗡嗡叫的聲音，別看黑瞎子眼神不好，耳朵可尖，半里地以外有蜂群它都能聽見。當他看見樹上那一大群蜜蜂時，精神頭就上來了，憑它多年的經驗，斷定樹上肯定有蜂窩，裡面的蜂蜜不能少了，把它急得恨不能一把就把蜂蜜掏出來，站起來伸出前爪就往上夠，躍了幾躍，也沒夠著，它就抱著樹幹往上爬，三下兩下就爬到樹疤前，不管三七二十一，伸出爪子就去撲蜂洞，群蜂呼啦一下全飛起來，在母熊頭上嗡嗡直轉。它用爪子把樹疤摳出個小洞，裡邊的蜜蜂爭先恐後往外飛，接著就把爪子伸進樹洞，稍一用力，「咔嚓」一聲，劈下一大塊，這一下可了不得，蜜蜂就炸了營，一球一球的四處亂飛。有些蜂子落到母熊的頭上、身上，可它根本不在乎，因為熊

身上的毛密密麻麻特別厚，蜜蜂不容易鑽進去，再加上又黏上一層松樹油子，別說是小小的蜂針，就是鋼叉都扎不透。可是，樹下的小熊可受不了了，滿身是小絨毛，架不住蜂子的蜇刺，大批蜜蜂向它攻來，蜇得它臉和眼皮都腫起來，疼得直蹦高，不住地嗷嗷怪叫。母熊聽見孩子的慘叫聲，也顧不得掏蜜了，心疼得一撒手從樹上掉下來，麻溜用沾滿蜂蜜的前掌去胡嚕孩子被蜇得紅腫的小臉，漫了小熊一臉蜜，連眼睛都糊上了。然後，母熊趕緊用爪子拍打小熊身上的蜜蜂，可是蜜蜂太多了，轟起來一幫，又落下一幫，打也打不過來，把母熊急得叼起崽子就跑，一直跑出離蜂群很遠的地方才放下。然後，又在孩子身上摩挲了半天，好像對孩子說，在這老實待著，不許動，等媽媽給你拿蜜去。

母熊又跑到有蜂窩的大椴樹下，看見被它劈開的樹洞下面，蜂蜜都淌出來了，上面趴著不少蜜蜂。一個蜂王帶著一群蜜蜂在空中盤旋著，當看見它們的仇敵又回來時，眼睛都紅了，一頭就扎到母熊頭上，緊接著，一大群蜜蜂猛衝下來，落在母熊身上。母熊肚皮下、脖子底下、耳朵上、頭上都糊滿了蜜蜂，尤其是臉上，趴了一層，一個勁兒地往毛底下鑽，蜇得它緊閉著兩眼，用兩隻前爪不住地劃拉，趕著劃拉蜜蜂趕著往下落，逼得它寸步難行。只得在地上打滾，身子底下留下一片蜜蜂的屍體。打了幾個滾，剛站起來，另一群蜜蜂在蜂王的帶領下，再次發起進攻，將黑熊團團圍住，它只得又是一陣胡拍亂打，在地上打滾，蜜蜂又死傷一批。這樣反反覆覆的較量，蜜蜂是前赴後繼，不怕犧牲，死傷一批又一批，有一種不把黑熊打敗誓不罷休的勁頭。黑熊已經累得上氣不接下氣，兩隻眼被蜇得像桃子似的，腫得光剩一條縫了，什麼也看不見，耳朵腫得像兩個大桃子，肚皮、脖子底下也多處被蜇傷，疼痛難忍，支持不住了，只得認輸，敗下陣來逃跑了。

母熊找到自己的孩子，看見它趴在地上一動不動，知道是又餓又嚇的堆遂那了，媽媽爬到孩子跟前，用嘴拱了拱小腦瓜，小熊慢慢抬起頭來，看著媽媽，好像在說，媽媽，我餓。然後，偎在媽媽的懷裡去找奶頭。媽媽看著可憐

的孩子，把奶頭送到孩子嘴裡，只聽見它急得哽哽唧唧的叫聲。突然，母熊把崽子一推，發了瘋似的，向大椴樹飛快地跑去，幾步就竄到樹下，沒等蜂群反應過來，三下兩下就爬到樹上，兩隻前掌伸到樹洞裡，瓦了滿滿兩掌蜂蜜，兩腳一鬆，就從樹上出溜下來，穩穩當當落在地上，掌上的蜂蜜一點也沒灑。這時，蜂王發現黑熊又來糟蹋它們的家，就帶領蜂群向敵人撲了過來，母熊舉著蜂蜜用兩條後腿快跑，一大群蜜蜂窮追不捨，沒跑上幾步，蜂子全落到它身上，像給它披了一件鎧甲，全身都罩住了。它不住的晃著腦袋，忍著刺痛朝前猛跑。終於，由於蜜蜂把眼睛蜇的看不清路，胸前和脖子又有無數處被刺傷，暈頭轉向地撞到一棵樹上跌倒了，蜜蜂們嗡的一聲都飛到了半空。這一跤雖然把兩掌捧的蜜甩出一大半，卻給黑熊解了圍，趁著蜜蜂飛起來之際，鑽進樹叢，蜜蜂們眼睜睜地看著這傢伙在樹叢裡晃動，沒法靠近，讓它跑掉了。

母熊好不容易回到小熊身邊，看見孩子已經餓得不會動彈了，它用嘴巴拱了拱小熊腦袋，半天才聽見哼哼兩聲，慢慢睜開眼，看見媽媽回來了，兩眼一亮，便想爬起來，可是兩條前腿怎麼也不聽使喚，兩掌一用力就是一個趔趄。媽媽把掌上的蜂蜜漫到小熊嘴裡，小熊小嘴吧嗒吧嗒吃得那麼香甜，吃沒了，伸出小舌頭在媽媽掌心裡舔個不夠，媽媽又伸出另一隻掌來，讓孩子吃個乾乾淨淨。吃完了，小熊高興地和媽媽撒起嬌來。媽媽雖然沒吃，見孩子歡騰起來，心裡比自己吃了蜜還甜。這時它眼前一黑，一頭暈倒在地上，小熊不懂得是怎麼回事，在媽媽身邊轉來轉去，不住地用舌頭舔媽媽臉上被蜇起的大包，嗷嗷的叫著想叫媽媽起來。天黑了，它就趴在媽媽懷裡睡著了。

第二天，太陽出來了，熊媽媽才清醒過來。它是讓蜂子蜇得太厲害了，雖然老熊的皮厚不怕蜂蜇，可這一回卻不同了，它為了自己的孩子，什麼都豁出去了，又遇上這麼一群凶猛無比的蜂群，是它從來沒遇上過的勁敵，才使它遭受到如此沉重的打擊。

俗話說：「黑瞎子記吃不記打。」這話真不假。母熊一天一宿沒吃東西，爬起來又上大椴樹蜂巢去掏蜜。到了椴樹下，看到蜂群已經搬家了，樹洞裡從

劈開的缺口流出來不少蜂蜜，小熊站在樹下抓蜜吃。熊媽媽上樹大把大把地往外掏，先把孩子餵飽，抹的小熊漫頭滿臉都是蜜，之後自己連蜂糧帶蜂蠟就大口大口地往肚子裡吞，一口氣把肚子楦滿了。

娘倆吃飽了，到山下河溝喝足了水，趴在一棵大樹下睡了一大覺。獵人們說，黑瞎子吃蜂蜜吃醉了。實際上是因為黑瞎子把蜂子、蜂巢、蜂糧上的蜂脾一同吞進胃裡，消化慢的緣故，一時半晌也不餓，所以，趴在地上一睡就是大半天。

黑瞎子的故事（之七）

民國時期，石虎河子溝裡就有木幫伐木。有一幫作木頭的，就在現在的慶嶺瀑布山門這搭了個窩棚，窩棚挺長，兩頭是山花開門，中間有道間壁牆，一邊是伙房，另一邊住夥計。在山上做的木頭，都運到窩棚前的平場上，再往吉林運。

陰曆二月末，木幫掃場子下山了，還有些木頭沒運走，東家把一個叫崔大膽的老跑腿子留下，看著窩棚和木頭。老崔為人不錯，心眼也好，還是個炮手。那時，山牲口滿山都是，他一個人在山上從來不打蹩。他沒家沒業的，在這住著種點地，秋天還能幹點山利落。一個人覺得沒意思，養了一條小黑狗和他做伴。他住在房西頭，伙房那屋，東屋空著，裡邊沒啥東西，門也沒上鎖，就那麼呼噠著。

有一天晚上。他剛剛倒下，就聽見外邊「咔嚓、咔嚓」地響，好像踩樹窠子的動靜。小黑狗「噌」的一下就躥出去了。老崔穿上衣服，一開門，看見兩個黑乎乎的東西，一扭一扭的朝窩棚來了，老崔看明白了，原來是兩隻黑熊過來了，把他嚇得躲在房後偷偷地瞧著。小黑狗汪汪地叫著往上撲，不等到近前，黑瞎子一抬腳就把它踢出老遠。老崔怕狗被傷著，吹了聲口哨，小黑就回來了，他拍了拍小黑的腦袋，它就不叫了。那兩隻黑熊聽見哨聲，知道有人，回過頭看著老崔，他憑多年的經驗，如果這要動一動，就會惹來殺身之禍，所以他站在那沒敢動。僵持了一會兒，那兩個傢伙也沒理他，在房前轉了一個來回，搖搖晃晃的到東頭，把東門拱開，鑽進屋裡了。難怪人家叫他崔大膽，真是天膽子，他聽黑瞎子打呼嚕了，領著小黑蔫悄地進了屋。從間壁牆縫裡看見兩個傢伙趴在一塊兒睡了，他摟著小黑也倒下了。小黑不知是懂得主人的心思，還是讓那兩個大傢伙給嚇著了，老老實實地趴在老崔身邊。老崔倒在炕上琢磨，黑瞎子睡醒了能不能過來？跑吧，還怕它們起來追，再說，在這深山老

林裡，半夜五更的再碰上別的野獸更完了，思前想後，一咬牙，挺著吧！

　　熬到天濛濛亮，小狗想起來，讓老崔給摀住了。聽見有一隻狗熊哼哼唧唧地出來了，圍著窩棚轉來轉去。老崔的心都提溜到嗓子眼了，把獵槍緊握在手裡，大黑瞎子走到門口，「吧嗒」一下把門推開，小黑「汪」的一聲躥到門口，衝著那個大傢伙直咬。老崔看見一個六七百斤的龐然大物兩條腿站起來堵在門口，想跑都跑不出去。兩眼死死地盯著對面，只要它再往前一動，就把槍遞上去。小黑不住地咬，老崔怕惹急了大黑瞎子，吹了聲口哨，小黑不叫了。黑熊站在門口看看老崔，又看看小狗，轉過身去。另一頭小一點的母熊也過來了，伸頭往屋裡瞅了瞅，然後，一前一後朝密林走去，老崔這才大大鬆了一口氣。

　　老崔看著兩個黑熊走遠了，心裡還是七上八下的，要走了吧，還怕把木頭丟了，不走吧，這兩個傢伙再回來可咋整？又一想，就是下山了，沒親沒顧得上誰家呀？早晚不還得回來看木頭嗎？說不定那兩個東西今天晚上不來了呢。

　　崔大膽把槍又檢查一遍，重新裝上藥，把大狗（槍機）拉開，又把大斧子磨得鋒快，放在炕沿邊。天眼黑了，把小黑子喚到屋裡，用大棍子把門頂的噔噔緊，一切準備停當，倒在炕上靜聽外邊的動靜。大約二更天，聽到東南方向「呼嗵、呼嗵」的，知道那兩個傢伙又來了，老崔的心也隨著「嘭、膨」地跳個不停。小黑聽見動靜「汪，汪！」地叫起來，老崔趕緊把它摀住，兩個東西從他門口過，沒站腳進了西屋，倒頭就睡了。老崔看沒啥事也睡了。第二天早上，兩個東西沒來打擾，起來就走了。老崔放心了，看來這兩個黑瞎子沒有傷害他的意思。

　　就這樣，過了十來天。一天半夜，老崔忽然聽見那頭母熊嗷嗷直叫，以為它受了傷，叫了好一陣子，聽見像小狗崽似的叫聲，猜測是母熊生崽子了。早上，從牆縫看，是生了兩個小東西，倆大黑瞎子還在那舔濕毛呢。一會兒，公熊打食去了，老崔看母熊一時半會兒不能出去，自己也不能餓著呀，就起來做飯，那隻母熊也沒有什麼反應。老崔正吃著飯，看見公熊不知從哪叼回一些苞

米棒子。就這樣，母熊吃飽了，它倆一起走了。可能覺得老崔這「鄰居」還可靠，才放心的把兩個小崽子扔在家裡了。老崔看兩個小黑熊崽子挺希罕人的，把吃剩下的東西扔給牠們吃。別看黑瞎子那麼笨，也通人氣，發現老崔餵牠們的孩子，對老崔也有友好的表示。老崔門前種了一片菜地，經常拔了喂小黑瞎子，大黑瞎子也從來不進地。誰都知道黑瞎子愛掰苞米，可老崔種的苞米，黑瞎子連碰都不碰，其他山牲口也不敢到地邊。有了小黑瞎子，小狗黑子有了伴，也不跟主人上山了，光顧和它的小朋友玩了。

有一天，老崔到外邊去挖藥材，有幾個採完山貨下山的人，到窩棚來喝水，開開門，看見兩個小黑瞎子正和一個小狗玩呢，一個年輕人覺得挺好戲兒的，把兩個小黑瞎子裝進背筐給背走了。小黑狗一邊撑一邊咬，那幾個人一勁往回趕，它就是緊追不放。

在山上老崔聽見狗叫，不知道出了什麼事，著急巴火地往回跑，到家一看，東屋的門開了，趴門一看，小黑瞎崽沒了，他在房前屋後地找了半天，連小狗一塊都沒了，肯定是讓人給偷走了。老崔真害怕了，這還了得，那兩個大黑熊回來能饒得了他嗎？啥也不顧了，拔腿就下了山。找了兩天也沒找著，他也不敢回家。

過了一天，在半道上，聽見小黑汪汪的叫聲，老崔打了個長口哨，小黑順著哨聲就躥過來，晃著尾巴，直往主人身上撲。老崔摸摸它的頭，問：「黑瞎崽呢？」小黑點點頭，拱了拱老崔的腿，就在前邊跑了。到地場子屯，小黑跑到一家牛圈裡，老崔看見一個大筐底下扣著兩個小黑瞎子。看來了人，屋裡出來一個小夥子。

老崔問：「這兩個玩意是你弄來的？」

「是，咋的。」

「不怕惹事呀？」

「惹啥事呀？」

「大黑瞎子找上門來還了得嗎？你不怕，我還怕呢，你可把我給害苦

了。」

　　小夥子一聽，也有點害怕，說：「你拿回去吧。」

　　老崔抱起來就往回走，沒到窩棚，老遠就聽見大黑瞎子嗷嗷地叫喚，一個勁兒地拱窩棚，老崔不敢往前走了，拍了拍小黑，小黑叫了一聲，老崔把兩個小黑瞎崽放到地上，兩個小崽子見了爸爸媽媽，撒歡兒往跟前跑。老崔倒退了幾步，只見，一個黑瞎子叼起一個崽子往半空扔了起來，接著了，又扔，就像人找到丟失的孩子心情一樣，親熱了一陣子，才想起老崔，它倆衝他點了點頭，叼起崽子進了大森林。

　　老崔的窩棚讓熊拱的沒法住了，費了不少勁才修好，還得在這看場子。小黑狗天天不住點的汪汪叫，可能是想兩個小夥伴了。以後那些天，每天都得出去幾趟，老崔知道，是找它的小朋友去了。

　　後來，老崔在山上看見小黑狗和那兩個小熊在一塊瘋，這兩個小東西長得快，第二次看見時就比小黑大了不少。秋天割地時，小黑狗還領著黑熊一家四口回到家裡，兩個老熊還拖來一隻麅子，放在門口，在房前走了好幾個來回。發現老崔在地裡割地，站在那看著他，老崔拎著鐮刀走過來時，它倆就站起來，兩條前腿離地不住的擺動，好像和老崔打招呼，張著大嘴哞哞地叫了幾聲，似乎在說：「謝謝，再見！」之後，領著兩個孩子順著來的道回去了。

　　天落雪了，又開始做木頭了，山上的人多了，老黑熊這一家子也不知躲到哪去啦。

獾子和貉子

在長白山區人們管貉子叫「土車子」。為什麼這麼叫呢？這有個緣由。

貉子原先前腿長，又勤快又善良，誰家有個大事小情，它總是跑前跑後的，大家沒有不喜歡它的。

這天，貉子幫小松鼠藏好冬糧，又去幫大灰狼搭窩棚。幹到日頭偏西，大灰狼肚子餓了，對貉子說：「老哥啊，我要下山弄點兒吃的了，你先幫我幹一會兒吧！」貉子說：「你家中不是還有圓棗子嗎？湊合著吃點兒算了。」大灰狼說：「那個，除非餓急了我才吃。我想弄點兒葷的換換口味兒。」說著它就下山去了。

過了一會兒，傳來說話聲：「貉子大哥，給點兒吃的吧，我快餓死了。」貉子抬頭一看，這不是獾子兄弟嗎？就問：「你咋的了，餓成這個樣子？」獾子說：「別提了，我串親戚，走迷了路，回不了家啦。」貉子說：「這好說，大灰狼還有圓棗子，你吃點兒吧。」

獾子說：「不行吧，大灰狼壞著呢！」貉子說：「不怕，它不願意的話，我包貼它的。」

獾子吃完，就回家了。不一會兒，大灰狼回來了，它一見圓棗子沒了，就問貉子，貉子照實說了。大灰狼火了，一口就把貉子的前腿咬斷了。從此，貉子變得前腿短，後腿長了，瘸著腿，到處走。這一天，貉子走到獾子家，獾子問貉子：「大哥，幾天不見，怎麼變成這副模樣了？」貉子嘆了口氣說：「唉，別提了！」它把那天的事講了一遍。獾子說：「大哥，你為我受了傷，成了殘廢，我們一家應當養活你。咱們先搭個寬敞的房子吧！」

獾子全家忙活打洞。貉子見它們一家忙個不停，自己怎好待在一邊呢！它對獾子說：「你們一點兒一點兒地運土太費勁兒了。」獾子說：「那有啥法子？」貉子說：「有辦法，你們把土放到我的肚子上，再拉著我走，不就幹得

快了！」獾子說：「不行，那樣會把你的皮襖拖掉毛的。」貉子說：「不怕，我不怕冷，皮襖厚了還熱得慌。」說完它就躺在地上不起來。獾子一看沒有辦法，只好按貉子說的辦。沒用幾天工夫，就把房子蓋好了，可貉子背上的毛都磨光了。從這，人們就管它叫「土車子」。獾子覺著心裡過意不去，就讓貉子住在裡邊。貉子說：「不不，我最不怕冷，我還是在門口堵風吧。」

　　貉子就這麼住進了獾子家，一直到現在還在門口為獾子擋風。

朱士魁（講述）

張克勤（蒐集整理）

獾子後悔

　　獾子打洞時，不會運土，就請貉子來幫忙。貉子身體寬，仰面躺在地上，獾子把土放在貉子的肚子上，然後再拖著貉子的尾巴，把土運出去。貉子一翻身，土就自動倒掉了，非常方便。獾子說：「貉老弟，你好好幹，洞打好了，你就在我這兒住，在我這兒吃，有我吃的就餓不著你。」貉子聽了很高興，幹起活來特別賣力氣，不多久，就幫著獾子把洞打好了。

　　打完洞了，貉子想，這回獾子該好好地招待我了，說不定還能讓自己長期在這住呢！誰知獾子卻說：「貉老弟，實在對不起，我最近得了病，說不準是傳染病，您要在我這住，把您傳染了怎麼辦？還是等我病好了您再來我家住吧。」貉子二話沒說，答應一聲就走了。

　　過了些日子，貉子又來獾子家，走到門口，就聽獾子在屋裡和孩子們說笑，心想，它的病准好了。於是敲了敲洞門大聲說：「獾子兄，你的病好了嗎？我來了。」獾子突然止住了笑聲，接著「哎喲、哎喲」地叫喚上了。「是貉子老弟吧？你看我這病越來越重了，這傳染病是真難治啊！」貉子明白了，這是獾子裝病，目的就是不想讓自己來住，於是後悔當初幫獾子運土。貉子轉身就走了。

　　貉子走了時間不長，洞門口又有聲音，獾子以為貉子又回來了，馬上「哎喲」開了。一隻小獾子說：「不好了！不好了！您別裝了，是人來逮咱們了！」獾子一個高蹦起來，溜到洞門口一瞅，可不是咋的，有兩個人正在那挖洞呢！獾子急忙領著孩子從另一個洞口跑了。

　　獾子雖然沒被人抓住，可是沒有家了，得重新建個窩，於是又想到了貉子。它找到貉子說：「貉老弟，真是不巧，我的病剛好，想找你去住，沒想到去了兩個可惡的人，把洞給挖壞了，咱們只好重新打洞了。」貉子說：「這可太不幸了。可是，我最近身體也不好，連食兒也不能去打，怎麼能幫你忙

呢？」獾子說：「我去給你找吃的，等你身體養好了再幹吧！」就這樣獾子天天給貉子弄食物吃，不多日子，貉子就吃得胖胖的。

一天，獾子說：「貉老弟，我看您胖多了，是不是現在就打洞運土啊？貉子說：「我是胖了，但這是肥胖症，聽說也傳染呢！我如果天天和你在一起打洞運土，把病傳染給你怎麼辦？等我病好了，我再去幫你運土吧。再見！」說完，貉子頭也不回地走了。

獾子傻了眼，呆呆地立在那兒，後悔極了！

獾子巧鬥豹兄弟

長白山林中的動物，大都是一物降一物。豹子雖然稱不上是林中之王，可也能威震群獸。

有一天，豹兄弟兩個一起在林中尋找食物，不覺已近中午，肚子還是空空的。

突然，豹弟弟發現前面不遠的草叢在動，便同哥哥悄悄跑了過去。近前一看，原來是只獾子。

「你們好！」獾子聲音有些發抖。

「當然了，要不怎麼會碰到你。」豹弟弟說。

「看樣子你們一定很餓了？」

「知道我們很餓就別哆嗦了，趕快讓我們把你吃掉。」豹哥哥說。

「請等等，現在你們兩個都要來吃我，哪能夠吃呀？你們應該有一個人先吃我，另一個再去找別的食物。怎麼樣？」

豹哥哥說：「我是老大，我該先吃。」豹弟弟說：「你當大哥的，應該讓給小的。還是我先吃。」弟兄倆越吵越凶，誰也不肯讓步。

獾子說：「我看你們誰先發現的我，誰就先吃吧！」豹弟弟說是自己先發現的，豹哥哥說是它先看見的，又爭了起來。

獾子說：「那麼只好請你們再回到剛才的地方，誰真的先看見我，誰就理所當然地先吃我囉。」

豹兄弟倆一起朝剛才的地方跑去。來到剛才的地方，豹弟弟說：「我不但能看清獾子的全身，而且還能看清它的面孔。」豹哥哥見弟弟在說謊，就嚷道：「我不但能看清獾子的面孔，就連眉毛、眼仁都能看得一清二楚。」獾子說：「你們誰能後退十步看到我，誰就先吃我。」哥倆都後退了十步。弟弟說：「我還能看清。不但在這能看清。就是再後退十步也一樣能看清楚。」豹哥哥

又嚷道：「我再後退二十步也沒關係。」

於是，它們倆又後退了二十步。

這時，已經看不見獾子了。可豹兄弟，還在吹噓，說能看清獾子的眼睫毛……

幾乎在同一時刻，它們突然明白過來，等跑回剛才的地方，哪還有什麼獾子！只有一堆新土和剛扒過的洞口。這時，它倆才想起，獾子是會打穴的。豹哥倆，你看我，我看你，氣得打起架來。

「聰明」的麅子

　　長白山人都管麅子叫「傻麅子」，一隻麅子很不服氣，一心想做件聰明的事情，讓人瞧瞧。

　　一天，這只麅子正在吃草，忽聽身邊一棵大樹的洞裡有兩隻黑熊在說話。一個問：「你明天該出去了，出去以後第一頓飯想吃什麼呢？」一個答：「我就想吃麅子屁股……」

　　聽到這兒，麅子嚇得掉頭就跑。它這才明白，原來現在是春天了，蹲了一冬天倉的黑熊該出來找食吃了。麅子一邊跑一邊想，黑熊想吃我們麅子的屁股，這可怎麼辦？它想把這個消息告訴所有的麅子，又一想，管他呢！自己想辦法逃命要緊，就又跑開了。天黑了，它就趴在一棵大樹跟前睡了。第二天天一亮，它又聽到黑熊的說話聲：「你知道哪有麅子屁股嗎？」麅子定睛一瞅，嚇得幾乎昏了過去！原來，它又稀里糊塗地轉了回來，它還以為跑得離熊很遠了呢！

　　麅子爬起來就跑，跑著跑著，遇見一隻紫貂。紫貂問道：「你慌慌張張跑什麼？」麅子停住腳，氣喘吁吁地說：「熊要吃我的屁股。」紫貂搖了搖頭說：「我從來沒聽說熊愛吃麅子屁股，我去給你問問看，你等著。」

　　紫貂走了，麅子心神不定地等著。等了半天，不見紫貂回來。麅子想：說不定紫貂也被黑熊吃了呢！我還是別等了。轉念一想，還不如自己把屁股弄掉，沒有屁股，黑熊見到我，也就沒有危險了。於是，使勁兒將屁股往樹上撞去。「咔嚓」一下，把長尾巴撞掉了，疼得麅子「嗷嗷」直叫。這時，紫貂回來了，說：「麅兄，我給你打聽明白了，黑熊要吃的麅子屁股，是一種蘑菇呀！這不，我還拿了一個，你看！」麅子一瞅，恍然大悟，立時後悔把尾巴撞掉了，可是，已經晚了，再也長不出來了。

王德富（編）

麅子圈

聽老一輩人講，清太祖努爾哈赤當了皇帝以後，下了一道聖旨，把長白山封為「禁地」，不准百姓進去開荒種地，不准上山採集藥材，不准下河捕撈魚蝦，把美麗富饒的長白山變成了圍場。朝廷派來很多打牲兵丁，駐紮在撫松縣南甸子的老營溝，專門給朝廷搜刮長白山的珍禽異獸，名貴藥材。逼得這一帶老百姓走投無路，過著衣不蔽體，食不飽腹的苦日子。

那時候交通很不方便，向皇宮運送貢品不是件容易事兒。特別是麅子，從撫松到北京好幾千里，得走個月期程的，什麼肉還不臭了？所以，打牲兵丁命令長白山的獵戶，在離老營溝三、四里的東山上設了個麅子圈，方圓好幾十畝地，四周用盆口粗、十幾丈高的松木夾的。麅子圈裡樹木參天，野草叢生，小河流水淙淙……是天然的飼養場。誰打著了麅子，都得放進麅子圈裡養著，等到了大雪封地以後，把麅子宰了，肉和下水凍成冰坨，趁著道上有雪，用爬犁運到京城。

這年冬天，一幫打牲兵丁走屯串戶，一邊敲鑼一邊喊：諸獵戶周知，五天之內，每個獵民交十隻活麅子，違抗聖命者斬」！王命大如天命，平民百姓誰敢不動呢？男男女女，老老少少，都出來了，只要能打著麅子，什麼辦法都使上了，下套子套，用陷阱窖，連宿搭夜地忙活，到了第五天頭上，大多數人家還沒交足麅子，大夥到一塊合計了半天，也沒招兒。鄉親們正在發愁，從林子裡躥出來一個穿著黃袍子，頭戴黃帽子的白臉兒小夥兒，走到老炮手跟前，笑呵呵地說：「你們愁啥？有什麼為難事儘管說，我幫著想辦法。」老炮手就把打牲兵丁逼著老百姓打麅子的事說了一遍。白小夥一聽氣得夠嗆，安慰鄉親們：「不要著急，咱們想辦法治治他！」說完，兩隻手在嘴上握成喇叭筒兒，「嗷——嗷——」地學幾聲麅子叫，把麅子從四面八方引過來了。不一會兒，就集聚了好幾百隻麅子。白臉小夥折個柳條棍兒，在後邊轟，麅子乖乖地在前

邊走，沒費勁兒，順順噹噹地把這些麏子趕到麏子圈裡。老炮手和鄉親們忙活完了，要找白臉兒小夥道謝時，卻不見他的蹤影了。

這回打的麏子真多！按打牲兵丁要的數多一折帶拐彎兒，他們可以到上司那裡去領賞了。

這天早晨，打牲兵丁的首領剛要叫人宰麏子，好往朝廷進貢，就見從外邊進來一個穿黃袍帶黃帽子的白臉兒小夥進屋站在打牲兵丁首領的身邊，懇求地說：「你行行好，把那些麏子放了吧。」

打牲兵丁首領忽地從炕上跳到地上，兩手扶著腰，大聲地罵起來：「放了麏子，拿你們當麏子肉進貢啊！」他說著，伸手打了白小夥一耳刮子，接著又叫打牲兵丁打白小夥四十大板，打得皮開肉綻，才把他轟出去。白小夥一邊往外走，嘴裡一邊嘟囔：「我不過就是和你們打個招呼罷了，放不放麏子在我，由不得你們。」

白臉兒小夥走了，打牲兵丁根本沒把這件事放在心上，該幹什麼還照樣幹什麼。

說起來也怪，響晴的天，剎那間，漫山遍野起了大霧，對面不見人。這時候，就聽麏子圈裡轟隆轟隆直響，看圈的兵丁不知道發生了什麼事，蹲在杖子根下嚇得篩糠了。緊挨著杖子坐著的兵丁感覺到盆口粗的木頭直晃悠，從林子縫往裡一看，啊！白臉兒小夥指揮那麼多麏子用兩個角撞杖子，撞啊，撞啊！就聽「咕咚」一聲，木柵欄倒了一面子，麏子竄出來了。看圈的兵丁沒命地喊：「不好了！麏子跑了！」

打牲兵丁首領聽了不以為然地說：「咋呼啥？麏子圈萬無一失！那麼粗的大木頭，埋在地裡四五尺深，誰有那麼大的力氣把它拔出來？再說誰敢哪！看麏子圈的兵丁跑回來報告，他才信以為真，臉頓時就白了，慌了手腳。因為跑了麏子進不了貢，要犯殺頭之罪呀！於是，首領帶領打牲兵丁向麏子圈跑去。

首領看麏子從杖子豁口往外跑，急眼了，命令兵丁們要堵住它。兵丁們手拉手，肩挨肩，圍成了兩道人牆，用盡了力氣也堵不住。麏子連躥帶蹬，把人

牆撞「散花」了。一頓飯的工夫，麃子跑光了。兵丁們被撞的腿斷胳臂折，有的當場送了命。活著的首領和幾個兵丁知道惹了大禍，回去也得殺頭，一頭撞在石砬子上，嗚呼哀哉了。

後來，百姓說那個白小夥是麃子精，他是專門巡山的。打的麃子就是他給放的。這個事傳到了朝廷那裡，再也不敢派兵丁到長白山打麃子了。

打那以後，現在的撫松縣城郊公社老營溝和麃子圈就成為地名叫開了，一代一代地傳下來，直到現在還這麼叫呢。

摘自《長白山風物傳說》

麅子機靈野豬傻

長白山的人都說麅子傻，其實，麅子只是心眼直罷了，有時還挺機靈呢！

一年冬天，有只麅子遇見一頭大野豬。野豬齜著獠牙，豎著鬃毛，樣子凶極了！麅子轉身就跑，不巧掉進亂柴火堆裡。野豬趁機追上來，嘴巴子一甩，獠牙把麅子後腿挑破了。麅子疼得一個高躍起來，向前衝去，慌不擇路，一下子從懸崖上摔了下去，掉在結了冰的河面上。野豬在後邊追得急，沒防備也跟著掉下懸崖，正好夾在兩棵樹空裡，疼得嗷嗷叫。

過了一會兒，麅子掙紮著站了起來，剛要走，野豬喊道：「麅子老弟，幫幫忙吧，把我弄出去，要不然非卡死不可。求求您啦！」麅子猶疑不定地瞅著野豬，沒有動。野豬又說：「您不用擔心，您救我出來，我還能吃您嗎？這點良心我還是有的。」聽了這句話，麅子一瘸一拐地走到野豬跟前，把野豬從樹空裡弄了出來。野豬瞅了麅子一眼，突然一口咬住麅子的前腿。麅子大驚，別提有多後悔了。它冷靜下來，說：「野豬老兄，你要吃也行，可前腿淨骨頭，有什麼意思？還是吃屁股吧，麅子屁股是有名的美味。」野豬一聽，覺得麅子說得對，心想，真是個傻麅子，臨死了還這麼憨。它鬆了口，準備去撕咬後腚，麅子卻趁機掙脫了。可是冰面滑，麅子後腿又受了傷，根本跑不起來。野豬幾步就攆了上來。「你這個狡猾的傻麅子，想騙我嗎？」「我哪敢騙你呀？只是在這兒人多眼雜，萬一遇上黑熊，那你不就撈不著了嗎？我是想到河岸邊的樹林子裡，沒有外人，你自己愛怎麼吃就怎麼吃。」聽了麅子這句話，野豬說：「好吧，就上樹林子裡去！」

麅子上了岸，走得就快了。野豬冷不丁想起來，黑熊冬天蹲在樹洞裡冬眠，怎麼能出來呢？麅子准又耍什麼鬼把戲。剛想問問，不料麅子撒開四蹄一溜煙跑沒影了。野豬氣得用尖嘴巴子「嘣嘣」地砸樹幹，恰巧樹枝上有一根乾樹棒子震落下來，掉在野豬的頭上，把它打昏在地上。

王德富（編）

白脖狐狸

　　白脖狐狸，據說除了長白山以外，全世界哪都沒見過。不管這種說法准不准，反正這種狐狸很少。

　　傳說，很早以前，長白山的狐狸也都不是白脖狐狸。有一隻狐狸，又鬼又饞，經常和狼在一起合夥偷豬吃。一次，狐狸和狼偷了一隻豬，一頓沒吃了，還剩下半拉，準備餓了再吃，狐狸和狼喝了點兒水，就美美地睡著了。誰知睡醒以後，豬肉不見了。狼的灰臉立時變紫了，問狐狸：「你把豬肉藏哪去了？」狐狸一愣，說：「我還正想問你呢，是不是趁我睡著的時候，你把肉拖到你的洞裡去了？」狼說：「我家在山那面，多遠？我能這麼快就回來嗎？你家離這近，一定是你拿去了。」狐狸火了，說：「走，你到我家看看，到底有沒有？」狼和狐狸一塊兒來到狐狸家，沒有找到豬肉，狼又領著狐狸上自己家。走到半道，忽然聞著有肉味兒，兩人循著肉味找到了豬肉，原來是老虎給偷去了，吃得正香呢。狼氣得大嗓了起來。老虎說：「我把豬肉叼來，本來想告訴你們一聲，可是看你們睡得那麼香，沒好意思招呼，嘿嘿！」狐狸本想發火，轉念一想，虎是山中之王，因為一點兒豬肉得罪了不合算，說：「大王，我早就想把豬肉給您送來，沒想到您親自動手了，要是吃了不夠，小的再給您弄去。」老虎一聽樂了，用爪子摸著狐狸的頭說：「從今以後，狐狸是我的老弟，我封你為山中小王。」狼一看狐狸討了好，氣得哼了一聲就走了。從此再也不和狐狸合夥弄食物吃了。

　　老虎用七種山雀的羽毛，給狐狸做了一頂王冠，狐狸戴上以後，樂得像要飛一樣，連著三天在家門口誇官亮職呢！這一天早晨，來了一個獵人，看見了這隻狐狸，「呼」的一槍，把它的王冠打飛了，只剩下白帽圈套在脖子上，再也拿不下來了，成了白脖狐狸。

　　狐狸受了驚嚇，埋怨老虎給它戴王冠，傳到老虎耳朵裡，老虎火了，非要

吃掉它不可。狼見了它也撐。直到現在，白脖狐狸還是提心吊膽地過日子。

王德富（編）

黃鼠狼盜寶參

從前，東北長白山老林子裡住著老兩口兒，老頭以打獵為生。老頭打獵和別人不一樣，他不是看見什麼就打什麼，而是專打害人的山牲口，狼啊、熊啊、野豬啊什麼的。常年打獵，老頭腿受了風寒，走道不靈便了，也就不能再上山打獵了。不打獵，沒有皮子換油鹽，老頭犯了愁，成天叨叨咕咕地說：「有什麼法子能叫我的腿強壯起來呢？」可巧，這話被棒槌鳥聽見了，棒槌鳥就告訴了老參王。老參王十分同情老獵人，派了一棵益壽延年參去了。

一天早晨，老獵人手扙藤杖在門口的林子邊溜躂，忽然看見草棵子裡直閃紅光。仔細一瞅，是一苗頂著紅籽的六品葉大山參。老頭樂得忙喊：「棒槌！」老伴在屋裡做飯，聽見老頭喊山，推開門說：「你瘋了，在家門口喊什麼山？」老頭說：「真是棒槌，還是六品葉呢！快把挖參家什給我拿來！」老太太拿來挖參的家什，一看，果真是一苗少有的大人參，喜得合不上嘴。老頭把參挖出來，老太太用手摸弄人參，怪了！老太太的手碰到人參以後，乾巴的手變得像年輕姑娘的手一樣。老太太聞著人參有一股清香味，使勁一聞，鼻子變得又細又嫩。老兩口高興地把參捧回家去，放在泥盆裡，倒上水，水立時像玉石一個色。老頭喝了一口參水，變成了黑髮童顏青年漢子，老伴喝了一口，變成了少婦。

話兒沒腿傳千里。松花江上下的老百姓，慢慢知道了老獵人得了寶參變年輕的事兒，都來討參水。老獵人是有求必應。時間長了，這事兒被一隻黃鼠狼聽說了，就想把這苗寶參弄到手。它變成小道童，在山神廟裡偷了道服穿上就奔獵人家去了。到了獵戶家，天已經黑了，獵人見進來一個道童，長得又乾又瘦，就問他要幹什麼。可是道童光比量不說話，獵人想：「這準是個啞巴。」就說：「要什麼東西你自己找吧！」黃鼠狼立時自己滿屋找開了，一下子看到盛人參的盆，捧起來就喝。獵人急忙說：「不行，不行，喝多了不行！」黃鼠

狼把盆往地下一扔，抓起寶參就跑。獵人出去撞了一陣兒也沒撞上，回家看泥盆又砸碎了，參水全淌在地上，兩口子氣得差點兒昏過去，成天思念寶參，「娃兒娃兒」的喊。

黃鼠狼偷走寶參後，又喝了參水，能口吐人言，把前爪一抖，還會掐算。它算出獵人兩口子到處找寶參，很不放心，命令眾黃鼠狼，去把獵人的眼珠摳出來。這事兒被棒槌鳥知道了，就飛到獵戶家，告訴了獵人。

晚上，獵人把門都關嚴實了，把門口弄了個小洞，又燒了一鍋開水，就等黃鼠狼來。半夜的時候，兩口子聽門外有動靜，獵人遞了個眼色，自己蹲在門旁邊，老伴貓在鍋台後。一會兒，一隻黃鼠狼鑽了進來，獵人一把掐住黃鼠狼的脖子，往鍋裡一扔，老伴把鍋蓋一蓋，黃鼠狼一聲沒吭就死了。第二隻進來也進了鍋，就這樣，七隻黃鼠狼都被煮熟了。

天亮了，老黃鼠狼在山神廟裡等了一宿，不見七個黃鼠狼回來，很是著急，它偷了一件蓑衣穿上，變成個放牛的老頭，來到獵戶家，進門就要東西吃。獵人見來個乾瘦老頭，問：「從哪來呀？」黃鼠狼說：「我從山上來，是放牛的。」獵人納悶兒：我成天在山上轉，怎麼沒見過山上有放牛的呢？會不會是老黃鼠狼變的呢？又問道：「你家在哪住啊？」「在山神廟。」獵人暗暗點了點頭：「你來有什麼事吧？」黃鼠狼說：「我爺孫好幾個，都走丟了，不知上沒上你這兒來？」「來過了。」「在哪兒？」，「又走了。」黃鼠狼聽說又走了，忙問：「往哪走了？」獵人說：「那就不知道了，八成是回老家了吧？來，我這有山雞野兔肉，你吃不吃？」老黃鼠狼一聽有肉，饞得夠嗆，獵人端來兩大碗，黃鼠狼用手抓著往嘴裡填，不大功夫就全吃光了。獵人又端來一碗水，說：「老牛倌，喝點兒水吧！」黃鼠狼正吃得口渴，接過碗咕咚咕咚喝了下去。喝完以後，剛想走，一邁步摔倒在地，顯了原形。原來，獵人把水裡兌上了酒，黃鼠狼從來沒喝過酒，所以沾酒就醉。獵人說：「老牛倌，聽說你有一苗寶參，在哪放著？」老黃鼠狼說：「什麼老牛倌，我是黃鼠狼精……寶參放在山神廟後邊的石洞裡，我誰也不告訴。」聽了老黃鼠狼這番話，獵人和老

伴差點笑出聲來。黃鼠狼知道說走了嘴，酒嚇醒了一半，從地上爬起來歪歪拉拉地跑了。獵人拎著槍，跟在後邊攆，到了山神廟後邊，老黃鼠狼已經從石洞把寶參拿出來，想挪個地方，獵人一槍把它打倒了，把寶參拿了回來。

王德富（蒐集整理）

狼的故事（之一）

　　很久以前，長白山方圓幾百里人煙稀少，只是在松花江畔有幾戶人家，主要靠放山、打獵、打魚和種地生活。小屯子的四周都是古林，非常疹人。別說小孩兒，就是大人也不敢一個人進林子。有一戶農民，在這住了幾十年了，老兩口，三個女兒，大的十五六歲，最小的才幾歲。老兩口白天出去幹活，怕小孩進林子出事，就嚇唬她們說：「這山上有會裝人的狼。」時間一長，小孩都知道有裝人的狼，見著什麼樣的人就能裝什麼樣的人。

　　有一日，從山東來了一個小夥子，在山上轉，碰見一個獵戶，獵戶問他：「你是幹什麼的？」小夥說：「我聽說東北有三件寶，想弄一件回去。」獵戶說：「東北淨狼蟲虎豹，還有會裝人的狼呢！」小夥害怕了，不敢走了，跟著到了獵戶家。

　　到了獵戶家以後，天就黑了，小夥又問：「裝人的狼什麼樣？」獵戶一把搗住小夥的嘴，不讓他說，說是晚上說什麼有什麼，提狼得說馬虎，說老虎是大爪子。第二天一早，獵戶上山了，臨走時讓小夥好好替他看門。小夥自個在家，有點害怕，還有點兒不大信，就站在院子裡面朝大江喊起來：「裝人的狼你敢來嗎？」事也湊巧，有一隻大灰狼，聽見了喊聲，心想：還有裝人的狼嗎？我要是能裝成人，那多好啊？

　　一天，這隻狼看見一個農民在趕著牛趟地，把草帽和蓑衣放在地頭上，它跑過去，把草帽戴在頭上，又把蓑衣披在身上，學人兩條腿站著，可怎麼也站不住，想兩條腿走幾步，一邁腿就摔了個仰八叉。把狼氣得夠嗆：為什麼人能兩條腿走路，我就不行呢？它下決心練習站，練了幾個月會站了，又練兩條腿走路。練了幾個月，會走了，把它樂得直打滾兒。

　　第二年開春，狼又下了山，那個農戶又在趟地，狼揀起草帽戴上，揀起蓑衣披上，跟在老農的後邊走。老農聽見身後有動靜，回頭一看，嚇了一跳，這

人不人鬼不鬼的是啥玩意兒呢？忙問：「你是誰？」狼不會說人話，乾比量也說不出一句話。農產仔細一瞅，認出是狼，舉起趕牛的鞭子狠狠抽了兩鞭子，狼把草帽蓑衣扔下就跑了。狼跑回家，一個勁兒後悔，怎麼不練習說人話呢？他正在尋思，忽然聽烏鴉在樹上叫了一聲，狼想，我就跟烏鴉學說「啊」吧。一開始烏鴉不願教它，狼說了一大堆好話，烏鴉才答應了，讓它每天早晨天不亮就起來練。練了些日子，狼學會「啊」了還想學別的，烏鴉不會了，狼說：「再見吧！」再也不搭理烏鴉了，又想跟人學。一天晚上它來到那個農夫家，趴在窗戶外邊，聽見小女孩的媽媽正教她說話呢，它就在外邊偷偷地跟著學。等人睡覺時它就走了。狼天天晚上來學，一開始舌頭硬，慢慢地變軟乎了，學會了說人話。

夏天到了，老農在山上鑴地，鑴著鑴著他哼起了小調。忽然，身後有人學著他哼哼。回頭一看，有個人頭戴草帽，身披蓑衣，臉被草帽遮得嚴嚴實實的。他用鋤槓把草帽往上一挑，看清是狼，嚇了一跳。狼笑著說：「你看我像人嗎？」農戶掄起鋤頭就打，狼嚇跑了。農戶回家和老伴、三個姑娘說了，真看見裝人的狼了。

轉眼到了秋天，農戶上山收割莊稼，正低頭割苞米，冷不防從身後撲上來一條狼，咬住他的脖子，農戶沒弄清是怎麼回事兒，就被咬死了。這隻狼就是那個會裝人的狼。它把農夫吃了，把衣服剝下來穿在自己身上就走了。農夫的老伴等了一天不見丈夫回來，天黑了又不敢上山找，心想，也許丈夫在山上地餰子住下了明天回來呢！老太太一宿沒闔眼，天一亮就上山了，到了苞米地一看，愣住了，地中間有一灘血和丈夫的一隻鞋！她撿起鞋，放聲哭了起來：「這一定是裝人的狼幹的！」老太太拎著這隻鞋往山裡跑去，口裡喊著：「孩子她爹！你在哪兒？」

老太太一邊喊，一邊跑，忽然，看見一個人影，穿的衣服很像她丈夫。她使勁兒喊了一聲，那人不應聲，反倒往樹林子裡跑去。老太太急眼了，拚命地撞，被樹根子絆倒了，爬起來再撞，頭髮被樹枝子刮亂了，臉扎破了也不在

乎，還是一勁地撞呀，撞呀，總算撞上來了，那人回過頭來，老太太大吃一驚：原來是穿著她丈夫衣服的狼！老太太氣昏了，狼撲上來又把老太太咬死了。

再說農戶的三個女兒，在家等到天黑，不見娘回來，又著急，又害怕，也不敢脫衣服睡覺，姐妹抱在一起坐了一宿。天亮以後，大姐說：「我上山去找咱娘，你們倆在家等著，哪也別去。」大姐走了，到了晚上還是沒回來，三妹哭了起來。老二想：八成是遇著裝人的狼了。

第二天，二姐好說歹說把三妹留在家裡，她到下邊屯子去找獵戶。到了獵戶家以後，和獵戶說了爹娘大姐上山沒回來的事兒，又說可能是被裝人的狼吃了。獵戶說：「孩子，別怕，我上山去找找看看，說不定是麻達山了呢！你放心回家吧。家裡還有吃的嗎？」二姐搖了搖頭，說：「兩天沒吃飯了。」獵戶拎起兩隻野雞說：「你拿回去燉燉吃了吧，這是今早晨剛藥死的，光吃它的肉行，千萬別吃它的肝肺腸子。要不，把人也能藥死！」獵戶說完，背著槍和那個山東來的小夥子上山了。二姐拎著野雞回了家。

獵戶和山東小夥子轉了半天，沒看著一隻狼的影子。過了一會兒，兩人看見一群烏鴉突然飛起來，獵戶說：「小心，有情況。」仔細一看，見是一個人往這邊走。在這深山老林，很難遇上一個人。山東小夥大聲喊道：「喂！你是誰呀？」誰知這一喊，那人忽然趴下身子用四條腿跑起來。獵戶恍然大悟，這八成就是裝人的狼了。抬手一槍，可惜沒有打中，山東小夥喊：「裝人狼你往哪跑？」那條狼跑沒影了。兩人撒腿就撞，跑了沒多遠，看見了人骨頭和衣服，他們知道農戶家那三口人可能真被狼吃了。獵戶說：「咱去找狼洞，端它的老窩！」

剛才被獵人打跑的那隻狼，正是那條裝人的狼。它嚇得沒命地跑啊、跑啊，看看後邊沒追上來，才躲在一棵樹後直喘氣。喘了一陣氣，狼想：「準是農戶家的小姑娘告訴了獵戶，要不他們怎麼知道我是裝人的狼呢？」想到這，趁著天快黑了，跑到農戶家。用爪子扒了兩下門，沒扒開，裡面插著，就說：

「小姑娘，快把門開開，要不我吃了你！」

二妞一看狼來了，嚇得夠嗆，三妞嚇得哭了起來。狼撞門「咚咚」直響，這可怎麼辦？忽然，二妞想起來獵戶給她的野雞還剩一隻，吃野雞的肝肺腸子不是能藥死人嗎，何不給狼呢？於是說：「我屋裡有野雞你吃不吃？」狼一聽有野雞，樂了，半天沒吃東西了，說：「行啊，你開開門我進去吃野雞。」二妞手拿野雞，從窗戶扔出去，說：「你吃吧。」狼見真是一隻野雞，大口大口地吃起來，不大功夫就吃得一乾二淨。剛吃下肚，狼就覺得肚子火燒火燎地難受。心想，不好！又撞門又撓窗，「嘩啦！」門被撞開了，狼趔趔趄趄地衝進屋，二妞護著三妹和狼在屋裡轉圈子，正在這時，獵戶和山東小夥來了。狼一看外邊進來人，想撲上去，兩條後腿使勁一蹬，可是沒躥起來，卻倒在地上死了。

原來，獵戶在山上轉了半天也沒找到狼，想回來把二妞、三妞接回家住，來到這兒正趕上狼在屋裡。

王德富（蒐集整理）

狼的故事（之二）

狼雖然視覺嗅覺都很好，但它仍然很少白天出來覓食，總是利用夜間野獸們安息的時候出來活動。它的兩隻眼睛在夜間可以發出輕微的綠光，再配以令人毛骨悚然的叫聲，一般的野獸都會不戰自敗。

狼不僅自身會發出一種令人生畏的氣息，而且它的叫聲更是奇特，獵手們都說，虎嘯馬嘶都不嚇人，唯有狼嚎像鬼哭一樣叫人膽寒。實際上，人們從來沒聽過鬼哭，就把鬼哭和狼嚎聯繫在一起了。

但是，狼嚎再嚇人，它也像傳說中的鬼一樣，都是懼怕光明的。

在長白山區撫松縣萬良鎮的小屯村有一個叫解自奎的人，他的膽子非常大，經常一個人出沒於深山老林。

還在解放初期，有一次，他在縣城開完了會，掛記著第二天白天幹點兒活兒，就貪黑往家走。剛剛走到林子邊，立刻感到頭皮發麻，他壯著膽兒，繼續往前走，一會兒，就覺得有兩隻毛絨絨的大爪子搭上了他的肩膀，他的頭腦非常冷靜，知道這是狼。所以他不動聲色，邊走邊琢磨對策。

這時，他突然想起來他的挎包裡有許多火柴，那是給村子裡的人捎的，他馬上掏出一盒，「哧啦！」劃著了一把火柴，趴在他肩膀上的老狼一見火，嚇得鬆開爪牙跑了，但它並不跑遠，只是稍有距離地跟著自己的獵物。

這位膽大心細的人只好手裡握著火柴，走一段，劃幾根、走一段，劃幾根，凶惡的狼也就不敢靠前，但它並不甘心，將嘴插在地上大叫起來，召集同伴。一小會兒，漫山遍野就遍佈了狼群。但解自奎並不氣餒，他仍然不緊不慢地劃著火柴：「哧啦！——哧啦！」……

就這樣，狼們只是嗥叫著，卻始終不敢靠近發著亮光的人。

這位聰明的農民因為知道狼的弱點，所以，靠著一包包火柴安全地回到了家。

狼的故事（之三）

　　從前，在海浪河口上游，有一個部落，部落的人都以打獵為生。這部落裡有一個老太太，大夥都叫她賽音（賽音，就是好的意思）媽媽。這個賽音媽媽專門給人治病，部落的人不管得的是大病小病，只要找到賽音媽媽，她二話不說，准給治好病。她會採藥，用各種藥材給鄉親們治病。部落的人一提起賽音媽媽，比提自己親媽還親。誰家若有個大事小情，一找她，她準能幫著辦。她說的話，大夥都聽；她辦的事，大夥都服。所以，大夥又叫她公眾嘎珊達。這樣，她不僅在本部落出名，就是在外部落，也出名，有不少人牽著馬來接她。一來二去的，賽音媽媽在海浪河一帶可就出了大名囉！

　　這一年，山裡有一隻老狼，總是在部落裡出來進去地禍害人。有一回，這狼冷不丁讓一個小夥碰上了，就把它的腿給打傷了。這只老狼聽說賽音媽媽會治病，就找賽音媽媽來了。

　　狼一見賽音媽媽就跪下了，掉著眼淚說：「賽音媽媽，都說你老人家挺慈悲的，請你可憐可憐我吧！我是個挺老實的狼，不像別的狼，吃人，吃豬，我呢，吃素。我正在溜躂呢，部落的人尋思我是去偷豬，一下子把我的腿給打瘸了。你看，我怎麼辦呢？上山，上不去，渴了，下不了河。想溜躂溜躂，也走不了。求求你老人家，給我治一治吧！」

　　賽音媽媽看了看，說：「好吧，我給你治一治。你是好狼、壞狼，我不知道，可有一樣，你往後得老老實實的！」

　　說完，賽音媽媽便拿出一瓶米酒來，給狼喝了。狼喝完了酒，立時傷就好了。不但治好了腿，還變成了半拉人臉，半拉狼臉。

　　狼高興地回去了。從回去的那天晚上，它就摀著半拉狼臉，露出半拉人臉，又到處去禍害人，禍害牲口。

　　有一回，狼看著一個十來歲的小孩兒。它看小孩挺胖乎，就想吃他。到了

晚上，狼蹲到小孩家的水缸裡，把水瓢扣到腦袋上。當小孩一舀水的時候，這狼就躥出來了。小孩沒防備，狼撲上來，一口把小孩的腿咬住了，小孩從小跟父母學過武藝，跟它比試好一會兒，狼一看不妙，就跑了。

小孩去找賽音媽媽，把狼咬他的經過說了一遍，賽音媽媽聽完，就說：「不能吧？上次它到我這挺通人性的。」小孩說，「它是個惡狼，你別信它的。」

過了幾天，狼趴在豬圈裡想叼豬，叫人給抓住了，又把它的腿給打斷了。它又去找賽音媽媽，哀求說：「賽音媽媽呀，你給我治一治病吧！」賽音媽媽說：「你是不又作禍了？你不是把小孩給咬了嗎？我不給你治！」

老狼趕緊湊到賽音媽媽跟前說：「沒有，我尋思，我有半拉人臉了，就跟人打上交道了，學一學怎麼做人，對是人都不理我，你看他們把我的腿又打折了。沒辦法，我就鑽到水缸裡了。那小孩想打死我，是他自己不小心，把腿摔傷了。」

狼這麼一撒謊，賽音媽媽就信了，又給它一口米酒喝。狼喝了以後，它的整個臉立時全變成人臉了。打這以後，他作禍作的更多了。

有一回，賽音媽媽出外看病，走在半道，冷不丁看見這隻狼從外部落叼進來一個小姑娘。賽音媽媽還認得這小姑娘。她叫朱舍里。賽音媽媽這才明白了：我可真瞎了眼了！我怎麼把藥給狼喝了！無論如何我得把朱舍里救下來，教她武藝，好去懲治這只惡狼。

賽音媽媽走到狼跟前，狼一看是賽音媽媽，嚇得撂下朱舍里，「噌」地跑了。這隻狼從此跑到山裡修行去了。它賊心不死，總想有一天把賽音媽媽害死。它知道賽音媽媽和朱舍里要整死它。

再說賽音媽媽救了朱舍里以後，她每天教她騎馬射箭，採藥治病。等朱舍里長到十五歲的時候，有一天，賽音媽媽說：「你的武藝都學通了，你可以自個兒生活了，我這就要回長白山去了。你要好好給人治病，好好練武。」

說著，賽音媽媽拿出來四顆榛子粒兒，說：「你用它來除惡護身，不管遇

到多大困難，只要你扔一顆榛子粒兒，你想幹什麼，它就給你幹什麼，你想要什麼，它就給你什麼。可有一樣，唯獨這第四顆榛子粒兒，你可不能隨便扔，它能保護你的性命，要不然，你的性命就保不住了。」賽音媽媽說完就走了。

那個老狼呢，在深山修行了十五年，變成了狼精。這一天，它知道賽音媽媽上長白山去了，它就有了膽兒了，想趁機下山作禍。

這十五年老狼精練會了嚎的法術。它要一嚎，人聽了，就得倒在地上；豬聽了，就不能動彈。狼精剛下山，扯著嗓子衝著部落嚎起來。這一嚎，豬全倒在院兒裡了，狼過來一個一個地吃個實惠。部落的人，都迷糊過去了，等甦醒過來，嚇的都要往外跑。

這時，朱舍里格格對大夥說：「不要跑，我能治它。」於是，她就撒出第一顆榛子。這榛子一下子變成可多可多的鐵榛子，像雨點似的打在狼精身上，把狼精打的「嗷嗷」直叫，滿身是傷，還打斷了它一條腿，它一瘸一瘸地踱了。

老狼精回去以後，還是不死心，養了一陣子傷，傷好了後，它想出了一個對付朱舍里扔榛子的招兒，就去跟野豬精說：「你能不能借我一張野豬皮使使？這皮硬，能擋住榛子。」野豬精答應了。

狼精披上了野豬皮，又到部落來了。它尋思這回榛子再多也打不死它了。果然，朱舍裡扔出第二顆榛子的時候，沒有把狼精怎麼著。於是，朱舍里叨念：「往嘴裡鑽！往嘴裡鑽！」這榛子就像雨點似的往狼精嘴裡鑽，到底兒把這老狼精治死了。

治死了狼精還不算完。狼精的毛，變成了一些毒馬蜂，一蜇到人身上，人非死不可。狼精的肉，變成了一些狼毒草，跟野菜長得一樣，誰吃了都得死。狼精的骨頭，變成了尖錐石，老狼精的腦袋蹦到煙筒砬子上了，變成了黑石山，兩隻眼睛監視著部落的人。

這時候，部落的災難又來了，毒馬蜂出來蜇人，吃了山菜的，都藥死了。到處都是尖錐石，路也沒了。

朱舍里想要扔出第三顆榛子的時候，毒馬蜂說：「你殺死我頭群，我還有二群，你越殺越多。」狼毒草也說：「你割掉我頭茬，我還有二茬，你越削越多。」尖錐石也開口了：「你把我砸碎了，我大石頭變成小石頭，你越砸越多。」

朱舍里沒招兒了，三顆榛子沒用了。部落裡的人，扔了家，都躲到山洞裡去了。菜也不能種了，穀也不能播了。朱裡格格一看這情景，心裡很著急，一想，我還是找賽音媽媽去。朱舍里把這第三顆榛子一扔，變來了只大天鷹，她騎上天鷹就上長白山去了。

朱舍里格格到了長白山，跟賽音媽媽說了一遍，賽音媽媽說：「我知道了。你千萬要記住，那第四顆榛子可不能隨便亂扔呀！那是你的護身符哇！」

說完，賽音媽媽遞給朱舍里格格一個樺皮簍說：「你用這簍來裝毒馬蜂，把它們圈起來。」

又遞給朱舍里格格一瓶白山泉水，說：「你把這瓶泉水灑在大地上，殺死那些狼毒草。」

接著，又遞給朱舍里格格一把開山鎬，說：「你把這把鎬扔出去，就能砸平尖錐石。」

朱舍里格格回來後，照樣做了，治服了毒馬蜂、狼毒草和尖錐石。部落裡的人都從山裡回來了，大家從心裡感激朱舍里格格。

這時候，狼腦袋在黑石山裡一看，知道不好了！它就嚎了起來。它知道這是朱舍里整治它，便衝著朱舍里格格噴了一口毒氣。朱舍里格格熏迷糊了，部落的人也一個一個地熏倒了。

毒氣越來越大，朱舍里心想：我得趕快扔出第四顆榛子，不能為了我一個人，把全部落的人坑害了。就這麼著，她一狠心把第四顆榛子扔了出去。

扔出去之後，煙筒碰子上的狼頭立時不見了。朱舍里格格化作一股清風，把毒氣沖散了，救活了全部落的人。

打這以後，朱舍里格格化成的清風，一直在海浪河口的天空守護著各部

落。狼再也不敢來了。

　　現在，海浪河口的馬蜂子，都變成了蜜蜂；海浪河口的毒草，都變成了山菜；海浪河口的那條道，變成了平平的石頭道。

傅英仁（講述）

王士媛（蒐集整理）

狼的故事（之四）

　　說不準是哪一年了，松花江上游的葦蘆屯住著漢族、朝鮮族幾十戶人家，原來團結得不算好，後來發生一件事兒，使他們比一家人還親。

　　一天晚上，人們剛睡著，忽然聽見一陣哭嚎聲，又像貓，又像小孩，還像狼嗥，非常嚇人。接著是狗咬鵝叫，平靜的小村子熱鬧起來。有個叫邢成的漢族青年，壯著膽子爬上房頂一看，黑壓壓的一片全是狼。嚇得他趕緊跑進屋裡，頂上了門。心想：我的十二口豬算完了！

　　天亮以後，沒動靜了，村裡人才敢出屋，雞鵝差不多都被狼吃光了，院子裡、大道上一堆堆的淨是白色的狼屎。婦女們心疼得哭成一片，老爺們也恨得牙根直癢。葦蘆屯歲數最大的是朝族韓大爺，他說：「哭也不中用了，把剩下的牲畜關好，這麼大的狼群，不能光在一個地方轉悠，興許明個就過去了。」聽了韓大爺的話，大夥有些放心了，都回到自個家夾杖子壘豬圈。邢成的豬一下子丟了四頭。他又弄了些木頭，垛在豬圈上邊，總共有一人來高。心想：這回再讓你偷！

　　晚上，又是昨天那個時候，響起了狼嗥聲。不一會兒功夫，狼進了院子，找窗撞門，膽小的能嚇死。邢成藉著月光，看見十幾隻狼圍著豬圈，有兩隻往後退了幾步，猛然一躥，爬上豬圈頂，然後撲通、撲通跳進裡面。不一會兒，兩隻狼又躥了出來，還帶著一口豬。原來是一條狼咬著豬耳朵，豬疼得直蹦高，狼順著豬的勁兒就竄了上來。跳下豬圈，拽著豬出了院子。邢成看得目瞪口呆：原來指著這些豬賣錢過日子，現在可倒好，說不定到天亮一口也剩不下了呢！正在這時，天忽然陰了，接著打閃打雷，頭狼一聲嗥叫，狼群忽拉一下沒影了。

　　第二天，鄉親們都來到韓大爺家。韓大爺問：「你們各家剩下多少牲畜？」多數人說啥也沒剩下，有的說要不是門窗關得嚴實，怕是人也沒命了呢！邢成

說：「我還剩六頭豬，今晚狼再來，就剩不下了。」韓大爺說：「今天晚上，狼群八成還能來。怎麼辦吧，邢成，你在豬圈裡再搭個小豬圈，把豬關在小豬圈裡，上邊用木頭蓋上。大豬圈留個活門，像支壓排子似的，狼進到大豬圈裡，人一拉繩門落下來，就把狼關住了，等天亮再收拾它們！」大夥一聽都覺得這個辦法不錯。邢成說：「就怕這些狼吃不著豬禍害人就麻煩了。我倒有個主意，能把狼撐跑。昨天晚上一打雷，狼就嚇跑了，這準是怕響聲。咱到甸子街買點鞭炮、火藥啥的，嚇唬嚇唬這群狼怎麼樣？」韓大爺說：「行！就這麼辦！去幾個人買鞭炮，剩下的人都幫邢成蓋豬圈。」

午夜的時候，狼群又出現了，進了村子，直奔邢成家的豬圈而來，就像知道別人家沒啥吃的似的。狼來到豬圈跟前，果然從豬圈的活門鑽了進去，一隻，兩隻……接連進去二十幾隻，豬圈都擠滿了，邢成在屋裡一拉繩，活門「吧嗒」落下來，這回是想進的進不去，想出的出不來。韓大爺和幾個年輕力壯的漢族、朝鮮族青年，拿著獵槍、鞭炮，都躲在邢成家裡，這時，韓大爺說：「時候到了！」話音剛落，「嘭！叭！」兩聲「二踢腳」響過，接著獵槍、鞭炮和敲銅盆鐵桶聲大作，群狼先是一怔，接著轉身逃走了。豬圈裡的狼怎麼也躥不出來，邢成帶頭衝向豬圈，大夥拿著殺豬刀、鐵釺子、二齒勾子，站在豬圈頂上和外邊，亂捅亂刨一氣，約莫半個鐘頭，二十幾隻狼全死了。韓大爺說：「這回狼群不敢來了，咱們把這些狼，一家分一隻回去燒狼肉吃吧。」

誰也沒料到，後半夜狼群又來了，真是鬼哭狼叫，膽子再大的也能嚇掉魂。

天亮的時候，群狼又鑽了林子。鄉親們又都來邢成家。邢成說：「看來這群狼是和咱們較上勁兒了。」一個說：「要不乾脆搬到下邊義和屯住算了，省得受這個氣。」有的說：「要不多買點兒鞭炮。」韓大爺尋思了一會兒說：「我聽老輩人說過，狼最害怕見到它們同夥的骨頭，咱們把吃剩下的狼骨頭都扔在村子外邊，看看怎麼樣？」大夥一聽，這辦法簡單。於是回去剝狼皮，燉狼肉，然後把骨頭、肉湯、狼腸子什麼的都扔在村子外邊。

真怪了，從這天晚上，狼群再也沒來，一連七天，都很太平。大夥可鬆了一口氣。

就在第八天頭上，下邊義和屯來了個人說：他們屯遭了狼群，連著三天晚上，攪鬧得雞犬不寧。韓大爺一聽，心裡「咯噔」一下，說：「壞了！咱們光尋思把狼趕跑了就沒事兒了，沒想到它們又禍害別人！」一個朝鮮族青年說：「咱們也告訴他們扔骨頭的法兒不就行了？」邢成連連擺手說：「不行，不行！那它們說不定又跑到哪個村子禍害人呢！我還有個想法，不知行不行？」「什麼辦法你就說吧。」韓大爺說。邢成說：「在村子邊上堆幾個閻王碓，不愁整治不了這群狼。」韓大爺搖了搖頭：「閻王碓對付黑熊那樣的大牲口行，打狼群怕不頂事兒。」「哎，咱們不是有野雞藥嗎？在村子外邊……」沒等邢成說完，韓大爺把煙袋鍋一磕，說：「對！是個辦法。咱們留幾個看門的。剩下的人都去義和屯，幫他們搭閻王碓。不制服這群狼，早晚是個病。」於是，全屯三四十人一起趕到義和屯。

義和屯比葦蘆屯大些，也是住著漢族、朝鮮族的百姓。這幾天晚上突然來了狼群，鬧得人心惶惶。這一天頭响，正在一塊兒合計辦法，葦蘆屯的人趕來了。邢成把來意一說，義和屯的老百姓樂壞了。說幹就幹，天還沒黑就搭起了十六個閻王碓，又把熏得香噴噴的雞鴨掛在裡面。然後又把死貓爛狗撒上野雞藥，扔在村子邊上。

天大黑了，就看見村外林子邊上一群綠色的亮光，像鬼火似的，向村子裡挪動。不一會兒，一聲狼嚎，群狼一齊向村子裡躥來。跑在前的，看見前面有死貓死狗，就拚命撕咬搶吃起來。後邊上來的狼，聞到閻王碓有肉香味兒，就忙三火四地往裡鑽，幾隻前爪往掛在上邊的熏雞燻鴨一搭，「啪嚓」一聲閻王碓上的木頭排全砸了下來，鑽進碓裡去的狼，全被砸成肉餅。接著「啪嚓」「呼」幾聲響，十六個閻王碓全倒了。在碓子外面的狼，不知咋回事兒嚎叫起來，不一會兒，又有幾隻吃了野雞藥的狼躺在了地上，蹬歪一陣腿死了。剩下三五隻狼看事不好，在天快亮時夾著尾巴跑了。

天大亮以後，兩個村子裡的漢族、朝鮮族兄弟姐妹出來收拾獵物。數了數一共打死了六十多隻狼。

　　打這以後，這一帶再也沒有大狼群進村搗亂了，兩個村子的漢族、朝鮮族百姓們非常團結，互幫互助，過著十分和睦的生活。

王德富（蒐集整理）

狼的故事（之五）

　　以前有這麼個人，叫李占奎，學了幾天拳腳棍棒，就覺得自己了不起了，到處想找那些不會武藝的人比試。全村人都知道他會武術。

　　卻說這年秋天紅鏍頭市的時候，老百姓都進山挖人參，李占奎也去了。他走進林子，半天沒瞅見一棵參毛，卻看見一隻死麅子。他聞了聞沒有壞味，自言自語地說：「沒挖著山參撿個麅子也不錯。」說完，扛起麅子就走。沒走上兩步，迎面一條大青狗擋住去路，仔細一瞅，是一條狼。先是嚇了一跳，接著把麅子一扔，拉開架式，等狼往上撲。心裡尋思：你要來個「餓虎撲食」，我就給你個「犀牛望月」。這時那條狼真就撲了上來，李占奎趕緊一閃，也忘了「犀牛望月」了。狼朝他大腿就咬，李占奎想，我給它個「古樹盤根」吧，沒等這個招式拿出來，大腿早被狼咬住。李占奎用力一拽，連褲子加皮肉拽掉一塊，嚇得他撒腿就跑，一口氣跑到家。老婆看他腿血淋淋的，褲子也破了，忙問怎麼了，李占奎說：「別提了，今天上山逮著一隻麅子，剛想扛回來，突然來了一群狼，把我圍住了，要不是我會武術，這命就交代了。」他老婆一邊給他包傷口一邊說：「叫狼咬一口得倒三輩子黴！」李占奎不高興了：「行了、行了！老娘們兒家知道什麼？看我傷好了怎麼收拾它！」

　　一晃就是二十多天過去了，李占奎的傷也好利索了。這天他正在院子裡打拳踢腳，忽然跑進兩個人來，慌慌張張地說：「李大哥，不好了，這幾天山上有條狼，禍害了不少人了，你快上山去把狼給除掉吧。」李占奎心裡一驚，表面沒顯露出來，說：「二位兄弟放心，我一定上山把狼幹掉。只是這幾天身體有病，等好了就去。」那兩人道聲謝就走了。第二天，第三天接連來了不少人，請他進山。本來李占奎有些打怵那狼，可是看大夥這麼信任自個兒，也不好推脫了，就拿著刀子，領著大灰狗上了山。

　　李占奎進山走了不遠，冷丁發現一棵小山參，頓時樂壞了，心想：我那天

特意放山卻看不見棒槌，今天不放山卻遇上了山參。管咋的，挖出來再說。可是沒拿挖參家什呀，就用刀子一點兒一點兒地摳土，大灰狗在一邊趴著。不一會兒，灰狗好像聽見了什麼聲音「嗚」一聲跑了。李占奎只顧挖人參，也沒注意灰狗走沒走。約莫一個時辰，李占奎把參挖了出來，用手掂了掂，估摸有五六錢沉，心裡挺樂。忽然，他聽見草窠子有動靜，循聲望去，只見那條大灰狼直奔他而來，身上還血淋淋的。李占奎「啊」了一聲，丟下山參，拿著刀子拚命往山下跑。那狼緊緊跟在後邊，越撞越近。李占奎覺著那狼就在自己的身後，心想，死活聽天由命吧。眼睛一閉，回頭就是一刀！那狼「嗷」的一聲，跑了幾步在地上打開了滾。李占奎沖上去又捅了兩刀，看看狼不動了，才鬆了一口氣。這才仔細一瞅，不瞅則已，一瞅嚇了一大跳：原來死的是自己那條大灰狗！李占奎眼前一黑，差點兒摔倒。過了一陣子，李占奎定了定神，一看這狗渾身是傷，心里納悶兒：我就捅了三刀，這怎麼七八處傷口呢？李占奎扛起狗，也顧不得去找那棵山參了，搖搖晃晃地往家走，進了村，天也黑了。有人看見他問：「占奎，你把狼打死了嗎？」李占奎沒好氣地應了一聲，就回家了。

李占奎老婆一看自個兒家狗死了，問：「這狗怎麼了？」李占奎就把今天的事兒說了，最後又加上一句：「誰讓它裝狼嚇唬我來！」他老婆又把他數落了一頓。

第二天吃完早飯，鄰居一個老太太來串門，一進院就說：「聽說占奎把那條狼打死了，我來看看他。」李占奎一聽，忙放下被，鑽進被窩裡，和老婆說：「你就說我病了，讓他們誰也別和我說話。」老太太坐了一會兒走了，接著又來了一些鄉親們串門，問這問那。李占奎蒙著頭，誰來也不搭茬。

第三天過晌，李占奎插著大門正在家剝狗皮燉狗肉，忽然大門口外打鑼敲鼓來了一幫人。李占奎愣了，忙讓老婆出去問怎麼回事，自己又鑽進被窩裡。不一會兒老婆進屋了，說：「快起來吧，鄉親們說你打死了狼，是英雄，他們把死狼抬來了，說是你把狼打死了沒扛回來。」李占奎稀里糊塗地下了地，來

到院子，這時有兩個小夥子已把死狼放在地上。李占奎一看這條狼渾身是血，都乾巴了，猛然想起來，前天自己的狗身上的傷，明白了七八分。一個小夥子問：「占奎大哥，你是怎麼打死這條狼的？」李占奎說：「沒什麼好說的，多虧我大灰狗幫忙唄！」又一個人問：「你怎麼不把狼弄回來呢？還是我們幾個人今天上午放山看見的，就抬了回來。」李占奎這時什麼都明白了。說：「我的狗被狼咬傷了，我把狼打死以後，只能先把狗扛回來，誰知狗沒等到家就死了。」大夥一聽，受了感動，說了一些感激話，就把狼留給李占奎了。於是，李占奎成了打狼的英雄。

原來，那天大灰狗聽見有動靜，就追去了，結果是那條狼，於是打了起來，那狼剛下過崽子不久，身子發虛，沒打過狗，被咬死了。灰狗又跑回去找主人，沒想到被主人誤以為是狼，給打死了。李占奎扛著狗進村以後，有人以為他打死了狼，問他時，他就答應了，於是傳開了。第三天人們上山真就看見了那條死狼。

俗話說紙包不住火，李占奎老婆閒嘮嗑時說走了嘴，把這件事給抖摟出來，於是李占奎打狼成了當地老百姓的笑談了。

王德富（蒐集整理）

狼的故事（之六）

這是老輩子的事兒了。長白山下有一個獵戶，他在臨死前和老伴說：「我以前打死不少狼，我死後它們可能會找你的麻煩，你要小心……」說完，就嚥了氣。

老太太已經七十來歲了，無兒無女，住在深山老林裡，丈夫死後，她就把雞鴨關在屋子裡，怕狼來禍害它們。有一天傍晚，來了一條狼，直撞老太太的門。老太太問：「誰呀！」狼說：「我！」「你是誰呀？」「我是狼兒子，你丈夫打死我爹、我爺爺，我來報仇了。」

老太太有些害怕，問：「你想怎麼報仇啊？」狼說：「你給我一隻雞吃。」老太太沒辦法，狠了狠心，抓了隻雞，從窗戶扔出去，狼叼著雞就走了。

第二天傍晚，狼又來了，要吃鴨子，老太太沒法了，又抓了隻鴨扔出去，狼叼著鴨子走了。老太太一琢磨，這哪有頭哇？想了想，就縫了一條大口袋。

第三天傍晚，狼來要鵝吃。老太太說：「狼啊，你自己進來吃吧。」狼聽了一愣，進去吧，有點害怕，不進吧，聽見雞鴨鵝在屋裡叫還真饞得慌。於是又問：「從哪進啊？」老太太說：「窗戶邊上有個洞，你鑽進來吧。」狼仔細看了看是有個洞，它一使勁，就鑽了進去。「哎喲，怎麼這麼黑呀？」原來，狼鑽進了老太太的大布袋裡。老太太一面扎口，一面說：「屋裡沒有太陽沒有月亮的，哪能不黑呢？」紮好口以後，用菜刀把它砍死了。

狼兒子死了以後，狼孫子又來了，老太太又把它引進屋裡殺死了。一連幾天，再也沒狼來了，老太太鬆了一口氣。這一天，她在院子裡餵雞，忽然看見一隻怪物，像狼不是狼，兩條前腿很短，後腿挺長，瞪著血紅的眼睛。老太太問：「你是誰？來幹什麼？」「我是狽，來找你報仇啊！」怪物說。老太太嚇得直往後躲，「我也沒惹你，你報什麼仇？」怪物說：「我的前腿短，走路靠狼幫忙，我把前爪放在狼身上，狼跑多快我就跑多快。可是你把狼打死了，我

還怎麼走路？我今天好不容易爬到這來了，累壞了，你給我弄點水喝吧。」

老太太回屋舀瓢水端到跟前，狽「忽」地站起來，前爪扶在老太太肩上，就要下口咬。忽然，遠處一個人喊道：「大娘，你在那和誰說話呀？我怎麼看它像狼呢？」老太太抬頭一看，只見一個人端著槍，站在遠處一塊大石頭上，向這邊兒看。狽害怕極了，忙說：「老太太，你千萬別說我是狽，要不我咬死你！」

老太太只好說：「這是人啊，來串門的。」那個人聽了還是不大相信，一個勁兒往這瞅，狽嚇得直冒汗，它兩條後腿站不住想歇一會兒，老太太說：「你不能趴下，趴下就不像人了，獵人就認出你來了。」狽覺得有道理，可是實在站不住了。老太太說：「這樣吧，我用繩子把你前爪綁在樹上，等獵人走遠了，我再給你鬆開。」狽一聽挺高興，忙讓老太太把它綁了起來。老太太把狽的前爪綁結實以後，就喊：「快來呀！這是一條狽呀！」狽這才知上了當，想掙扎逃跑，已經晚了。

王德富（蒐集整理）

猞猁

猞猁長得挺像貓，不過身子比貓大得多。正因為它像貓，才引出一段故事。

一天猞猁正在尋找東西吃，忽然遇到獾子。他見獾子長得挺敦實，心想獾子一定不好惹，還是不動他吧，剛想離開，獾子說：「你是誰？怎麼像貓呢？」猞猁一愣，他沒見過貓，不過聽說貓是人飼養的，專門吃好的睡在熱炕頭上。心想，我還真不如是隻貓呢！他應付了一聲就走了。不一會兒又碰見貉子，貉子問道：「你是貓嗎？怎麼比貓大呢？」猞猁說：「你的眼力不錯，我正是貓。」猞猁離開貉子，暗想，看來我跟貓差不多了，倒不如進村子裡，讓人們把自己當貓餵養起來，吃現成的，睡熱炕頭，那多好啊？想到這兒，他往山下跑去。找到一個村子，他大搖大擺地進了村兒。突然，躥出來一隻黑狗，向他撲來，嚇得他掉頭跑進了樹林子。

第二天，猞猁不死心，又從村子的另一頭進去了。他想，只要先碰到人就好辦了。剛想到這兒，迎面跑來幾個小孩兒，一個喝道：「哎呀！誰養的貓這麼大，都快趕上狗了。」聽了小孩的話，猞猁放心了。這時，有個獵人來了，大聲說：「好大膽的猞猁，大白天闖進村子，快拿槍來！」

猞猁見獵人要拿槍打他，慌忙逃回山裡，再也不想當貓了。

李文瑞（編）

吃狗皆醉的虎

「醉」總是和酒聯繫在一起的。人喝多了酒會醉，喝得恰到好處叫「微醉」，所以，自古有「喝酒微醉、賞花半開」一說，那是讚美喝酒者有分寸。而喝多了叫「酩酊大醉」或「爛醉如泥」，人們對這種喝法歷來嗤之以鼻。不管怎樣，「醉」是離不開酒字的。老虎似乎沒有喝酒的機會，但是，獵人們卻發現老虎也醉，那就是它吃了狗肉的時候。

有一位叫卜振祥的狩獵人，他在一九四六年領著十幾人的隊伍並帶了四十條狗進山，想在這林海雪原獵些野豬和麅子。可是，不知什麼原因，卻遇到了十八隻虎。

虎是輕易不與人相遇的，因為它的爪子和貓一樣，有腳墊，走起路來無聲無息，人根本聽不見它的腳步聲，而虎本身的聽覺、視覺也很靈敏，它一發現人的氣息早就避開了。那一次例外，人與虎遭遇上了。

獵人們帶著四十條獵狗在大林子裡威風凜凜地走著，他們心裡很清楚，有了這支龐大的隊伍，不用自己操心，一發現野獸的行蹤，不用獵人發指令，這些訓練有素的傢伙早就衝上去了。

可是，意外的情況出現了，走著走著，歡蹦亂跳的獵犬突然害怕起來，它們膽顫心驚地往獵人身上靠。

這是怎麼回事？獵人們正在詫異，忽然大叫一聲：「天老爺，原來前面有一群老虎！」獵人們懵了，因為老虎是單獨活動的，這次卻聚集了十八頭。緊急關頭，不能懈怠，獵人們毫不猶豫地下達了指令。

於是，四十條獵狗閃電般地向老虎衝去。可是，儘管獵狗拚死廝殺，還是敗在了獸中之王的手下，老虎不費吹灰之力就吃了七條獵狗。這回惹怒了獵人們，他們要與老虎決一雌雄。

他們端著獵槍小心翼翼地向虎群包抄，走著走著，卻發現有一隻「頭排

虎」（最大的虎）趴在地上。開始，獵人們不敢靠前，以為這是老虎故作鎮靜、伺機反撲。於是，他們放出獵狗打探，可是，老虎還是一動也不動。

「是不是只死虎？」獵人們猜測著，大著膽子走上前去。仔細一看，老虎並沒死，只是像人喝醉了酒一樣，昏迷不醒。

「這是怎麼回事呢？它怎麼像醉了呢？」

「天老爺，原來它是吃了狗肉醉的！」獵人們見它圓滾滾的肚子和嘴角的狗肉殘跡，便什麼都清楚了。

就這樣，獵人們輕而易舉地獵取了一隻「頭排虎」。不過，這全身都是寶的獵物並沒讓獵人們高興起來，因為他們失去了情同家人的七條狗，尤其是失去了「頭狗」。

獵人們繼續往前走，這才發現，原來這十八隻虎是在跟蹤一個兩百多頭的野豬群。路上的血跡和殘骸表明老虎已經吃了十幾頭野豬了，為了一個共同的目標，平時單獨活動的虎才聚集到一起的，而且獵狗也是追蹤野豬才和老虎相遇的。

老虎吃狗為什麼會醉呢？是不是像現在的小品演的那樣，狗吃了醉酒人吐出的食物虎才醉的呢？那是不可能的。在一九四六年的中國，人還不知道上哪弄點兒酒喝呢，貧窮的獵人要想喝得酩酊大醉更是可望不可及的。

那麼，是什麼生理現象呢？獵人們不是科學家，解釋不清，但虎吃狗肉就醉卻是獵人們眼見的事實。

摘自宮玉春《長白山動物趣聞》

知恩必報的老虎

在人參之鄉撫松有一個自然村叫「仁義砬子」，流傳著許多老虎捨生取義的事。關於這方面有不少傳說，我在這裡講的是流傳在獵人中間的一個故事，並且人人都相信這是真實的。

獵人晚上圍坐在住所裡講故事，你講一個我講一個，講著講著，就聽見有人敲門。起初，人們以為是風颳的，後來，炮手說：「這事不對，咱們得出去看看。」一推門，看見門外站著一隻老虎，是隻母的，他們趕緊關上了門。奇怪的是，老虎並沒撲過來，但仍然站在門外，每隔幾分鐘就用爪子推推門。

獵人們想放槍，但又怕把門打破了，老虎衝進來。炮手思來想去，最後下了決心，說道：「看來，老虎是有目的來的，認命吧，咱們往外扔帽子，它抓著誰的，誰就出去。」

這是流傳在獵人中的一種不成文的規矩。大家沒有異議，都把帽子摘下來，扔了出去。老虎望著一堆帽子，扒拉、扒拉，抓起一個，大家一看，是炮手的。

炮手說：「該俺了，這是命裡注定。」他鎮定自若地走了出去。

老虎並沒咬他，還趴下了。炮手說：「這是讓我騎呀！」老虎點了點頭。炮手從容不迫地跨上了虎背，老虎果然馱著他走了。開始，老虎慢慢地走，過了一會兒，就奔馳起來，一直把他馱到一個山旮旯。

炮手一看，那裡趴著一隻公老虎。公老虎張著嘴，眼淚汪汪地看著他。炮手頓時明白了，公老虎一定是吃別的野獸時把骨頭卡在喉嚨裡了。

炮手說：「好吧，我今天就救你一命，但願你也饒我一命。」他脫下衣服，把右手伸進虎口，摸著了兩根骨頭。炮手一用勁兒，拽出一根，老虎雖然疼得一哆嗦，但它似乎明白這是怎麼回事，一動不動地等在那裡。於是，炮手又把手伸進虎口，拽出了第二根骨頭。炮手把公老虎喉嚨裡的兩根骨頭拔出來

後，不知道老虎會對他怎樣。誰知，兩隻老虎圍著炮手轉了一圈兒慢悠悠地走了。

炮手平安地回到了住所，眾人皆大歡喜，紛紛議論：虎通人氣，往後打什麼也不能打老虎。

第二天早晨，大家一推門，推不開，費了好大的勁兒才把門推開。一看，門前有兩頭野豬，都是三百市斤以上的。大家立時明白了，這是老虎為報恩送的啊！

摘自宮玉春《長白山動物趣聞》

刺蝟偷瓜

別看刺蝟小，它還是個食肉動物呢！刺蝟主要吃昆蟲，兼食小型鼠類、幼鳥、鳥蛋、蛙，有時還吃小蛇、蜥蜴等小動物。不過，如果刺蝟弄不到這些動物也不要緊，它還能吃許多植物性食物，比如，橡實、野果等。

有一個刺蝟偷瓜的場面許多人都親眼見過。

夏天的豔陽把大地照得滾燙滾燙的，勤勞的人們種的香瓜已經熟了。刺蝟們躲在暗處，看見大人孩子都在吃瓜，饞得口水都要流出來了。

「我也得想辦法弄一個來吃！」它的小眼珠兒轉動著。可是，大白天可不能去，那樣是有危險的！

夕陽西下，黃昏來臨了。小刺蝟出動了，它悄悄地接近瓜地，但還是有點害怕，怎麼辦呢？它又使用了慣用的伎倆：學學老頭兒咳嗽。「喀、喀、喀喀……」它學了一陣兒老頭兒咳嗽，再聽聽，「咳，太好了，瓜棚竟然沒有人，可能他們睡著了，要不就是找地方去玩兒了，這回我該動手了。」

小刺蝟驚喜地發現，它到瓜地的距離是一個坡。而且，它在坡上，瓜地在坡下。「哈哈，好辦了！」它把自己的嘴巴縮進身體裡，蜷成一個團，「骨碌碌」──一路朝山下滾去。這一路上不知要遇到多少荊棘和亂石，但這對於刺蝟實在不算個什麼事兒，它的一身硬刺什麼也不怕。

就這樣，小刺蝟順利地來到了瓜地。它剛剛把小腦袋伸出來，突然又嚇得縮了回去，趕緊滾到了樹叢中。因為，它看見了一條狐狸的大尾巴在瓜地裡一閃。

「老天爺，好險哪！」刺蝟蜷縮在那裡一動也不敢動。別看它憑著自身的硬刺連老虎都不怕，但是，它卻怕狐狸。因為狐狸一放臊，它就嗆得喘不過氣來；一鬆懈，就會把沒有刺的肚皮露出來。那樣，狐狸就能輕而易舉地把它吃掉，所以，還是藏起來為妙。

小刺蝟觀察著狐狸的行蹤，而狐狸只顧偷瓜了，竟然沒發現刺蝟！這時，小刺蝟看見狐狸叼了一個瓜跑到林子邊上去了。這個鬼精靈，做事總是細緻周全。

　　等狐狸一走，小刺蝟又出動了。可是，這一次，它剛一動彈，又折了回來。原來，瓜地裡又來了一隻獾子。獾子可不像狐狸那麼文明，它上去就把瓜給拱掉了好幾個。獾子啃啃這個，又啃啃那個，原來它不是吃瓜，而是掏瓜瓤兒吃。吃完後，獾子還是拱，因為，它喜歡吃植物的根兒，它把瓜根又吃了幾口。就這樣，這個傢伙把瓜地弄得一片狼藉，方才罷休。

　　小刺蝟還在那裡觀望，這回它發現狐狸走了，獾子也走了，什麼危險也沒有了。於是，它慢慢地靠近瓜地，進去一看，滿地都是香噴噴的瓜。但它不亂動，而是瞅準一個瓜，猛地一翻身，把瓜紮在後背上，背著就跑。

　　遺憾的是，它跑得太慢，磨蹭了半天也沒跑出多遠，瓜卻掉在了地上。怎麼辦呢？「乾脆吃吧，還是放自己的肚子裡最實惠、最保險。」於是，它就開吃了。「咳！真好吃！」小刺蝟總算沒白來，終於吃到了日思夜想的美味。

摘自宮玉春《長白山動物趣聞》

香獐子

早年，雞冠砬子山腳下，住著娘兒倆。兒子叫張炮兒，二十多歲還沒娶上媳婦。

一天，張炮兒到集上賣柴回來，路過一個堡子，看見一家門口圍了好些人，唧唧喳喳說著什麼，他也湊上去看熱鬧。撥開人群，往裡一瞧，只見一個老頭兒手裡拿著一把鋥明瓦亮的殺豬刀，正要往捆在桌子上的一隻香獐子脖梗捅去。香獐子瞅著圍看的人，一個勁兒地刷刷掉眼淚。張炮兒一看，覺得怪可憐的，就拽住老頭兒的手說：「老人家，你賣不賣？」老頭兒一想，殺了它只是為瞭解解饞，賣了還能賺倆錢，就說：「你要買，就賣給你。」張炮兒一聽樂了，拽下錢褡子，把賣柴錢全都倒給了老頭兒。

張炮兒走近香獐子，一邊給它鬆綁，一邊自言自語地說：「去吧！」說來也怪，香獐子好像聽懂了他的話，朝他點點頭，就撒著歡兒跑了。

張炮兒悶頭往家走。剛拐進一個小山包，打對面來了個白鬍子老頭兒，兩手攔著他的去路。張炮兒疑惑地問，「老爺爺，您有啥事呀？」白鬍子老頭兒說：「聽說你沒娶上媳婦，我是特意為你牽紅線來啦！」張炮兒說：「謝謝你老人家了，我窮得分文沒有，到哪兒討媳婦呀！」白鬍子老頭兒說：「人家托我保媒時說了，不要錢！」

張炮兒一尋思，天下還有這樣便宜的事，娶媳婦不要錢？白鬍子老頭兒領著他，翻山越嶺，來到了一個青堂瓦舍的大房子前停住了腳。剛巧，從屋裡走出一個水靈靈的大姑娘，粉嘟嘟的臉，彎彎的兩道眉，上身穿件棗紅襖，下身圍著墨綠的裙子，走起路來輕飄飄、慢悠悠的，張炮兒都看呆了。他喜滋滋地正要和白鬍子老頭兒說「我樂意呀」，可一看，白鬍子老頭兒不知到哪兒去了。

姑娘笑吟吟地向他走來，拉住他的手就往屋裡走。張炮兒暈乎乎地就跟了

進去。進了屋，姑娘又是倒茶，又是拿水果，親親熱熱地坐在他身邊問這問那。一會兒，他們就混熟了。

張炮兒在姑娘家住了好多天。一天，姑娘說：「你該回家看看媽了！」一句話，提醒了他，這才想起家裡六十多歲的老娘還不知咋樣呢！就急著要走，可又捨不得離開姑娘。姑娘看透了他的心思，倒先開了口：「咱們一起回家看媽吧。」

他們翻山越嶺，傍黑時到了家。一看老娘想他眼睛都哭瞎了，娘兒倆抱頭痛哭一場。末了，張炮兒把事情從頭到尾說了一遍，老娘很高興。看不清媳婦的模樣，就拉著媳婦的手摸著，樂得不知說啥好。看見婆婆眼睛瞎了，媳婦張羅著要回去取藥。老太太說啥也捨不得媳婦走遠路，媳婦只好打發張炮兒再跑一趟。

第二天一早，吃罷飯，張炮兒腰裡別了一把開山斧就往外走。媳婦送到門口，千叮嚀萬囑咐，叫他路上多加小心，早去早回，張炮兒點頭答應著上路了。

一天過去了，兩天過去了，媳婦天天到門口望，就是不見張炮兒的影兒。瞎婆婆惦念兒子，一個勁兒地哭。媳婦想丈夫，也吃不好睡不香，要親自上山尋找丈夫。她離開婆婆，翻過七座山，越過七道嶺，還是不見丈夫的影兒。

這一天，她剛翻過一個小山岡，冷不丁眼前一亮，出現了一座大房子。她走進去一看，見丈夫張炮兒臉色蒼白，骨瘦如柴，正和一個模樣和自己不差半點兒的女人飲酒取樂。她上前一把握住張炮兒的手，說：「夫啊，她不是你的妻，我才是，咱快回家吧！」拽住就往外走。假媳婦一看真媳婦找來了，眼珠子一轉悠，連忙上前扯住張炮兒的衣襟哭哭啼啼地說：「夫啊，她不是你的妻，我才是，快打死她。」兩個媳婦拉著張炮兒都說自己是真的，連扯帶拽，哭哭啼啼，把張炮兒鬧蒙了。

真媳婦一看，硬拉不成，對假媳婦說：「咱倆誰也別爭，讓丈夫自己來認，認準誰，誰就跟了去，你看怎麼樣？」假媳婦沒辦法，只好答應。

張炮兒一會兒瞅瞅這個，一會兒看看那個，眼睛都揉紅了，就是認不出哪個是真哪個是假。真媳婦急得直跺腳，只好說：「夫啊，你摸摸我的手，我的手是熱的。」假媳婦也忙拉張炮兒的手說：「夫啊，你摸摸我的手，我的手是涼的。」真媳婦連忙說：「仙人體發熱，妖精渾身涼。」假媳婦連忙說：「她走遠路體發熱，我坐屋裡渾身涼。」她倆說的都有理，還是認不出哪個是假哪個是真。

真媳婦又想了一招兒說：「夫啊，你再聞聞我和她哈出的氣，都是什麼味兒。」

張炮兒一聞，一個香，一個腥。真媳婦說：「人吃五穀出氣香，妖怪喝人血出氣腥。」

假媳婦說：「她粉抹臉，朱點唇，自然出香氣，我唇沾酒，齒嚼魚，當然出氣腥。」張炮兒聽她倆說得都有理，還是認不出哪個是假哪個是真。

真媳婦見丈夫還是不開竅兒，急中生智，指著假媳婦問道：「你說你是真的，你說婆婆兩隻眼睛哪只明？」假媳婦想了想說：「婆婆兩隻眼全都明。」

張炮兒一聽這話，恍然大悟，手指著假媳婦剛要說：「原來你是妖……」「精」字還沒說出口，就見假媳婦搖身一變，變成一條碗口粗、兩丈多長的大長蟲，張著血盆大口，吐著通紅的芯子，照真媳婦就撲了過來。張炮兒正要擋著媳婦，就聽身後「嗖」的一聲響，他回頭一看，媳婦不見了，只見一隻香獐子騰空而起，衝著長蟲猛撲過去，蛇起獐落，獐撲蛇躲，打得不可開交。張炮兒舉起開山斧，照著長蟲的七寸處就砍了過去，「喀嚓」一聲，頭落血噴，長蟲被張炮兒砍死了。香獐子就地一滾，又變成了個俊俏的媳婦，上前拽住張炮兒說：「夫啊，不要怕，我就是你曾救下的香獐子啊。為了報答你的救命恩情，變做你媳婦。」她拉著張炮兒的手說：「咱快把長蟲精的眼珠子挖出來，拿回家去好給媽媽治眼睛。」

張炮兒和媳婦摳出了長蟲精的兩隻眼珠子，歡歡喜喜地回到了家。他們把長蟲的兩隻眼珠子往老太太眼上一摁，老太太立時就看見亮兒了。從此，婆婆

紡線，媳婦織布，張炮兒打獵種莊稼，小日子過得富富裕裕的。

鄭雲英（講述）

唐夢馥（蒐集整理）

獐子忌肉

在長白山地區管麝叫獐子，也就是香獐子。公麝產的麝香是最名貴的藥材。獐子原先是吃肉的，現在改為吃草了。為啥呢？聽說是這麼回事。

傳說，在長白山的獵物河附近，住著獐子、鹿、麅子、山羊這些溫順的動物。獐子能產麝香，又忠厚大方，所以被推舉為王。獐子為王以後，更加愛護關懷大夥兒，大夥兒也就更信任、擁護獐子了。它走到哪兒，鹿、麅子、山羊都前呼後擁地跟著，非常和睦、熱鬧。

一天，獐子的孩子不小心掉進獵物河裡，這條河水不深，但河床深，兩邊的河床都是立陡的石砬子。獐子急壞了，它下不去，沒法救孩子。正在著急，只見河對岸一個豺狗子跳下去，用藤子拴住小獐子的腰，然後豺狗子把藤子送上岸，大夥抓住藤子，把小獐子拽了上來，獐子非常受感動，把豺狗子請到家裡做客。

從此，豺狗子就經常到獐子家玩兒，它聽說獐子愛吃兔子、山雞肉，就經常來給獐子王送肉。獐子王也不白要它的，送給它一些麝香。

過了些日子，獐子出去巡山，忽然發現，大夥都躲著它。誰也不跟它打招呼，就像不認識它似的，梅花鹿還在它身後指指點點地說著什麼。他覺得奇怪，連問了幾個人，誰也不說實話。獐子就讓自己的孩子——小獐子出去打聽原因。不到半天時間，小獐子全打聽明白了，原來是豺狗子送給獐子王的肉，不是偷的，就是搶的。山上的羊、鹿也讓它偷吃了不少。大夥見豺狗子和獐子王挺好，也沒有敢吱聲的。

獐子王一聽，恍然大悟。它把梅花鹿、麅子找來，先承認了錯誤，然後商量了對付豺狗子的辦法。

第二天，豺狗子又拎著肉給獐子王送來，一進門口就絆倒了，鹿和麅子衝上來，用角把它頂在地上。豺狗子吃了一驚，忙喊獐子王救命。獐子王說：

「豺狗子，我上了你的當。你真奸猾狠毒呀！」不一會兒，豺狗子腿一蹬，死了。獐子王說：「我對不起大家，從今以後，我堅決忌食肉，以表示對我的懲罰！」

於是，獐子再也不吃肉了，以吃草為生，一直到現在，還是這樣。

王德富（編）

王大膽兒殺狂犴

　　王大膽兒名叫王鐵柱，身高八尺，臉膛黑紅，長得虎背熊腰，力大無窮。他從小跟一位武術老師練功習武，不到二十歲就練就一身好武藝。

　　有一年，王大膽兒帶領獵手們來到長白山。他們在長白山南坡七道溝壓下餞子，天天下套子，張圍網，撞黃葉子，跟大葉子，套狐狸、窖鹿、捉麅子，巴望著多打些野獸，多賣幾個錢，全家老少好餬口度日。一天，王大膽兒帶領幾個獵手在餞子裡做獸夾子，炮手李四哥領著五個獵手進了山。傍黑兒才見獵手小王滿臉是血，跟頭把式地跑回來，一頭栽到餞子裡，對大家說起事情的經過。

　　原來他們六個獵手在深山老林裡碼蹤，傍晌時來到了轉頭山。往山根兒一瞧，通紅通紅一片，原來是棒槌朵子，一苗兒挨一苗兒的，全是大山貨，連下腳的地方都沒有，大夥兒可真高興，剛要下手起參，突然從山根兒下的黑洞裡鑽出一隻傻大黑粗的怪物，張開血盆大口，「噗」的一聲噴出一股黑氣。炮手們被這黑氣熏得東倒西歪，跌倒在地，不省人事了。小王離這傢伙遠些，沒被熏倒，就鑽進老林逃回來了。王大膽兒一聽，眼睛直冒火，跟大夥兒說：「明天就是豁出老命也要把這隻怪獸幹掉！」

　　第二天早晨，王大膽兒穿上鎧甲背心，紮上鎧甲摺疊式裹腿，背心和裹腿上全都是一排排半寸多長的鋼錐狼牙刺。穿戴完畢，他就帶領獵手們來到轉頭山下。這塊兒全是老林子，山根兒有一個大石洞，洞口黑乎乎的，望不到底。洞口附近，人骨、獸骨橫七豎八滿地都是。看來，這隻怪獸已經禍害了不少獵手。王大膽兒說：「我先去和它試巴一陣兒，你們躲在樹後，瞅準機會拉弓放箭，助我一臂之力。說完，他就朝無底洞走去。王大膽兒剛剛走到洞口的一塊臥牛石旁，忽聽洞裡傳來一聲吼叫，怪獸就從洞裡鑽出來了。好傢伙，這隻怪獸長了一個虎頭蛇身，腰有缸口那麼粗，腦門兒上還長了一個「王」字；碗口

大的眼睛，好像兩盞明燈，十多丈長蛟龍般的身子，長滿了碟子大小的黑鱗。王大膽兒一見怪獸躥了出來，揮刀劈去，怪獸「嗷」的一聲怪叫，周圍的樹梢都抖起來了。王大膽兒朝地一瞅，怪獸的一隻耳朵被削下來了，有小簸箕那麼大。這時怪獸揚起爪子朝王大膽兒猛地撲來，「噗」的一聲，吐出一股黑氣，把洞前罩得烏黑烏黑的。王大膽兒知道這是怪獸在噴吐瘴氣，趕忙從藥囊裡掏出一粒避瘴丸吞了下去。怪獸咆哮一聲，又朝他撲來。王大膽兒舉起鋼刀，一刀連一刀地圍著怪獸猛砍。這下可把怪獸氣瘋了，它猛一回頭，躥了過來。王大膽兒見躲閃不及，急中生智，「騰」的一個跟頭，鑽到了怪獸肚子底下。這下可真較勁兒了，王大膽身上的鎧甲和裹腿上的狼牙刺像千萬把尖刀，扎向了怪獸，怪獸疼得直拘攣，猛地往前一撲，這下好了，來了一個大開膛，從怪獸的肚子一直　到尾巴根，五臟淌了一大堆，抻巴抻巴腿完了。

躲在樹後的獵手們一擁而上，齊搭伙地把怪獸拖到江邊，抬到木排花棚裡，運到海南福聚成山貨莊。山貨莊老闆搭眼一看，張口就給了一萬五千兩銀子。賣了怪獸，獵手們問老闆，這是啥怪物？老闆說：「這隻怪獸屬於龍種，叫狴犴。這種怪獸活一年身上長一個碟子大小的鱗片。你們數數它身上的鱗片，足有四百多個。狴犴的骨頭比虎骨、鹿茸、靈芝草都值錢。」老闆說到這兒，找來一個大盤子，拿起一把牛耳尖刀，「嗖嗖」幾下，把狴犴兩顆碗大的眼珠子剜出來，放入盤中。那兩顆眼珠子立時把屋裡院外照得鋥光瓦亮。老闆說：「這是兩顆夜明珠，是無價之寶。」

王大膽兒和弟兄們帶著銀子就回家了。

李欣男（講述）

張平男（蒐集整理）

飛毛腿巧遇劉海蟾

　　老爺嶺下有個柳樹林子屯，原來叫白廟子屯，屯西有一棵滿身疙瘩的大榆樹，據說是一棵三百多年的老樹。樹下有三堆墳，附近的人都說，是飛毛腿老張家的墳。因為清朝康熙年間，飛毛腿張德在這修了一座方八尺白石頭廟，人們看這地方風水好，就在廟的東面蓋了房子居住，漸漸形成一個村落，人稱白廟子屯。

　　張德到這之前，在喇叭溝住過，那塊兒也沒有幾戶人家。對於張德的來歷沒人能說清，但他的一舉一動不像普通莊稼人。從他打獵的靈巧勁兒，不難看出他是一個功底很深的人，平時打獵只帶一把鋼刀就夠用，也從來不跟別人合夥。有人曾經看見過他攆山牲口，說玄了，比山牲口跑得都快。他每次出去都不少打，大部分都賙濟窮人了。他為人仗義是遠近聞名的，每年打圍放山錢不少賺，誰家有個大事小情的他都是百求百應，所以大家有事都願跟他說。

　　有一個叫白二的小夥兒，拉著他的老娘，跟頭把式的從山東來到這兒。張德見他娘倆剛從關裡上來挺可憐的，又見白二對老娘孝順，就想幫幫他。

　　秋天，他帶著白二上山挖參，白二在關裡家也沒見過大山，更沒進過大森林。有一回，爬一個石砬子，張德先上去了，想回頭伸手去拉白二，誰知，白二往山下一看就眼暈了，腿一哆嗦就滾了砬子。說時遲那時快，張德一縱身飛到坡下把白二擋住，但還是晚了一步，白二的頭磕在石頭上，血流滿面，不省人事了。張德一把將白二拉起，喊了半天，白二也沒出聲，這一下把張德嚇傻了，本來是一片好心，反倒惹了大禍，怎麼向老太太交代呀？不容思索，背起白二就往回跑，到了家往炕上一放，老太太一見兒子滿臉是血，軟的像灘泥，知道出了大事兒，撲到兒子身上就號啕大哭。

　　張德把白二放好，給他摸了摸脈說：「嬸子，都怨我沒照顧好兄弟。」

　　「好孩子，嬸子不怪你，你是一片好心哪。」

張德站起身就往外走，邊走邊說：「別著急，我一定會想辦法把兄弟救過來的。」

　　新街九聖祠，有個老道士醫道高明，據說有起死回生的妙術。張德平素和他處的也不錯，他拔腿就去請老道士。進了祠，他拿起醫包，不容分說，背起老道士就走，把老道士鬧了個莫名其妙，問道：「什麼事這麼急？」

　　「我惹大禍了，趕快救命吧。」

　　「那也得讓我準備準備呀。」一邊跑，一邊把出事的經過學了一遍。張德是拔腳如飛，老道士只覺得耳邊一陣呼呼的風聲，十幾里的路程，不到一袋煙的工夫就到了。老道士見白二昏迷不醒，把了把脈皺著眉說：「這個小施主傷得不輕啊，頭內混濁，加上又受了驚嚇，難醫治呀！」白二的老娘聽了，一頭撲到兒子身上差點昏了過去，哭喊著說：「可憐的兒呀，你扔下娘可怎麼辦哪，我和你一塊兒去吧。」哭著哭著，就背過氣去，老道士給她點了一下穴，白二的娘慢慢把兩眼睜開，直勾勾的，嘴巴嘎巴了幾下，才喊出聲來：「兒呀，娘的心頭肉哇，沒有你，娘還活著幹啥？」又放開嗓子大哭起來。

　　老道士見狀說：「老人家，不必太難過，還有一線希望，如果你兒子不該死，還能有救。」聽他一說，老婦人止住了哭聲。張德忙不迭地問：「老神仙快說，怎麼救法？」「只有喝了九扣還陽湯才能救活。」張德焦急地問：「這種藥到哪去採？」老道士咳了一聲，說：「那是棵千年的寶參，長在長白山的大石砬子上邊，蘆頭長了九道彎，伸著長長的脖子。幾百年也不下山，聽說今年下山一棵，在營口棒槌營子呢。」

　　張德問：「營口真有嗎？你可得弄準了，只要有，我一定想法淘換來。」

　　老道士說：「必須在今天晚上子時前把還陽湯給他喝進去，晚了就不管用了。」交代完，他就回九聖祠去了。

　　張德送走道士後，對老婦人說：「嬸子，兄弟的命還有救，今晚我就去營口，無論如何也得把藥弄到手。」

　　「到營口可是一千多里地，你就是飛毛腿也趕不回來呀。」張德滿有把握

地說：「嬸子，你放心吧，我自有辦法，保證耽誤不了。」張德的本事從來不露，出遠門都是晚上夜深人靜的時候才出去，老婦人是不知道的。

他從白家出來，看看天還早，就到賭場去消磨一會兒時間。一場牌玩完了，外面天已經黑得伸手不見五指，對站在旁邊的人說：「兄弟，你替我摸兩把，我出去一趟，一會兒就回來。」

約莫過了一個時辰，這邊一場牌還沒玩完，他就回來了，一進屋，看他氈帽遮上落了一層雪，有人問：「我剛從外面回來，沒看見下雪呀，你帽遮上從哪沾的雪？」飛毛腿漫不經心地說：「哦，我上南邊去了一趟，回來時經過輝發城下了點雪花。」

在場的人聽了，一個個驚得張口結舌。有人去過輝發城，離這有三百多里地，走那麼遠的路程，天這麼暖和，連帽子上的雪都沒化，那可能嗎？大家都瞪著驚奇的目光看著他。

他說：「你們不信吧，奇怪的事在後頭呢，待會兒你們就信了。」

然後拉著一個平時和他不錯的兄弟出門，告訴他說：「你先上老白家叫開門，讓老太太給老二穿好衣服，倒一杯水，等著我，我到西山頭去一趟，馬上就回來，聽清了嗎？」

「聽清啦！」

飛毛腿到西山頭磕了個頭，嘴裡叨咕了幾句，起身就到了白家，只看見屋裡掌著燈，老婦人已經給兒子穿好衣服。

飛毛腿一進屋，二話沒說，把白二抱起，一端他的下巴，把一小粒東西塞進白二嘴裡，叫那個兄弟把水端來，給白二灌下，只聽他肚子裡咕嚕咕嚕響了一陣，接著一連串放了幾個屁。娘抱著兒子的頭，喊了一聲：「兒呀！」白二好像聽見娘在喊他，眼皮微微動了一下，慢慢睜開眼，嘴唇哆嗦了半天叫：「娘——」把老娘樂得眼淚一下就流出來，沒等娘開口，白二看了看張德和另一個兄弟，接著問：「張大哥，你們怎麼來了？」大家一看他好了，算是一塊石頭落了地。娘說：「是你張大哥救了你一命。」飛毛腿拉著白二的手說：「還

是兄弟的命大，該當不死呀！」

白二坐了起來，一扭身就下了地，咕咚就給張德跪下了，張德伸手把他拉起。接著便把取藥的經過述說了一遍。

「天黑以後，我就按老道說的到了營口棒槌營子，找到大掌櫃，說明了來意，大掌櫃說：『九扣還陽草是下山了，那是寶貝，價值連城。別說你買不起，就是有錢，也不能賣，得進貢給皇上，誰也不敢動，你就死了那份心吧。』我一想，也不能白來呀，就耍了一個花招，央求人家：『我是老放山的，以前聽老人說過，這九扣還陽草，蘆頭九道彎，是真的嗎？』

『是。』

『看在咱們都是老同行的份上，能不能讓我飽飽眼福？』

『不行！』

『只要能讓我看上一眼，也算沒白活一回。』

『衙門有話，任何人也不准看，一旦有個閃失，我這腦袋就保不住了。』我一看，他封了口，就和他套近乎：『大掌櫃，我是喇叭溝的，大參我沒少放，年年到你這送參，你忘了？人家管我叫飛毛腿，想起來沒有？』

『哦，想起來了。雖然咱是老熟人了，但是看可是看，包可不能打開。』

『行，我看看蘆頭就行。』大掌櫃領我進了屋，讓我在外面等著，不一會他拿出一個包來，我伸手接過來，心想只要到了我手，你就說了不算了。我說：『只借兩個時辰，保證給你送回來。』

『不行！不能出這個門！』我拿起包一把將大掌櫃扒拉一邊，一個健步就衝了出去，說：

『請放心，倆時辰一定送回。』聽大掌櫃在後面喊：

『來人哪！抓賊呀！』話聲沒落，從後屋跑出兩個人來。我回頭一看，這倆人的功夫也不賴，緊緊跟在我身後，沒想到他們也養了飛毛腿。這回我才知道什麼是做賊心虛了，越怕就越緊張，後面的人窮追不捨，怎麼辦呢？就是拿到家，人家也不能讓你用啊，你偷人家的東西再和人家打起來，還像話嗎？可

憐的兄弟，哥哥救不了你了！我回頭大喊一聲：『接包！』順手就把參包扔了下去，他二人隨著就落了地，我以為他二人撿了包就能回去。經過輝發河時我回頭看了看，這兩個人頂著小雪又跟上來。

眼看快到家了，我想，不能讓人家撞到家門口呀。我一拐彎，就落到大屁股山前，腳剛著地，只覺得腳下咔嚓一下，把地踩了一個大窟窿，耳邊呼呼一陣風聲，兩腳落了地。

我睜開眼一撒目，一下就給造蒙了，都快到五更天了，這地方怎麼這麼亮堂呢？我看看四周，原來是一口枯井。往腳底下一看，把我嚇了一跳，對面蹲著一隻癩蛤蟆，有斗那麼大，看見我下來，兩隻大眼睛眨了眨，張開大嘴說了話：『你知道我是誰嗎？我原來是燕國丞相劉成操，看破紅塵出了家。恩師呂洞賓傳給我金液還丹秘笈，後來成仙，因洩露天機，師父又將我變成三足蟾，送回故土，罰我在此坐井觀天。他告訴我等待一個足心生紅毛的人來搭救，想必就是閣下不成？』我低頭細看，他果真是三條腿。世上真有這麼巧的事嗎？我腳心長紅毛，從來沒讓人看見過，他怎麼會知道？這可能是神仙安排好了的。我問：『讓我怎麼搭救你？』

『你知道這座山叫什麼山嗎？』

『大屁股山。』

『不，那是你們的叫法，真名叫老虎山。虎頭沖北，虎屁股沖南，原來這座山在北邊，它的屁股年年往後坐，就把井坐到屁股底下了。如果再接著往後坐，把那片大平地都變成山，把河也得截住，那時候這一帶的老百姓可就遭殃了。』

『我能為你辦些什麼？』

『師父說，請你在井上修一座白石頭廟，我就能得救回天了。另外廟裡一定要供奉我師父呂洞賓的牌位，才能把老虎山壓住，以後它就不能動彈了，這一帶才能平安。』

聽到這裡，我想，救不了兄弟，能救了神蟾，壓住大屁股山，也算做了一

件功德無量的好事，就滿口答應了。

　　『你在這受了這麼多年苦，也真難為你了，你放心，這件事我一定能辦好。不過，我也有一件事，想求你幫忙，不知能不能辦到？』

　　『你是個好心人，我知道你為了救人白白跑了一千多里路，沒把藥弄到手。我在井裡修練了這許多年，仍然沒忘煉丹，沒想到今日恩人用上了，我也算沒有白煉一回。你回去把丹藥給你那位兄弟吃了就會好的，而且還能健康長壽。』說完，海蟾從嘴裡吐出一顆綠豆大小翠綠透明的仙丹，我接過來仔細包好，揣進懷裡，深深給海蟾鞠了個躬，只聽海蟾說：『恕不挽留！』見他大嘴一呼噠，不知不覺，嗖的一下，我就出了枯井。再仔細看了一圈，腳下的枯井沒了，營口跟來的人也沒影了。」

　　聽飛毛腿講完，娘倆又驚又喜，白二跪下就給張德咚咚磕了兩個頭，急得張德趕快把他拉起，說：「你折煞我了，快快起來。」老太太說：「恩人哪，你救了俺兒子一命，不知如何報答你才好。」張德道：「老人家，咱們是一家人，今後就不要再提這事了。」

　　第二天張德就開始操辦建廟的事，不用說，白二事事跑在前頭。備好料，準備挖地基時，張德找那眼枯井，怎麼也找不著了。憑他的記憶畫了線，把草皮一清，底下正好是方八尺的地基，要說那可是真夠神的了。遠近的鄉親都來幫忙，不足半月，白石頭廟就修起來了，裡面按劉海蟾的囑咐，供上八仙之一呂洞賓的牌位。大屁股山從此就釘在那裡，再也沒動半分。

小白龍和白鶴仙子

在天河傾斜到西北天那工夫，有一條小龍私自跑出來，來到高高的老爺嶺上，被飄飄飛落透明薄緞般的飛泉所吸引，躲進了南湖瀑布下的夢溪水潭中，在潭下修了一座金碧輝煌的小龍宮，過上了逍遙自在的日子。

在宮中玩了幾天新鮮，然後就遊山玩水：那一片片千年古松遒勁挺拔，經歷過萬千磨難留下的疤痕；老天賦予的一尊尊怪石，形成的美麗畫卷，真是耐人尋味。山林中各種動物，活蹦亂跳地互相追逐，自由嬉戲，增添了森林的活力，這裡的一切，使得小白龍流連忘返。但是，日久天長，獨來獨往的單調生活，讓小白龍覺得孤獨和淒涼。於是，他跳進松花江順流而下，在江中無聊地游來游去，累了就回到小龍宮喝悶酒。這時才後悔自己不應貿然下凡，現在是天庭不敢回，去東海又怕受罰，整天悶悶不樂。

小白龍的心思，被松花江上的一位白衣少女看透了，引起她的憐憫之心。一天，小白龍從松花江回來，剛落到夢溪潭前，看見一位頭戴白花的姑娘站在溪前，看上去也就十六七的年齡，身穿白裙被微風一吹，似剛從天上飄下來的仙女，東海龍宮中沒有一個能比得上的。小白龍盯了姑娘片刻，覺得失態，馬上上前施禮，問道：「這位姐姐，為何一人來到此處？」

少女見小白龍彬彬有禮，英俊大方，早有愛慕之意，還禮道：「這位小哥，我見你天天去松花江游泳，很寂寞吧？我特意來陪你聊天玩耍，你看可以嗎？」

「你怎麼知道我去游泳？」

「我在江邊天天看見你。」

「多謝了！如您不在意的話，請隨我到寒舍一敘。」姑娘點點頭。

他拉著姑娘的衣袖說：「你閉上眼睛。」順口念叨了一句什麼，只聽耳邊「呼」的一聲便落近水潭。

小白龍說：「到了。」姑娘一睜眼，看見眼前有一座水晶宮，銀光閃爍，雖然不大，倒也氣派。小白龍把姑娘讓進宮內，擺上酒席，請姑娘陪他飲酒，姑娘說：「不會飲酒。」小白龍說：「你既然來了，喝上一杯也無妨，不會喝醉的。」

　　三杯酒下肚，白龍就毫不顧忌地問道：「請問姐姐，你家住何方？你出來媽媽找不著你怎麼辦？」

　　姑娘也有點醉意，吐了真言：「實話告訴你吧，我是長白山天池的白鶴仙子。你剛下凡我就發現了，真替你擔心，這可是違犯天規，要受重罰呀。」

　　「在天上一點自由都沒有，處處受限制，我真待夠了！」

　　「那你在這兒也不是長久之計呀。」

　　「樂和一天是一天唄，也顧不了那麼多了。姐姐你來了，咱們能天天在一起多好哇！」

　　「咱倆在一起時間長了，如讓人發現咱誰也跑不了。」

　　「怕我連累你是嗎？你現在就走吧。」

　　「不是那個意思，我可以天天來陪你，但不能長久哇。」

　　兩人嘮了一會兒，仙子說：「我該回去了，明日再來。」

　　小白龍拉住白鶴仙子，說：「姐姐，我不讓你走。」

　　「小弟，明天午時見！」說完，一縱身就出了龍宮。小白龍眼巴巴地瞅著姐姐走了，心裡很不是滋味。他從來沒接觸過女性，一合上眼，白鶴仙子羞答答的笑容，楊柳般的身影就浮現在眼前，深情的話語總在耳邊縈繞。

　　第二日，不到午時，小白龍就早早出宮，站在高處等候姐姐。正晌午時，南方飄來一朵白雲，緩緩落在夢溪潭邊。小白龍喜出望外，一個箭步躍到仙子身邊，喊道：「姐姐，我已等你多時了。」姐姐輕聲問道：「小弟可好？」二人歡快地在水上翩翩起舞，他們優美的舞姿，吸引來林中的百鳥，為他們演奏一曲又一曲動人的舞曲，二人越跳興致越濃。仙子突然停下，說：「時候不早了，我該回去了，回去晚了，老祖知道就遭殃了，明日午時見。」小白龍還沒

玩兒夠，白鶴仙子已到半空，踏上白雲走了。

來日午時，白鶴仙子按時赴約，小白龍變成一隻水鳥藏在水裡，白鶴知道是在和她捉迷藏，也變成一隻水鳥鑽進水中，二人在水中追逐玩耍，一會兒飛到天空拍打著翅膀，一會兒落到水面，你追我趕，天真爛漫。忽然，小白龍變成一隻白蝴蝶，順著水流飛去，白鶴仙子變成一隻粉蝴蝶在後面緊追不捨，他們舞動著美麗的翅膀，像兩朵玫瑰花在空中飄舞。

突然，瀑布濺出，連串水珠把他倆的翅膀打濕，二人一東一西落在石頭上，飛不起來了，只得把翅膀貼在石頭上等太陽曬乾。直到今天，泉水邊的石頭上，還留下蝴蝶翅膀的痕跡。後來，人們把它叫作蝴蝶泉。

白鶴又化作少女的嬌容，白龍也恢復少年的英姿。

白鶴仙子對小白龍說：「剛才咱倆被水打散，我有一種不祥的預感，好像有人故意把我們拆散，恐怕以後要難以相見了。」

小白龍聽了，急得流出淚來，拉著仙子的手叫：「姐姐不能走，我們不能分開！」

「咱們不是凡人，凡事都得聽從上天安排，咱們是抗爭不了的。如果被白山老祖發現了，咱倆誰也跑不掉，不如趁早回天庭接受處罰吧，或許還能從輕發落。」

「姐姐走到哪，我就跟到哪。」

「傻弟弟，姐姐被打入地獄，你也跟著去受罪嗎？」

「只要能跟姐姐在一起，受多大的罪我都認了。」

「別說傻話了，好弟弟，天規不可違呀，這一劫是誰也躲不過的，你趕快回去找你父王求求情吧。我得馬上回去，聽聽老祖的動靜，如果有可能的話，我再來見你。」

小白龍死死拉住白鶴仙子不放：「姐姐，我也跟你去長白山天池。」「你這不是自投羅網嗎？千萬不能去，你去了，咱倆都沒好。」說完白鶴一溜白光衝入雲霄不見了。小白龍沒有白鶴的道行深，緊趕慢趕也沒追上。

小白龍追到長白山，老祖宮門把守嚴密，不敢擅自闖入，變作一隻蝴蝶落在屋簷上。見仙子回來後，老祖沒理會，白龍才放心地回到夢溪潭，但心裡仍然牽掛著白鶴姐姐。

　　天剛濛濛亮，就聽見有人推門，抬頭一看，正是姐姐來了，像久別重逢，忙把姐姐拉到宮內。仙子上氣不接下氣地說：「弟弟，趕快走吧，老祖已經發覺了咱倆會面的事，他給玉帝報了信，玉帝馬上就會派天兵天將來捉你，快逃跑吧！」白龍拉著仙子的手說：「不要怕，咱們躲在這不出去，即使他們來了也找不著，等他們走了再想辦法。」沒等白鶴開口，就聽到連雷帶閃的在頭頂上轟轟隆隆地響起來，把仙子嚇得緊緊趴在小白龍懷裡，抖成一團。響聲過後，仙子說：「他們不會善罷甘休的，這是來抓你的，要是老祖發現我不在，肯定來找，那將會連累你。我走後你得趕快想辦法，這裡不是久留之地。」

　　說話間，突然一道白光射來，仙子即刻現了原形，被吸了過去。原來是白山老祖用寶鏡把白鶴收了回去。

　　小白龍正在猶豫，忽聽頭上高喊：「孽障，還不趕快隨我回去！小白龍聽到是東海龍王的喊聲，只得跪在地上束手就擒。

　　小白龍和白鶴短暫的歡樂，付出了極其沉重的代價，但他們至今也沒後悔。

雙龍泉

慶嶺瀑布上邊有一棵大青楊，當地人都管它叫神樹，緊挨著神樹有一個瀑布，名叫雙龍泉。此泉雖然不大，但瀑面平坦寬闊，泉水清澈甘甜。喝了雙龍泉的水，滋潤肺腑，渾身清爽，且常常有水鳥在上面戲水，更具一番詩意。之所以叫雙龍泉，和神樹還有一定的聯繫呢。

那是二百多年以前的事了，大青楊被雷擊火燒之後，變成了空心樹。一開始，有黑瞎子冬天到裡面蹲倉子，後來，有兩隻狐狸把黑瞎子趕走，占據了這個樹洞，這兩隻狐狸可不簡單，它們已經修練好幾百年了。晚上，經常有人看見半空中有兩個通亮的火球飛來飛去，都說是那兩個狐狸在煉丹呢。

過了一些年，人們發現天上的那兩個火球消失了，這是怎麼回事呢？有人曾經看見有一青一白兩條蟒蛇趴在樹洞裡，原來，是它們看中了這個大樹洞，把狐狸趕走的。

這兩條大蟒蛇在長白山已經修練上千年，一心想修練成仙。後來長白山天池裡來了一個獨角大王，露出水面，像座小山一樣，它身體一動，天池裡就波濤滾滾。它的胃口大得很，一口氣就能吞幾百斤食物。而且，這傢伙還橫行霸道，自打到天池後，水族們就遭了殃，天天提心吊膽，隨時都有被吃掉的危險，眼睜睜地看著大批同族被吞噬，可它們都不是獨角大王的對手，嚇得東躲西藏。在無可奈何的情況下，找到了兩位蛇仙，想請求它們出面把獨角獸趕走。二位蛇仙看這個妖孽窮凶極惡，早已氣恨不已，也想為大家報仇，只覺得自己功力不足，怕敵不過那個孽障，便聚集了長白山數千條大蛇，組織了一次千蛇大戰，向獨角獸發起了猛烈攻擊，結果是兩敗俱傷，蟒蛇死傷大半，獨角獸也多處受傷，到後來，還是以獨角大王取勝而告終。直到如今，獨角獸仍霸占著長白山天池，潛在水底，隔些年就浮出水面一次。

兩個蛇仙身受重傷，險些喪命，不敢留在天池，漫無目的地往北方逃跑。

二仙駕霧前行，看見前方有一座高峰，山頂祥雲籠罩，瑞氣繚繞，一眼便看出是一座吉祥之山，正是修練的好去處。二位按落雲頭，站在山頂，才鬆了一口氣。發現此山雖不如白雲峰雄偉，但也很壯觀，迎面和風拂面，山間流水潺潺，呈現一派祥和景象。心中不勝歡喜，便想在老爺嶺留下來。

他倆順著西坡的溪水往下走了一程，見水越來越集中，逐漸形成層層瀑布。當看見緊挨著一個不大不小的瀑布下長著的一棵大青楊時，便停住腳步。青蛇說：「這棵樹已經很有靈氣了，靠泉水又那麼近，這個樹洞正是咱們的棲身之處，咱們可以在這兒養傷修練。」

白蛇道：「樹洞雖好，可我看好像有些妖氣。」二仙來到洞口，剛想往裡看，嗖的一道白光從樹洞裡射出，把他倆打出老遠，身上像觸了電一樣，當即站穩身形，白蛇說：「果然不出所料，若是換上旁人，非得喪命不可。」

青蛇說：「這棵青楊能有這麼大神通嗎？滿打滿算它長這麼大也超不過一百年，就是成精了，也沒有本事把咱倆打出這麼老遠。」

白蛇想了想說：「這樹洞裡一定住著有道行的仙家，咱就別惹它了，省著惹起事端。」青蛇道：「衝著它剛才對咱那無理勁兒，肯定不是什麼好東西，咱得會一會它，看它有多大本事！」說著，運了運氣，就往洞口衝去，白蛇怕出事，緊跟在身後，還沒等到洞門口，洞裡又向他倆射出一道白光，他們卻紋絲未動。緊接著，從洞裡吹出一股妖氣，直吹得洞前的大石頭滴溜溜亂滾，二蛇仙就像焊在地上似的，身子連晃都沒晃。看這兩招沒成，裡邊的知道來者不善，等外邊兩位靠近洞口，探頭往裡看時，噗的一下從洞裡噴出一股三昧真火。這下可了不得，眼前是一片火海，燒得二人眼睛都睜不開了，一個觔斗就跳進泉水中，雖然它倆來得這樣快，還是被燒傷了。

二位蛇仙無緣無故了三招，差點被燒死，還不知對手是誰，心中忿忿不平。白蛇說：「咱得想法把它引出來收拾，不能把樹傷了。」

「怎麼能讓它出來呢？」

「看我的。」

白蛇邊說邊對著洞口吹了一口仙氣，只聽樹洞裡嗡嗡作響，大樹上面就像起了龍捲風似的，一股黑氣打著旋地衝天而起，不管樹洞裡藏著什麼東西，都得被吹得一乾二淨。一陣狂風過後，沒見從樹洞裡吹出什麼活物來，裡面靜悄悄的。到底怪物吹出來沒有呢？白蛇想上前看看，身子剛往前一探的工夫，又有一道白光閃了出來，青蛇急了，張口吐出一個大火球射進洞去，聽見裡邊咔嚓一聲巨響，一溜閃電從樹洞頂竄出，霎時濃煙滾滾遮蓋了半邊天。煙消雲散之後，是一片寂靜。青蛇估計，樹洞裡的東西有可能給劈死了，想趴洞門看看，不料又一道白光把他擋在洞外。白蛇說：「看來這傢伙還真有些道行，咱惹不起就別和它鬥了，免得日後結下冤仇。」青蛇不情願地說：「這傢伙夠狠的，也不看看老子是誰，敢對咱們下毒手，走著瞧！」

　　說完，二仙氣憤地順著溪水往下走，邊走邊嘀咕，挨了一通燒，還不知是誰幹的，越尋思越憋氣。白蛇說：「要不咱們離開這吧，有它們在，咱們也消停不了，就別想好好修練。」青蛇說：「咱這樣走了，好像是咱怕它似的，太便宜它們了，得弄明白它們是哪路的，不然以後再吃了虧，還不知是咋回事呢？」說話之間來到南湖瀑布下，看到潭水清澈透明，想到剛才折騰得蓬頭垢面，便跳到溪潭裡想洗洗澡，誰知，天呼啦一下漆黑一片，溫度驟然下降，水潭立時被凍成冰坨。二位蛇仙真沒白修行千年，別看冰凍得那麼快，它倆的動作更快，當發現天色有變時，二人如同離弦之箭，嗖的一下就沖上雲頭，只見兩個黑團在瀑布上空打鬥。那兩個怪物，看兩個蛇仙活著出來了，嚇得抱頭鼠竄，一頭紮下去，二仙也隨著落了下來，還沒著地，這兩團黑東西便不見了蹤影。二位一看，正落在大青楊位置，不用說，那兩個東西肯定躲進樹洞裡去了。氣得青蛇大嚷大叫：「哪路妖怪如此凶狠？有膽量的出來當面較量！」叫了半天，沒聽見一點回音。白蛇說：「咱們虔心修佛，不要和它計較了，大路通天，各走一邊吧。」青蛇氣恨地說：「欺人太甚！咱們已經躲開它了，還要趕盡殺絕！不知已經傷害了多少無辜，像此等妖孽留在世上，還不知有多少人要遭到暗算，絕不能把這兩個禍根留下。你在這邊看住，別讓它們蹦出來。我

要把這棵樹連同裡面的兩個妖孽一同燒成灰。」說著，用寶劍圍著大樹劃了一個圈，是讓火燒不出圈外，免得燒壞周圍的樹木。白蛇覺得小青說的也有一定道理，這樣做也是為民除害，佛不一定會怪罪。小青劃完圈，一縱身飛到青楊頂上的半空中，大喊：「裡面的聽著，知趣的趁早出來，不然，我讓你死無葬身之地！」這一喊不打緊，只見大青楊的葉子「嘩」一下就耷拉下來，滴滴嗒嗒的流下水珠來，白蛇急忙大喊：「快住手！你看這大青楊都掉淚了，千萬不要傷害它！」小青見狀方住了手，說：「只有豁出寶珠把它們炸死算了！」白蛇趕緊制止道：「不行，不行！那樣你這千年的功夫將毀於一旦，不值呀！」小青咬牙切齒地說：「太氣人了，這等妖孽不除，我死不瞑目！」說著，從嘴裡吐出一顆玲瓏剔透、光芒四射的寶珠來，托在手中，大喊一聲，便向樹洞拋去。

不料，寶珠飛出後，並沒進入樹洞，卻一拐彎，飛上天空。

只聽天上有人大喊：「休得無理！」二人抬頭一看，原來是彌勒佛到了，二人趕緊下拜叩頭。彌勒佛喊道：「那兩個孽畜還不趕快出來！」但見有兩隻金狐跪在佛爺面前，不敢抬頭。佛爺問道：「爾等可知罪嗎？」二狐只是頻頻磕頭，不敢言語。

彌勒佛道：「你等在此山修練多年，未做甚壞事，也算老實。今日與二蛇爭鬥，又生邪念，我今削掉你等前功，本應將你們趕下山去，念你們過去能潛心修練，今日之事尚未造成後果，暫且讓你們到山頂亂石中思過，不准回來！」

「是！」二狐去了。佛爺叫道：「青蛇、白蛇！」

「在！」

「念爾等千年修佛之心虔誠，得道不易，暫不收回你們的功力，萬萬不可再心生殺機，但求天下和諧永存。」

「是！」

佛爺又指指楊樹道：「它也是修練多年得道的神樹，你們要和睦相處。」

「是！」

「今令你們臥於此潭悔過自新，靜心修佛，以成正果。」

「是！」

說完，將神珠還給青蛇。二仙齊聲道：「多謝我佛，阿彌陀佛！」抬頭看時，佛爺已不知去向。

從此，二蛇仙變作兩條小蛇，臥於潭中一心修道。

後來，有人把這個瀑布喚作「雙龍泉」。

二小認娘

好多年以前，在松花江東岸，有一家姓鄧的，兩口子生了兩個兒子，老大取名大小，老二取名二小。就是二小命苦，還沒斷奶，娘就離開了人世，爹爹把他們倆拉扯大。等給老大說了媳婦，爹也撒手而去，那年二小才十二歲。

大小生來貪婪，蔫壞，又說了個尖懶饞滑的媳婦，兩口子算是對了撇子。二小從小心地善良，勤快，天天起早貪黑不失閒。別看他年紀小，下江捕魚、上山採藥，地裡的活見啥學啥，沒有能難住他的，就是這樣哥哥嫂嫂還不知足。等二小到十五歲，嫂子怕給二小說媳婦還得花錢，又怕二小分家產，就想把他攆出去。

好容易將就過了年，正月初六吃完早飯，大小把二小叫到他屋裡，說：「你嫂子有話和你說。」媳婦瞪了大小一眼，開了腔：「二弟呀，過了破五，年就算過完了。嫂子有句話想和你說，你可別不樂意。」二小聽出話裡有話，說：「嫂子，你有什麼話就直說吧。」這女人頓了頓，說：「老二呀，咱爹娘沒給咱留下什麼家產，日子越過越緊巴，你也長大了，該自己頂門立戶了，不能老靠你哥養活你。」二小一聽就明白了她的意思，說：「我不能拖累你們，我現在就走。」說完捲起鋪蓋就走了。

說是走，可往哪走哇。十里八里都沒人家，開開門是冰天雪地，西北風吹得大樹林子嗚嗚直響，二小一咬牙，順著房後的一條小道奔北邊走去。翻過一崗又一崗，過了一溝又一溝，一個才十五歲的孩子，連家都沒離開過，舉目無親，到哪去呀？他一邊走，一邊掉淚，只恨自己命苦，要是爹娘在，哪能有今天。他穿過樹林，沿著山溝裡的小毛毛道往前走，心想只要有腳印就可能有人。一會兒聽見黑瞎子叫，一會兒聽見狼嚎，嚇得他大氣都不敢喘，死逼無奈，硬著頭皮往前走，沒走多遠，毛毛道讓雪封住了，連個道眼都沒了。

真是天無絕人之路，前邊不遠出現一趟腳印，二小有了一線希望，他掰了

根棒子，壯著膽子踩著腳印走。天擦黑了，走進一個凹兜，忽然聽見身後有嚓啦嚓啦的動靜，一回頭，見一條大灰狗跟上來，那條狗看他停下，它也停下，兩隻眼睛盯著他。二小掐緊棒子，緊走幾步，聽著後面的狗也緊跟上來，他舉著棒子猛一回頭，狗嚇得往後退了兩步。二小看見這條狗比普通狗大，而且尾巴拖拉著，他一下就緊張起來，不是狗，是狼！他舉起棒子就朝狼砸去，狼一個高就躥起來，沒等二小的棒子抬起，狼就撲上來。二小抽身不及，被狼撲了個仰八叉。

　　昏迷中，聽見有人和他說話：「孩子，快醒醒，孩子，快醒醒。」二小迷迷糊糊地感覺好像是娘在喊他，情不自禁地喊了一聲：「娘！」只聽老人應了一聲：「哎！」把二小激動得流出兩行熱淚。他慢慢睜開眼，見一片漆黑，難道是在陰間見到自己的老娘？他咬了一下舌頭，還挺疼的，伸手摸摸，自己是倒在一個老太太懷裡，老人正撫摸著他的臉，給他擦眼淚。二小掙紮著坐了起來，問：「你是誰？這是哪？」老人家見二小坐起來，長出了一口氣：「好算醒過來了，可憐的孩子，你別怕，狼都跑了。」二小睜大眼睛說：「我還以為讓狼吃了呢，謝謝大娘救了我。」老太太說：「是你不該死。剛才你打狼時就在我的房前，在我下地開門的當口，狼往你身上猛一撲，你呼咚一聲就倒進我的屋裡，昏了過去。我的屋子矮，都讓大雪埋上了，所以你在外邊沒看出來，現在沒事了吧？」二小看了看門，果然比外邊低不少。回過頭來，給老人深深鞠了一躬，說：「沒事，沒事，謝謝大娘救命之恩！」

　　「沒事就好，餓了吧？鍋裡有大餅子，你自己去拿吧。」

　　二小出來一天，擔驚受怕，這陣子緩過來，覺得又累又餓，二話沒說，揭開鍋，掄出來大餅子就大口小口地吃，一口氣吃了半鍋圈，這才想起問：「大娘，你還沒吃吧？」

　　「我不餓，你累了一天了，得吃飽了。」

　　二小這才發現，老太太上炕摸黑紡線去了，便說：「大娘，點上燈吧。」

　　「我是個瞎老婆子，多少年不點燈了。鍋台上有火、有明子，你自己點

吧。」二小奇怪，瞎子怎麼還能紡線呢？點上明子，湊到老太太跟前，只見老人家閉著雙眼，一手搖紡車子，一手往裡續棉花，捻的還挺勻呢。二小看這個瞎老太太，覺得挺可憐的，就問：「大娘，你怎麼一個人在這大山溝裡，沒人照顧你能行嗎？」

「行，我一個人在這清淨慣了。」老太太反問：「孩子，你從哪來，想到哪去？」二小吞吞吐吐的答：「我從江邊來，想，想上山玩玩。」老人聽出孩子的心思：「胡說，凍天凍地的玩什麼？是不是偷著跑出來的了在這住一宿，明天趕快回家，別讓家裡人惦唸著。」二小的眼淚含在眼圈裡，嗚嚥著說：「哪有人惦念我呀，他們恨不能我永遠不回去才好呢。」二小看老人臉上流露出同情的表情，便把自己的身世和老人家全學了。

半晌，老人親切地說：「既然這樣，你就別亂跑了，這麼小的孩子出來太危險，你要不嫌棄我這瞎老婆子，就先住在我這，等天暖和了，找著好地方再去也不晚。」二小看老太太慈祥的面孔，回想起剛才那驚心動魄的一幕，要不是遇上這個好心的老太太，恐怕早就沒命了。這老太太說話那麼溫和，昏迷中喊娘，她痛快地答應，撫摸他的臉，給他擦眼淚的情景，讓孩子永遠不會忘懷。二小撲通一下就給老人跪下了，說：「我從小沒娘，不知道有娘是啥滋味，今天我體會到娘的溫暖了。」說著，就嘣、嘣、嘣磕了三個響頭，大聲喊：「娘！你就是我的親娘！」老人聽了，急忙下地，伸手去拉二小。

「孩子，這可使不得，咱們素不相識，我是個要啥沒啥不中用的瞎老婆子，認了我這個娘，會連累得你連媳婦都說不上。」二小說：「這個世上我沒有親人，自從我爹死後，就沒有人心疼過我，你要不認我這個兒子，我就跪著不起來。」老人看二小心這麼誠，就應承了，說：「好孩子，起來吧，娘答應你。」二小爬到老太太跟前：「娘！我一定好好孝順你。」娘把二小的頭摟在懷裡說：「苦命的孩兒呀，你從小沒得好，現在又撿了個瞎老娘，今後你可得吃大苦受大累呀。」

「只要有娘在身邊，受苦挨累我都願意，我有的是力氣，什麼活都能幹，

咱娘倆保證餓不著，我要為您老人家養老送終。我還要多掙錢，把娘的眼睛治好，讓娘老了也享享清福。」

「娘的眼睛治不好了，什麼靈丹妙藥也治不了，你的孝心娘領了。」

「秋天我多多挖藥材、挖人參，只要有了錢，就不愁找不著好郎中，買不著治眼睛的好藥。」

這樣，二小就在這住下來。大山裡的正月，仍然是北風刺骨十分寒冷，娘摸摸兒子的棉衣，棉花都一球一球的滾了包，根本遮不了風，怕把兒子凍壞了，馬上動手做了一套軟綿綿的新棉衣，二小穿上，覺得渾身上下暖融融的，把他美的趴在娘的懷裡說：「還是有娘好。」二小把這個家當作自己的家，把老太太當作自己的親娘，死心塌地的和老娘過日子。

開春，二小看地窖子太小，就和娘商量，準備蓋兩間房子。房前屋後都是樹，二小天天起早貪黑砍木頭，中用的留著蓋房子，樹頭劈成坯子燒火，木料堆了好幾堆，劈柴也垛了好幾垛。老娘樂得合不上嘴，摸摸兒子的頭熱乎乎的，心疼地拿手巾一個勁地給他擦汗。每天按時按響的把熱飯熱湯端到兒子面前，讓兒子吃的可口。

十五六歲的小夥子，正是能吃飯的時候，再加上天天出大力，一頓能吃七八個大餅子，二小想，我吃一頓夠老娘吃好幾天的，哪有那些糧食呀？每頓就少吃點，娘看出兒子的心思，說：「咱家有的是糧食，你可勁吃吧，吃飽了才有勁幹活。」二小聽了，半信半疑。

春分過後，天一天比一天暖和了，二小把鎬頭磨的鋒快，用了一個多月的工夫，把砍完樹的一大片空地，扳成大洞子，他娘不知從哪弄來的種子，全都種上了。不多日子，小苗就出齊了，二小精心侍弄，小苗長的旺旺興興的。

掛了鋤，二小便琢磨想辦法給娘治眼睛的事，溝裡溝外跑了不少道，見人就打聽哪有專治眼睛的好郎中。

後來有人說，九鼎鐵叉山上有個活神仙能治百病，他決定去碰碰運氣。晚上回來和娘說：「明天我起早去辦事，得早點吃飯。」娘什麼也沒問。

第二天一大早，二小就出發了，出了家門繞過山頭，就影影綽綽地看見那座雲霧中的九鼎鐵叉山。這條路可真禁走，走了一頭晌才到山根。那九九八十一座峰，座座都那麼陡，上哪去找活神仙？正犯愁時，山前來了一個道士，二小上前一打聽，才知道活神仙在八寶雲光洞中煉丹呢。二小按道士指引的路爬過陡坡，攀登峭壁，來到八寶雲光洞，只見老神仙銀鬚銀髮，仙風道骨，和傳說中的仙人一模一樣，正在打坐修行。二小作了一個揖，拜見老道士，活神仙道：「小施主，你小小年紀，難得一片孝心，可你娘的眼病不是一般人能治得了的，你就不要枉費心機了。」二小磕頭道：「老娘孤苦伶仃，不知吃了多少苦，我到了她身邊，就不能再讓她遭罪了。老神仙，都說你道行深，無論如何也得把我娘的病給治好呀。」活神仙閉上眼睛，半天沒說話，急得二小一個勁兒磕頭。一袋煙工夫，老神仙慢慢睜開眼睛，說：「你與你母是有緣分的，她救你，你幫她都有根由的。你執意要給她治病，是你心生慈悲，日後必有好報。我沒有這個本事，只有在千里之外千朵蓮花山，我的師父劉玉琳老真人能治她的病，你還是找他去吧。」二小問：「你師父真能治好我娘的眼睛嗎？」

「你要有決心，只管去吧。」

「只要能治好，路途再遠我也得去。」活神仙看二小態度堅決，說：「小施主，你一片孝心，讓貧道佩服。今日已晚，你且在這留宿，我給你畫一張路線圖就不難找到。」第二天早上，二小千恩萬謝的辭別了活神仙，跑回家裡。一進家門，娘就問：「我的兒，你怎麼一夜未歸，娘一宿都沒睡好覺。」

「我去九鼎鐵叉山了。」

「找那個老道去了？」

「嗯。」

「他咋說的？」

「說他治不了，讓我上千朵蓮花山找他師父，說只有他師父能治好你的病。」老太太聽了，當時一愣，說：「孩呀，那可是一千多里地呀，咱沒車沒馬，來回得一個半月，把你累個好歹的，娘可捨不得。我這不是挺好嗎，不耽

誤吃不耽誤喝，摸索也能幹活。再說，你這麼小沒出過門，要有個一差二錯的，娘可怎麼辦？」

「只要有人能治好你的病，走到天邊我也去找。」

「傻孩子，娘老了，還能活幾天，只要你好好的，有好日子過，娘就知足了，聽娘的話，啊？」

「不行，只要娘活一天，我就得讓娘享一天福，一定讓娘看見我們過好日子。」

「聽娘的話，千萬不能去！你要非得去，娘就不認你這個兒子，趕快給我滾！」二小看娘真發火了，咕咚一聲跪在娘的跟前，抱著娘的腿哀求：「娘，你讓我上哪去呀，我走了你怎麼辦哪？死，我也不離開你。請娘放心，天老爺會保佑咱們的，取了藥我很快就能回來，娘，你讓我盡一份孝心吧！」

老娘看拗不過兒子，嘆了一口氣：「哎！兒呀，你實在要去，娘不攔你了。要記住，不管發生什麼事情，你都不要著急，就像沒遇到娘時一樣，自己要學會照顧自己，學會自己過日子。咱家的莊稼長得不錯，秋天打的糧食一年吃不了，蓋上房子，就等著說媳婦吧，你什麼也不用愁。」

「娘，你說那麼多幹啥，用不幾天我就回來了。」

第二天天沒亮，娘就給二小烙了一鍋餅，包了一大包，不知啥時候攢下的散碎銀子，都給兒子帶上，二小說啥也不帶銀子，娘說：「我用不著錢了，窮家富路，帶著有用處，別著急，路上多加小心，不用惦記我，我會好好的。」二小臨走給娘磕了三個頭，娘把兒子拉起來，緊緊摟在懷裡，娘倆大哭一場，二小上路了，走出很遠，回頭還看見老娘向他招手呢。

二小跋山涉水，走了二十多天才到千山的「無量觀」，找到劉老方丈，沒等二小開口，真人就說話了：「你是個知恩圖報的君子，難得你一片誠心，千里迢迢來到這裡也真難為你了。其實，你那老母並沒有什麼病，你回去吧。」

二小磕頭請求道：「老仙人，你可憐可憐我那老娘吧，她已經雙目失明多年了。」

「不必多講，你娘倆的情緣已盡，快回家去吧。」說完，閉上雙眼，不再理他。二小聽了，如五雷轟頂，原想，找到仙人就會得到神藥，沒想到碰了一鼻子灰，兩行淚水如泉水般地流出來，跪在地上險些栽倒。旁邊過來兩個道童，把二小攙起，說：「施主，請回吧。」二小無奈，垂頭喪氣的空著手回家了。

二小曉行夜宿，翻山越嶺，急匆匆趕回家中。離家老遠就看見，有三間大瓦房，清堂瓦舍的，好像個大戶人家。到了近前一看，原來的地窨子不見了，打開房門，屋裡亮堂堂的，長這麼大也沒見過這麼好的屋子，炕上炕下，屋裡屋外，乾乾淨淨，利利索索，過日子的家什應有盡有，就是不見了老娘。他大聲喊：「娘！娘！兒子回來了！兒子回來了。」左喊右喊，就是沒有回音，他找遍了山前山後，林裡林外，哪也沒有娘的影子。一直找到老爺嶺老崗頂千層崖，就走不動了，因為從千山急著往回趕，一路沒著閒，接著又上山爬嶺的找老娘，實在走不動了，靠在石砬子上就睜不開眼了。

剛一闔眼，娘就過來了，把二小樂壞了，娘摸著二小的頭說：「孩子，讓你受苦了，仙人說得沒錯，我的確沒有病，咱倆的緣分該了結了，我不能再陪你了，你跑了一趟千朵蓮花山，長了不少見識，也磨煉成人了。我可憐你小小的年紀，在深山裡跑太危險，才來救你。你還記得嗎？十年前，你哥哥在江邊抓了一個小龜，裝到小罐裡，蓋上蓋放在太陽底下暴曬，你看著可憐給放進江裡了，你哥哥攆上來把你一頓好打。」

二小想起來，當時罐裡的那個小龜都要憋死了，不顧哥哥願意不願意，拿到江邊就放了。老人接著說：「我說出來你可不要害怕，我不是人，是把守黑龍江裡的龜將。那日，松花江龍太子請我喝酒，因我兄弟多年未聚，多貪了兩杯，出來後就醉倒在沙灘上，顯了原形，糊裡糊塗就被你哥哥裝進罐裡，差一點將我曬死。多虧你救了我一命，你的救命之恩，我永生不忘。」

二小恍然大悟，剛想說什麼，老人的身影不見了，只聽道：「以後你遇到為難事，就到這石壁前敲三下，我就會幫你。」再就沒有動靜了。二小大喊：

「娘！你別走！」

　　二小起身就去撐，身體一動，就從夢中醒來，眼前一個人也沒有。回想夢裡的經過，他全明白了，怪不得千山的老方丈說，我們娘倆的緣分盡了呢。

　　二小有了房子，秋天收了不少糧食，過上了好日子。後來說了個好媳婦，在這成了家，就是現在老爺嶺下登場村這個位置。

神龜望海

說來話長，那是很久很久以前的事，這兒還是一片大海，屬於東海的分支，九鼎鐵叉山、老爺嶺、康大蠟、慶嶺等幾座山峰僅僅是海中的幾個風景美麗的海島。島子上生長著奇花異草和各種各樣的仙果，東海龍王經常帶上他的龍子龍孫到這遊玩。

有一年秋天，在仙果熟了的時候，龍王帶著他的孩子們又來到這裡，這幫孩子蹦蹦跳跳地各自選各自的島子去摘果子去了。小龍女是龍王最寵愛的孩子，要有什麼事不依著她，就要小脾氣。她常常獨來獨往，不太合群，大家都讓著她。今天她一個人跑到老爺嶺的一個小島上，去採她最喜歡吃的圓棗果。她幾乎把整個小島全跑遍了也沒採著，把她氣得噘著嘴坐在大石頭上生悶氣。這當口，隱隱約約聽見彷彿像天上的仙笛聲，小龍女是個能歌善舞的女孩，聽到了笛聲，頓時來了精神，她就站起來到處踅摸，看了半天也沒看見吹笛子的人在哪。她坐下來，細細地聽著，那婉轉悠揚的笛聲把小龍女深深吸引住了，情不自禁地隨著樂曲跳起舞來。優美的舞姿引來許多小動物前來伴舞，一群羽毛豔麗的小鳥在頭上拍打著翅膀，伴隨著悅耳的音樂唱著動聽的歌。小龍女放開金鐘般的喉嚨和小鳥們盡情歡唱，施展開粉蝶般的臂膀與百獸共同翩翩起舞。小龍女這時感到，無論是在天上，還是在龍宮，從來沒遇到過這樣精彩的場面，像今天這樣的自由和歡樂。

小龍女完全陶醉於幸福之時，忽然發現眼前出現一位英俊的青衣少年，吹著銀笛，滿臉堆笑的看她跳舞。小龍女的臉刷一下就紅到耳根，忙把臉轉了過去，停住了腳步。生氣地問道：「你是什麼人，竟敢偷看本小姐跳舞？」

少年道：「小姐息怒，我並不是偷看，我是為小姐伴奏之人，不然小姐哪會有如此興致。」

龍女方才省悟，輕聲道：「錯怪公子了，請多多原諒。」少年忙施兒道：

「請勿怪小人魯莽，驚嚇了玉體，多有得罪。」

龍女見少年舉止文雅，彬彬有禮，心中頓生愛慕之心，便羞答答地問：「不知公子從何處而來，家住哪裡？」

少年笑了笑說：「小姐不認識我，我確認得小姐。」

「咱們未曾見過面，怎能認識我？」

「此話差矣，在龍宮經常見面，只是小姐認不出我來罷了。」

龍女覺得更加詫異，還想接著往下問，少年忙把話岔開，接著說：「早晚你會知道的，不必多問了。請問小姐，為何不與兄弟姐妹一起遊玩，單單一人來此？」龍女說：「我喜歡清靜，不願和他們在一起打打鬧鬧，我是到這找圓棗果來了，找遍了島子，也沒找到。」少年笑著說：「你還是沒找到地方，我知道一架圓棗藤子，可領你前去，好嗎？」

龍女看了一眼少年憨厚誠實的笑臉，沉思片刻，說：「謝謝公子，不必打擾了。時間已不早，怕父王惦記，也該回去了，後會有期！」說完，衝著少年抿嘴一笑，鑽入水中。少年愣愣地站在岸上，看著龍女漸漸消失在水中，久久不肯離去。怎奈自己重任在身，不敢擅離職守，只盼龍女再次到來。

若干年後，龍王又帶著他的龍子龍孫到老爺嶺來玩耍，小龍女恨不能一步就到那個小島上。青衣少年得知龍王出來東遊，喜出望外，朝思暮想的心上人終於又來了。他早早地站在高高的岩石上面向西南方眺望，當看到那邊彩雲滾滾，心裡劇烈地跳個不停，但是又怕被人發現，只好隱蔽起來。轉眼間，彩雲散盡，龍女飄然而至，少年剛想跳出去，不想後面又跟來一人，把少年嚇得趕忙縮了回來。龍女也發現後邊有人跟來，猛一回頭，剛要開口，那人哈哈大笑：「小妹，你不要瞞著我，上次你來我已經發現，只不過沒向父王匯報就是了。」龍女生氣地說：「匯報又能怎樣，我又沒幹壞事。」

「說得輕巧，給你吹笛子的小夥子是誰？還不趕快招來，如若不然，我可要不客氣了。」一句話，把少年嚇得差點兒暈倒，心想，是我害了龍女，決不能連累她，隨即一個健步跳了出來，跪在來人面前，說：「不關她的事，是我

吹笛子給她聽的，有什麼事由我一個人承擔，千萬不要為難她。」

「哈！你個小小的金龜，膽大包天，竟敢勾引我妹妹，還不趕快跟我去見父王認罪！」

龍女急忙跪倒：「好哥哥，你饒了他吧，他是個好人，並沒有傷害我的意思。我只是在他動聽的笛聲中，與林中百獸跳了一會兒舞罷了，他沒動過我一根毫毛，如父王怪罪，處分我一個人好啦。」太子嘆一聲笑出聲來，說：「好一個忠貞的女子！快快起來，我在與你們開玩笑，看來你們是一片真情啊，我不會匯報的。」小龍女轉悲為喜，蹦了起來，晃著哥哥的肩膀說：「你真壞，你真壞，可嚇死我了。」小金龜急忙向前施禮：「謝謝太子！」

太子道：「小金龜，你身為龍宮大將，父王派你來鎮守此處各島，責任重大，不可有一時疏忽。」

「自從我來到此處，一些妖魔鬼怪都被我降服，沒有一個敢興風作浪的。」

「好，你也算有功之臣，回去時，我在父王面前為你美言幾句。」

「謝太子！」

「不必謝了，但是你們可要注意，你們幽會是違犯天規的，父王知道了絕不會饒恕你們。」二人聽了，一時不知所措。沉默了半晌，太子說：「妹妹，你知道我為什麼跟你來嗎？」

「怎麼，是父王派你來監視我嗎？」

「不是，是我自己跟來的，我是怕你一個人出來時間長了，引起父王的懷疑，如果有我和你在一起，別人就不會懷疑了。」

「你真是我的好哥哥！謝謝你，謝謝你！」

「別謝了，快抓緊時間玩一會兒吧，別耽擱了回去的時間。」說完，太子就跑到高高的山頂上，一邊採著果子一邊瞭望，看有沒有人到這邊來。

龍女和金龜來到上次跳舞的地方，沉浸在無限幸福之中。但金龜卻憂心忡忡，只怕被龍王發現。龍女看出他的心思，也憂慮起來，說：「金龜哥，咱們

要是總能像上次玩的那麼開心多好。怎奈龍宮把守森嚴，我想一個人出宮是不可能的。」金龜說：「雖不能經常見面，不管多少年，只要你父王能帶你出來，咱就有見面的機會，想經常在一起那隻能是夢想。」

「金龜哥，你在外面無拘無束的多麼自由呀，我在龍宮裡被父母看管得大門不出二門不邁，太無聊了。多少年才出來一次，待上個把時辰就得回去，好不容易遇上個知心人，一見面又是提心吊膽的，怎麼辦哪？我真的不想回去了。」

「不行，違犯了天規可了不得，不能圖一時快樂，毀了一生，我何嘗不想天天和你在一起呀。你比我強，在龍宮裡，你有爹媽在跟前，有那麼多兄弟姐妹和你做伴，你多幸福哇！可我呢，一個人孤零零地守在這個島子上，連個說話的人都沒有。認識了你也算我的福分，自從你來到這島上，我的心敞亮了許多，心裡有了希望，有了寄託。你可知道你在我心裡占什麼位置嗎？你的影子每時每刻都在我的眼前，可就是見不到想見的人，那是什麼滋味？」

「我也是一樣，誰也代替不了你呀。只有和你在一起的那一刻，我才感到生活是那麼甜蜜，那麼美好，心裡充滿無比的幸福和歡樂。離開了你，就如失魂落魄，我多麼盼望父王帶我們出來呀，恨不能立刻來到你身邊。可是，我們這次見一面，下次還不知在何年何月，如不被父王發現還好，要是發現了，今生今世就永遠別想見面了。」說著話，淚水就如斷了線的珠子，不住往下流。金龜見狀，眼含熱淚說：「小妹，難過也沒有用，這不是咱們自己能做主的，誰讓咱們是神仙來著，如果是凡人有多好，不受約束，沒人懲罰，多麼自由哇。」一句話提醒了龍女，她說道：「金龜哥，咱們下凡吧。」

「小妹，你還小哇，你咋不想想，有誰能逃脫玉皇大帝的法網，有誰能瞞過你父王的眼睛啊，要是被抓了回去，恐怕就更慘了！」「如果不能和你在一起，就是活著也沒意思，只要能和你在一起，我什麼都豁出去了。金龜哥，你別再猶豫了。」說著拽著金龜的胳膊就走，金龜被龍女的真情所打動，也就無所顧忌了，兩個人手拉手跳進水裡，準備從海底逃走。

再說太子在山上只顧觀望有沒有人監視妹妹，確沒料到妹妹和金龜能逃跑。他吃夠了果子，覺得時間不短了，怕回去晚了讓父王看出破綻，趕緊從山上下來，喊：「小妹，小妹！」乾喊不見回音，太子腦袋轟一下脹得老大，一下躥到半空，一看哪也沒有，知道出事了。他琢磨著，大家都在東邊玩，他們可能往西去了。想到這裡，他一頭紮到水裡，向西追了過去。還是太子的功夫深，追了一陣，遠遠的發現了他倆的影子，龍女一看哥哥追來，知道是跑不了了，只得向哥哥求情：「好哥哥，你放了我們吧，我們永遠不會忘記你的。」太子著急地說：「我是為了你們好，可你們卻害了我，你們一走了之，父王能饒得了我嗎？」二人齊聲道：「求哥哥成全我們吧，我們不會回去的。」太子厲聲說：「不要說胡話！你們也不想想，跑到哪，能跑得出如來佛的手心嗎！別自討苦吃了，現在悔過還來得及，金龜！馬上回去守島，我絕對不和父王講。妹妹，跟我馬上到父王那去，父王也不會責怪你。」二人一齊給太子跪下，龍女說：「我們已經鐵了心，死，我們也要死到一塊。」金龜也說：「是，死我們也要死到一塊。」

太子憤怒地說：「你們不要憑一時衝動，辦那悔恨終生的傻事！既然我勸不了，你們就好自為之吧！」說完扭頭就走了。

沒走出多一會兒，就聽到頭上轟隆隆一陣響，接著飛過四條小龍來，擋住太子的去路道：「太子，可曾看見龍女和金龜沒有？」

「沒有。」

「龍王讓你立即去見他！」

太子浮出水面，見父王已經站在眼前，氣勢洶洶地喊道：「大膽的孽障，你把他們藏到哪裡去了？」

「孩兒沒找到他們，向父王請罪。」

「胡說，明明是你把他們放了，竟敢否認！來人！把他給我打進此牢！」來了幾個蝦兵蟹將把太子五花大綁押走了。

那四條小龍沒有找到龍女和金龜，回來覆命：「啟稟龍王，我們到他們去

的方向翻了個遍，也沒發現他們的影子，不知藏在哪裡。」龍王氣得暴跳如雷，喊道：「諒他們也跑不了多遠。諸將聽令！把附近海域上上下下全給我查遍，絕不能讓他們跑掉，不抓住他們絕不收兵！」

龍王撒下人馬四處尋找。其實小龍女和小金龜並沒跑出多遠，他們聽到有人來抓他們時，金龜和龍女就躲在礁石洞裡，四小龍才沒發現。可他們的彫蟲小技卻瞞不過龍王的眼睛，他派兩名龜將潛入海底，剛要去打開他們那個洞口，只聽轟隆一聲，金龜從洞裡跳了出來，二龜將見狀，大喊：「站住！」金龜道：「我根本就沒想逃跑，我不為難你們，把我綁了去見龍王吧。」一個龜將說：「光綁你一個人我們回去交不了差，快把龍女交出來！」金龜道：「那是妄想，一人做事一人當，與龍女無干，快快帶我去見龍王！」兩龜將上來先把金龜綁了，一人看著，另一人拿長槍鑽進洞裡，見洞裡空空無人，轉身出來問道：「你把她藏到哪去了？」金龜昂著頭說：「她上哪去我怎麼會知道？你們自己找吧。」二龜將把近前的石洞找了一遍，不見龍女的影子，只得押著金龜回去覆命。

金龜見了龍王，雙膝跪倒不敢抬頭，龍王道：「你平時假裝一副仁義之相，誰知背地裡竟幹些卑鄙的勾當，還不趕快招來，你是怎樣……咳！你，你究竟把她藏到哪了？」金龜頻頻磕頭，說：「我們什麼事也沒有，都是我的錯，是我逼她跟我走的，真的與她一點關係都沒有。只要能放過龍女，降給我什麼罪都沒有怨言。」龍王氣憤地說：「你還敢狡辯，你說是不說？」金龜一言不發。把龍王氣得簡直發了瘋，大叫：「你要不招，我讓你永世不得翻身！」轉身伸出左手食指對著水面劃了一下，頓時水面被分開，大喝：「小畜生，還不趕快給我出來！」只見小龍女從水裡浮了上來。

龍王一見氣得渾身發抖，咬牙切齒地罵道：「小孽畜，你，你，你個不要臉的東西，讓我怎麼抬得起頭來，我永遠不想再見到你！」說完一掌把小龍女打入海底。又指了指金龜道：「還有你，我讓你和她一樣，永遠也別想離開這裡！」金龜側頭看著小龍女被打入水底，心像刀剜似的，龍王喊他也沒聽見，

只見龍王手指一點，金龜立刻現了原形，變成一塊大龜石，趴在山頂上，頭側向龍女入海的方向。

經過大劫後，這裡的海水消失了，變成了陸地。金龜的頭始終對著龍女沉入海底那個方向，矢志不渝。

現在，那塊大龜石仍然趴在老爺嶺最高的山峰上面，始終側著頭望著東海，日夜思念，盼望著能和自己的心上人團聚。

後人給這塊石頭，取名「神龜望海」。

蛇仙救道士

紅葉谷報恩寺前，有一把天然石椅，名曰太師椅，後邊有一塊石碑記載兩位蛇仙在此山修練之事。

傳說，紅葉谷裡真有兩個鶴髮童顏的老者經常出沒，一位著青裝，另一位著白裝。還有人看見過二位仙人在瀑布上面的大青石上下棋。

唐朝憲宗皇帝迷信道教，被一個叫柳泌的老道所矇騙，服了他煉的毒丹，變得性情暴躁，亂了朝綱，所以被宦官殺死。隨同憲宗服了毒丹的一些大臣，也都毒發身亡。穆宗繼位後，將柳泌處死。他的徒弟一個個四處逃竄，有一個姓楊的徒弟想找一個遠離皇宮的深山老峪繼續煉丹。

他來到當時渤海國老爺嶺山下，遠遠地就看見山上煙霧瀰漫，斷定山上出現了蛇仙。他想，在這山高皇帝遠的地方煉丹，誰也不會發現，也不會暴露他煉丹的祕密，但必須得把山上的蛇妖治住。他想上山去會會這個妖精，看它能有多大能耐。

楊老道看準放霧的地方，邊走邊找，眼瞅著雲霧一點點消散了，走到半山腰，太陽就全露出來了，金光閃閃的。老道想到，那個怪物已經發現了他，是不會輕易讓他見到的。他在山上轉了一遭，發現山頂上有一片奇形怪狀的石林，估計蟒蛇就在這裡藏身。

第二天，楊道士又看見山頂上霧氣茫茫，從那一大團一大團的雲霧來看，至少也得有兩個蛇精在上面修練；從吐出雲霧的形狀看，修練的年頭不少，道行也不淺，恐怕自己不是它的對手，不管怎樣，必須要找到它們。他又朝著起霧的方向奔去，走到半山腰，又是煙消雲散了。他發現這個蛇怪不好對付，想除掉它不太容易，如果它不露面，也得先把它穩住。

於是，他來到山頂上四方碴子前，擺上香案，點燃三炷香，先拜山神土地：「我乃大唐遇難道士，想借貴方寶地煉丹求仙，請諸位神仙開恩。」然後

又點燃三炷香，跪拜八方，口中念叨：「我是大唐道士，因受昏君迫害，想借貴方寶地，繼承師業煉丹修身，造福萬民，望各界仙師予以方便。」以示虔誠。

卻說二位仙家見此光景，已看透道士用心，且未理睬，只觀其行，如果發現他幹出擾亂社稷、禍害人類的事，則決不容情。

楊道士祈拜之後沒見反應，心中稍稍安穩一些。在四方碰子前，按照五行八卦找好方位，安爐立鼎。其實他的師傅柳泌本來就是一個騙子，根本就不懂煉丹術，煉出一爐爐毒丹，害死一批批朝臣，給社稷造成極大的危害，他的徒弟還能學到什麼真本事。

就中國古代方士、道士煉的丹藥而言，不外乎有九丹、九轉金丹、金丹、八石、五石散等，唐憲宗等人就是被柳泌煉的所謂五石散所害。其實，這個楊道士對煉丹並不甚通曉，是想改煉八石做做試驗、練練手藝而已。他改煉的八石，第一，配方是固定的，不能更改；第二，關鍵是劑量必須精確，決不能有毫釐之差；第三，煉丹的火候至關重要。古有「萬卷丹經，秘在火候」之說，這三點，有一點不精，後果就不堪設想。楊道士想煉成金丹，簡直是白日做夢。

兩位蛇仙想要看一看那位楊道士是如何煉丹的，要真能煉出仙丹，使人長生不老也就算奇蹟了。如果煉出毒丹來，絕不能讓他再毒害無辜。

一切準備完備，楊道士將「丹頭」（藥引子）煉成，在添加其他藥劑時，散發出一種熏人的異味，二仙從氣味中察覺到，此丹的配方有誤，如繼續煉下去，將會釀成災禍。當夜，兩位仙家施展法術，在山上颳起大風下起暴雨來，把煉丹爐裡的火吹滅了，爐底灌滿了水。老道不知原由，恨得咬牙切齒，心裡疑惑：滿天的星星，暴雨怎麼說下就下呢？這風怎麼專往爐門刮呢？越思越想越覺得不對勁，他猜測肯定是蛇妖找的麻煩，一定得找機會報復。柴火讓雨澆得濕漉漉的，火是沒法點了，爐停了一宿，經大雨一澆全涼透了，這爐丹的火候是不易掌握了，老道又調整了一些藥料下到爐裡。

第二天，太陽出來了，楊老道從老遠的地方撿來一些乾柴，準備重新點爐。火絨都燒沒了，怎麼也點不著，把他氣得大罵：「大膽妖孽，竟敢和我作對，有膽量的露出面來！」罵了半天，也沒人理會。他又劃拉一些松毛子曬了曬，想再點火，當他趴到爐門要點火時，突然見後爐膛裡伸出一個大腦袋，張著血盆大口，露出兩排尖利的牙齒，吐著紅須，衝他直瞪眼珠子，把他嚇得「騰」一下跳了起來，原來是一條大長蟲。說時遲，那時快，老道順手從袖口掏出一瓶濃濃的雄黃藥酒，照準大嘴就使勁潑了出去，本以為會使它當即昏倒，低頭一看，爐膛裡空空的，讓他大吃一驚，不知如何是好。原來，這個惡道早已做好傷害蟒蛇的準備，想用雄黃酒使它暈倒，誰知這一招沒靈。它究竟跑到哪去了呢？是土遁了嗎？還是看花了眼？心想，反正雄黃酒已經潑到它嘴裡，量它再有道行也不敢來了。他又壯著膽子去點火，點了半個時辰，好歹算點著了。火越燒越旺，煉著煉著，煉丹爐開始往外冒黑煙了，這個楊老道本來就掌握不好火候，一看冒黑煙就蒙了，他準備趴到爐前聽聽，這時天上突然「咔嚓」一個霹靂，把他推出十多丈遠，摔到草窠裡。緊接著，又是一聲巨響，把煉丹爐炸得粉碎。楊道士嚇得魂不附體，趴在地上半天也沒緩過來。等爬起來，活動活動手腳，哪也沒炸傷，只覺得天昏地轉，再看那煉丹爐已經蕩然無存了。

楊道士妄想提煉金丹的美夢破滅了，要羽化成仙就更不可能了。可他直到現今仍不悔悟，還怨恨蛇仙與他為敵，破壞了他的前程。他無可奈何地抬起頭來，突然看見對面四方磴子上寫了八句詩文：

兜率下界上千年，四大皆空立正念；
要想功成求正果，萬事萬物須隨緣。
煉成金丹非易事，修道務必拋邪念；
執迷不悟太愚痴，險隨丹爐上西天。

原來，蛇仙乃因受上界懲罰，來此修練以成正果。他們發現楊道士的配方煉成丹藥是害人的毒丹，就施用法術將爐火澆滅；第二次，在楊道士煉成「丹頭」調理藥料後，虛化蛇影威嚇他，想阻止他點火；第三次，是因道士將硫磺、硝石加多了，沒掌握好火候，丹爐即將爆炸，蛇仙在無奈之時才用霹靂把他擊出十幾丈遠，免除了他的性命之災。

　　然後，寫出八句詩文，勸解道士走正修之路。道士看後，羞愧得無地自容，灰溜溜地下山去了。

小狗花子

　　早先，老爺嶺山下的池水村，叫郭家堡子，因為那屯姓郭的占大多數。村裡住著一個老獵手，名叫郭印德，因為槍法准，大家都稱呼他郭炮。

　　一年，他家養了一頭母豬，開春的一個晚上，下了一窩豬羔，由於主人大意，十幾個豬崽就剩下三個，其餘都讓母豬壓死了。更不幸的是，老母豬又得了產後風，第三天也死了。因為當時天冷，老兩口把豬羔放到屋裡，當小孩伺候，煮苞米麵糊糊粥，一勺一勺地餵了兩三個月，天漸漸暖和了，小豬也能吃東西了，就想把它們放到豬圈裡，又怕讓狼給禍害了。豬長大了，總放在屋裡也不是長久的事。兩口子正在犯愁時，不知從哪跑來一條小花狗，天天趴在豬圈裡。俗話說，來貓去狗，越過越有。可來狗去貓就不是那麼回事了，尤其是黑地白花白爪子的四眼狗（每隻眼睛上邊長了一塊白毛，看上去像四隻眼），村裡人都說，這種狗是喪門星，進誰家誰倒楣，所以才被打出來的，絕對不能留。老郭幾次想把它打走，打出去晚上還回來，後來餓得趴在豬圈裡怎麼攆也不動了，拿起棍子要打它，嚇得它閉著眼睛硬挺著，認死也不挪窩。眼看就要餓死了，老郭媳婦瞅著怪可憐的，把刷鍋水端去餵了餵牠，小狗吃完了，對著她又搖尾巴又晃頭，好像特別感激的意思，以後就天天餵牠，小花狗就正式成了這家的警衛。三頭豬放在圈裡，就不用操心了，白天小豬跑到哪它就跟到哪，跑遠了就攆回來。小花自動當上了豬倌，每天和豬在一起，寸步不離。

　　有一回，三隻小豬跑出去一天，天快黑還沒回來，小花子也沒了，兩口子到處找，叫豬，豬沒動靜，叫狗，狗沒回音，倆人著了急。三頭豬個個都長到一百二三十斤，眼看就能換錢了，家裡一無所有，丟了豬，等於要命一樣。一直找到天漆黑，忽然聽見遠處有小狗汪汪的叫聲，順著聲音走不遠，聽著哼哼唧唧的豬叫聲，黑影裡看見小花正在豬後邊往回趕呢。看見主人到了，小花如卸重擔，又蹦又跳直撒歡。

　　有一天深夜，老郭聽見外面小花狗叫，一聲比一聲高，後來就像狗掐架的

動靜。老郭知道有野牲口來了，摸起洋炮就出去了，在黑影裡，看見小花正和一條比它長半截的大狼咬在一起，小花靈巧，蹦來蹦去專咬狼的屁股。老郭實在沒法下手，就吹了一聲口哨，小花一抹身的工夫，老郭一槍，就把狼給撂倒了，另外兩隻正趕豬的狼，聽見槍響也嚇竄了。老郭把小花叫到屋裡，看見花子身上被狼咬傷兩三處，把兩口子心疼得一個勁兒掉眼淚。老郭把打死的那條老狼拖到屋裡，這條狼雖然大的像條牛犢子，還是讓小花咬傷七八處，脖子上也挨了一大口，鮮血還不住地往外流。從那以後，狼再也不敢來了。

後來，老郭家用三口肥豬換了一頭大牤子，這頭生牤子不管是耕地，還是拉車，上套就開跑，哞哞直叫。小花子看著這麼頭大牤牛，可比看那三口豬吃力多了。因為這是頭生牤子，從來沒有閒著的時候。幹完活，餵飽了，拴在那想叫它歇歇，它可倒好，除了哞哞叫，就是亂蹬亂刨，動不動掙開韁繩就跑。小花子治不了它，只能跟著往回圈，一邊撞一邊大聲叫，等著主人把牛牽回為止。

種完地，老郭把牛拴在大甸子裡的一棵大樹上，花子自然就陪在那裡。太陽還有一桿子高時，老郭去牽牛，離大甸子老遠就沒看見牛，他跑到拴牛的地方一看，是麻繩掙折了，不用說，花子一定是跟去了。他上山找了半宿，第二天又找了一天，還是沒找著。窮人家丟了大牛，等於塌了半邊天，急得媳婦直哭。老郭出去找人掐算，一個人說一樣，弄得老郭也沒了轍，這樣又折騰了一天。第三天中午，小花汗沐流水地回來了，看見主人就趴在地上伸著舌頭喘粗氣，半天才歇過來，老郭摸著它的頭問：「咱家的牛呢？」小花爬起來，點著頭拱老郭的腿。老郭又問：「你知道牛在哪嗎？」小花扯著老郭的褲腳不放，意思是讓跟它走。老郭跟著小花，一直出去五六十里地，果然看見自己的牛被拴在一棵大樹上，老郭心裡一塊石頭才算落了地。他猜測一定是花子一直跟著牛，直到遇上好心人把牛給拴上了，才放心的回家報信。

有一年秋天，老郭背著背筐，上黑瞎子溝去打圓棗子，不是小花子跟著，他就得搭上一條命。

老郭來到一架大圓棗藤子底下，看圓棗子結的嘀裡嘟嚕的，伸手夠了一根

樹椏往下拽，剛一用力，咔嚓一下樹杈就劈下來，緊跟著一個龐然大物就從樹上掉下來。原來是一個大黑瞎子，老郭轉身就要跑，一著急讓藤子絆了個跟頭，黑瞎子悠的一下站了起來，伸出大爪子就照老郭撲來，說時遲那時快，花子嗖的一下就躥了上去，照準黑熊的後腿裡子就咬住不放，黑瞎子顧不上老郭了，回過頭就去咬花子，花子看主人沒跑出去，就死死的咬住不鬆口，黑瞎子急了，猛一轉身，一巴掌打在花子屁股上，小花蹦了出去。黑瞎子又向老郭撞過來，花子一看不好，忍著疼痛，幾步就追到黑瞎子屁股後，死命地咬住後腿，黑熊一轉身，揚起熊掌又是一掌，老郭看花子受傷嚴重，怕讓黑熊禍害了，不顧逃命了，掄起斧子照準黑瞎子後襠砍了過去，大喊，花子快跑！老郭竄出藤子拐著彎兒往山下跑，跑了十幾步，沒聽見花子上來，以為是讓黑瞎子拍死了，他聽了聽，什麼動靜也沒有。他喚了兩聲：「花子，花子。」沒有回音，他想，要是小花給拍死了，那黑瞎子也該有動靜啊。老郭回過頭來，又喊了兩聲，聽見微弱的哼哼聲，他走到近前，看見花子渾身像血葫蘆似的，頭拱著地，渾身抽搐。看見主人來了，兩眼滾出了淚花。老郭蹲下摸了摸花子的頭，疼的它直打哆嗦，老郭見狀，心疼得眼淚嘩嘩地淌了出來，忙把衣服脫下來，將狗包起來，想抱它回家，說：「花子，為了救我，讓你受這麼大的罪，我對不住你呀！咱們回家吧。」花子聽了主人的話，瞪起兩眼望著主人，兩行眼淚從眼角流了出來，嘴嘎巴了兩下，閉上眼睛就斷氣了。老郭抱起花子一把鼻涕一把淚地大哭一場，把老郭恨得攥著斧子去找那個大黑瞎子報仇。到了那棵元棗藤子底下，看那個大黑瞎子還趴在那呢，啥也不顧了，一個健步就衝過去，沒頭沒臉的亂砍一氣，砍了半天，黑瞎子一動也沒動，他才注意到，黑瞎子卡巴襠的腎子讓花子給咬掉，早就沒氣了。

老郭在山上找了個窩風向陽的地方，把小花子埋了，並且常常填土，不忘救命之恩。

正像俗話所說的那樣，狗對主人的忠誠往往勝過人類，它能為主人豁出命，而有些人卻做不到。

火燒蜘蛛精

九鼎鐵叉山北面有個老黑溝，溝裡長了一大片黝黑黝黑的黑松林，這種樹油性大生長緩慢，有的長了好幾百年，甚至上千年，也就三丈多高，最粗也不超過二尺。因為黑松生長年頭多，壽命長，所以叫它萬年松。它的木質細膩，韌性比什麼樹種都好，還不生蟲子，不刷漆幾十年都不腐朽，是一種極其珍貴的木材，世上罕見。據一些懂行的人講，用萬年松作房梁，家宅太平，人財興旺。

明成祖朱棣在中國歷史上算得上一個聖明之君，可卻是一個心毒手辣之人。他做燕王時，搞靖難之變，從侄兒惠帝朱允炆手中奪下了皇位，把太祖朱元璋三十年選擇的大臣幾乎殺光。自己覺得罪孽深重，心裡也總是惶恐不安，經常夢見一些冤死的老臣纏著他，找他講理。他身邊有一個最貼心的謀臣叫姚廣孝，是個僧人，朱棣有大事都找他商量，搞簒權政變全靠他幫著策劃。姚廣孝雖然精通陰陽占卜，善於驅鬼逐魔，但是他只能把這些冤鬼趕走而不能根除，所以，有時這些魔還來糾纏，弄得朱棣常常神不守舍，無精打采。最後，姚廣孝給他出了個主意，說東北的萬年松蓋皇宮能闢邪，什麼妖魔鬼怪都不敢來打擾，並且借萬年松的吉祥寓意，建大明萬代江山。

朱棣聽了姚廣孝的建議，龍顏大悅，下旨給建州指揮使阿哈出，命他百日之內採伐一百車萬年松運到北京城。阿哈出接到聖旨，立即派一名官員和一個會識別木材的匠人，帶領二十幾個人到處尋找萬年松。找了一個多月，才在九鼎鐵叉山北邊的老黑溝發現了這種松樹。領隊的官員不勝歡喜，急忙送信給阿哈出，同時在松林邊搭好窩鋪，準備次日開伐。

當晚掌燈時分，忽然從外邊來了一個人，一身道士打扮，自稱有高超的降魔術，說老黑溝這個地方偏僻，經常有妖魔出現，看他們來為皇上伐木材，特意前來保護，並說只要有他在保證能平安無事。大家半信半疑，勉強讓他住下

了。睡到半夜，窩鋪突然著起大火，大家從睡夢中被驚醒，紛紛起來救火。說來也怪，當初火勢很猛，大家七手八腳沒打幾下就撲滅了，既沒傷著人，也沒燒壞東西。正在救火時，聽到遠處一聲霹靂，一個大火球衝向天空，照得地面明如白晝，在天空中劃了幾個圈就落在地上，深林裡立刻寂靜下來。有幾個好奇的青年人，跑到火球落地的地方，想看看到底是什麼東西讓火燒了，到跟前一看，地上漆黑一片，什麼也看不清，只聞到一股刺鼻的臭氣。大家都感到稀奇，那麼大的火球掉在地上，連樹葉都沒點著，地上一點火星都沒有，不知燒的什麼東西冒出那麼噁心的臭味來。收拾完了，大家才注意到那個道士不見了。天亮後，看見窩鋪外有讓火燒焦了大繩那麼粗的絲頭，誰也弄不清是什麼東西。大家議論紛紛，有個聰明人說：「昨天晚上那場大火和那個老道有直接關係，他肯定是個妖精，是來害咱們的。當時我就看他不像個好人，不知是哪位神仙來搭救咱們，把這個妖精燒死了，是我們這裡有人積了德啦。」

原來，朱允炆死後，陰魂不散，總想尋機報仇，因為有姚廣孝在朱棣身邊，不能得逞。聽說要採伐萬年松建宮殿，那就更靠不了前了，便糾集了一些妖魔前去阻攔，蜘蛛精就是其中的一個。九鼎鐵叉山上的長眉李大仙，對世間之事看得一清二楚，雖說朱棣奪權政變，也是天意，各路神靈都應輔佐。看到明成祖派人來砍伐木材，被蜘蛛精跟上，他就注意了。蜘蛛精夜間往窩鋪上纏蜘蛛網時，大仙就已經到了它的頭頂上，大仙發出一道三昧真火把絲燒斷，把那妖精嚇得抱頭鼠竄，沒跑出多遠，大仙又打出一個大火球追了上去，就是人們看見的那個在天上劃圈的大火球，把蜘蛛精燒成一股青煙。

長眉李大仙除了一害，不但保住了二十多人的性命，更主要的是保證了建新皇宮用的木材順利砍伐，提前把一百車萬年松運到北京城，建設起雄偉壯麗的新皇宮。明成祖遷都北京後開創的大明盛世，載入了千秋史冊。

龍鳳相爭

多少年了，好多人都說拉法山一帶風水好。傳說這塊地上曾經出過龍，出過鳳，要不是讓一個小豬倌給破了，當不住真能出個皇上、娘娘什麼的。說起來，那可是有年頭的事了。

出龍出鳳的兩家都是大財主，是幾百口人的大戶人家。其中一戶姓苗的，他家有個小老嘎噠，生來就比別的孩子聰明，可就是淘氣。五六歲時，就愛和豬呀狗呀的在一塊兒玩，七八歲就拿著鞭子跟著人家去放豬、放羊。他爹一心想讓他好好唸書，他說啥也不幹，氣得他爹打了一頓又一頓。在學堂裡學了好幾個月，他是左耳朵聽，右耳朵冒，連一個字也沒記住，手掌讓先生打的血嘎巴退了一層又一層，最後還是讓先生撐回家來。沒辦法，他爹乾脆給他拴了個鞭子，交給他一窩豬羔讓他去放。這可遂了小老嘎噠的心願，天天樂顛顛地趕著豬上後山墳塋地去放，等豬吃得肚子溜溜圓就趕回家去。一開始，天天哼著小曲趕著豬還覺得挺開心的，日子多了，把豬一放沒啥事幹就有點悶得慌，看哥哥笛子吹得好，就向哥哥要笛子，讓哥哥教他，別看他學習不上心，學吹笛子心可靈，沒多少日子就學會了，他越吹越來勁兒，越吹越好聽。

有一年春天，春草剛發芽，小老嘎噠就把豬趕出來了，把豬往墳塋邊的草地上一放，拿出笛子就吹起來。那悠揚的笛聲，引來了一群小鳥在他頭上盤旋，呢呢喃喃的像唱歌一樣，來和他的笛聲媲美。小老嘎噠從不傷害小鳥，漸漸就成了小鳥的好朋友。

有一天，小老嘎噠把豬放出去後，爬到一棵樹上吹起笛子來，冷不丁發現他家祖墳上不知啥時落下一隻全身長滿翡翠羽毛，頭上頂著一撮紅纓的翠綠色雉雞，在太陽光照射下，像一串串翡翠閃閃發光，它那模樣就像畫上的鳳凰那麼好看。小老嘎噠怕驚動它，在樹上悄悄地看著它，那隻翡翠雉雞也目不轉睛地盯著他。小老嘎噠拿起笛子對著雉雞輕輕地吹了一隻婉轉動聽的曲子，小鳥

們也紛紛隨著樂曲搧動翅膀叫起來，翡翠雉雞聚精會神地聽著，一曲吹完，它向老嘎噠點了點頭，拍拍翅膀飛走了。

　　一個霧氣濛濛的早上，小老嘎噠披著蓑衣趕著豬來到塋地，把豬放出去以後，掏出笛子吹了一氣，看看祖墳上那隻雉雞沒出來，也沒心思吹了，就把笛子揣在懷裡。不一會兒下起了毛毛細雨，他跑到一棵大松樹底下避雨，心裡總尋思那隻翡翠雉雞，不時地往祖墳那邊瞅著。雨越下越大，只聽見雨點打樹葉的聲音，小老嘎噠披著蓑衣想趕豬往回走。突然看見祖墳那邊不知從哪鑽出來一條小白蛇，乾乾淨淨的，伸著小腦袋東瞅瞅西望望，聽聽沒有動靜，就往墳上爬。就在這時，那隻翡翠雉雞不知從哪撲棱棱地飛了出來，照著白蛇的眼睛就啄去，白蛇來得也快，一掉頭，用尾巴去抽雉雞，它倆鬥了有一袋煙的工夫，雉雞沒鬥過白蛇，就飛走了，小白蛇在墳頭一動也不動地趴著，把小老嘎噠看呆了。第二天，天晴了，小老嘎噠把豬放了，第一件事就是到祖墳上看看。蛇沒了，雞也沒了，一連多少天它倆也沒露頭。小老嘎噠把這當成了心事，天天心神不安地吹著那天看見翡翠雉雞時那支曲子。一天早上，他正吹著，意外地發現翡翠雉雞又出來了，小老嘎噠高興得不得了，笛子越吹越響亮。他看雉雞不斷向他點頭，他邊吹笛子邊向雉雞走去，走到近前，翡翠雉雞伸了伸脖子，張著嘴嘎嘎叫了幾聲，好像和他說什麼，然後又低下頭，眼睛裡流出了幾滴眼淚，小老嘎噠心軟，看到這裡，心裡也挺不得勁兒，心想這是怎麼回事呢？雉雞怎麼會掉眼淚呢？它遇到什麼委屈了嗎？想到這裡，他想起前些天那條小蛇咬它的事情來。翡翠雉雞知道小老嘎噠明白了它的心思，向小老嘎噠點點頭就飛走了。

　　又遇上一個大陰天，老嘎噠他爹說怕下雨，不讓他去放豬了，他非要去不可，實際他惦記的是那隻翡翠雉雞，怕雨天那條蛇再來咬它。他把豬趕到地方沒一會兒，天就下起雨來了，他還是站在那棵樹下避雨，過了約莫一個時辰，那條小蛇不知從哪又來了，還是東瞅瞅西望望的，只聽「騰」的一聲，翡翠雉雞就飛了過來，照著蛇眼睛就鉗出了一口，小白蛇躲不及，脖子上被鉗出了

血，當時就急了，「嗖」的一下向雉雞衝去，它倆一來一往拚命地廝殺起來。小老嘎噠瞪大眼睛看著，鬥了幾個回合，翡翠雉雞的腿上、翅膀下和脖子上都淌出血來，小白蛇身上也傷了好幾處，翡翠雉雞漸漸招架不住了，衝著小老嘎噠沒好動靜地嘎嘎直叫。老嘎噠不由自主地拎著鞭子就跑了過去，照著小白蛇就是一鞭子，小白蛇沒有防備被一抽兩段，在地上打了個滾就沒命了。翡翠雉雞因傷勢過重，趴在地上撲棱兩下翅膀也不動了。小老嘎噠看到眼前的情景，心裡很不是滋味，挖了兩個坑，把翡翠雉雞和小白蛇分別掩埋了。

　　天晴了，中午的太陽像下火一樣烤人，小老嘎噠把蓑衣鋪在地上，躺在上面，像丟了魂似的，剛才的一幕幕又浮現在眼前。當天晚上，做了個夢，朦朦朧朧的看見一位穿著翡翠綠裙子，頭上戴朵紅花的俊姑娘來到他面前，向他道了個萬福，說：「小兄弟，謝謝你幫助我除掉那條惡龍，不然天下可要大亂了。要知，龍和鳳是不能在同地同時出世的，我雖未如願，只要天下太平也就心安了。」說完就姍姍離去。一會兒，一個穿白色褲褂的少年走了過來，指著小老嘎噠惡狠狠地喊：「眼看我的大業將成，是你壞了我的大事！」把這小老嘎噠嚇得一激靈就醒了。打這以後，小老嘎噠精神就失常了，瘋瘋癲癲地到處亂跑，大喊：「天下太平了！天下太平了！」後來也不知跑到哪去了。聽拉法山上的老道士說：「小豬倌是有來歷的，他完成了使命，上天交差去了。」

長仙洞的由來

　　據傳，大約在元朝時期，就有人看見過九鼎鐵叉山上有一對俊俏的青年男女經常出沒在渺無人煙的高山密林之中，他們家住哪裡，沒人知曉。

　　有一天，兩個獵戶上山打獵，忽然發現一男一女兩個青年，一路步履輕盈，蹦蹦跳跳地從山上下來，兩個獵人急忙蹲到樹叢中，想看看這是什麼人。走在前邊的是個十七八歲的小夥子，身著一身青裝，長了一雙濃眉大眼，炯炯有神，走起路來英姿勃勃。後面跟的是個十六七的姑娘，面如桃花，身材苗條，好似仙女下凡。他們好像兄妹二人，談笑風生，無拘無束地向山下大河走去。一個獵人悄悄地說：「山上沒人家，他們是從哪來的？能不能是妖精？」另一個說：「不像，沒聽說九鼎鐵叉山上有妖精。」等那兩個年輕人走遠了，兩個獵戶繼續打獵去了。

　　沒過幾天，兩個獵戶在山上又碰見那兩個年輕人高高興興地下山來了，看他們走路那個輕巧勁兒，好像會輕功，不像平常人。兩個獵戶跟在他們後邊想看個究竟，跟了沒多遠，就被甩下了。沒辦法，二人商議，上次他們是從這上去的，今天肯定還會從這回來，他們指定住在山上，咱就在這等著，他們回來咱們就跟著，看他們到底是從哪來的。

　　兩個獵戶找了個隱蔽的地方藏了起來，不到一個時辰，就見那兩個年輕人走過來了。倆人屏住呼吸，靜靜地等著，等他們走遠了，便貓貓著腰，從樹叢中緊緊地跟著，跟到砬子前，就被拉下二里多地，累得他倆上氣不接下氣。再往前看，那兩個人已經上山了。這兩個獵戶畢竟還年輕，稍稍休息一會，又大步追上去，眼瞅著人家爬上山，快到八寶雲光洞了，他們的距離越拉越遠。那倆年輕人爬山比他倆走平道還快，像小燕一樣，轉眼間就進了洞，一個獵戶說：「看來他們住的地方離八寶雲光洞不會太遠，咱到洞裡去看看再說。」二人進了八寶雲光洞，在裡面轉了一圈，沒看見人，到滴水洞看了看，什麼也沒

有。他們經常上山，對九鼎鐵叉山特別熟，逕直從洞東門出去，過了七步險，爬上懸崖四下觀望，一個說：「他們肯定進了哪個山洞，咱們先到通天洞去看看再說。」他們把獵槍斜挎在背上，兩手摳著石縫，一點一點向下爬，悄悄來到通天洞旁邊，聽聽裡邊沒有動靜，才大膽進入洞中，掃視四周，沒發現有人。他們又爬上懸崖，站在那合計該怎麼個找法，一個說：「不在通天洞還能上哪去呢？就剩東邊那個山洞沒去了。」「那個洞在峭壁當腰，上那太危險了，摔著怎麼辦？」「沒事，就咱這兩下子，山上這幾十個洞哪個咱沒去過，怕啥？三十六拜都拜了，還差這一哆嗦了，走！」他倆一前一後，走到峭壁前，身貼著石壁，腳蹬石棱試探著向前挪動。走了一半，走在前邊的停下了，說：「要真是妖精怎麼辦？」後邊的說：「已經到了這個地步，只有豁出去了，手裡有傢伙，什麼東西都怕這玩意兒。」過了峭壁不遠就是洞口，倆人連大氣都不敢喘，慢慢向洞口移動。忽然迎面吹來一陣涼風，他倆同時打了個寒戰，後邊的人拉了拉前邊的衣服，意思是別過去了，前邊的人晃了晃頭，又輕輕地往前挪了挪，探著身子往洞裡看，發現洞裡有兩條大蟒蛇。二人的心頓時繃得緊緊的，兩手緊握著傢伙，目不轉睛地盯著兩條大蟒蛇，只看見那四隻眼睛在黑暗中閃著亮光，有一條青蛇，一條白蛇，腦袋比鬥還大，身子比水缸還粗。青蛇趴在前邊，聽見有人過來，頭微微抬了抬，瞪著眼睛注意著來人的動向，白蛇連動都沒動，二人看這兩條蛇對他們沒有敵意，心稍稍放鬆了一些，慢慢往後退，退到峭壁前時，看那兩條蛇紋絲不動，把手裡的傢伙收了起來，才放心地往回爬，到了懸崖頂上，也沒聽到後邊有動靜。下了七步險，到了八寶雲光洞裡，才算鬆了口氣，歇了一會兒，走在前邊的人問：「你看清了嗎？」後面的人說：「看清了，一條青蛇一條白蛇，好大呀！」前邊的人說：「那青蛇是公蛇，白蛇是母蛇，咱追的那兩個人肯定是他們變的。」「對，男的穿的是青衣服，女的穿的是白衣服。」「看起來，它們修行的年頭不少了，它們是一心修仙，已經有個半仙之體了，不傷人，也是咱倆的造化。」

　　兩個年輕獵人，終於發現了蛇仙的祕密，高興地一溜煙跑回家中。這件事從此傳開了，後來人們就把那兩條蛇趴的那個山洞叫長仙洞。

滴水洞裡有條小龍

拉法山穿心洞北洞口內，左邊十多米高處有一個小洞，洞裡有一個臉盆大的水窩，上邊石縫滲出的水，一年四季不斷地往下滴，水窩裡的水總是滿的，因此叫它滴水洞。後來，裡邊的水就不多了。

據一些八十歲開外的老人講，以前山上有個老和尚，大家都叫他老衍聖，他愛護滴水洞就像愛護自己的眼睛一樣，無論有多少人來喝水他總是站在洞口，告訴來喝水的人：「滴水洞裡的水是聖水，渴了儘管喝，可不能糟蹋了。」還囑咐大家，不管看見水裡有什麼都不要害怕，更不能伸手去撈。他有一條規矩，就是來喝水的人要一個一個上去，只能用他預備的水舀子舀水喝。還有一條禁令，就是有身孕的婦女，絕對不準到滴水洞近前。

老衍聖有個小徒弟，剛上山時，師父讓他去滴水洞打水，叮囑他說：「水坑裡有東西，你別害怕，千萬不要碰它。」小徒弟拎著桶來到水坑邊，看見那麼點個小坑裡，只能盛一盆水。師父說水裡有東西，有什麼？他仔細看了看，坑裡的水清澈透明，發現水裡有一條二寸多長的小長蟲，瞪著兩隻夜明珠似的小眼睛，頭朝著北方，貼在水坑底下，一動也不動地趴著。小和尚蹲在那看了半天，想打水，又怕被它咬著，不敢把水舀子往坑裡伸，不打吧，還怕師父責怪，別處又沒水可打，死逼無奈只得壯著膽子去打水，把舀子端出來時，一看，坑裡的小蛇沒有了，看看桶裡也沒有，他一直把桶裝滿，在那看了一會兒。坑裡的水又是滿滿的，水穩了，那隻小蛇不知從哪又跑回來了，還是那麼趴著。小和尚拎著水回到廟裡，問師父：「水坑裡那條小蛇是從哪來的？怎麼一打水就沒了呢，坑裡也沒有地方藏啊。」衍聖告訴他：「那條小蛇是北海裡的一條龍，北海龍王派它駐守松花江，掌管松花江這一片的降雨。它剛來那幾年還挺本分，到該下雨的時候就行雨，不該下雨的時候就晴天，當時這一帶風調雨順。可年頭一多，它就不著調了，春天種地時，一連幾十天也不下雨，旱

的地都種不上。等發現旱了，又下起來沒完，動不動就發大水，一連幾年顆粒不收，餓死了不少人。這事被北海龍王發現了，狠狠的處治了它，把它變成一條小蛇，貶到滴水洞來，守著這個小水坑，整天不見天日。據說，滴水洞裡的水，以前沒有這麼多，而且又混又澀，自從這條小龍來了以後，坑裡的水變清了，也甜了，喝了還去病。坑裡的水總是滿滿的，多少人也喝不乾。這條小龍也不知來這多少年了，天天面向北洞口，盼著早日回北海。聽說，當初北海龍王懲罰它時，就給它規定了到滴水洞來喝水的人數，達不到規定的數目就不准回去。只要有它在這兒，水坑的水就又清又甜總是滿的，咱就總有水喝。所以，咱們一定要珍惜它，保護好滴水洞，說啥也不能讓人給毀了。」

滴水洞裡臉盆大的水窩裝那點水真是多少人也喝不完嗎？有一年流傳拉法山出了仙姑，上山看熱鬧的人成千上萬，都來喝滴水洞裡的水，真的是干喝不見少。自從老衍聖歸天後，那條小蛇不知什麼時候也不見了。從此，滴水洞裡的水越來越少，越來越渾，後來乾脆就不能喝了，沒過多少年滴水洞的小水坑就不存水了。

黑魚娶親

這個故事發生在元朝末年。

那時，九鼎鐵叉山下有三個泡子：黑魚泡、靠山泡和大甸子泡。靠山泡在黑魚泡西三里，大甸子泡在靠山泡西南二里，黑魚泡到大甸子泡有五六里地，頂數黑魚泡大。

有一年秋天，大雨接連下個不停，泡子裡的水猛勁兒地上漲。水漫了一大片平地，淹了不少莊稼，一人多高的苞米都沒了大半截，三個泡子眼瞅著就要連在一塊兒了。就在這天晚上，出現了一個出乎意料的熱鬧場面。

大甸子村有個會演驢皮影的人，大家都管他叫張影匠，他沒有別的嗜好，就好釣魚，釣起魚來連飯都顧不上吃，趕上魚愛咬鉤時，在外面蹲上一宿也是常事。

一天下午，雨停了，太陽從雲縫裡鑽出來，熱得讓人連氣都喘不上來。張影匠高興了，這正是魚愛咬鉤的好天氣，於是，趕緊拎起魚竿，夾著蓑衣就往泡子沿跑。這一天魚咬鉤特別勤，雖說沒釣著大魚，心裡倒也舒坦。不知不覺天就黑了，他還捨不得回家，藉著星光看魚漂。半夜了，天又下起雨來，他才收起魚竿準備往回走，剛要站起身，就發現前邊影影綽綽好像是兩個人，一躥一躥的從靠山那邊往這走，他急忙藏到柳樹毛子裡，靜靜地瞧著。真奇怪呀，人怎麼還能在水面上走呢？走著走著，不時還翻幾個跟頭。看著這兩個怪物，張影匠心裡有些緊張了，連大氣都不敢喘，等這兩個東西到了近前，才看出竟是兩條大黑魚打著樁過來的。到了旱地折幾個跟頭就過去了。黑魚走遠了，張影匠偷偷跟在後面，他看見兩條黑魚到大甸子泡中間就沉下去了。讓張影匠感到奇怪的是，黑魚打樁是常見的事，黑魚在水面上走還是頭一回見。他在離黑魚沉下去不遠的草窠裡想看個究竟。等了半天，聽見大甸子泡裡有噼里啪啦的響聲，恍惚看見又有幾條黑魚鑽出水面，一躥一躥的往靠山泡方向走去。張影

匠悄悄跟在後面，這幾條黑魚到靠山泡中間就不見了。不到一袋煙工夫，從泡子裡先躥出兩條大黑魚，後面緊跟著又出來十多條，都打著椿奔黑魚泡走去，到了黑魚泡中間就鑽進水裡去了。張影匠在岸上等了半天，不見動靜，扭頭往回走，走出一里多地時，忽然覺得身後有亮光，好像還有什麼動靜，他回頭一看，哎呦！好熱鬧哇！

只見，黑魚泡子水面上燈火輝煌，有不少人在水面上來回走動。水裡怎麼會突然冒出燈籠來呢？在水面上走的又是些什麼人呢？能不能是妖精呢？他站在一里多地以外，光能看到一大群人忙忙碌碌地走來走去，不知在幹些什麼，看樣子像是在辦什麼事情。看了半天，也沒看明白，只見一個個歡蹦亂跳的樣子，不像是吃人的妖怪。他就壯著膽子貓貓著腰往黑魚泡那邊挪動，靠近了才看清，水面上放著許多桌子，每張桌子邊都坐滿了人，凳子都放在水面上，他們坐在上面都四平八穩的。張影匠躲到一棵大柳樹後，想仔仔細細地看看熱鬧。只見這些人一個個穿著奇裝異服，興高采烈，手舞足蹈，跳著從來沒見過的舞蹈。腳底下一丁點兒水都不沾，一星水花都迸不起來，就像在冰上一樣運動自如，太神了。

正在張影匠疑惑之時，靠山泡子那邊出現一片紅燈，徐徐向黑魚泡這邊走來，好像聽見吹嗩吶的聲音。隊伍離黑魚泡越來越近，漸漸看出來，走在前面的是一頂花轎，有四個年輕人舉著大紅燈籠，照著一個披紅戴花的新郎官，一對童男童女跟隨左右，四個人抬著大花轎顫顫巍巍的，一邊走一邊扭著，轎後一大群青年男女嘻嘻哈哈的簇擁著。到了宴席前，過去一群人把花轎迎下，新郎官把轎簾揭開，伸手將新娘攙下轎來。新娘穿著鮮紅的嫁衣，頭上蓋著紅蓋頭，緩緩走下轎來，新郎新娘和大家行過禮之後，新娘又上了花轎。迎親的隊伍圍著宴席轉了一週，然後慢慢地向黑魚泡中間走去，參加婚禮的人們也都載歌載舞有條不紊地跟在後邊。張影匠看得正著迷時，忽然發現紅燈映著的水面上出現一圈一圈的波紋，燈光越來越暗，花轎慢慢地沉進水裡，人群也慢慢地下沉了，燈光消失了，迎親的隊伍消失了。落在後面的幾個孩子，看前面大人

都下去了，便慌了神兒，就撲撲隆隆地翻著水花鑽進水裡去了。

張影匠看這些人下了水，一時矇住了，藉著水面上的一絲餘光，看見最後幾個孩子下水時露出的黑魚尾巴，他才明白，這是一群黑魚精在作戲。原來，從大甸子泡和靠山泡結伴來的黑魚是到黑魚泡參加婚禮的。

黑魚精當知縣

　　黑魚精從黑魚泡子裡出世後，在拉法山下作惡多端，傷害百姓，被山上的神仙紀小唐用掌手雷打跑後，再也不敢回拉法山了。

　　黑魚精無處可去，來到額穆縣城，化作人形，它沒進過城，看了啥都新鮮，專揀人多的地方看熱鬧。看見前邊來了一頂轎子，轎前有人鳴鑼開道，後邊跟著一群人吆吆喝喝地走過來，街上的人都紛紛閃開，躲到路旁規規矩矩地站著。它心裡琢磨，是誰這麼威風？等轎子過去了，它問旁邊的人：「轎子裡坐的是什麼人，這麼神氣？」那人撇著嘴答道：「你這個呆子，連縣太爺都不認識。」黑魚精白了他一眼，心裡這個憋氣呀，望著轎子的背影，心想，我就不能這麼神氣嗎？它遠遠地跟在縣太爺的轎子後面，等轎子到縣衙門口，看見縣太爺從轎上下來，頭戴頂戴花翎，身穿「官補」，好氣派呀！縣太爺升堂，坐在龍書案後威風凜凜，兩邊衙役喊：「威……武……」嚇得這個妖精目瞪口呆。它看那縣太爺驚堂木一拍，說打誰就打誰，真厲害，心裡突然生出一個壞主意。

　　從第二天起，它就裝扮成一個賣菜的，天天早上到縣衙門口轉悠。時間長了就和衙裡的人混熟了，常常往衙裡送菜，花言巧語地把丫鬟哄住了，通過小丫鬟接近縣太爺夫人，由於它的殷勤，騙取了夫人的好感，逐漸出入衙門就像走平道一樣。日久天長，它對衙門的情況掌握得一清二楚，尤其是在摸透老爺的脾氣秉性後，常常背地裡模仿縣官的一舉一動，一言一行，裝模作樣的升堂斷案。

　　當它得知老爺是個旗人，喜歡到野外打獵，認為機會來了，便想法打聽縣官出獵的時間和路線。

　　入冬，落雪後的一天，老爺帶著眾人背著弓箭騎馬上山了，黑魚精偷偷地沿著他們的足跡，老遠的跟在後面。等縣官一行走進白雪皚皚的樹林時，黑魚

精變成一隻梅花鹿，在他們前邊的樹空中穿來穿去，縣官發現後，彎弓搭箭照著梅花鹿就射過去，一箭落空，這隻鹿順著山崗連跑帶蹦，跑出一箭多地後，就停下來，回頭看著，等縣官騎馬跟上來，剛搭上弓時，又飛快地奔跑，這樣跑跑停停，停停跑跑，拐彎抹角，把縣官引到一個懸崖邊，將後邊的隨從甩得無影無蹤。當知縣再要搭弓時，梅花鹿就地一滾就不見了，變作一隻斑斕猛虎迎面撲來，嚇得縣官的坐騎前腿離地，一個蹶子就把縣官從馬背上扔了下來。沒等縣官從地上爬起來，老虎撲上來，照著喉嚨就是一口，它看縣官確實沒氣了，變成一個長得跟縣官一模一樣的人，把縣官身上的衣服脫下來，然後將屍首扔到山澗中，穿上官服，找回坐騎，騎馬往回溜。半路上碰上縣官的隨從，誰也沒看出破綻，它裝作沒精打采的樣子說：「真掃興，今天遇上這麼個倒運的梅花鹿，不但啥也沒打著，還把我累個半死，咱們別打了，往回走吧。」大家跟著黑魚精回到縣衙。從此，黑魚精便成了額穆縣的縣太爺。

黑魚精當了縣太爺後，夫人和衙役都覺得老爺的脾氣變得暴躁了，動不動就罵人，胡亂斷案，有理五八，無理四十，傷害了許多好人，把個好端端的額穆縣搞得一塌糊塗。夫人不知原委，幾次勸說，縣太爺都聽不進去，勸急了，不是挨罵就得挨打。

後來，拉法山上的神仙紀小唐發現了黑魚精跑到額穆縣為非作歹、殘害百姓，準備找適當的時機剷除這個禍害。

正巧，皇上派巡案大人要在吉林召集各知縣開會，紀小唐得知這一消息，暗中做好準備，等黑魚精去吉林經過拉法山時把它除掉。黑魚精害怕紀小唐，從額穆出來，走到長嶺子頂上時，想繞道去吉林。不想被拉法山上的紀小唐發現了，從通天洞裡冷不防打出一個掌手雷，把黑魚精一掌打出十多里才停住腳，嚇得它大喊一聲：「額勒赫！」後來，額勒赫屯因此而得名。

黑魚精在額勒赫站一站腳，怕紀小唐追來，又沒命地往回跑，一口氣跑到退搏站，回頭看看紀小唐沒追它，才稍稍放了點心，嘴裡一勁叨咕：「好窩火，好窩火！」窩回頭來，繞過拉法山，準備從松花江去吉林，被紀小唐算了

個正著，窮追不捨，趁黑魚精慌亂之時，又發出一個掌手雷，把黑魚精打得騰空而起，一頭紮進松花江裡去了。從那以後，黑魚精就消失了。

黑魚搭橋

在拉法山的傳說中，有個黑魚精在拉法山附近興妖作怪，被山上的神仙紀小唐給消滅了，從那以後黑魚泡子裡再沒出現過害人的黑魚精。後來，又流傳著一條大黑魚為當地百姓做好事的故事。

那還是許多年以前的一個三伏天，連綿大雨下個不停，拉法山下黑魚泡和西邊三里之外的靠山泡水勢一個勁兒往上漲。這天又下了一夜的大雨，天快亮時，老天爺總算行了好，把雨停了下來。早上，拉法屯的於老漢看了看天，雲彩忽忽往東走，俗話說，雲行東，車馬通，看來上午不會下雨了。連續下了十多天的大雨，地裡的草把莊稼苗都糊住了，盼著老天爺快停雨好把地鏟一鏟。吃了早飯，太陽出來了，於老漢扛著鋤頭打算去鏟泡子西岸那片山坡地，因為山坡地瀝水快，停雨不到兩個時辰就不黏腳了。早上去時是從泡子西沿過去的，雖然泡子裡水挺大，但和靠山泡子還隔半里來地呢。於老漢看地裡的草都沒膝蓋深了，悶著頭只顧鏟地，一氣幹到晌午，把這塊地鏟完，肚子咕嚕咕嚕響，才想起該回家吃飯了。他轉過山頭一看就為難了，泡子裡的水不知啥時漲上來的，把靠山泡和黑魚泡連在一塊了。怎麼回家呢？要繞到靠山屯回家得多走好幾里地。他低著頭沿著水邊往西走，想找個水淺的地方蹚過去。沒走多遠，突然發現水面上橫了一根大木頭，有四五丈長，兩頭正好搭在兩岸上，底下還沒在水裡一半。老漢心裡覺得挺怪，來的時候咋沒看見呢，說是倒木吧，沒有樹頭也沒有樹根，說是有人抬來的吧。這麼長一根大木頭，恐怕八個人也夠抬的，不管怎樣，有橋就能過去了。他裝了袋煙，點上火就上了橋，走在上面還挺穩當。他邊走邊尋思，這根木頭的樹皮怎麼這麼光呢？是根什麼木頭呢？不知不覺就走到了對岸。下了橋，又在橋頭上坐了一會兒，吧嗒吧嗒抽了幾口煙，把煙袋裡的煙抽完了，站起來把煙袋鍋往木頭上磕了磕煙灰。沒想到，這個橋「撲隆」一下就在水裡打了橫，把水一分兩半，一個大浪衝到岸

上，澆了於老漢一身水，嚇了他一跳，兩條腿像釘在那裡一樣，想動都動不了。等他醒過腔來才看清，原來是一條大黑魚，橫在水面搭的橋，讓他的煙袋鍋子給燙疼啦。他站在岸邊看著大黑魚向深水地方游去。

還有一個故事，那就是過了多少年之後，一個陰雨連綿的秋天，十多天沒開晴，靠山屯有幾個念高小的學生，一早到拉法去上學。快到西山根時，黑魚泡裡的水就漲上來了，他們脫了鞋蹚過水來，當時水才沒腳脖。上課時，雨又哩哩啦啦的下個不停。

放學了，學生們急急忙忙往回走，走到上學路上蹚水的地方，水面已經漲到半裡來地寬了，有個大一點的孩子下水試試，走出不遠水就沒大腿根了。沒辦法，只得往南繞，繞了半天，眼前都是水，把孩子們都急哭了，回不去家怎麼辦哪？一個大孩子說：「別著急，前邊肯定能有窄地方，跟我來。」走出一里來地，果然有個窄地方，上面還有一根獨木橋，孩子們不容分說，一個跟一個從橋上過去了。橋一點都沒晃，誰也沒害怕。

過了河，就一溜煙往回跑，前邊有幾個家長過來了，一看孩子們回來了，都樂得不得了。他們說：「家裡正在扎筏子，準備支著筏子來接你們，水那麼深，你們怎麼過來的？」孩子們：說：「有橋，有一根獨木橋。」一個家長說：「這都是大地，哪來的橋？」「真的，不信我領你去看看，就在那。」一個孩子指著剛才過橋的地方說。那個家長說：「反正也不遠，咱去看看吧。」快到水邊了，水面上什麼也沒有。孩子說：「啊！橋怎麼沒了呢？」家長問：「是這兒嗎？」「沒錯！」孩子肯定地說。大家都感到莫名其妙。他們在水裡尋找，是不是讓大水把木頭給衝跑了？一個孩子眼尖，看見在黑魚泡子方向漂著一根黑乎乎的大木頭，喊道：「在那呢。」大家的目光一齊投向那塊木頭。只見那根大木頭慢慢沉到水裡去了，再也沒漂上來。一個大人對孩子們說：「是大黑魚看你們回不了家，特意來接你們來了。」

孩子們非常感動，朝著大黑魚游去的方向不住地招手。

可憐的狐狸

拉法砬子山後住著一個叫王老吉的人，沒有別的嗜好，就是好喝酒，有點錢就想打酒喝。

有一天，來了一位好朋友，倆人多年沒見面，那日見了格外親切。王老吉對朋友說：「兄弟，好容易來一趟，咱倆得好好喝一盅，家裡沒有什麼好吃的，我去買點下酒菜，回來咱哥倆邊喝邊嘮，敘談敘談。」

王老吉買了一隻大公雞，裝了二斤老白乾酒就往回走，路過一片樹林時，看見一隻火紅的大狐狸，它看見王老吉不但沒逃跑，反而倒在地上一動不動，王老吉走到近前，那隻狐狸口吐白沫，兩隻後腿一蹬一蹬的，渾身抖個不停。王老吉看了心裡這個樂呀，這回可有酒喝了，這只大狐狸的皮成色太好了，油汪汪的，能換半年的酒錢。他把公雞往地上一扔，就去抓那隻火狐狸，沒曾想，這只要死的狐狸就地一滾，滾出老遠，爬起來飛快地跑出十多丈遠，回過頭來看著王老吉，把王老吉氣的蹦著高往前攆，轉眼的工夫，狐狸鑽到樹林裡不見了。王老吉突然想起放在地上的大公雞，趕忙回去找，哎呀！大公雞怎麼沒了，綁的那麼緊，也跑不了哇。正找著，看見大老遠有一隻大肚子狐狸叼著自己買來的大公雞正往樹林裡跑，他三步並作兩步攆上去。這時，那隻公狐狸追上來，從母狐狸嘴裡接過大公雞，一同拚命向樹林深處跑去，一眨眼就沒影了。

王老吉又氣又恨又好笑，活了大半輩子竟然讓兩隻狐狸合夥給騙了。看來，狐狸也和人一樣，知道心疼自己的愛妻，為了給懷了崽的妻子弄好吃的，還會耍調虎離山計呢。

過了一些日子，王老吉上大砬子去撿蘑菇，走到半山腰，看見一棵大榆樹，他到樹下用鐮刀扒拉著找蘑菇。嗖的一下，一隻火狐狸從樹洞裡鑽了出來，跑出去不遠，坐在那看著他。王老吉一看，還是上次那隻狐狸，他就拎著

鐮刀走到樹洞邊，心想，我看你這回能耍出什麼新花招來。那隻狐狸見王老吉不走，又故技重演，趴在地上打滾，口吐白沫，兩隻後腿直蹬噠，王老吉沒理它。狐狸看這一招不靈了，突然照著前腿咬了一口，鮮血直流，抹的滿頭滿臉都是血，並發出悲痛的呻吟聲，狐狸以為王老吉看到它的可憐就會放了它，可是王老吉還是沒有什麼反應，瞪著兩隻眼睛盯著它。狐狸往前慢慢地走了幾步，王老吉也慢慢地跟了幾步，它真的有些害怕了，又去咬自己的前腿，鮮血哧哧往外流，嗑得骨頭咔咔直響，眼見著小腿只連著點兒皮了，趴在地上嗚嗚地哭了。王老吉被這情景驚呆了，手裡的鐮刀乓一聲掉在地上，心想，這隻狐狸究竟是為了什麼呢？他發現狐狸往樹洞那兒看了一眼，回頭看見那隻母狐狸叼著一隻小狐狸向相反的方向逃跑了。噢！王老吉這才明白，這只公狐狸自殘地目的，是為了轉移對方的視線，營救自己的幼子。王老吉嘆了一口氣，十分感慨，世上竟有這樣的奇事，真是可憐天下父母心哪！這隻畜生能做到的，恐怕連人都很難做到哇，頓時產生了敬佩的心理。

　　王老吉走到受傷的狐狸身邊，狐狸似乎明白老吉的意思，抬起頭來看著他，用盡全身的力氣想站起來，撲通一下又趴下了。王老吉蹲下來，把自己的衣服撕下一塊布來給這只可憐的狐狸包紮好，待了一會兒，老吉把它扶了起來，狐狸向王老吉點了點頭，兩眼閃出感激的目光，一瘸一點地走了。

白龍降雨

　　插樹嶺村有個龍王廟，據說是清朝乾隆年間建的，都說這座廟很靈驗，大旱之年，有求必應。一些上了年紀的人說起求雨的事，就不能不把小白龍擺到前頭。

　　那還是禿尾巴老李出世之前的事呢。東海龍王派小白龍來鎮守松花江，小白龍忠於職守，松花江兩岸，年年風調雨順，深受百姓的歡迎。有一年，不知道是什麼原因，龍王爺竟然不准小白龍往這地方下雨，如要違令，必從重處罰。

　　這一下，松花江兩岸的老百姓可遭了殃，第一年來了個十年九不遇的大旱，莊稼人可哪求雨，老天爺就是不下，結果糧食顆粒未收。來年一開春，老弱病殘就餓死一大半，年輕力壯的也只能靠吃樹皮、樹葉、草根度日。雖然開春老天爺發了點善心，下了一場雪，將就著把地種上。可自打種完地，連個雨星都沒見著，小苗勉強拱出土來，勾勾巴巴的都抻不開腰，靠著一點地氣（地下的水汽），小苗總算長到一拃來高，就再也不往上長了，這還不算，反而往回抽抽了。要是再旱上一年，剩下這些人的命也保不住了，眼看著一個又一個的人被餓死。活著的人，雖然一個個餓得走路都直打晃，還得成群結隊的天天去哀求老天爺和龍王降雨，燒香、磕頭、許願，該辦的事都辦了，可龍王爺連一點反應都沒有。鄉親們叫苦連天，真是上天無路，入地無門吶。

　　小白龍眼睜睜地看著活生生的人一群一群地倒下，如同抽自己的龍筋一樣難受，一次一次地向龍王請求降雨，可是龍王就是不答應。小白龍急得抓耳撓腮，直打磨磨，想來想去，想出一個辦法，他從松花江上游跑到下游，下游跑到上游，想把江裡的水全豁到陸地上灌溉莊稼，但終究解決不了多點問題。他一看指著上方發慈悲是不可能了，為救這一方千萬條百姓的命，捨出我一個也值得，想到此，他一咬牙就豁出去了。

一天半夜，小白龍趁著夜深人靜的時候，飛到天空，在松花江流域的空中捲起濃濃烏雲，冒著生命危險下起了大雨，一下就是三個時辰。人們聽到下雨的聲音，男女老少都跑了出來，站在大雨中接受這救命的甘露，雨水淋在乾燥的皮膚上，似乎一直滋潤到心田，一些光著脊樑的小夥子和一群群一絲不掛的孩子們欣喜若狂，蹦著跳著，邊跑邊喊：「下雨了，下雨了！老天爺救命了，老天爺救命了！」一些老年人跪在地上哐哐地磕頭，感動得流著眼淚禱告：「謝謝老天爺，謝謝龍王爺！謝謝老天爺，謝謝龍王爺！」可是他們有誰知道這雨是怎麼下的呢？地裡吃透了水，莊稼苗立刻就支棱起來。雨停了，太陽露出頭來，照得大地熱氣騰騰，小苗噌噌往上長，幾天的工夫就躥起來。可是，這些單純的莊稼人怎麼也不會料到，他們的恩人已經大禍臨頭了。

　　小白龍降完雨，犯下了不赦之罪，自知罪責難逃，變成一條小蛇，從松花江裡爬了出來，找到一塊中間有一個圓圓小洞的大岩石，它一看洞很深，彎彎曲曲的，就鑽了進去，因為洞口衝下，外面誰也看不見。小白龍在松花江流域降雨的消息，很快傳到龍王耳朵裡，龍王馬上派兩個小龍前去捉拿。二龍來到松花江，江底江面查了個遍，也沒尋著小白龍的蹤跡，他們沒了轍，在半天空又轉悠了一陣子，仍然是白費功夫，哥倆也是同情老嘎噠的遭遇，從內心不想捉他，便回去向龍王交令。龍王氣急敗壞地說：「你們兩個廢物，連個小小的畜生都抓不到，要你們有什麼用？還得我親自出馬，走！看我怎麼收拾他。」

　　龍王帶著兩個小龍及一干兵將，迅速來到松花江上空，龍目圓睜，看出來小白龍並沒有遠離松花江，憑他的嗅覺，察覺到小白龍就在松花江上游，不管怎樣，也是自己的親骨肉哇，他何罪之有？龍王便派兩個人在此監視，自己上天找太上老君請求對小白龍從輕發落。

　　老君已聽說小白龍私自降雨之事，正要派人找那個龍王，不想他自己送上門來。太上老君在兜率宮接見了他，問：「請問龍王，找我可有事否？」龍王只得將小白龍違抗上天之命，私自降雨一事如實做了匯報。老君不悅，問：「你將怎樣處置他？」龍王羞愧地說：「小王無能，至今未能將那畜生捉拿歸

案，請老君定奪。」老君嚴厲地說：「你連自己的子孫都管教不了，還能做得了何事？」「請老君息怒，那小孽畜之所以犯下滔天大罪，也是我平時放縱所致。松花江流域乾旱無雨，致使人畜喪命一事，他也曾多次向我請求降雨，均未應允，造成如此後果，也是我未及時匯報之故。」老君眼睛一瞪說：「我不讓你給松花江降雨，不是我有意傷害無辜，你就不必多言了。既然你不忍心處理自己的骨肉，就先在我宮中委屈幾日，好好反省，待我將小白龍處治之後你再回去，意下如何？」龍王雖然擔心老君對小龍的處治，但嘴上還得諾諾稱是：「小王有罪，甘願受罰。」

老君招來風、火、雷、電四神，吩咐道：「小白龍無視王法，妄自降雨，至今逍遙法外，令爾等速去擒拿，若不從命，可用火燒雷擊，格殺勿論，不得有誤！」

「是！」

四神領命直奔松花江而來，老遠看見龍王所派二將，來到近前，四神令二將把守江內，雷電二神開始施展神威，先是一陣閃電雷鳴，震得翻江倒海，山崩地裂，卻沒有見小龍的影子。然後，火神吐火，風神助威，風捲火舌衝天而起，松花江的水都被烤得滾燙，山上的石頭眼看就要被燒化，可是小白龍鑽進去的那塊石頭周圍卻始終沒被燒著，火神發現後覺得奇怪，剛要繼續噴火點燃。

在此危險時刻，忽聽空中有人大喝一聲：「住手！」隨之漫天降下神雨，霎時，大火全部熄滅。眾人抬頭一看，原來是觀音菩薩手拿玉淨瓶撒下甘露。大家一齊跪倒，給菩薩行禮，請菩薩原諒。菩薩道：「你等是奉老君之令，前來捉拿小白龍，本不應動此干戈。白龍之作為，雖違背上方旨意，卻能夠捨棄自身救度眾生，乃菩提心所在，天下皆應效仿之。」

菩薩大聲道：「白龍，還不現身見我！」小白龍應聲跪倒在菩薩腳下，連連叩首：「謝菩薩救命之恩！」

「老君不讓降雨，自有他的道理，你雖觸犯天規，卻救下了一方百姓，你

能為救助眾生棄自身而不顧，實屬難得。今後，你仍要保住這方平安，老君方面你自不必擔憂。」

小白龍再次叩頭謝恩，抬頭時，菩薩與眾神皆已離去。

後來，有人在大火焚燒後的山下，發現一塊大石頭旁有一堆沒有燃燒的柳葉，扒開後看見有一個水窩窩，裡面趴著一條小蛇。

又過若干年，當地百姓就在白龍藏身的地方建了一座龍王廟，裡面供的就是這條小白龍（就是插樹嶺的龍王廟）。這座龍王廟年年香火不斷，大旱之年，每次求雨都很靈驗。

光緒年間，有一年發生大旱，一連四十多天沒下雨，到了關老爺磨刀那天（農曆五月十三），雨還是沒下下來。各地農民一千多人，都聚集到這座龍王廟祈求龍王，希望快些下雨。虔誠的村民們，一連跪了三天三夜。小白龍由於有上次的教訓，沒敢輕舉妄動，最後還是被鄉親們的誠意所打動，幾次上天向龍王請求降雨，均未批准。在走投無路時，逼得他又變成一條小白蛇顯現出來，盤附在磬鐘上，兩眼微閉，如昏睡之狀，人們見到白龍現身，急忙磕頭喊：「阿彌陀佛，龍王保佑！阿彌陀佛，龍王保佑！」人們便把磬鐘連同小蛇一起抬到龍架上，到各處遊行，果然，不久天降大雨，乾旱解除。據廟中的道士講，那一次小白龍為降雨又受了不少苦。說它趴在磬鐘上昏睡時，真魂已經上天請旨去了。

從那時候起，才留下求雨時，抓一條小蛇放在龍架上的習慣。

婁金狗保駕

故事發生在拉法山下的舊站村。

明清時期，這裡是一片原始森林，人煙稀少，也是通往寧古塔、額穆等地的必經驛站，叫拉法站。後來在這以北十四里的地方建了個新站鎮，這裡便改為舊站村。

清朝嘉慶四年，太上皇乾隆駕崩，嘉慶才真正執掌朝政，對先皇舊制按照自己的意志審視，重整朝綱。嘉慶四年閏二月二十日，皇上乘轎從神武門回內宮，突遇刺駕，被定親王等救下，雖未傷著，也嚇得魂飛魄散。這件事讓他聯想起先帝臨終前的遺言。

原來，乾隆自讓位以後，對江山一直不放心，經常提心吊膽地偷看天象。真是怕什麼有什麼，在一次觀星時，果真在東北方向出現了又一顆紫微星（傳說中真龍天子頂的星），可是只一閃就不見了。後來又出現過幾次，也是轉瞬即逝，無法確定具體位置，也就沒辦法去清除。這件事就成了太上皇的一塊心病，攪得他惶惶不可終日，因而抑鬱成疾，直至臥床不起。臨終時，太上皇把嘉慶召到病榻前，囑咐道：「川楚白蓮教滋事，未能動搖我大清江山，可東北出現的那顆新紫微星是萬萬不得掉以輕心吶，若不早早剷除，我大清社稷難保哇！」

嘉慶遇刺，果然應了先帝的遺言，方才感到事關重大，必須早日查清。遂降旨，把觀星台星官召入內宮，詢問新紫微星之事。據星官講，前幾年在東北方向曾經測出過一顆新紫微星，沒等看清就不見了，以後又出現過幾次，用璣衡撫辰儀（當時最先進的天文望遠鏡）也沒看清，未敢驚動皇上。聖上聽了心中不悅，說：「既然發現過東北出現新星，即應及時稟報。今朕也不怪罪你了，現命你火速查清，速速將其剷除！」星官不敢怠慢，領旨後，曾兩次去松花江一帶察訪，均無結果。嘉慶龍顏震怒，限星官在一年之內必須查清，否則

定死不饒！嘉慶九年，正值甲子年春，觀象台發現新紫微星重新出現，而且再未消失，判斷就在吉林松花江上游，查看地圖，屬額穆索羅門領地。星官大喜，急忙稟報皇上。嘉慶命星官帶一名武將，率領二十餘騎人馬，第三次趕赴吉林巡查新星。星官一行曉行夜宿，不足一個月便到吉林。吉林將軍派員引路東行約一百五十里，登上老爺嶺，欽差看到對面四五十里處有座高山，山頂瑞氣祥雲籠罩，與眾不同，問嚮導：「那是座什麼山？」嚮導答：「叫作九鼎鐵叉山，當地人叫喇叭碴子，也叫拉法碴子。」星官嘆道：「此地竟有如此仙山，新星源於此地也在情理之中，不妨先到此山訪訪如何？」陪同官員說：「山上自古多有道士修行，乾隆爺在世時從京城來了一個和尚，法號衍聖，這座山歸他經管，咱們可先找他詢問。」

欽差帶人策馬來到九鼎鐵叉山下，眾人舉頭仰望，只見怪峰林立，蒼松斜掛，桃李競開，果然名不虛傳。星官無心遊覽，率眾步行上山。途中，衍聖和尚帶徒弟下來迎接，引客人來到八寶雲光洞中安歇。一進洞口，人們驚奇地發現，這是一個能容納千餘人的天然山洞，神州少有，西、北、東三個大洞口，可眺望三面各異景色。洞內寬敞，高四丈有餘，長近二十丈，是習武傳藝的好地方。欽差向衍聖說明來意：「本官並非為遊山而來，是奉皇上旨意前來處理一樁大事。衍聖和尚，官府命你經管此山，你應效忠朝廷，這方出現危害社稷之事，你為何不報？」衍聖一聽嚇得慌忙跪倒，說道：「阿彌陀佛！小僧確實不知，請大人明示。」欽差道：「在九鼎鐵叉山附近發現新紫微星，難道你不知道嗎？」衍聖忙答：「小僧自上山以來，潛心修練，不敢越雷池一步，俗家之事，從不過問，望大人見諒。」「你修練這許多年，難道對天象都不通嗎？」欽差生氣地問，衍聖答：「雖修練多年，仍未得道，對深奧之理未能領會。」星官在洞中徘徊片刻，說：「既然如此，也就不難為你了。你現在找個能看到此山全景之處，在那可看出新星的出處。」衍聖聽後，指著對面的高峰說：「大人，那是九鼎鐵叉山的主峰，站在那山頂就能看清周圍百里之內的景象。只是山高陡峭，不知大人可能攀登？」星官道：「為保大清江山，有何艱險可

懼！」命衍聖帶路，在隨從將軍和衍聖師徒的護衛下登上主峰。欽差放眼遠眺，如身臨仙境，驚嘆：「如泰山之秀，似華山之險，能登九鼎，不虛此行也。」

突然，他雙目圓睜，發現山下不遠的一片大樹林中，有三四戶大宅，問道：「那是什麼地方？」衍聖答：「官道上的拉法驛站。」他知道星官已看破，手捻佛珠也不多言。星官對那片樹林凝視許久，看見一條大河如同玉帶緩緩流過，河北一塊林地前呈月牙形一汪深潭，水面如鏡。細觀之，林地上空有青雲繚繞，還有仙鶴不時起落其中。心中暗嘆：「此地確屬五星歸互，四維獻瑞，三吉六秀，天星已兆其禎祥，真乃吉祥寶地也！」隨即問衍聖：「那裡你可去過嗎？」「去過，共有四戶人家。」「你可知道他們的來歷嗎？」

「不知。」

「你既入佛門，對天文、地理、民情都應有所知曉，免得耳不聰、目不明。」衍聖諾諾稱是。星官又對衍聖說：「在你這也弄不出個所以然來，我們就下山了。九鼎鐵叉山是座仙山，頗有靈氣，你在這要好生修練，不要辜負先帝的一片用心。」說完，帶著眾人匆匆下山，奔拉法驛站那片樹林而去。

到了林地前，看到一片黑松林，鬱鬱蔥蔥，林中藏著十幾座墳墓。從一般風水來看，除前方玉帶之外，並無特殊之處。這是塊平地，在近前看不出青龍、白虎、朱雀、玄武之象。進入塋地，星官放眼遠望，細查地理，只見此穴位於朝堂正中，三面碧波，四周環山，日月分明，東有天馬奔，北有星官侍，水聚天心，龍穴生成。又看到塋地東面有一棵大榆樹，枝葉繁茂，高七八丈，分五個枝丫，五丫的高矮粗細均等，每個枝丫都有合抱粗細，主幹有三四抱粗。星官將塋地全貌看完之後，情不自禁地讚歎：「真乃鬼神之所呵護，天地之所珍著之地也！」沉思片刻，對眾人說：「此地乍看起來，似乎平平，細觀則與眾不同，本官平生第一次遇到如此出奇的仙地。」又指著那棵大榆樹說：「真是仙地長仙樹哇，能長成這麼大一棵榆樹，也得百年以上，從它的長勢來看，這戶人家後人興旺，這五個枝丫象徵著五個王侯，每代都有五子接續，如

若得勢，大清江山必敗無疑！」星官心中暗暗嘆息：「可惜呀，一代君主將毀於我的手中，真是罪過。」

　　欽差下令，讓武官帶領京城來的差人及吉林、額穆來的數十人，將塋地圍個水洩不通。派人把地方保甲叫來，詢問墳塋之事。地方不敢怠慢，忙把墳主王五找來，欽差細細盤問王五身世，王五如實述說，原來王五家是八旗子弟，祖上立過戰功，解甲後，從山東來到此地，已經一百多年，父輩兄弟五個，四個伯父，一個姑姑。這輩也是哥五個，一個姐姐，他排行老五，因此喚作王五，其餘兄弟四人都在外面做事，只留老五看守塋地，以種地狩獵為生。王五自幼隨祖父習練騎射，還曾得過九鼎鐵叉山高師傳藝，是遠近聞名的好獵手。他性情剛烈，為人正直，且樂於助人，頗受當地人尊重。

　　瞭解到王五的身世後，欽差對王五說：「你祖上也算國家功臣，你應聽從朝廷號令，要如實回答我的問話。」

　　「是。」

　　「你家的塋地是什麼人給選的？」王五一聽，立刻就明白了差官的來意，答道：「不知，可能是自家選的。」問：「都埋葬了什麼人？」

　　「已有四輩，我父三年前去世也埋在這裡。」

　　「你父幾月去世？」

　　「正月。」星官心裡盤算，

　　正合天象，王五之父逝世那年正月，正是乾隆帝駕崩之時，絕非巧合。又問：「你家幾個孩子？」

　　「一個。」

　　「這個孩子哪年出生？」

　　「已經四歲。」

　　「可有與眾不同之處嗎？」

　　王五想了想說：「父親死後，我妻生了這個男孩，剛會說話時，就把枕頭當馬騎，讓他媽扶他上馬。學會走路時，不是騎板凳，就是兩腿夾著根棍子滿

院子跑，說要騎馬上天。」

星官聽後，斷定這孩子出生的時間與新星出現的時間相符。既然新星已出，為什麼在觀星台看不清呢？即使出現也只一閃即逝呢？其中必有緣故。接著又問：「王五，近幾年，你家可發生過蹊蹺事？」王五深思不語，星官追問：「你要如實述說，本官不會怪罪你的。」王五想了想說：「前幾年我家不知從哪來了一條小白狗，天天朝天大叫，妻子臨產時它登著煙囪脖子跳到房上，從此就天天趴在房上，攆也攆不下來，一連趴了兩三年光景。去年五月節過後的一個晚上，這條狗又在房上叫，把苫房草都蹬掉了，氣得我把它打下房來，可等我一回屋，它又跳到房上。八月節前後，小白狗在房上動不動就朝天亂咬，吵得人睡不好覺，我爬上房去打它，怎麼打也不下來，我扯著腿把它從房上扔下來，可它馬上又蹦上去了，一連扔下三四次，最後就死死地趴在房上，打死它也不起來，我心里納悶，不知是怎麼回事，也不忍心再打了。今年三月的一天晚上，一位南方商客在這留宿，聽見狗在房上叫，叨咕一句：『白狗上房，家破人亡。』我聽了以後，覺得晦氣，又上房去打狗，可是這條狗太機靈，怎麼也打不著，氣急之下我進屋拿出獵槍，一槍就把它打死了。」

聽到這裡，星官恍然大悟，看不清新星的原因，就在這條小白狗身上。星官掐指一算，原來是天上二十八宿中的「婁金狗」下界了，是為保護紫微星而來的，王五的孩子是頂著紫微星出世的。北京觀象台發現新紫微星之後，就被這條婁金狗給遮住了，去年五月露出的一次，是被王五第一次從房上扔下來那次，去年秋天，王五連著把狗從房上扔下來三四次，這顆星就出現了三四次，直到今年三月，王五把狗打死，新星才完全暴露出來。星官嘆道：「實乃當今皇上之鴻福，大清王朝之大幸也！」

至此，婁金狗保駕之謎已真相大白。星官把婁金狗保駕的真相向眾人揭開，王五聽了，悔恨自己千不該萬不該，不該把狗打死，毀了王家的大業，成了家族的罪人。欽差哈哈大笑說：「後悔也晚了，像你等鼠輩還能成什麼大器？」王五氣恨地指著星官問道：「你要怎樣？」星官斷喝：「大膽刁民！你

家膽敢私占皇家聖地，攪得社稷不寧，聖上派我前來，就為尋找你家塋地，如你同意破掉風水，可赦免不死，若說出半個不字，即刻挖墳撅墓，將你斬首示眾，兩條路你自己選擇！」王五聽罷，氣得咬牙切齒，罵聲不止。欽差喝令武官與眾差人把王五拿下，吊在五丫樹上，打得死去活來，但王五並不告饒。欽差對王五高聲喝道：「這可怨不得本官了，是你自尋死路！」這時王五的姐姐和王氏家族一起跪在欽差面前，磕頭求饒：「請大人饒命！」然後又轉向王五，勸他趕快應承，免得招來殺身之禍。王五見姐姐和本家眾人苦苦哀求，也知聖命難違，無可奈何，只好忍痛答應。

星官測準方位，在塋地前畫了一條橫線，下令按線挖溝，先破風水。誰料想，差人們的鐵鍬剛一下地，驟然間，漫天狂風大作，飛沙走石，下起傾盆大雨來，連著下了三天三夜，把欽差大臣急得如同熱鍋上的螞蟻，站不穩坐不寧。到了第四天，大雨才算停了。星官命令差人立刻挖溝，誰知只挖了一鍬深，下面的土卻硬如石面，怎麼也挖不動了，用鎬頭刨，也只不過刨出一個個小坑，刨到天黑，才刨出一條一尺多深的小溝。

第二天一大早，欽差還沒起床，就有人慌慌張張地跑來報告：「欽差大人，大事不好！昨天在塋地挖的溝，晚上不知被哪個刁民給填上了。」欽差急忙來到塋地查看，看見填回的土比原來地面倒高出半尺。星官當時就火了，對差人說：「肯定是王五家幹的，馬上把王五抓來見我！」差人把王五押到欽差面前，星官喝道：「大膽王五，你竟敢違抗聖旨，給我推出斬了！」王五莫名其妙，問道：「憑什麼說我違抗聖旨？溝也挖了，風水也破了，還想咋的？」

星官問：「昨天夜裡你們為什麼把溝給填上了？」王五一聽，氣恨地說：「你派人看著我們家，連門都不准出，我們怎麼會出來填溝？」星官詢問了看守王家的差人，證明王家晚上確實沒人出來。星官疑惑，除了王家的人，別人還有誰會管這閒事呢？他命人重新挖土，可這回土卻比原來更硬了。只有星官心裡明白，這絕不是一般的穴位，必須找出原因，他圍著塋地轉了一圈又一圈，邊走邊琢磨，到底也沒琢磨透。又接著挖了幾日，仍然和前一天一樣，稍

不留意，白天挖開的晚上又被填上。不管星官怎麼燒香，怎麼畫符，施展出全身的法術，都無濟於事。正當星官無計可施之時，在一天深夜，忽然有一個看守塋地的差人匆匆跑來報信，也是合該王家塋地風水當破，大清王朝氣數未盡之故。

　　當日晚上收工之後，星官派人在塋地看守。東北的四月，晚上仍然很涼，尤其是那幾天西北風颼颼地刮，看塋地的差人冷得受不了，偷著喝了酒，倒在地上睡著了。半夜時分，被說話的聲音驚醒，他四下觀瞧，沒見有人，以為是做夢，躺在那沒動。一會兒，又聽有人說話：「他們怎麼挖都是白挖，再過三天就到大河了，只要見著水他們就沒招了。」差人聽出說話聲是從墳地裡傳出來的。他屏住呼吸，靜靜地聽著，接著，又聽裡面說：「可有一條，千萬別用黑驢蹄子和黑狗糞熏哪，一熏就啥也不靈了。」

　　差人聽完，撒腿就往回跑，趕緊向星官報告。星官聽了，如大罪獲釋，立即派人四處尋找黑驢蹄子和黑狗糞，很快就把這兩樣東西備齊了。星官高興得不得了，擺上香案，朝天拜了幾拜，然後把兩樣東西架在乾柴上，自己親自點燃，霎時，黑煙滾滾，發出一種說不出的難聞怪味，星官命人趁勢趕緊挖土。說來也怪，這招還真靈，腳下的土立刻就暄了，眨眼的工夫，就挖開一條三尺多的深溝。王家墳的風水就這樣給破了。

　　接著，星官又吩咐挖王五父親的墳墓，王五雖然雙手被捆，仍不顧一切地衝了上去，要和欽差拚命，被武官按住，五花大綁地綁在樹上，瞪著眼睛瞅著爹爹的棺材被人掘出來，把王五恨得眼珠子差點冒出來，在場的人都靜靜地等著開棺。「嘎吱吱」棺材被撬開了，移開一看，全場的人都愣住了，不約而同地「啊！」了一聲，裡面的屍首哪去了？就是腐爛了也得有骨頭哇，是王五搗鬼了嗎？

　　可墳上的土原封沒動啊，青草還在上面長得好好的呢。王家姐弟也覺得奇怪，明明爹爹已經入殮，鄉親們幫忙埋在這裡的，難道有人將爹爹盜走不成？這時，聽星官大聲喝問：「王五，這是怎麼回事？」王五道：「我怎麼知道，

我父入殮後確實埋在這裡，各位鄉鄰都可證明。」星官捋鬚沉思半晌，忽然想起差人聽到的「再過三天就下河了」的話來，便令手下人順著棺材朝大河方向挖，挖出二十幾丈，距離河邊還有七八尺遠時，挖出了人頭，再往前挖，整個身子全露出來了，在場的人都驚呆了，人死了三四年，不但一點也沒腐爛，膚色和活人一樣，而且身上還長滿了鱗。臨死時穿的一條褲頭都褪到腳脖子，差一點就脫掉了，全身只剩下褲頭遮蓋著的腳脖那點沒長鱗了。星官指著屍體說：「看樣子，他真要成龍了，多虧他穿了這條短褲，把腿給絆住了，不然早就成氣候了。」王五的姐姐聽了這話，真是悔恨交加，不該不聽爹爹臨終前的囑咐：「我死後千萬不要給我穿衣裳，連褲衩也不能穿，千萬別穿哪！」可她沒聽爹的話，怕別人笑話，給穿了這條褲衩，誰知竟惹出這麼大的禍來。後悔的她失聲痛哭：「都怨我，都怨我不聽爹爹的話呀！」王五勸姐姐：「事到如今，你也別責怪自己了，都怨我一個人，我不打死那條狗，他們也查不出來，也是該著咱王家成不了大器，這是天意呀！」

欽差命人將屍首架在乾柴堆上，準備點火焚屍，剛剛點上火就有一道白光衝天而起，直奔九鼎鐵叉山而去。有人說，老爺子是讓長眉李大仙接走了，還有人說，這回真上天了。星官見狀，心中悶悶不樂。

風水破了，墳也掘了，屍也煉了，那顆新紫微星從此消失了。星官回京向皇上交旨，嘉慶龍顏大悅，賜御酒款待，重賞星官及其隨行武官。至此，壓在他心上幾年的石頭終於落了地。

王家墳的風水被破以後，王五的小兒子整天昏迷不醒，不久便夭折了。

紅鯪姑娘與黑脖公主

很久以前，鴨綠江邊有個牧童，名叫李二小。他放牛時，一吹響笛子，天上的白雲就不行了，江裡的魚兒也不游了。江裡有個紅鯪姑娘，河口有個黑脖公主。

紅鯪姑娘是一條紅鯪子魚變的，她的歌聲像春風吹動銀鈴那樣好聽，大家都叫她鯪妹。她長得非常漂亮，兩隻大眼水靈靈的，瓜子臉粉裡透紅，柳葉眉彎如月勾，小嘴笑盈盈的。再穿上紅褂綠褲，大辮子一甩，誰見了誰愛。

江邊還住著一個黑脖公主，是黑魚變的，她長得醜，眼睛總是射出凶狠的綠光，誰長得比她美，她就嫉妒誰。她跳舞最難看，誰要說她跳得不好，她就報復誰。

今天，牧童來到江邊，笛子一響，鯪妹老遠就聽到了，很快游到了牧童身邊，牧笛的笛子吹得歡快，鯪妹就眉開眼笑；牧笛吹的調子悲哀憂傷，鯪妹的淚水就像斷了線的珠子往下落。鯪妹品笛聽音，知道了牧童生活過得艱苦，她非常可憐他。一會兒，笛子不響了，牧童李二小操鐮要去砍柴，鯪妹只好戀戀不捨離開這裡。

就這麼著，江邊牧笛天天響，鯪妹天天游到這兒聽。一天，牧童李二小一看天黑了，割來幾個榆樹腰子正想捆柴趕牛下山，忽見打的柴一根也不見了。二小心里納悶，就到處找起來。找了一陣，也沒找到一根，二小急得滿頭大汗，心想：「今天沒打來柴，明天拿什麼買米下鍋呢？不行，我還得砍，就是砍到天亮，我也要補回這一天的柴。」哪知道，他心急腳慌，只聽「咔「的一聲，一根樹枝被踩斷了，沒等二小鬧清是怎麼回事，已經摔到三四丈深的懸崖下昏迷過去……

朦朧之中，他好像騰雲駕霧，來到了江面，一個美麗的姑娘向他微笑著走來。他嚇了一跳，想急忙躲開，可身姿一動也不能動了，這時姑娘來到他身

旁，笑著問：「你受傷了吧？來……」說著，雙手往二小身上一摸，二小的傷馬上就好了。他感激得不知說什麼好，忙站起來向姑娘深深鞠了一躬：「姑娘，我李二小將來若有發達之日，定報您救命之恩。」說完，拿起砍刀又要去砍柴，姑娘忙拉住他：「大哥，你不必再去，你砍的柴是我藏起來的。」接著又吞吞吐吐地說：「大哥，我知道你勤勞篤實，笛子吹得又那麼好聽，我想將終身許配給你，不知你願意不願意。」說完姑娘臉一紅，低下了頭。李二小聽完姑娘的話，心裡一陣驚慌：「不……」「我，我窮，不敢……連累你受苦。」姑娘說：「你不要擔心，只要我們情投意合，夫妻相愛！一定會有好日子過的，來，跟我走吧。」說完，摘下頭上的寶簪往江中一指，一座漂亮的房子出現在眼前，姑娘唱著歌，二小吹著笛，高興地走了進去……

這時，一陣風把二小吹醒了，他睜開眼差點叫出聲，他身邊果然坐著一個美麗的姑娘。

綾妹見二小醒了，就把怎麼聽笛，怎麼愛他，為了不讓二小走怎麼藏柴，原原本本地說了。二小一聽，別提有多高興啦！就把綾妹領回了家。

母親一見兒子領回個媳婦，病馬上就好了，小兩口結婚後孝敬母親，男牧女織，江邊小房裡天天傳出二小的笛聲和綾妹的歌聲。

一天，二小在江邊一邊放牛，一邊吹笛，笛聲又引來了黑脖公主。她靜靜地聽著，不斷讚美說：「笛聲太美了！」黑脖公主話音剛落，她身邊的一個女僕指著李二小說：「他就是綾妹的丈夫！」黑脖公主一聽，怒氣衝衝，她羨慕、嫉妒綾妹，恨不得一口把二小吞掉。她知道，二小一死，綾妹就沒心思活了，綾妹一死，黑脖公主將成為上上下下獨一無二能歌能舞的美人。想到這裡，她馬上裝出落水呼救的樣子，大聲喊著：「救命、救命！」好心的二小一看這人眼看就要被江水捲走，他鞋也沒脫，穿著衣服，「撲通」一聲跳進江裡去撈人，黑脖公主一看二小中計，就惡狠狠地抓住了二小，把二小嚇得昏了過去……

再說綾妹正在家裡給媽媽煎藥，忽然覺得心煩意亂，她擔心出了什麼事，

就連忙奔出來尋找李二小！出門不遠，發現江中浪濤翻滾，裡面黑脖公主正在死死地揪著李二小。鯪妹幾步蹦到江裡，同黑脖公主打了起來。打了幾個回合不分勝敗。這時鯪妹急中生智「喳」地把自己頭上的寶簪摘下來，向黑脖公主頭部一指，只見浪花向上一翻，黑脖公主「噗啦」變成了一條大黑魚，鯪妹毫不讓步，趁勢扭住黑魚的頭，照眼睛就是兩拳，打得黑魚雙目竄血，疼得到處亂撞，一會兒工夫就沉入了江底。

　　鯪妹這時輕輕把牧童李二小托上江面，然後又回到江中把黑魚剖膛剖肚取出魚心給二小服下，二小喝了漸漸甦醒過來，睜開眼睛望瞭望鯪妹，小兩口又上岸過美滿日子去了。

陳滋賢（講述）

殷德芬（蒐集整理）

▍白鹿額娘

　　從前有一個老獵手叫胡達哩，住在北烏拉的一個山溝裡。老伴是瓜拉佳部落人，從結婚那天，年年有病。老兩口子快五十啦，還沒兒沒女，他們多麼希望有一個胖乎乎的兒子呀！

　　說也怪，這一年，老兩口子剛過五十，老伴竟懷了孕。十個月後，真的生下一個白胖胖的兒子。老兩口子樂得連嘴都合不上了。

　　可是樂極生悲，老伴從生下孩子後，就臥床不起，沒幾天便去世了。老獵手哭了一陣，含著眼淚把老伴埋在房西頭山坡前。哭著說：「孩子他媽，你扔下我們爺倆走啦，孩子又小我又老，這日子可怎麼過呀！保佑你兒子活蹦亂跳，百病不生，長大成人好年年給你上墳。」

　　從此，老獵手孤零零一個人沒依沒靠。孩子沒奶吃，只好弄點糊糊餵。一餵孩子就想起他媽。擦眼抹淚地想：我可怎麼把孩子拉扯大呀！

　　一天晚上，老獵手餵完了小孩，躺在炕上，忽然房門一開從門外走進一個白髮老太太，她走到小孩跟前嘆了口氣，又看了看老獵手，說：「你應該再給孩子找個媽媽呀。明天一早，你往西走，到一個小山頭，山前有三棵小松樹，中間那棵松樹底下，有一個白額娘。她孤身一人，心眼好使，你把她接回來照顧孩子吧。」說完這老太太一轉眼就不見了。

　　老獵手有些半信半疑。心想：我不妨看看去。第二天天剛亮，老獵手餵了餵瘦得皮包骨的孩子，自己也胡亂地吃點東西，一步步向西走去。

　　老獵手走啊走啊，真看到在一個小山頭上有三棵小松樹。急忙走到中間那棵松樹前，一看，哪有什麼白額娘呀。正在猶豫的時候，就聽見草窠子裡有呼哧呼哧喘粗氣的聲音。他撥開草窠一看，原來是一隻白母鹿，後腿受了傷躺在那裡。

　　白鹿看見老獵手，掉了幾點眼淚，舔舔後腿傷口，又看看老獵手，好像

說：「你救救我吧，我忘不了你的恩情。」老獵手明白了白鹿的意思。心想：「雖然沒接著白額娘，可是碰到受傷的鹿，也不能不救啊。」想到這，走到白鹿前，撫摸著它的受傷的後腿說：「可憐的白鹿，到我家去吧，我能治好你的傷。」白鹿點了點頭，一拐一拐地跟著老獵手回了家。

老獵手除了侍弄孩子外，還精心的護理著白鹿。上藥、餵草、飲水。沒幾天，白鹿的傷完全好了。

老獵手一看白鹿好利索了，就打開院子的柴門說：「你的腿好啦，回山去吧！」白鹿搖搖頭。老獵手又說：「你的傷治好啦，找你的夥伴去吧！」白鹿又搖搖頭。老獵手又開玩笑地說：「你腿一點也沒落毛病，找你的丈夫去吧！」白鹿不但不走，還向老獵手身邊走去，躺在老獵手身旁，一動不動。老獵手驚奇地問：「你難道不想回山，想和我一起生活？」白鹿抬起頭，親密地舔舔老獵手的臉。老獵手高興地笑了。

從此，這只白鹿成了老獵手家庭的一員。打那以後，孩子餓了，白鹿用自己的奶水餵；孩子睡了，白鹿守在身邊一動不動。就這樣，老獵手又安心上山打獵了。

一晃，孩子長到五六歲，老獵手教孩子說：「這是你的額娘。」因為孩子天天和白鹿一起生活，也非常習慣地叫額娘了。白鹿和孩子的感情更加親密，真和母子一樣了。

孩子長到十二歲那年，不幸老獵手也去世，白鹿額娘哀叫了三天三夜，孩子哭得死去活來。第四天，白鹿在房西頭小山下刨了一個坑，埋上了老獵手。白鹿每天到墳上去三遍，給老獵手供菜供飯。孩子和白鹿額娘更是寸步不離、相依為命。它領著孩子上山採果子，找靈芝，精心照顧。孩子一年比一年長高了，力量也一天比一天大了。有時候和黑熊摔跤，能把黑熊扔得很遠很遠。有時候和群鹿賽跑，總是跑在前面。拋出石頭能打中飛鳥，扔起木棒能打死野狼。他什麼野獸都打，就是不打山中的美鹿。白鹿額娘對這個「大兒子」愛得要命，小夥子對這位白鹿額娘比親娘還親，娘倆相依為命過日子。

小夥子一天天長大了，白鹿額娘又多了一件心事：到哪地方找一個稱心如意的媳婦呢？有一天，白鹿額娘叼著一根野雞翎，領著小夥子向山外走去。走到一個小屯子，看見一個姑娘正在小河邊挑水。白鹿額娘用頭頂著小夥子往姑娘那邊推，又把野雞翎交給他。小夥子明白了白鹿額娘的意思，一邊唱著歌，一邊搖動著手中的翎毛，走到姑娘身邊。姑娘一看是一個漂亮的小夥子，知道是向她求婚。姑娘看看小夥子笑了一笑，小夥子把野雞翎插到姑娘的鬢角上，姑娘也投拒絕，指了指前方的小屋，挑起水一溜煙跑回家去。小夥子高興得又跳又唱，白鹿額娘高興地流下眼淚。

　　第二天，小夥子登門認親。結婚那天，小夥子辭別了白鹿額娘，到姑娘家去了。那時候，男女結婚是男方先到女方家幹三年活，然後再回到男方家。這一來只剩下白鹿額娘孤單單一個。有時到老獵手墳頭看看，有時走到山口看看兒子住的地方，有時走到屋裡瞧一瞧。它多麼想到兒子那裡看看他們小兩口啊！可是自己一想，我是一隻老鹿，怎麼和人來往呀！只好等到三年到頭，那時兒子和媳婦都回來了，再過團圓幸福的日子吧。

　　小夥子自從到姑娘家以後，勤勤懇懇的勞動，開始小兩口倒也挺好。日子一長，姑娘嫌他太窮，有心不過，又感到小夥子長得不錯，怪捨不得的，只好勉勉強強過著日子。可是，感情不像以前那樣好了。小夥子雖然人在姑娘家，心裡總是惦唸著哺育自己成人的白鹿額娘。天天望著山裡，有時候坐在樹下掉幾點眼淚。姑娘一看小夥子悶悶不樂，幾次詢問，小夥子才說：「我惦念山裡的老額娘呀！」姑娘說：「既然這樣，不如把她也接到這裡，洗洗衣服挑挑水，做飯、掃院、看看屋，也省得你天天少心無腸，幹不好活。」小夥子搖搖頭說：「她老人家不能來呀！」打那以後，小夥子趁空閒的時候，總是設法回去看看老額娘。白鹿額娘年齡大了，行動也不太方便，小夥子更是日夜惦唸著。每次小夥子回家，白鹿額娘都高興得了不得，把平時在山中採來的好吃的東西，都擺在兒子跟前，看著他吃。老白鹿一有病，小夥子像侍奉親娘一樣煎湯熬藥，問冷問熱。老白鹿多麼想看看兒媳婦呀，總是沒法表示。

一晃三年過去了。小夥子高高興興地領著媳婦回到山裡的家。白鹿額娘樂得看看兒子，看看媳婦。想要用舌頭舔舔兒媳婦，可是兒媳婦又躲閃又瞪眼，只好屋裡屋外來回走。

　　晚間，小兩口睡在東間，白鹿額娘睡在西頭。第二天一大早，媳婦起來一看老白鹿也在屋裡睡覺，生氣地說：「一頭老鹿怎麼也弄到屋裡睡覺？」說完用木棒把白鹿額娘轟了出去。小夥子看見了又接回屋裡，告訴媳婦：「這就是白鹿額娘啊！」還把白鹿額娘怎樣撫養他長大成人，怎樣埋葬了老人，領著小夥子怎樣訂親的事，一五一十都說了。最後說：「白鹿額娘比我親娘還親呀！只要你對她老人家孝敬，我就是吃多大苦也心甘情願。」

　　姑娘心想，就憑我這漂亮的女人，怎麼認一頭母鹿做婆婆。從此，不但對白鹿額娘不親熱，反而成天摔摔打打，不給做飯。小夥子怎麼勸說她也不聽，只好自己動手做飯，親自送到老額娘身旁。有時候小夥子出門打獵，兒媳婦就用木棒往外轟老白鹿，還不住地罵：「給我滾出去，你這個老畜牲！」她不但恨死了白鹿額娘，對小夥子也更加冷淡了。小兩口感情一天天淡薄起來。姑娘經常回娘家，一去就幾個月不回來。

　　有一年，姑娘夏初回娘家到秋末才回來，一進屋就咬牙切齒地罵老白鹿。白鹿額娘偷偷地溜了出去，到房西頭老獵手墳前哭了一陣，悄悄回到草棚裡，躺在草堆上思前想後。

　　有一天，姑娘指著小夥子的鼻子問道：「你說，你要我還是要你白鹿額娘？要是要我，趕快把這頭老鹿攆出去。要是捨不得你白鹿額娘，我就回娘家。」這些話被白鹿額娘聽得一清二楚。心想：「不能因為我拆散小兩口，我還是回山去吧。」晚上，趁小兩口睡熟的時候，悄悄地走出草棚，到東屋窗外看看兒子，又到老獵手墳前躺了一會兒，一步一步地向山裡走去。

　　小夥子醒來不見了老額娘，一問姑娘，姑娘狠狠地說：「一條老鹿走了更好，在這裡有啥用？吃肉的貨。」小夥子掉著眼淚說：「你這狠心的魔鬼。她老人家把我哺育成人，沒有白鹿額娘也沒有我。」又說：「你這樣冷酷無情，

你回你的娘家吧！我一定要把老額娘接回來，一直侍奉到死。」姑娘笑嘻嘻地說：「真是個大傻瓜，和你在一起過有什麼意思！」說完，收拾收拾東西向山外走去。小夥子看看姑娘，二話沒說，也收拾一下東西向山上走去。從此，這間小屋再沒人住了，一天天荒廢下去。

以後，有獵人在山裡打圍，常常看到小夥子和老白鹿形影不離地出沒在山中。又過了一兩年，又看到老白鹿領著小夥子和一個漂亮的姑娘在山裡遊山玩水。還看見一個蓬頭散髮的瘋女人，在山裡亂跑亂叫，被一群白鹿活活咬死在溝子旁。又過了許多年，老獵手墳地上又添了一座新墳。每年七月十五，三個墳頭前都有一堆新燒的紙灰。打那以後，這道山溝叫雙娘溝。年頭一多，傳來傳去，傳成了雙羊溝，還叫白鹿溝。

傅梅氏（講述）

傅英仁（蒐集整理）

蚌精

乾隆末年，皇上老了，朝政被大貪官和珅把持，都知道他是一個最大的貪官，誰重金賄賂他，誰就能得到重用升遷。因為他有權有勢，下邊的官都想巴結他。每年向朝廷進貢的寶物，都得由他先挑選。所以，各地將軍和打牲衙門，每年進貢都給他留出一份。

這一年，朝廷給吉林烏拉打牲衙門列出貢單，其中，主要就是要上好的東珠上百顆。這下可忙壞了打牲總管，急忙召集翼領、驍騎校派領催組織了二十幾個莫因（相當於隊），下設珠軒（相當於組）分赴各地。

當時，吉林東部松花江上游的喇叭河（拉法河）、輝發河都盛產東珠。衙門派一個莫因，兩個珠軒到吉林東部採珠。帶隊的領催和珠軒（除了是小組的稱呼外，組長也叫珠軒）都穿著朝服，領催坐在綵棚船上，珠軒分別站在船頭，威風凜凜的出發沿松花江東進。到拉法河入河口，兩支珠軒分開，一路出松花江入拉法河北去；另一路順松花江向南去輝發河。

下河採珠有個規矩，就是入河口得放鞭炮，祭河神。在入拉法河口時，擺設供桌，供上龍王、河神的紙碼，供豬頭，燒香，由領頭的帶著牲丁給龍王爺、河神爺磕頭，求神仙保佑。祭奠之後，船隊進拉法河北上，到蘇爾哈靠岸，支上帳篷，準備開採。

下河前，珠軒向牲丁們交代，這次朝廷要大珠、要好珠，採著大珠、好珠按成色賞銀，最多可賞一百兩銀子。如有隱匿不交者，無論大小，一律死罪，牲丁們為得到賞銀都挺賣力氣。

這個珠軒中有一個叫巴彥的小夥子，他阿瑪是打撈東珠的老牲丁，幹了幾十年，為了撈大珠，最後淹死在大江裡。納納把他拉扯大，已經十七歲。巴彥很小就跟著阿瑪下江打魚，練就一身好水性，這孩子很懂事，還孝順。因為他阿瑪去世，這次打牲衙門讓巴彥頂替阿瑪，納納不願意再讓孩子去受苦，巴彥

覺得自己已經長大了，練了一身好水性，想出去試試，想給納納掙點錢回來，納納拗不過，只得答應。

因為巴彥年齡小，水深的地方，大人不讓他下，所以，他撈不著大蛤蜊，雖然摸出來的不少，一個有珠子的都沒有。他看著人家動不動就摳出一顆珠子來，就上了火，因為採不著珠子也得不著錢哪。小巴彥總想掙點錢養活納納，再說個媳婦伺候納納。天天央求珠軒，也想上深水撈蚌。架不住他一個勁兒磨嘰，珠軒也是觀察他多少天了，看他的水性確實不錯，就答應讓大人帶著他下深水。小巴彥越幹膽量越大，漸漸的下幾丈深的水都不怕了，這回他真撈了幾個帶小珠的蛤蜊。

眼瞅著兩個多月過去了，從拉法河上游采到拉法河口，巴彥還是沒撈著大貨，就有點著急了，整天悶悶不樂。

船隊下了松花江，順著江往下捕撈，到白石砬子下邊有個大崴子，船靠了岸，紮下了營，準備在附近打撈些日子。

巴彥看著大崴子，心想，能在這撈著大珠子該多好。由於他白天黑夜地想這件事，就像著了魔似的。這孩子會來事，大夥拿他當小孩，經常拿他開玩笑：「想大珠子了吧，這回快了，賣賣力氣，多抓幾個，得了賞錢，漂亮的大姑娘等著你呢！」說得小巴彥臉通紅，把頭恨不能低到地上。

一天晚上，巴彥做了個夢，恍恍惚惚地看見一個穿著白衣的仙女，飄飄悠悠落到他面前，抿嘴衝著他笑了笑說：「小兄弟，我看你愁眉苦臉的有什麼心事吧？」

巴彥偷眼看了一眼，見這個姑娘長得水靈靈的，臉一下就臊得像紅布似的，半天才說：「我也不認識你，問我這個幹啥？」

「我知道你為啥犯愁，就是你真的採著大珠子，只是當官的陞官領賞，能賞給你幾個錢？採不著珠子也沒啥，不如幹點別的，還不受他們限制。」

「那我能幹點啥？」

「我給你出個主意，保證能掙錢。」巴彥一聽高興了：「姐姐，快告訴

我。」

「你先別急，我會告訴你的。」兩個人越嘮越近便。白衣仙女說：「我看你是個善面人，心眼好，咱們交個朋友行不行？」巴彥想了想，說：「行啊。」

「你給我當小弟好不好？」

巴彥看那姑娘人好，說話溫柔，心就動了，說：「只要姐姐不嫌棄俺就行。」

白衣仙女拉著巴彥的手說：「兄弟，採珠不是個好行當，傷害多少性命也得不著一顆珠子，殺生多了沒有好處，而且還會遇到危險。信姐姐的話，這次採完，今後不要採珠了。」

「那我幹啥去？還得養活老娘呢。」

「採完回去正是放山的季節，跟你姨父上康大蟶放山，今年有大棒槌下山。記住，在四道溝半山腰一個凹兜裡，有一棵二百多年的大椴樹，椴樹上有一個缸口粗的樹洞，已經爛得很深了，裡邊長著一顆百年老參，鄒頭藏在樹葉底下，在外邊誰也看不見。你一定要記好，那棵樹右邊有塊磨盤大的石頭。那是顆寶參，今年該下山了，你千萬別錯過這個機會，到營口能賣好多錢，分了錢，夠你蓋房子，說媳婦的，要仔細點花，你們娘幾個能過個十年八年的。以後就專靠種地過日子吧。記住沒有？」

「記住了。」

「但是，今後你絕對不可再抓蛤蜊了，不管誰讓你抓，你也不能抓。」巴彥點了點頭。

「實話跟你說了吧，我就是松花江裡的河蚌變的。你信不信？」巴彥一愣，搖了搖頭：「姐姐，你騙我吧？」白衣仙女往旁邊一指，巴彥一回頭的工夫，白衣仙女就沒影了。只聽身後有人說話：「小弟，我在這！」巴彥撒目了半天，看見不遠處有個笸籮大的蛤蜊一張一合的。巴彥明白了，叫：「姐姐快回來！」大蛤蜊翻了個跟頭，跳起來，變成了白衣仙女，和巴彥說：「我身上

就有一顆大夜明珠，如果你想發財，你就交給官家，肯定能得到重賞，不過我的命就沒了，咱們就永世不能見面了。」說著，從懷裡掏出一顆雞蛋黃那麼大的夜明珠，閃閃發光，疼得眼淚噼里啪啦地流出來。巴彥見了，心裡一震，啊，好大一顆珠子呀！朝廷能賞多少金子啊！一輩子也花不完用不盡。又一想，人得講良心，既然我們已經是姐弟了，絕不能用姐姐的命去換金子，那還夠人字那一撇一捺嗎？想到這，說：「姐姐，不管你是不是人，你都是我姐姐，我絕不幹那傷天害理的事。」

「你真是我的好兄弟，我沒認錯人，咱後會有期。」說完一轉身，就走了。巴彥在身後大聲叫：「姐姐，姐姐。」

巴彥醒來，看天已經亮了。幾天來跟船出去，天天想夢裡的事情，一想起白衣仙女說的話，就不想撈河蚌了。這一天晚上，剛閉上眼，就看見姐姐來了。倆人就像久別的親人，親熱得不得了。白衣仙女流著淚對巴彥說：「弟弟，姐姐有事要求你。」

「有什麼事？你儘管說，姐姐的事就是我的事。」

「姐姐大禍臨頭了！」

「啊，怎麼了？」

「弟弟，天亮以後，你們的人就要到我們住的崴子來抓我們，我一個人可以跑，可我們家族好幾百號人，往哪藏啊，我不能扔下他們不管哪。」

「你們現在住在什麼地方？」

「在白石砬子下的崴子裡。」

「我能幫你什麼忙？」

「這，這，這——」

「姐呀，你快說呀！」巴彥焦急地說。

「這你可得受苦呀！」

「只要能救姐姐，搭上命我也認了。你快說吧！」

「那我就直說吧。我們住的地方水很深，膽小的人不敢下，我想請你和珠

軒說，你第一個先下去。下邊不管發生什麼事，你也不要怕。等他們把你拉上去的時候，你就說下面有妖怪，越邪乎越好，他們就誰也不敢下了。這可是個損招，你可別怪罪姐姐，我是實在沒有辦法了。如果你同意，就點一點頭，不行咱再想別的辦法。」

「姐姐，就這麼定了，就按你說的辦。」

白衣仙女激動得給巴彥跪下了，含著淚說：「好兄弟，我先替全家族謝謝你，以後我會幫助你的。」巴彥急忙把姐姐拉起，兩人難捨難分灑淚而別。

早飯後，珠軒領著船隊奔向白石砬子下的崴子，把深潭團團圍住。巴彥一看水中間黑得像墨汁似的，就知道是姐姐說的地方。他就主動和珠軒請求：「大人，我先下去探探，看這樣水不能淺了。」

「你歲數太小，去個歲數大、水性好的。」

「大人，我跟你這麼長時間了，你還信不著我咋的？我還想採個大珠子得賞錢養活老娘呢。讓我先下去吧！」

「你個小鬼頭，行，再打發一個人和你作伴。」巴彥眼珠一轉，說：「那得我先下，他後下。」

「媽巴子的，你淨跟我耍心眼。」

珠軒讓把桿子綁塊石頭，豎到水裡，有十來丈深，巴彥把腰繩繫好抱著桿子沉到水裡。腳還沒落地，冷不防，頭上就被什麼東西撞了一下，不省人事了。那個人剛想往下跳，就看見巴彥那條腰繩一個勁兒往下沉，桿子也不住晃。珠軒喊：「下邊出事了！」大夥七手八腳把巴彥拽上來，一看，這小子昏迷不醒，嘀留嚓啷的。腳上，腿上，身上全是傷。

珠軒過來看了看，用手摸了摸他的鼻子，還有氣。有人上前使勁掐巴彥的人中穴。半天，巴彥哼了一聲，終於上來一口氣。珠軒問：「這是咋的了？」

巴彥瞪起眼睛看看一圈都是人，張了張嘴巴，才哆哆嗦嗦地說：「嚇，嚇，死——人——了，有，有，妖——精，有——妖——精！」

「啊？」人們都瞪大眼睛，張大了嘴巴，看了看巴彥渾身的傷，又看了看

珠軒，誰也沒敢出聲。珠軒見此光景，臉也變白了，又追問巴彥：「有什麼妖精？你看清了嗎？」巴彥當時現出非常驚恐的樣子，說：「老，老，大了；黑，黑，糊糊的，咱們快，快，快跑吧。」邊說邊使勁扭著脖子往水裡看。

「你是怎麼受傷的？」珠軒問。

「不，不知道。我，我就覺得頭，頭，好像被什麼碰了一下。就，就什麼也不知道了。」

珠軒怕再出事，擺著手大聲吆喝那幾隻船：「哎——，走，快順江往下走！」

巴彥受了傷，不能採珠了，被送回了家。沒用幾天的工夫，傷就全好了。

過了七月十五，他得和姨父張羅去挖參，姨父知道他是個勤快人，就答應了。他們在康大蜡放了半個月沒開眼（沒挖著），眼看紅鋤頭就落地了。巴彥看到時候了，跟姨父說：「我做了個夢，夢見一個白鬍子老頭站在對面山上向我擺手，我喊他，他沒答話，我就跑過去。看我來了，他卻走了，越走越快，我沒撐上，在半山腰一棵大樹那兒，他轉到樹後就沒了，我一著急，就醒了。」

老參把頭都會圓夢，聽巴彥一說，當時就樂了：「這可是個好夢，咱們要發財了，那個白鬍子老頭給咱引路來了。巴彥，快說說，那棵大樹有多大？想想，那是哪個方向？」

巴彥皺著眉頭，眯著眼睛，假裝尋思老半天，說：「看意思，好像是四道溝那個方向。」姨父說：「那就先到四道溝拉一拉，碰巧了就能把大貨請下來。」

他們來到四道溝下，把頭問巴彥：「像不像你夢見的那地方？」巴彥仔細端詳了半天，說：「好像是。」

「那咱就往上拉。」把頭給排好棍（分配位置），告訴大夥：「一棍挨一棍，要扒拉個遍，不能拉空。」他們在這趟溝白拉了兩天，有些人洩氣了。把頭心裡嘀咕，不對，還是沒找對地方。和夥計們說：「大貨肯定有，就看咱們

有沒有那個財分，明天再接著放。」

第二天，把頭領著大家來到四道溝西坡，讓巴彥挨著他當二棍，囑咐大夥：「咱手裡的索撥棍（放山人手裡拎的棍子，鋤槓粗細，五尺多長）互相要能夠上，眼睛要多管事，不能一掃而過，碰著大樹就停下，把它上上下下，左左右右打量個遍。」他讓巴彥挨著他的目的，是讓巴彥把夢裡見到的情景好好回憶回憶，離著近好商量事。

巴彥一邊扒拉草，一邊找老椴樹，他心裡明鏡似的，找不著大椴樹就找不著那顆寶參。姨父也是和他想得一樣，他倆一邊走一邊合計，一邊可哪踅摸。走到半山腰，巴彥瞅見對面山坡有一棵大樹，就招呼姨父：「得和瑪，你看，對面那個山坡有一棵大樹，挺粗的，是棵老樹，能不能是那棵樹哇。」姨夫直起腰來，仔細瞧了半天：「不管是不是咱過去看看再說。」

他們來到近前，真是棵老椴樹，巴彥圍著椴樹轉了一圈，看見右邊有一塊磨盤大的石頭，斷定就是這棵樹了，他就碼著樹身子上下找，樹後一丈高地方，果然爛了一個缸口粗的大洞，讓樹枝擋著，如果不特意找根本看不出來。洞里長出一棵梃，上面頂著一大團紅球球。巴彥大聲喊：「棒槌！」把頭問：「幾品葉？」

「六品葉！」把頭心裡想，你個小孩伢子懂個啥，我放了半輩子山都沒見過六品葉呢。

大家聽見叫聲，呼啦就圍上來，七嘴八舌地問：「在哪呢？」

「在樹上邊呢！」

「哪有哇？我怎麼沒看見？」把頭順著巴彥指的方向看，可不是咋的！紅鋦頭像大拇指肚那麼大，這可不是一般貨，樂得直躥高。把頭告訴巴彥：「你先拿快當斧子（放山用的工具前邊都加快當二字）上去，用紅繩把棒槌拴上，然後把旁邊的樹枝砍砍，好抬（挖人參叫抬）參，砍樹枝千萬別碰著參哪！」

巴彥拴好棒槌，把上邊收拾利索了，老把頭親自上去抬，三個人抬了兩個多時辰才抬出來。呵！這棵參長的形狀太漂亮了，是個參娃娃，五行俱全，端

端正正的，是棵菱角參（一等），至少也能賣一萬兩銀子。讓人扒了一張松樹皮，餞了些青苔，小心翼翼地把參包起來。

把頭帶著巴彥帶著人參到營口棒槌營子，掌櫃的一看：「哈，這可是棵百年難得的寶參哪，你們想要多少錢？」把頭聽掌櫃的這麼一說，心裡有了數，張口就說：「至少也得一萬兩。」掌櫃的樂了：「行，我再多給你兩千兩。」把頭心裡這個後悔呀，也來不及了。賣了這一萬二千兩銀子，每人分了兩千多兩。

巴彥得了銀子，時時想念白衣仙女，好多人給他保媒，巴彥就是不打攏，眼瞅著一天比一天瘦，納納急得不行，找人給他看病，怎麼也治不好。巴彥整天迷迷糊糊的，把納納嚇得哭了一場又一場。一天，納納守在炕沿前，聽巴彥說胡話：「姐姐，你讓我想得好苦哇！」納納一聽，兒子是有人了，看著兒子的兩眼淌出眼淚，接著兒子嗷的一聲蹦起來，兩眼愣愣地看著納納，哇的一聲哭了起來。納納心疼地問：「孩子，怎麼了？」

「姐姐走了！」巴彥把遇見白衣仙女的事和納納學了一遍。說剛才夢中白衣仙女來了，說她不能和我成親，龍王要招她回去。明天就會有一個長得像她一模一樣的姑娘送上門來。那就是咱家的媳婦，讓我好好待她，能和我白頭到老。

第二天，果然一個老太太領一個長得像天仙似的姑娘到他家來了，說是找親戚沒找著，無家可歸。納納可憐她們，就留下了。不久，和巴彥就成了親，倆人待二位老人特別孝順。後來，生了四個小子，三個姑娘，日子越過越好，成了康大蜡山下的大戶。

金蟾島的珍珠姑娘

松花江，古時候叫「速末水」、「粟末水」、「宋瓦江」等不同的名字，咱就還叫它松花江吧。

松花湖上有個金蟾島，以前叫透水崗。因為這條十來裡地的漫崗，中間總往上透水，水漲上來時，這一段就淹在水裡，露出一塊小島，取名金蟾島。有人說這塊小島的形狀像蛤蟆，才取此名，實際上是因為小島北面以前有一塊蛤蟆石而得名。

那塊石頭活靈活現的像只青蛙坐在那裡，頭對著松花江，風一刮就動彈，可去多少人也推不動。這塊石頭很有靈氣，如果發現它周圍放出霧來，不出三天肯定得下雨。金蟾島西南，還立著兩塊扁扁石頭像張開的兩塊大蛤蜊瓢，方向對著蛤蟆石。

沒修豐滿大壩前，它們一直露在江邊，大壩一合龍，就被淹在水底下了。有時水位下降了還能看得見。

二十世紀五〇年代初，那塊蛤蜊石突然去向不明。

就這兩件東西，當地流傳著不少有趣的故事。

據說，蛤蜊石原來是松花江中的蛤蜊精變的。經過千年的修練成仙，終於煉成一顆能與月亮爭輝的夜明寶珠，而使得月亮逐漸變暗。嫦娥到處查找，終於發現了松花江上的這顆寶珠。

有一年八月十五的夜晚，嫦娥便下凡來到松花江邊。她親眼看見珍珠姑娘將蚌殼打開，對著月亮吸收月華，嫦娥方才恍然大悟，怪不得月光出現黑邊，原來是這個妖精作的怪。

嫦娥來到珍珠姑娘身邊，大喝一聲：「大膽的妖孽，竟然私自盜取月華，以致使得月光變暗，你可知罪！」

珠仙見到嫦娥下界，急忙將珍珠收起，蚌殼閉合，變成一個苗條淑女，向

嫦娥請罪：「不知娘娘駕到，有失遠迎，請娘娘恕罪。」

「不必囉嗦，趕快把你的身世如實招來！」

「我家原來就住在東海敖來國，那時，有三口海眼不住往外噴水，後來海眼讓長眉李大仙用五彩石給堵上了，海水退到東海裡，那幾塊五彩石變成了九鼎鐵叉山，這裡才變成了陸地，出現了大江大河。我就出生在這松花江裡，究竟是哪一年出生的我自己也不清楚，據龜大哥講有一千多年了。」

「你知道你煉的是什麼珠子嗎？」

「我也不知道，我是在大江裡看見了這塊五顏六色的小石頭，被水沖得溜圓，挺好看的，我就把它撿起來，含到嘴裡，當時就感覺五臟六腑都特別清涼，以後就天天含著，越含越舒服。我就覺得渾身是勁兒，精神頭越來越足，想上哪兒就能上哪兒。在大江裡不管遇上多大的風浪，都不在乎，就像紮了根似的，這時我感到這顆珠子有了一定的神力了。不知又過了多少年，珠子竟漸漸大了起來，嘴裡含不下了，放在外面還怕丟了，我只好把它放在腋窩下，這回可就不那麼舒服了，硌得胳肢窩下的肉痛得厲害，經常痛得我流眼淚，不得不把它拿出來，眼淚常常滴在珠子上。開始我沒注意，時間長了，我發現讓眼淚洗過的珠子比過去亮了。雖然夾在腋窩裡特別疼痛，可拿出來看著它又稀罕的不得了，所以我就常常拿出來用眼淚洗它。我喜歡在月亮圓的夜裡拿出來，不知是什麼緣故，經月光一照珠子閃閃發光，而且越來越亮。天長日久，它還自己發出光來。不瞞你說，現在這顆珠子比東海龍王那塊夜明珠還要亮，已經是一顆寶珠了。所以怕別人知道，我不敢輕易往外拿，只是每月的十五晚上才拿出來對著月亮照照。至今我還沒弄明白這是怎麼回事。」

「我告訴你吧，你身上這顆珠子不是普通的珠子，它是女媧娘娘補天時落在東海裡的一塊小石渣，經過千百年的沖刷，磨礪成一塊光滑無比、五彩繽紛的寶珠了。你很有心計，把它收藏起來，讓它吸收天地之精華，江河之靈氣，你的眼淚把它沖洗得更加光亮，更增長了它的靈氣。你和它已經融為一體了，它在你的肉體內，使你不斷地接受它的滋養，你的功力也在不斷增強。但是，

你可知道嗎？你的行為已經危害了天地，觸犯了天規，犯下不赦之罪！」珍珠姑娘聽了，嚇得面如土色，慌忙跪倒：「小人實在不知，請娘娘恕罪！」

「可能你還不知，你這顆珠子竊取了月光的精華之後，害得月亮周邊的光輝年年減退，如果再過數萬年，月亮將被你的明珠所代替，就可能變得日月無光，天地混沌，這個罪過你能擔待得起嗎？」聽了這番話，珍珠姑娘、嚇得渾身顫抖。叩頭如搗蒜，一個勁兒求嫦娥饒命，道：「我哪知道會闖如此大禍，早知如此，何必去撿這塊惹事的石頭哇！現在後悔也晚了，請娘娘發落吧。」

「現在唯一的辦法，就是你帶明珠隨我送月宮去，補償月亮失去的光輝，待月亮完全恢復光明後，將珠子廢掉。」

「除此之外，再無別路可行了嗎？那麼我千年的修練不就前功盡棄了嗎？」

「你本來就不應該成仙，你也沒有成仙的根基。我帶你上月宮，已經是對你最大的寬恕了，如果讓王母知道了，你就得遭到嚴厲的處罰，就不像我對你這麼客氣了，好自為之吧！」

「娘娘容我再想想。」

「無須多想，下月的今天必須跟我去月宮，你好好準備準備吧。」嫦娥說罷，逕直奔月宮去了。

珍珠姑娘正在心神不定之時，忽然聽到有個甕聲甕氣的聲音：「嫦娥是不會寬恕你的，還是自己想想辦法吧。」

姑娘往四周望瞭望，沒見有人，就想慢慢地回到水中。不料，從水裡「噌」的一下躥出來一個穿一身青色褲褂、惇惇實實的小夥子，把姑娘嚇了一大跳。看上去是十五六歲的年紀，長得黝黑的臉膛，眉清目秀挺和善的，不像有什麼惡意。她穩了穩神，問：「你是什麼人，為啥到我這裡來？」

「對不起，驚嚇了姐姐，給姐姐施禮了。」

這把姑娘羞得滿面通紅，忙說：「快快請起，請不要多禮。」

「我叫小青，是嫦娥身邊的童子，我見她一個人下凡來，怕遇上什麼麻

煩，就偷偷地跟著來了。沒想到有幸碰上姐姐，我偷聽了你們的對話，真替你擔心哪！」

原來，這個小夥子就是天天想吃月亮的那隻蟾蜍變的，見嫦娥從月宮中出來，它就偷偷地跟在後邊下凡來了。它在月宮也發現這邊出現了光環，但沒鬧清是什麼東西。當偷聽了嫦娥和珍珠的對話後，把它也嚇了一跳，要真把這顆明珠弄到月亮上去，會使月亮更加明亮，更不容易吃掉了，這許多年的計劃不就變成泡影了嗎？得阻止她，絕對不能讓她把珍珠帶到月亮上去！得想盡一切辦法把珍珠弄到手，然後到別的星球上去自立山頭，想到這，它眼珠一轉，說：「月宮裡可淒涼了，陰冷陰冷的，一年四季乾巴巴的冷，所以才叫廣寒宮。連嫦娥都待寂寞了，想走都走不了。她把你弄去放在角落裡，你連命都沒了，千年萬年無人理會，哪還有生還的機會？嫦娥怕你的寶珠奪去月亮的光輝，她就沒有落腳之地了，再說讓玉帝和王母娘娘知道了，也饒不了她。她的目的就是想得到你的寶珠，對你沒安好心，把你置於死地，千萬不能聽她的呀！」

「小青哥哥，怎麼辦哪？快救救我吧。」蟾蜍看珍珠害怕了，機會來了，它這才大膽的正視了珍珠姑娘一眼，讓他陡然一陣心跳，這個姑娘怎麼長得這麼水靈呢，一雙水汪汪的大眼睛，皮膚像透瓏奔兒似的，白裡透紅細膩無比，它所見過的仙女，沒有一個比得上她這麼鮮嫩了，今天算是一飽眼福哇。珍珠姑娘見小青這麼看著她，臉一下紅到耳根，像一朵乍放的桃花，讓這個小青丟了魂兒，產生了一種說不出的感覺。姑娘低頭著急的小聲說：「小青哥哥，快說話呀！」

「啊，啊，只要你聽我的，好辦，好辦。」小青這才醒過神來。他感覺喜歡上了珍珠姑娘了，他要想一個既能經常和珍珠姑娘在一起，又能把珍珠弄到手的辦法，讓他一舉雙得，說：「咱們想辦法躲起來，不讓嫦娥找到不就行了嘛。」

「怎麼才能讓她找不到呢？」

聽了珍珠的問話，他眨了眨小眼睛，說：「我是月亮上的蟾蜍，咱們都生活在水底下，鑽到水底下幾十丈深的泥裡照樣生活。我練了一身在水底打洞的本事，咱們躲在裡面，嫦娥不會找到咱們的。」

「總躲在洞裡也不是長遠之計呀，整天不見天日，還不如到月宮去呢。」

「不是長期躲在那裡，等過一陣子，嫦娥不找了，咱們就走。」

「往哪兒走哇？」

「到時候會有辦法的，我會儘力的。」珍珠姑娘聽了他的話，心裡半信半疑，但也沒有好辦法。勉強說：「謝謝哥哥了。」

蟾蜍表面上是幫助珍珠姑娘，實際上是打著自己的如意算盤，先利用和珍珠姑娘接近的機會，取得珍珠姑娘對他的信任，然後再找機會把寶珠弄到手，自己再想法跑到一個神不知鬼不覺的星球去稱王稱霸。

嫦娥回到月宮，發現蟾蜍不見了，知道他又要搞鬼。過了許久，蟾蜍鬼鬼祟祟地回來了。嫦娥打發玉兔將它叫來，厲聲問：「你到哪裡去了？」

「我沒上哪去呀。」

「你還敢犟嘴！你能騙得了我嗎？我前腳走，你就跟在我後邊，你的膽子也忒大了，竟敢跟蹤起我來了。你也看見那顆珍珠了，是不是？我必須收回來，你打的什麼壞主意以為我不知道哇，你就別在那顆珠子上打算盤了。你聽著，你不是想把珍珠姑娘送到江底下去嗎？我不攔你，我現在就讓你去，我看你能有多大能耐，只要能走得了，到哪去都行。你不是看中了她嗎？你現在就帶她走，既能和她在一起，又能得到寶珠，豈不是兩全其美。我看你是沒安好心眼子，就怕你沒那麼大本事！但話說回來了，你要帶不走她，可就別怨我不客氣了！」

蟾蜍唯唯諾諾地退了下去，邊走邊琢磨：我的計劃讓她全識破了，想什麼辦法才能把珍珠姑娘帶走呢？一直到了松花江邊，也沒想出個好辦法。

它站在江邊連喊三聲：「珍珠姐姐，小青來了！」

珍珠姑娘聽到喊聲，浮出水面，看到小青慌慌張張的樣子，知道出了事，

忙問：「小青哥，為啥這麼驚慌？」

「咱們的計劃讓嫦娥看破了，她說，只要我有本事能把你帶走，她就可以放過找咱們。」

「她還要不要寶珠了？」

「找不到咱們，當然找不到寶珠了。」

「那不是好事嗎？怎麼還把你急成這個樣子。」

「話是這麼說，你想想，我根本不是她的對手，我們能逃脫得了嗎？」

「那咱們也得想辦法呀。」

小青現了原形，「撲通」一聲跳進江中，鑽進底下的泥沙裡，用爪子扒泥土，不管使多大力氣，也扒不開。底下都是鐵板砂，挪了幾個地方，都是硬邦邦的，爪子都扒出了血，沒辦法，只得爬出來。姑娘問：「怎麼樣？」

「下邊怎麼那麼硬呢？都像鐵板一樣。」

「不對呀，我在這待了這麼多年了，江底下都是紫泥，下面雖然有沙子、石子，也不像你說的那麼硬啊？」說著他倆一塊跳了下去，撥開稀泥，底下好像一塊玉似的，連條縫都沒有。這回倆人都傻眼了。

珍珠姑娘說：「是嫦娥施了法術，不讓我們走，我們是鬥不過她的，還是去見嫦娥吧。」

「那可不行，見她就等於去送死，我們絕不能自投羅網。你在松花江不是有很多朋友嗎，能不能請他們幫幫忙？」

「是呀，但是這是天機，他們知道了肯定會暴露的，咱們還會跑得了嗎？」

「有沒有有智謀又和你知近的人？」

珍珠姑娘沉思了半天說：「龜大哥平時對我不錯，而且還特別有心計，不知他肯不肯幫忙？」

「那就快去請吧！」

珍珠姑娘把龜元帥請來，說明了緣由。龜大哥當即阻止：「你們那是異想

天開。蟾蜍，你以為你有天大的本事，想上哪兒就上哪兒呀，有本事這些年為什麼不離開月宮？你在天上的所作所為尋思我不知道哇，淨幹那些見不得人的事！你是真心幫助珍珠姑娘嗎？你是想把珍珠弄到手，害死姑娘，再去危害天地宇宙。你用心險惡，犯下了滔天大罪。」回頭對珍珠姑娘說：「你私自竊取月華，減弱了明月之光，已經犯下不可饒恕的罪行，雖然你是無意的，過去不知也罷，現今嫦娥已經向你說明，如果再執迷不悟，必然釀成大禍，玉帝也不會饒恕的，還是趕快去聽從嫦娥娘娘的發落吧！她是個慈善之人，我想她不會過於為難你的。」

珍珠姑娘聽了龜元帥的話，知道上了蟾蜍的當，說：「龜大哥，我聽你的。」

蟾蜍一看自己的陰謀敗露，氣急敗壞，上來就想奪姑娘的寶珠。龜元帥大喊一聲：「大膽！」一把將姑娘拉到背後，二人便扭打在一起。

正在難解難分之時，忽聽有人大喊：「大膽孽畜！還不趕快認罪！」大家抬頭一看，是嫦娥娘娘到了，急忙跪拜迎接。

「孽畜，你一貫不守天規，胡作非為，現在還妄想另立山頭，今罰你在此守江八百年，不到年限，不准回月宮！」

嫦娥對珍珠姑娘道：「過去，因你無知犯下大罪，諒你有改過之心，我收你為珍珠弟子。隨我回月宮吧！」珍珠姑娘急忙下拜，給娘娘叩頭。

之後，嫦娥衣袖一甩，緩緩升空，只見一顆明珠緊緊跟隨嫦娥身後，飛入空中。

從此，蟾蜍的軀殼就一直坐在松花江邊，到二十世紀五〇年代初，蛤蟆石突然失蹤了。有人說，可能八百年的守江期限已到，被召回天宮了。

珍珠姑娘被嫦娥收為弟子成仙了，把兩片蚌殼留在島上，為後人留下一段有趣的傳說。

鯽魚貝子

在鏡泊湖的西岸，有一個小小的部落。這個部落的人們，祖祖輩輩都不吃鯽魚。為什麼呢？這裡有一個傳說。

很久以前，在這個小部落裡，住著個老漁人，名叫納布昆。這老人的老伴早去世了，家裡只有一個姑娘，爺倆相依為命過日子，過得倒挺好。

納布昆老人也不知道為什麼，最喜愛湖裡的小鯽魚，別的魚他都打，唯獨這小鯽魚，他不打，不吃，也不賣。要是碰到誰拿著小鯽魚，他就花錢把它買回來，或者用好魚把它換回來，放回到湖裡去。

有一年，老漁人納布昆有病了，病得挺厲害，幾個月沒起炕。一個漁人家好幾個月沒有進項，可是件大事。家裡沒有吃的，也沒有燒的了。就是姑娘能幹吧，老人家也捨不得讓姑娘自己去打魚。日子過得實在很艱難。

老漁人是秋頭上得的病，到了秋末，他病重了，就把姑娘叫到跟前，說：「我不行了，往後你要找一個稱心如意的丈夫，好好過日子吧！」姑娘哭了。

正在這個時候，忽然聽到外邊有「咕咚，咕咚」打木桶的聲音。那個地方，凡是敲打著一種小木桶，在各部落走街串巷的，不是相面的，就是看風水的，再不就是治病的先生。姑娘聽到打木桶的聲音，就來到門外，按理說，打木桶的都是些個老頭，可這個打木桶的是個年輕的小阿哥。

這個小阿哥背著一個兜子，長得挺精神。姑娘一看這小阿哥就有點磨不開了，待在那裡不吱聲。小阿哥說：「姑娘，你有什麼心事，只要我能辦到的，我可以替你辦。」姑娘說：「我阿瑪病了有三四個月了，眼瞅要不行了，我盼望要有個老先生來給他看看病。」小阿哥說：「好，我會看病。」姑娘半信半疑，就把他領進屋裡來，對阿瑪說：「阿瑪，我給你找了一個先生。」這時候她阿瑪已經昏迷了。

小阿哥看一看納布昆的頭，摸一摸納布昆的手和腳，又用兩隻手摩撒摩撒

納布昆的腦瓜門兒，看完了就拿出一把像水草似的草藥，說：「你把這藥熬上吧。」

姑娘有點不相信，常言說，有病亂求醫，不管怎麼的，趕緊熬藥，藥熬好了，小阿哥一勺一勺地把藥喂到老人嘴裡。哎，可也怪，沒一袋煙的工夫，納布昆的肚子就「咕嚕，咕嚕」地響起來。又待了不大一會兒，他的眼睛就睜開了。再不大一會兒，納布昆對姑娘說：「你給我點水喝。」

姑娘可樂啦，走到小阿哥跟前，說：「你真是我家的救命恩人！」小阿哥笑了笑，說：「這樣吧，你家方便的話，不管什麼屋都可以，我在這待幾天，等把老人的病治好我再走。」姑娘更高興了，納布昆也挺高興。也沒打聽這小阿哥姓什麼叫什麼，這小阿哥就住下了。打這兒，小阿哥精心侍候納布昆。煎湯熬藥，連要吃什麼，都是他親自做。過了七八天，納布昆的病就好了。

納布昆的病是好了，可日子很難過呀！到吃飯的時候，小阿哥對姑娘說：「咋還不做飯呢？」姑娘臉一紅，低下了頭。

納布昆一旁說：「實不相瞞，家裡沒吃的了，我尋思，今個下湖打魚去，打點魚款待款待你。」小阿哥說：「你們家裡有糧食呀！」納布昆搖了搖頭：「要是真有糧，我還能不給你做嗎？」這小阿哥又說：「不對，你們那個小哈什裡有糧食，我剛才去看過了，是稗子米和小黃米，還有肉乾兒。你們怎麼不做呢？」姑娘有點來氣了，說：「你看，要是有，我能不給你做嗎？」

小阿哥又笑了笑：「來，咱們去看看。」

「行！」姑娘心裡想，跟你走我不怕你看。

小阿哥打開這個小哈什，裡頭是稗子米，打開那個小哈什，裡頭是小黃米兒，還有肉乾兒。這可把姑娘驚呆了。小阿哥說：「有糧嘛！做飯吧。」姑娘高興地做了飯。

第二天，這個小阿哥又對姑娘說：「我想喝點馬奶子，有沒有？」姑娘說：「沒有。」小阿哥指著放在桌上的葫蘆說：「你們有哇，是裝在那個葫蘆裡。」

這時候姑娘有點明白了，知道這小阿哥不是凡人。忙說：「有，有，有。」小阿哥說：「你給我拿來吧！」果不其然，那葫蘆裡裝了滿滿一葫蘆馬奶子。熬好了馬奶子，小阿哥對姑娘說：「我不喝，給老人家喝吧，喝了能壯脾胃。」

到了第三天，小阿哥又對姑娘說：「老人家願意吃雞蛋，吃了可以壯力，你們家有沒有？」姑娘忙說：「有，有，有！」果不其然，她到小哈什裡把雞蛋拿出來了。就這麼的，老漁人納布昆一家的日子，就越過越好了。納布昆的身子骨，很快也就復原了。

有一天，納布昆做了好飯，把小阿哥請來，對他說：「我看你挺好，我這兩天就尋思，你要不嫌棄，我把姑娘許配給你，我要有你這樣的姑爺，就舒心了！」

小阿哥一聽這話，打了一個唉聲：「我不是看不上你這姑娘，你知道我是誰嗎？」納布昆笑著說：「我不知道，我們滿族人，見到好人都不問他的名和姓。你就是一個好人。」小阿哥兩眼瞅著老人，說：「我跟你老說實話吧！我到你這是報恩來了。我是湖裡的鯽魚貝子，我的阿瑪是湖裡的貝勒。」

納布昆一聽，「啊！」了一聲，心想：怨不得他有這麼大的能耐！他趕忙站起來，要給鯽魚貝子請安。鯽魚貝子請納布昆坐下，說：「您老不要這樣，您老這一輩子對我們鯽魚種族，這麼愛護，我們沒有什麼報答，我奉我阿瑪之命，到這來給您老治病來了。我是吃了仙丹上岸的，只能在旱岸上待一個月，再以後，我就不能在這待了，怎麼能跟你姑娘成親呢？」

納布昆聽了可就犯愁了，他知道姑娘對小阿哥有了情意。停了一會兒，小阿哥說：「這樣吧，想要讓我在這兒長待，你們得預備一個大水缸，到我吃的仙丹失靈的時候，白天我待在水缸裡，到晚上我就可以變成一個人。」納布昆說：「行，就這麼辦吧！」

爺倆立時給鯽魚貝子預備了一個大水缸，裝滿了水。過了一個月，鯽魚貝子吃的仙丹果然失靈了，於是，它白天待在水缸裡，到晚上才出來。

可是，鯽魚貝子身上有一層魚鱗，沒法和姑娘成親。姑娘問鯽魚貝子：「你能要什麼就有什麼，那你說，咱倆怎麼才能結為真正的夫妻呢？」

鯽魚貝子說：「要想結為真正的夫妻，咱們就得找一位神，你們岸上有一位神，叫安班瑪尼，是蘇木哈拉的一位神。他住在樹上，你們南面有一棵最粗最粗的樹，他就住在那裡。你得去求他，他能把咱倆成全了。」

第二天早晨，姑娘起了個大早，找安班瑪尼去了。

安班瑪尼是一個有求必應的神。姑娘跪在大樹下叩頭懇求。一抬頭，只見在樹底下出現一大碗米酒。這米酒「嘩，嘩」直勁兒翻花，就像開了鍋似的。姑娘一看，知道這是神酒，就高高興興把這酒拿回來了。

鯽魚貝子喝了安班瑪尼的神酒，覺得渾身發熱，熱得滿地打滾兒，足足有兩個時辰，鯽魚貝子身上脫下了一層魚鱗皮。從此，鯽魚貝子白天黑夜都是人的模樣了，他和納布昆的姑娘成了親。

鯽魚貝子成親後，不能回鏡泊湖水府了。這時候，鏡泊湖水府的老鯽魚貝勒，知道兒子和納市昆的姑娘成了親，十分惱怒。他帶領水府兵將，來到納布昆家，沒容分說就把鯽魚貝子抓了回去，押在水牢裡。

姑娘天天到湖沿兒上去等鯽魚貝子。鯽魚貝子在水牢裡，也是一直想念姑娘。他心裡叨咕著：「安班瑪尼呀，你要是有靈有神通，你就來幫助我離開這個水牢吧！」小鯽魚貝子一連叨咕了三天三夜。到第四天頭上，就聽有人在空中說：「你在水牢裡要做幾樣事兒，你才能離開水牢。」鯽魚貝子忙問，「做哪幾件事呢？」那人說：「第一件事兒，今年湖岸上要大旱，你能不能讓你的阿瑪多發點水，讓它湖汌四十，露打三寸。」

鯽魚貝子心裡想：找我阿瑪是不行，我得找行水將軍，他托水卒把行水將軍找來了，懇求地說：「你得救救我呀？」行水將軍問：「我怎麼救你呢？」鯽魚貝子告訴他：「今年湖岸要大旱，你能不能叫湖汌四十，露打三寸？」行水將軍點了點頭：「行。」就這樣，行水將軍照鯽魚貝子說的去做了。

第二天，又聽外邊空中那人說：「第二件事，今年鏡泊湖裡有一條黑魚

精，在那作怪，不是吃豬，就是吃人，百姓遭災受難。你能不能為百姓除害呢？」鯽魚貝子說：「能！」鯽魚貝子又把水內將軍找來了，問水內將軍：「是有這麼個黑魚精嗎？」水內將軍回答說：「有！」鯽魚貝子就命令他：「你把這黑魚精殺了吧，為百姓除害！」就這樣，水內將軍把黑魚精殺了。

殺死了黑魚精，鯽魚貝子又問外邊空中那人：「第三件事是幹什麼？」那人說：「你讓你阿瑪到岸上看看去，他看完回來，就能放你出水牢。」這天，送飯的人來了，鯽魚貝子告訴送飯的人：「你跟我阿瑪說，三天之後，讓他到岸上看一看，看看岸上有什麼動靜沒有。」送飯的答應了。

到了第三天，老鯽魚貝勒來到岸上一看，老百姓又跳舞，又唱歌，又燒香，又擺供……老鯽魚貝勒問：「這是幹什麼？」水卒稟告道：「是百姓們在感謝鏡泊湖湖主。」老鯽魚貝勒奇怪了，說道：「我並沒幹什麼好事兒，百姓為何感謝我呢？」

老鯽魚貝勒越尋思越奇怪，他想看個究竟，於是他變成了一個老獵人，在湖岸上走來走去。他走啊走啊，一路上聽老百姓都說：「你看還是老貝勒好呀，給我們這地場湖泅四十，露打三寸，還除掉了黑魚精。」

老鯽魚貝勒心裡想，這是誰幹的好事呢？為什麼都攞到我身上了？老鯽魚貝勒回到水府就問文武百官。問這個，這個不說，問那個，那個也不說。最後問到行水將軍和水內將軍，那兩個將軍說：「這個事情，只有小鯽魚貝子他知道。」老鯽魚貝勒說：「好，把他叫來！」叫來一問，鯽魚貝子就如實說了。他阿瑪一看，兒子幹了好事，就把他從水牢裡放出來了。

小鯽魚貝子出了水牢，又上了岸，找到了南山上那棵大樹，磕頭謝恩，說：「安班瑪尼，你還要救救我，讓我永遠在岸上住！」他的這個行動，叫老鯽魚貝勒知道了，又把鯽魚貝子抓了回去。

這時候，納布昆的姑娘出去求安班瑪尼去了。安班瑪尼說：「你拿著我的這個銅鏡子，扔到鏡泊湖裡。扔下去，就趕緊往回跑，可不興回頭，不管誰招呼你，你都別回頭，跑出去一百步，小鯽魚貝子就能回來，從此，他就永遠和

你在一起了。」

　　姑娘告別了安班瑪尼，坐著船來到湖裡，拿著銅鏡子往湖裡一扔，她趕緊把船搖回到岸邊，下船上岸，就不回頭地往家裡跑。跑到離岸上有二三十步遠的地方，鯽魚貝子已經出了鏡泊湖，追到姑娘身後了。

　　這時，姑娘忽然聽到有人在身後招呼她：「你跑什麼？你丈夫都回來了！」她急忙一回頭，這一下子壞了！納布昆的姑娘和小鯽魚貝子都變成了青蛙，雙雙跳到湖裡去了。

　　從此，傳下來說青蛙是鯽魚變的。打這以後，鏡泊湖岸邊這個小小部落的人們，再也不吃鯽魚了。

傅英仁（講述）

王士媛（蒐集整理）

金馬駒

葉赫境內，有東西兩座古城，是古葉赫國的都城。東城裡面有一眼深井，傳說，曾經鎖過一匹金馬駒。

這匹金馬駒是怎樣被鎖進井裡的呢？聽老年人講，在遠古時候，天宮裡，阿不凱恩都裡設置了一處萬獸園，專供諸神欣賞遊玩。萬獸園裡的動物，全是金鑄的，有金馬、金牛、金羊、金虎、金豹、金鹿、金狐、金狸，金光閃爍，千姿百態。尤其有一匹金馬駒，更是活靈活現，深得諸神喜愛。每逢天神和諸神來遊玩，總愛在金馬駒身旁多站一會兒。天長日久，這匹金馬駒傳上了神氣，有了真魂。有一天，它眼珠子一轉，眼皮一眨，前腿一躍，後腿一蹬，騰空而起，跳出了萬獸園，踏著一片白雲，來到了人間。一陣陣野草鮮花的芳香，撲進了它的脾胃，山川、河流，開闊了它的眼界。見到了人間的美景，金馬駒歡暢極了。

在人間，金馬駒奔馳過的草原，草長得格外豐美；金馬駒穿越過的山林，樹木長得格外茂密；金馬駒飲過的河水，河水格外充足。一天，天宮裡的天神，又到萬獸園裡遊玩，發現金馬駒不見了。難道有人敢偷盜天宮裡的寶物？還是金馬駒成了氣候，私自跑到人間？阿布凱恩都裡大怒，立即派了虎神帶領天兵，到人間尋找。虎神騰雲駕霧，來到一片草地上，見一匹金光閃閃的駿馬，正在和一群牛羊安閒地吃草。虎神仔細一看，正是萬獸園裡的金馬駒。他一個跟頭，折了下來，恰好落在金馬駒身旁，伸手就要捉拿它。金馬駒機靈地躲過，放開四蹄，箭也似的跑了。虎神命眾天兵撒下包圍圈，終於把金馬駒逮住，帶回到天宮。天神下令，將金馬駒鞭打五百，鎖在萬獸園裡，磨磨它的野性。卻說這金馬駒在人間閒散慣了，怎受得了這般囚禁，心中甚是煩躁，雖然鐵鎖在身，卻終日掙扎蹦跳，一心想回到人間。

一天，天神和諸神品足了美宴，飲夠了仙酒，來到萬獸園裡閒遊，看見金

馬駒臥著歇息，以為已被馴服了，他湊到金馬駒跟前，要伸手摸摸它，沒承想金馬駒躍起身來，怒沖沖地向阿布凱恩都裡撞去，幸虧一位天兵手快，把他護住，才沒被撞倒。天神氣得咬牙切齒，惡狠狠地說：「這個孽畜，放著天庭之福不願享受，那就把它打入人間地獄，讓它永生不見天日。」

這趟官差派在熊神的身上，他帶領天兵，押著金馬駒，一路穿雲破霧，恰好落在葉赫國地界。這時只見城裡鼓樂喧天，十分熱鬧。熊神就派一員天兵化做凡人，進城去打探。原來，這是葉赫國的都城，因為城築在山丘頂上，吃水十分困難，新近打了一眼十五丈深的大井，剛剛竣工，國王一時高興，下令全城歌舞慶賀。

熊神正愁沒有地方處置金馬駒，一聽這消息大喜，心想：正好，就把它葬入井底，省去我許多麻煩。待到夜深人靜，熊神帶領天兵，飛過城牆，來到井邊。用一根百丈長的鐵鏈鎖拴在金馬駒的脖子上，又墜上一塊三千斤重的大石頭，在井沿又釘了一根鐵樁，拴住了鐵鏈子。然後，猛勁一推，金馬駒哐噹一聲掉進井底。

不料，這件事被一個經常在夜間修練法術的女巫看見了。她想：這匹金馬駒一定是觸犯了天規的神物。我要是把它弄到手裡，那可是一輩子也享受不完的富貴，何苦再幹這人不人鬼不鬼的事兒。

等熊神走後，女巫像兔子一樣地跑到井邊。只見井裡金光閃閃，她就緊握著鐵鏈子，使勁往上拽，累得她筋疲力竭，也沒有拽上來。女巫想：憑我的力量是永遠也拽不上來了，最好是報告國王，他兵多勢大，只要能拽上金馬駒，對我一定會有重賞。這時天剛放亮，她就急忙跑到皇宮前，守門的領她見了國王。女巫編造說：「尊貴的皇上，昨夜，天神給我託夢說，他賜給皇上一匹金馬駒。為了考驗皇上的國力，天神把金馬駒鎖在深井裡，望皇上派人前去打撈。皇上要是得到它，那就成為世上最富有的國王。」

國王大喜，親自率領二百士兵，去打撈金馬駒。國王站在井沿，貪婪地望著井裡。士兵們輪班拽著鐵鏈，一個個累得呼哧帶喘，如果稍一鬆勁，鐵鏈就

嘩的一聲滑到井裡。這樣反覆多次，足足拽了三天三夜，也沒拽上金馬駒來。國王不死心，對女巫說：「聽說你的法術通天，那麼你就施展法術，把金馬駒弄上來。」

女巫嚇得渾身發抖，她明白自己的法術是騙人的，可是國王的命令，她怎敢違抗，沒辦法，只好叫人在井邊搭起了法壇。她披頭散髮，手執腰鼓，口中唸著咒語，連扭帶舞，裝模作樣地折騰了一天，也不見金馬駒上來。國王很惱怒，下令砍了她的腦袋。

後來，又有許多痴心的人，抱著發財的美夢，來拽金馬駒，都是連影子也沒見到。不過打這以後，井水卻特別好喝，不管你多麼疲勞，只要喝上口這井的水，疲勞會立刻消失。

人們對金馬駒的傳說，越傳越玄，有的說，井裡鎖著一個魔鬼，根本就不是金馬駒；有的說，井裡鎖著東海龍王的三太子，因為他調戲民女，被罰鎖在井底；也有的說，井裡真的鎖著一匹金馬駒，必須有十個兒子的人才能有希望得到它。這個人和他的兒子不但要非常勇敢，而且還要心腸特別善良，其中還要有一個水性最好的，能敢於跳到井裡，托起金馬駒，才能打撈上來。

不知過了多少年代，葉赫城裡有一個獵人，他一連生了九個兒子，他很高興，心想：再生一個兒子，我就要去打撈金馬駒了。真可惜，第十個孩子卻是個女兒。但獵人並沒有失望，他嚴格訓練著他的孩子們，從小就教他們騎馬射箭，長大了個個身強體壯，力氣十足，並且都很勇敢、善良，不足的是都不會水。獵人自有打算，決意要找一個水性好的姑爺，當作他的兒子。獵人選姑爺，選了九十九個都不如意，第一百個才選了個水性很好的人。

獵人選了一個吉祥的日子，帶著九個兒子，一個姑爺，來到井旁。姑爺聽從岳父的吩咐，順著鐵鏈溜到井底，解開了三千斤重的大石頭。井上，爺十個齊心合力，加勁兒地拽著，終於把金馬駒拽到井上。

金馬駒用頭親暱地蹭了蹭獵人的手背，又舔了舔獵人的手心，說：「善良的救命恩人，我是匹神馬，在我奔馳過的草原，草會長得格外豐美；在我穿越

過的山林，樹木會長得格外茂密；在我飲過的河水，水會更加充足和清甜；在我行走過的土地，土質會更肥沃。你們得到我，只能富了你們一家，如果把我放掉，我會使你們整個國家的山川美麗，物產豐富，人民會過上好生活。善良的救命恩人，你任選其一吧。」

獵人聽了，和他的兒子、姑爺在一起商議了一下，然後對金馬駒說：「如果真像你說的那樣，我們願意把你放走。」

金馬駒一連點了三下頭，表示謝意，然後撒了個歡兒，跑遠了。從此，葉赫的山川特別美麗，物產十分豐富。

歷史・人文

補天石

長白山天池有個大缺口，池水汩汩地從池裡流出來，形成一條不算很長的小河，這就是志書上的汩汩河，可人們總愛叫它天河，也許是從高山的天池裡流出來的緣故吧。就在河的源頭，也就是天池缺口的地方有一塊巨大的石頭，人們都叫它補天石。這塊石頭，還有個美麗的傳說呢！

很久以前，在天河下游有個小屯子。屯子裡住著一個叫劉仁智的小夥子，是全屯出名的好獵手。他的箭法很準，射出去的箭總是百發百中。

一年夏天，波平如鏡的天池忽然之間翻起浪花，天池裡的水漲平了槽。下面的屯子被水漫了，可是天池裡的水還在漲，越漲越大。屯子在水裡泡了一個多月，也看不出什麼撤水的兆頭，逃到山上躲水的人們望著天池不住地嘆氣。正在望著，見天池裡又掀起巨浪，翻著白花，好像有什麼東西在水裡攪。人們一看，更是愁上加愁，知道水裡有了怪物。制服不了這個怪物，天池就不會平靜，漲上來的水也不會消下去。在山上躲水的人們都愁得吃不下飯，睡不好覺。

劉仁智見鄉親們愁成這個樣子，心裡也不好受。一天夜裡，他躺在地鋪上想，這樣下去，什麼時候才能出頭啊。乾脆下到天池裡去制服妖怪，給鄉親們分憂解愁。天一放亮，他就帶著幹糧，背著弓箭，攀懸崖，登峭壁，來到天池岸上。到缺口一看，白花花的大浪，帶著呼呼的風聲，不停地朝大河湧來。劉仁智正在往水裡看著，浪頭像開鍋似的往上翻，下面露出一個黑乎乎的東西，眨眼之間又鑽進水裡。劉仁智暗暗點了下頭，心想原來是這東西在水裡作怪，到底是什麼東西呢，沒看清。他順著山崖蹲下來等著，足足等了個把時辰，那個怪物又在天池裡攪起來，它在水裡張牙舞爪，邊打滾一邊從嘴裡往外噴水。劉仁智終於看明白了，在天池裡翻滾攪鬧的原來是一條黑龍。

劉仁智回去把黑龍攪鬧天池的事向鄉親們一說，鄉親們犯愁了。知道這黑

龍來者不善，長此下去，鄉親們就永遠不得安生了。為了過上安穩日子，鄉親們一商量，每天送一口肥豬，擺在天池岸邊，給黑龍作供品。頭一天把肥豬送去，第二天水就消了。鄉親們都回到屯子裡，收拾田園，過起太平日子。過了三天，天池裡的水又往上漲，天河裡的水又平槽了。鄉親們又趕緊送去肥豬。從這天起，每隔一天就送去一口肥豬，這個辦法真靈驗，天池水再也不漲了，天河也露出了河床。地裡的莊稼由黃變綠，很快就要投節秀穗了。天池裡也風平浪靜，像一面鏡子那樣平靜，岸邊的山影照在水裡格外好看。

日子一長，屯子裡的肥豬，全給黑龍吃光了，鄉親們便停下來不送了。過了幾天，人們都睡在夢中，突然被呼呼的風聲驚醒了，房上的草被風掀掉了，屋前的樹被風颳倒了，緊接著下起瓢潑大雨。漆黑的天空上響著雷聲，閃著電光。在閃閃的電光中人們看到一條黑龍豎在空中，用尾巴攪出天池水朝屯子潑來。天近五更，風停了，雨住了，小屯子被水淹了。逃到山上的鄉親們，都愁眉苦臉，唉聲嘆氣。

劉仁智望著有家難回的鄉親們，心裡很難過。他對大夥兒說：「我去找黑龍算賬，要能鬥過黑龍，鄉親們就回家去過太平日子。要鬥不過黑龍，你們就遠奔他鄉逃命去吧」。

他說完就背起弓箭，攀懸岩，登峭壁，直奔天池。他藏在石縫裡一直等到天黑下來，看見天池裡的水又翻騰起來，浪頭一個壓著一個湧入缺口，水在不斷地猛漲。那黑龍鑽出水面，非常得意地搖晃著龍頭，兩隻龍角像大樹似的在月光下襬動著。

劉仁智一面看著黑龍，一面把乾糧吃下去，用足力氣，伸開兩膀，搭弓拉箭，弓開弦響，嗖的一聲射出一箭，那箭像流星一般帶著風聲朝前飛去，不偏不斜正射在黑龍後脖頸子上。黑龍中箭後猛然躍起，回頭順著缺口往下衝來。劉仁智知道黑龍受傷了，再也不能騰空而起了，只好順著天河向下游來，再興風作浪，淹沒屯子。劉仁智飛快地奔了過來，用身子堵住缺口，又搭弓拉箭，正待要射，黑龍唰的沉入石底。劉仁智心想，我不能離開這個缺口了，我一離

開，黑龍就要出來害人，鄉親們就永遠別想過太平日子。

從此以後，天池再也不漲水了，鄉親們又搬回屯子裡，過起太平日子。但是他們沒忘記戰勝黑龍的劉仁智，便打發一些年輕人，帶上乾糧來到天池迎劉仁智回屯子。可是他們哪裡知道，劉仁智為了鎮住黑龍，保護鄉親，寸步不敢離開缺口，竟然化成了一塊石頭，永遠站在那裡。從此，人們便把這塊石頭叫作補天石。這個年輕獵人捨己為人的傳說至今還在長白山裡流傳著。

聞守才（蒐集整理）

華氏兄弟

　　據說很久以前，長白山區的柳條溝住著一家姓華的。當年華家男人領著媳婦，挑著兩個孩子，由山東逃荒來到東北。兩個孩子，一個叫華生，一個叫華福。幾年後，這一帶流傳瘟疫，當家的死了，只剩下華母領著華生、華福過日子。

　　老大華生長得眉清目秀，腦瓜很精靈，不管學什麼，一看就會。他從小就識百草，懂藥性，又加上拜一位老中醫為師，十八歲時，醫道就不一般了。遠近幾百里，沒有不知道華先生的，都說他的脈條好，看得準。有一次，幾個年輕人在房頂上修補房蓋，華生從遠處走來。

　　一個說：「都說姓華的看病准，我從房上跳下去，裝著肚子痛，你們叫他給看看，看他說什麼。」

　　另一個說：「中。他要是看不對，咱們就哄哄他。」

　　大夥也說：「好，就這麼辦。」

　　裝病的小夥子見華生走近了，猛地從房上跳下，搗著肚子直叫娘，裝得可像呢！其他人也都趕忙從房上下來，有的架，有的扶，嘴裡還直嘟噥，央求走來的華生快給看看，說正幹著活忽然肚子痛，不知道得了什麼病。

　　華生拉過「病人」的手腕，一摸，又看了看「病人」的眼神兒，忙說：「快往家裡送，晚了，就來不及了！」大夥一聽，「哄」地笑了，七嘴八舌地把華生好頓奚落。華生並不在意，起身走了。這時，「病人」真的肚子痛了。大夥只好扶著往家走，結果，還沒等到家，真的在半路死了。原來是這小夥子從房上往下跳時，把腸子抻斷了。

　　還有一次，華生出外行醫。這一天，路過一片密林，迎面遇上一夥人抬著棺材送殯。華生忙喊：「停下，停下，這人沒死！」

　　山裡出殯有個風俗，不到墳地，棺材在途中是不能落地的。華生一喊，抬

棺材的人都站在那裡愣住了，不知該怎麼辦好。

華生問：「棺材裡是個婦女吧？」

送殯的說：「是個婦人。」

華生問：「是因生孩子死的吧？」

送殯的說：「孩子沒生下來就死了。」

華生說：「這人沒死，快放下，我能救。」大夥都不相信，華生指了指他們走過的路，說：「你們看，從棺材裡滴出了一趟鮮紅的血，證明人還有救，快放下。」

華生擋住了去路，抬棺材的人也走不過去，只好放下棺材。華生又叫人起開棺材蓋，從懷裡拿出個小布包，取出一根銀針，對著死者的小肚子紮了進去。立刻，就聽「哇」的一聲，孩子落地了，產婦也有氣兒了。這下，華生的名聲更大了，傳到了山外，傳到了京城。皇帝派人來請他去當御醫，華生不願進宮，但又無法，臨走時，一再對弟弟華福說：「老母年邁，身體不佳，你要好好侍奉。一旦有病，火速給我送信，不能耽誤。」華福點點頭，一一記下。

一晃三年過去了。

自從華生走後，華母日夜想念兒子，真的患病了。華生、華福都是孝子，華福見老母有病，一方面往京城給哥哥捎信，一方面請醫熬藥，侍奉老母。誰知老母的病不但沒好，反而一天比一天重了。這可急壞了華福。

華福一等哥哥不回來，二等哥哥也不回來，他想：準是哥哥到京裡當上了御醫，吃的粳米白麵，穿的綾羅綢緞把老母給忘了。他一氣之下，把老母扶上獨輪車，推著老母千里尋兒，為老母治病。

從柳條溝到京城，統稱千里，細算起來，要千里有餘。何況要走很多坑凹不平的山路，又要涉水過河，有時半道連個住處都沒有，華母又久病纏身，可真不易啊！遇上難行的道，華福只好停下車子，把老母背過險路，再推空車子過去接老母。晚上，找不到住處，宿在樹下，華福就把衣服脫下來，蓋在老母的身上，他守在老母身旁，整夜看守，以防野獸。

從春到夏，從夏到秋，這一天，華福推著老母終於來到了京城金鑾寶殿，往裡一通稟，華生正在為太子開藥，聽說弟弟推著老母來了，急忙來到午門外。華生一見老母病重，埋怨弟弟為啥不早些捎信來。華福則埋怨哥哥為啥見信不早點回家。原來，華福捎來信時，正趕上太子有病，怕耽誤醫治，皇帝不讓告訴華生。

哥兩個說開了，急忙在長安街上找了個客店，安排老母住下，華生便給老母看病。他一摸脈，臉色立刻大變，原來老母的病已無法醫治了，就是能治，這服藥也無法抓齊。哥倆便痛哭起來。

既然病不能治，華福只好推著老母回家。華生也要跟著回去，但皇帝不准，便給弟弟拿了些銀子，送他們走了。

華福仍然像來時一樣，一路上精心照料老母，夜以繼日地往回趕。這一天來到一個荒郊野坡，晚秋的太陽火辣辣的熱，曬的人身上冒油。華福太累了，他人瘦了，衣破了，鞋漏了。華母看著兒子的樣子，心裡十分難過，便說：「華福，看你累的，放下歇歇吧。反正媽也是不行的人了，哪死哪埋吧，啊！」

華福一聽，忙停下車子，跪在老母跟前說：「母親，就是把兒子累死，也要把母親推回家。」說著，痛哭起來。

華母給兒子擦了擦眼淚，安慰說：「別這樣，說不定媽媽的病還能好呢，媽現在就是口渴，你能不能弄點兒水來？」

華福聽老母要喝水，把老母推到一棵樹下，自己去荒郊野坡找水。這兒正是個山樑，天又熱，哪裡有水啊！但華福不死心，他決心要找到水給老母解渴。他深一腳，淺一腳，四處尋找，還是找不到，便在草窠裡扒，想扒個坑，滲出點水來。他的指蓋扒劈了，指尖出血了，也沒有扒出水來。他喪氣地坐在地上，叫著自己的名字：「華福啊，華福，老母養你一回，連口水都找不到，怎麼能對起老母，乾脆死了算啦！」華福見身旁有一石碑，才要碰頭，發現石碑座左邊有一石坑，石坑裡有一汪水。但裡邊有兩條小長蟲，正在戲水。華福瞅著石坑裡的水，犯難了。弄回去吧，水不乾淨；不弄回去吧，又怕渴壞了老

母。後來，他還是找了個大葉子，把水兜了回去，華母一口喝乾，嘴裡直說：「真甜！真甜！」

華家母子歇了一陣子，華福推著老母又往前走。天漸漸黑下來了，來到一個小村莊。村頭有一戶人家，土牆土院，乾乾淨淨。華福在門前放下推車，走進院裡，見一位老媽媽正在忙活。華福上前施禮，說：「老媽媽，我推老母進京尋兒治病而回，想借宿一晚。」

老媽媽很熱情，說：「兒媳才給我生了個孫子，是大喜，哪能不行呢！快請進來！」

華家母子被安排在一個廂房裡，華母躺在炕上，肚子一陣「咕嚕嚕地」響，便對兒子說：「我肚子有點餓，你給我做點飯吃吧。」

華福很為難，不去吧，老母餓了；去吧，人家正忙。但還是去了，他向老媽媽說明來意，老媽媽說：「中，我家就養了一隻雞，從來不下蛋。也怪，今天兒媳貓月子，上午下個大蛋，下午下一個小蛋，一天下兩蛋。我也煮上了，做的小米飯。做好了給老妹子個大蛋，那個小的給兒媳，她年輕，好對付。」

華福一聽，這哪行，忙說：「那不行，嫂子身板要緊，把大的給嫂子吃，我媽吃個小的就行。」

最後，華福盛了一碗小米粥，要了一個小雞蛋，拿給了老母。華母聞著這個香勁兒就甭提了，連粥帶蛋，幾口就吃光了，而且又吃了一碗飯，這是離家頭一次吃這麼多飯，華福也很高興。

自從在碑座的石坑裡弄到水喝，吃了雞蛋小米粥，沒幾天，華母的病真的好了。華福高高興興地推著老母回了家。鄉鄰們一看，都伸大拇指頭，說華生醫道高，那麼厲害的病都給老母治好了。華福卻不高興地說：「算了吧，我哥說老母的病不能治了，現在沒治反倒好了，他還算先生呢！」華母說：「這都是俺華福孝敬，感動了老天，救了我一命。」

再說華生，自老母走後，總是放心不下。一天，瞅太子睡了，偷偷溜出了午門，連夜往家趕，希望能見老母一面。

這一天他來到家門口，一推門，見老母坐在炕上梳頭，一點兒不像有病的樣兒。華生愣住了，這是怎麼回事兒？這時華福回來了，說：「哥，你不說咱媽的病不能治了嗎？你看，現在全好了。」

華生坐在老母身邊，仔細看了看，又摸了摸脈。說：「是好了，但老母肯定吃了一服搞不到的藥。」

華福說：「沒吃藥啊！」

華生笑了笑：「不，肯定吃了。」

華福問：「什麼藥？」

華生說：「『石碑築巢穴，二龍戲水湯；麒麟來送子，鳳蛋媽先嘗。』你說說，在路上都遇上了什麼事兒。」

華福把路上的事兒，一五一十向哥哥講了一遍。華生高興地說：「對，正是這副藥。媽媽喝的水，就是『石碑築巢穴，二龍戲水湯』，那兩條小長蟲就是兩條小龍，它嘴裡吐出一種毒液，正治媽的病，叫以毒攻毒。媽媽吃的雞蛋小米粥，就是『麒麟來送子，鳳蛋媽先嘗』。哪有一隻雞一天下兩蛋的呢？那個大的是雞蛋，那個小的是飛來的鳳凰下的蛋。媽吃的是小的，正是鳳凰蛋，這種蛋是大補，所以媽很快就壯起來了。」

華福一聽，哥哥說得在理。鄉親們一聽，都誇華生醫道高，誇華家有一對孝子。

趙有志（講述）

梁　之（蒐集整理）

女真摩崖的傳說

遼金時代，東京路庫普里根西面有一座山，叫節山。山不高，林密草深，小河潺潺。傍河有個屯堡，村口住一人家兒，老兩口兒領個閨女過日子。閨女叫小花，聰明伶俐，端莊秀氣。一天，小花與村裡姑娘一道上山採蘑菇，回來路上走累了，坐在崖邊石頭上歇了一會兒才回家。這一坐不要緊，晚上就開做惡夢了。朦朧間就見進來一個青衣青帽的小夥子，上炕就和她親近。小花想喊，喊不出聲；想推，又抬不起手。就覺得這人涼颼颼的，一直纏磨到雞叫，才匆匆地走了。

從此，小花每晚一閉眼，小夥子就來，到雞叫就走。一晃半個月過去了，閨女被折磨得茶飯不進，面無血色，全身枯瘦，把爹媽心疼得直打轉轉。老兩口就這麼一個掌上明珠，又請神驅邪，又尋醫吃藥，辦法用盡了，小花還是不見好。

這一天，剛擦黑，從遠道來了一個年輕的石匠，背個硬布背兜子，挎柄防身寶劍。來到小花家門口，叫門要投宿。老頭開門答話：「家宅不寧，不便留宿，請到旁人家吧。」老頭說著要關門，石匠見天色已晚趕忙懇求。老頭見客人執意不走，只得不情願地領進院，關上大門，讓客人到屋裡，叫老伴拿酒飯款待。石匠在吃飯時，見老頭總是長吁短嘆，連打咳聲，忙起身動問家中出了什麼事情？老頭才將女兒的病實情相告。

石匠一聽反倒笑了，說道：「今天我到節山，你老人家留我住宿算是留對了。我沒啥報答的，還是讓我來為令愛捉妖除怪吧！」

老兩口驚疑地看著石匠，有些不信。石匠說：「不瞞二老，我乃是大金國的武狀元，兼會雕鑿金石。新近大金太祖大破遼軍，要刻石立碑，歌頌功德。因此，派我來節山尋找碑石，限期七天。我尋找了四天，遍地儘是風化石，經不住風吹雨淋。今天貪晚尋石，過了宿頭，才有緣和二老相遇，酒飯款待，非

常感激。像我這會武之人，只好以武降妖來報答二老了！」

　　小花全家一聽石匠的來歷，都很高興。就在小花的西屋門口處用門板搭個臨時便鋪，石匠抽出龍泉寶劍，和衣坐在鋪上。到了定更之後，突然颳起一陣狂風。風頭越過大門，石匠見狀「騰」地起身，抽出寶劍，望著風頭就是一劍，就聽「啊」的一聲，從半空中掉下來一個血淋淋的肩頭，接著就見風頭一道火光直奔東北而去。老頭忙掌燈到院中一看，原來是一塊石頭落地。第二天清早，石匠提著龍泉寶劍，帶著砍下來的那塊石角，朝著火光飛去的方向尋去。一直找到河東沿，在崖邊上發現了一塊平面大石頭。上前細看，石頭的右上角斷缺碴兒印猶新，便把帶來的石角往上一對，合在一處，不差分毫。石匠斷定這塊石頭是塊靈石，想必是它鬧的鬼。這時，小花一家也趕來了，看了這塊石頭。小花就把那天上山採蘑菇回來坐過這塊石頭的事講了一遍，這下大家都明白了事情的來由。

　　石匠馬上請老人去街上買來七七四十九斤桐油，用大鍋把油煮得滾開，然後往石頭上一澆，石頭立刻發出「吱吱」的慘叫，石縫流出鮮紅鮮紅的血水。過了一陣，血水不淌了，石頭經油一灌，顯得更加光亮，成色也好。用尺一排，不論高、寬、厚都夠尺寸。石匠馬上取來背兜裡的工具，在石頭的東側平面上分三行刻下女真文小字碑和漢字碑文，這就是現在的女真摩崖石刻碑。

　　二老見石匠治好女兒的病，願把小花許給石匠。石匠聽後忙說：「小花姑娘長得標緻俊美，加上聰明能幹，我是求之不得的。只是我奉旨出營為太祖選石刻碑，眼見限期已滿，先應回覆皇命，再辦私事。如碑刻得好，得賞後即回來完婚。如太祖怪罪，我命不保，不要誤了小姐的前程。」老人聽了，只得答應。

　　過了三天，不少人馬簇擁太祖來到節山，驗看石碑。太祖下馬到了石碑前，見石料堅硬，表面平整，石壁上鐫刻的文字筆勢遒勁俊秀，龍顏大悅，登時舉行立碑儀式，賞賜石匠黃金百兩，綵緞二匹，並允准與小花完婚。

　　從此，石匠娶小花刻石碑的傳說，在女真摩崖一帶流傳下來。

摘自《中華名山長白山》

老罕王的傳說（之一）

老罕王殺兒

　　在遼寧省撫順市東邊的黑虎山旁，有一座大水庫，名叫大夥房水庫。這兒在唐代和明清之際，都曾經是古戰場。在明清戰爭中著名的薩爾滸之戰，就發生在這兒。薩爾滸是個村子名，水庫建成之後，已被淹沒在水下。當年老罕王努爾哈赤曾經率領六萬八旗子弟兵，在薩爾滸附近大戰明兵，以少勝多，戰勝了號稱四十七萬人馬的明朝軍隊，奠定了努爾哈赤稱雄遼東的局面。據傳說薩爾滸原名叫殺兒滸，當年老罕王曾在這個地方殺過兒子。

　　說的是明朝萬曆年間，朝廷派遣楊鎬當遼東經略。當時，老罕王努爾哈赤的後金，已經日益強大。築城在赫圖阿拉，就在如今的新賓縣。這一年，楊鎬調遣了四路兵馬，想要把老罕王努爾哈赤連窩端。老罕王知道以後，採用了憑你幾路來，我只一路去的打法，選準撫順方向來的一路兵馬，迎了上去。老罕王的八旗兵到達薩爾滸附近時，明軍已經在薩爾滸山下安營紮寨了。老罕王一面傳令安營，一面把他的大兒子派出去打探明軍的軍情。大皇兒帶領隨從偷偷來到明軍陣前用心觀察，只見明軍兵強馬壯，旌旗鮮明，營寨整齊。從渾河南岸到蘇子河谷，一望無邊全是明朝的兵馬。一行人打探明白，連忙回營向老罕王交令，正巧老罕王坐在大帳召集各旗將領議事，就命大皇子當眾稟報。大皇子就把看到的情形如實說了一番，未免面帶驚慌之色。老罕王聽罷，勃然大怒，厲聲呵斥大皇子說：「你等探察不實，危言聳聽，分明是在長敵人志氣，滅自己威風，實在罪該萬死。」言罷，不容分說，立命推出斬首。大敵當前，老罕王如此動怒，嚇得帳上帳下人人心驚，個個膽寒，連個大氣都不敢出。斬罷了大皇子，老罕王又把他的二兒子喚上帳來，命令他說：「剛才你皇兄玩忽軍令，探聽不實，我已經把他斬了，你要知道，我軍成敗勝負在此一戰，千萬

不可當作兒戲，你一定要認真探察清楚，立刻回報，不要有負父望。」二皇子領命去了。

老罕王的二兒子像大兒子一樣，親自到明軍陣前仔細觀察，從渾河南岸到蘇子河谷，凡是有明軍的地方，全都探察了個一清二楚，然後回營見他的父親老罕王去了。

說來也巧，正好這罕王又在大帳召集各旗將官商議打仗的事兒。聽說二皇子回來了，立刻召見，也命令他當眾回報。二皇子上帳行禮以後，就把見到的情形一五一十全都說了，說得和大皇子所言完全一樣，這下可把在座的各旗將官嚇壞了，都替二皇子捏了一把汗。就見二皇子不慌不忙把話說完了，最後又說：「孩兒已把所見稟告父王，還有所不見的沒有稟報。」老罕王說：「快說。」二皇子說：「說來也怪，孩兒今日所見明軍，無論是馬隊還是步卒，一個個都是有身無首，雖然乍看人人服飾整齊，仔細一看，儘是一群行屍走肉。孩兒初時納悶，回營路上忽在馬上打了個盹兒，聽見空中有神人言說：『明軍雖然人數眾多，但首級早被上天取去了。此次大戰，清軍必勝，明軍必敗。』孩兒仔細再聽，空中雷聲隆隆遠去，確是天神顯靈。問過左右，他們也都聽得真切。父王可以傳問。」

老罕王聽罷大喜。立刻命令全軍，按照原訂計劃迎戰，並把二皇子所見所聞，通報全軍，務必人人知曉。

頃刻之間，全軍上下士氣高漲，一片歡呼。互相傳告明軍是無頭活屍，老罕王率領的八旗兵必勝無疑，待到上得陣去，果然人人奮勇，個個爭先，以一當十，銳不可當。頭一陣就拿下了明軍大營，接著又破寨斬將。連戰連勝，直打得楊鎬的四路軍馬，死的死，逃的逃，降的降，不出五天，就給收拾了個乾乾淨淨。

後來因為老罕王努爾哈赤在這兒殺過兒子，人們就給這地方起了個名字叫殺兒澗。叫來叫去，就叫成了薩爾滸。離薩爾滸不遠，有個地名叫作得古。傳說是戰後老罕王在這地方找到了大皇子的屍骨。所以此地就叫得骨，以後傳成

叫得古。還有，大皇子被殺時，鮮血流入渾河，老罕王就把這條河起名叫紅河。後來叫久了竟叫成了渾河。從此以後，老罕王的勢力越來越強，很快發展到了撫順以西。有一次，老罕王登上一座山，他想起了被殺死的大兒子，竟流下了眼淚，人們就把這座山起名叫想兒山。老罕王下山後，再往西去，到了如今的舊站，他站在山頂上，看見了瀋陽的東城門，又想起了在薩爾滸殺死的大兒子，心裡十分後悔。就把這座山起名叫悔山，就是如今的輝山。老罕王在悔山命令手下人用銀子給大兒子打造了一顆人頭，埋在山南三里地的一條溝裡，這條溝就起名叫埋頭溝。以後叫成了滿堂溝，就是現在的滿堂公社。以前，這兒還保存有埋頭墳、有紅牆、松柏和石碑，後來都被破壞了。老罕王再往西進，到了東陵的熊瞎子溝，人要喝水馬要飲水，當地只有一口水井輪不過來，老罕王伸手一拔，將井給扳歪了。水淌出來，順溝流下，人喝馬飲都夠了。這口井就叫扳倒井，井身是斜的。再往後，老罕王坐了瀋陽城，兵強馬壯，勢力足了，就出兵和明朝爭開了天下。

摘自《滿族民間故事選》

老罕王的傳說（之二）

　　老罕王統一了東北，進了盛京，坐了皇位。他分封了五王八旗和各家的貝勒大臣，還建造了一座很大的宮殿。那後宮是山水亭台，鳳飛彩壁；前殿是玉龍盤柱，金碧輝煌。建成後，老罕王前前後後看了，很合心意。唯獨正殿寶座頂上缺一塊匾，心想，應該懸上一塊匾額，可是這個匾上寫什麼呢？於是就召集大臣們前來商量。這些文官們都要顯示自己的才能，他們七嘴八舌地你一言我一語，送上一大堆奏章，老罕王一份一份地看了，沒有一份合他心意的。原來老罕王精通漢文，所以，他就下了一道命令，讓天下的書生們，都來獻匾。

　　這天，老罕王看到下面獻上的一堆匾幅，其中有一份在綢子上寫了四句話：

　　　　木多一撇，正少一橫，
　　　　一點不見，兩點全欠。

　　老罕王不看則已，這一看，不由心中火冒三丈，這不是戲弄孤家嗎？於是就命人把此人抓來。老罕王坐在金鑾殿上向下一瞅：原來是個十七八歲的小瑟夫（瑟夫：即教師），長得眉清目秀，唇紅齒白，舉止文雅，語言清脆。他心中的火氣就稍微消了一些。便向下發話道：「你寫這四句話是什麼意思啊！能說出道理來，孤就饒你不死。」小瑟夫說：「皇上不問青紅皂白，就用鐵索把我帶了來，讓我怎麼向你陳述呢？」老罕王一聽，話說得在理，就讓把鐵索給卸下來。便問道：「你這奴才，欺負我不懂漢文，才寫了這麼幾句沒有根基的話，這是犯了戲君之罪！」小瑟夫說：「我寫的是四個字，這是金玉良言，治國之策啊！」老罕王一聽，怒斥道：「什麼！木多一撇，正少一橫，是『禾止』兩個字，哪裡算得什麼金玉良言和治國之策！」小瑟夫說：「皇上只見其一，

不知其二，這是『移步』兩個字。」老罕王一聽，先是一愣，然後一琢磨，覺得有理。又說：「一點不見，兩點全欠那算什麼字？」小瑟夫聽了立即回答：「後邊這兩句一點不見是『視』，兩點全欠是『欽』。這就是『移步視欽』四個字。」老罕王一聽，心想：對呀，我怎麼就沒猜對呢？心中暗自高興，便說：「嗯，你再說說，這『移步視欽』四個字怎麼個講法？」小瑟夫說：「嵌這四個大字的金匾，掛在正殿上，就是讓皇上坐在寶位上的時候，處處都要以國事為重，不要忘記百姓，要常到下面體察民情，才能把國家治理好。」

這幾句話說得老罕王滿心歡喜，立即移步下殿，扶起了小瑟夫，命他坐下，擺上几案，讓人侍候筆墨。小瑟夫也沒客氣，揮筆在匾上寫了「移步視欽」這四個大字。然後老罕王找名匠雕刻，真金鑄塑。這塊匾，就掛在了大殿的正廳上了。老罕王招賢的故事，也一直傳到今天。

摘自《滿族民間故事選一》

老罕王的傳說（之三）

明朝末年，遼東總兵李成梁府中有個小茶童，聰明伶俐，幹活勤快，因他長得憨厚樸實，大家管他叫小憨兒。一天，睡覺前，小憨兒伺候李總兵洗腳，發現總兵腳心上有三個黑痦子，便問：「老爺，你腳心有痦子？」李總兵得意地說：「我這痦子可金貴，我能當上總兵，鎮守一方，享受榮華富貴，全應在這三個痦子上。」小憨兒天真地接著說：「我不信，我的腳心有七個痦子，比你多四個，還是紅的，我咋還伺候你呢？」李成梁問：「真的？」小憨兒就脫下襪子給他看，果然是七個紅痦子。李成梁不由暗吃一驚，這不是腳踩北斗七星落地嗎？朝廷早有秘令傳下來，欽天監觀過星，明朝江山要亡在腳心有七個痦子的人身上，如碰見必捉拿進京，記功受賞，官升三級。李總兵見天色已晚，小憨兒又是個十幾歲的孩子，明天捉拿也不遲，就裝作若無其事的樣子，叫小憨兒睡覺去。

當晚總兵就把此事跟他的四夫人說了，四夫人本是農家姑娘，因為容貌美麗，心地善良，被李總兵娶為四夫人。她想小憨兒很討人喜歡，聽說聽道，怎麼能奪取江山呢？如被抓走，必死無疑，實在可憐，我得積點德，救他一命。於是在李總兵未醒前，來到小憨兒處，問小憨兒腳的事，果然如此。就把總兵抓他進京的事說了，小憨兒問：「夫人，怎麼辦？」四夫人說：「槽頭拴兩匹好馬，一匹叫大青，日行八百里，一匹叫二青，日行千里，你要騎上二青，誰也追不上。」又給小憨兒一隻令箭好過關卡。小憨兒含淚給四夫人磕了個頭，拿起令箭去馬棚牽馬，慌亂中錯牽了大青馬，平時由小憨兒餵養的大黃狗也跟著跑了出來。

天亮後李總兵發現小憨兒逃跑，就派人追趕。小憨兒快馬加鞭，為了逃命顧不了許多，結果大青馬累死了，無奈只好徒步奔跑，正跑得上氣不接下氣，看見路旁有棵枯樹有個樹洞，就爬了進去。心想，實在跑不動了，先躲躲碰碰

運氣。大黃狗看見主人藏起，也找個低窪處在草窠裡趴著一動不動。正巧飛來一群烏鴉，落在枯樹上。追兵追到樹前，看見烏鴉，認為枯樹不會藏人，接著向前追了一陣沒發現什麼，就回去稟報總兵。總兵不信追不著，親自騎上二青馬又追。

小憨兒聽見追兵返回，又繼續往前跑，跑得筋疲力盡時前面一條小河擋住去路，河上無橋，河內無船，小憨兒沒法就在河邊半人高的大荒草甸子裡躺下休息，不知不覺就睡著了。再說李總兵追到河邊，看見草甸子草高面積大不好搜，就下令放火燒荒，心想小憨兒在裡面不跑出來，也得燒死，然後打馬回城。回府後查出是四夫人放走小憨兒，一怒之下把四夫人衣服扒光，吊在樹上，用皮鞭沾涼水將四夫人活活打死了。

再說小憨兒醒來時見周圍荒草已變為灰燼，自己躺的周圍卻沒有著火，而且濕漉漉水淋淋的，再看大黃狗渾身是水，倒在一邊死去了，小憨兒意識到是大黃狗從河中滾的水澆濕草地救了他，含淚埋了大黃狗，繼續奔往長白山。在山中遇見一群挖棒槌（人參）的人，小憨兒向他們找飯吃，那些人收留了他。由於小憨兒能發現山參，又智慧勇敢，深受大家喜愛尊敬，便結拜為兄弟。小憨兒從此招兵買馬，聚草屯糧，最後當了皇帝，他就是清朝開國的老罕王。

罕王得帝之後，沒忘四夫人的救命之恩，封四夫人為「佛頭媽媽」，取萬佛之首之意，但她畢竟是漢人，就將她供奉在祖宗旁邊，祭祀佛頭媽媽時不點燈，要吃「背燈肉」，否則佛頭媽媽赤身裸體害羞會不來「領牲」的。為了不忘黃狗救主的功勞，滿族人不殺狗，不吃狗肉，不戴狗皮帽子，狗死了埋起來。為了紀念烏鴉護駕之情，滿族人在院內立索羅秆子，秆上有斗，平時裡面放五色糧，祭祀時裡面放腸肚和碎肉給烏鴉吃。為了紀念救主而累死的大青馬，將國號定為大清。

摘自《滿族民間故事選一》

老罕王的傳說（之四）

　　過去，滿族人家不分貧富，院子裡都立著一根一丈多高的木桿子，叫索羅桿子，就是「還願桿子」。祭祀的時候，要在桿子頂上放一個像淺碗似的錫斗，裡邊放上豬下水讓老鴰、喜鵲來吃，叫神享。為什麼要豎這個桿子呢，傳說那桿子就是老罕王當年挖參用的索撥棍。

　　傳說當年小罕子被明將李成梁追趕時，先是李成梁的小夫人救了小罕子，後來老鴰喜鵲又救了他，他才逃出了虎口，一氣兒跑進了長白山。

　　這一天，天色已經晚了，小罕子來到了一個立陡立陡的石砬子旁，四外樹木蔥密，沒有人煙。山裡狼、蟲、虎、豹出沒無常。天黑了，小罕子怕山牲口傷害他，就爬到樹上去過夜。晚上，聽到的是虎嘯、狼嚎，可倒也平安無事。

　　再說，這山裡有一夥放山挖參的，整整八個人，他們都是從部落裡選出來的女真人。在山裡相遇，結成了異姓兄弟。這一天，吃完早飯，大夥背著參兜子，拄著索撥棍，跟把頭進山。大家來到石砬子下邊一條大溝裡，只聽有個小孩喊救命的聲音。大夥一看，原來樹上坐著一個十五六歲的小孩，那就是小罕子。大夥把小罕子從樹上救下來。小罕子就把自個的遭遇述說一遍。把頭看小罕子雖然穿得破破爛爛，長得卻是體格魁梧，兩眼炯炯有神，一副聰明相。就說：「你要不怕吃苦，就跟我們一塊放山挖棒槌吧。」小罕子一想這就是長白山我們祖宗的發祥地呀，暫時在這躲一躲吧。於是就跟大夥插草為香結拜成生死弟兄。小罕子年紀最小，是老疙瘩。

　　把頭看小罕子太小，又是個初把，怕累著他，就派他看餕子、做飯。他每天在餕子外邊，搭上三塊石頭，把鍋坐到上面做飯。

　　那八個弟兄每天爬山越嶺去挖參。可是，連個二甲子也沒挖著。

　　這一天，大夥正在餕子裡抽悶煙，外邊下著濛濛細雨。忽然颳起一陣大風，接著就聽到一聲吼叫。大夥往外一看，可不得了啦，山神爺來啦，那時，

管老虎叫山神爺。這隻老虎瞪著像兩盞琉璃燈一般的眼睛，蹲在餞子外面。這時把頭站起來，把帽子摘下來說：「山神爺找咱們來了，咱們還是按規矩辦吧！」說著就把帽子扔出去。什麼規矩呢？就是遇到老虎，就得輪流扔帽子，誰的帽子被它叼走，誰就得跟著老虎走。

小罕子一聽有這個規矩，就急了：「你們都有妻子兒女，還是我去吧！」眾人哪裡肯，最後還是決定聽從天意。把頭的帽子扔到老虎跟前兒，老虎理也不理；第二個人又扔出一頂帽子，它聞也不聞；第三個再扔一頂，老虎索性閉上了眼睛。最後輪到小罕子，老虎一看帽子，站起身來，叼起帽子，慢騰騰地走了。

小罕子告別了眾兄弟，跟在老虎後面走。走啊，走啊，爬過一道嶺又一道嶺，老虎不吃他。走著走著，老虎看小罕走累了，就離老遠蹲下了，小罕子看它沒有傷人的意思，也就坐在倒木上歇著。就這樣，走走歇歇，老虎把小罕子領到一座陡峭的石砬子上邊，只見上邊一個平台，長著一片綠瑩瑩的草，每棵草上都頂著一團紅籽兒，莫非這就是棒槌？這時就見老虎一縱身，跳過山澗，一轉眼就蹤影不見。小罕知道這是山神爺來搭幫他們了。就趴地下磕了三個頭，掐下一朵紅花，下山去了。

小罕子回到餞子時已是後半夜了。來到了餞子門外，就聽裡邊哥幾個正哭呢。一聽小罕子叫門，就更哭了起來。大夥說：「小罕子兄弟，你死得屈呀，明天給你燒點紙，你快走吧！」小罕子說：「我沒死，快開門吧！」大夥一聽果然是小罕子的聲音，就把門開開，一看真是小罕子回來了，大夥樂得夠嗆。小罕子就把老虎怎樣把他領到一個石砬子上，和看到一片草的事兒說了一遍，又從懷裡掏出那朵紅花籽兒。大夥一看，正是棒槌籽兒。

第二天，小罕子頭前領路，找到了那個石砬子，平台頂上有一大片棒槌。把頭說：「這是山神爺搭幫咱們，遇見棒槌營了！」他們足足挖到天黑，一共挖出八八六十四棵大山貨。大夥一人背個大棒槌包子，連夜下了山。

他們用那些大棒槌，換了馬匹、兵器、糧草，人也越聚越多。後來小罕子

成了一位智勇雙全，騎射絕倫的英雄。當年那八個生死弟兄，一直保著他，統一了東北的一些部落，小罕子就是後來的清太祖愛新覺羅·努爾哈赤。據說那八個弟兄就是後來的八旗首領。

滿族老百姓，為了紀念曾經在長白山挖過參的祖先，在祭祀時都要在院子裡豎一根木桿，傳說那就是老罕王當年用來挖參的索撥棍。滿族在祭祀時，吃的小肉飯，是在院子裡支起石頭坐上鍋做的。那也是老罕王挖參時傳下來的。

▌老罕王的傳說（之五）

　　老罕王乳名叫小罕子，從小家裡很窮，為了活命，給遼東總兵李成梁家幹零活。有一天，他見李總兵大白天強攔民女當小老婆，上前勸阻不濟事，便動手打跑了李總兵，解救了民女。李總兵回去搬來了援兵，到處捉拿小罕子。小罕子擺脫了追兵，連夜逃走。他走了九天九夜，第十天早晨，來到了長白山。他採了一些核桃、山裡紅、圓棗子，稀里糊塗地填飽了肚子。他覺得頭發漲，眼皮也睜不開，想在草地上睡上一覺，可是又怕山牲口突然襲擊。於是，他在山半腰上找到一棵大楊樹，爬到樹幹上，往樹杈上一躺就睡著了。這天傍晚，從山東來了一夥挖參人，走在最前邊的是把頭諸葛古明。他發現樹杈上趴著個人，就噌噌噌地爬到樹上，拍著小罕子的肩膀，小聲地說：「小夥子，醒醒！你在樹上睡覺摔下去可就沒命了。」

　　小罕子慢慢地醒來，揉了揉惺忪的睡眼，一怔神：「啊！你是誰？」「挖參的。」諸葛古明用手指了指樹下，微笑著說：「你看，樹底下還有五六個人。」

　　小罕子抬頭看了看諸葛古明，唉聲嘆氣地說：「怕啥？摔死更好，免得活在世上遭罪……」

　　諸葛古明聽小罕子說出厭世的話，再看他那愁眉苦臉的樣子，一定有為難遭災的事。於是，便問小罕子有什麼心事，他不說，經過三番五次地追問，才把李總兵要殺他的原因和出逃的事說了一遍。諸葛古明看小罕子歲數小，又無依無靠，怪可憐的，就想收留他，便關心地問：「小兄弟，你要不嫌棄，就跟我們一塊上山挖參去吧。」

　　「那可感恩不盡了。」小罕子從樹上跳下來，到諸葛古明面前雙腿跪下，一連磕了三個響頭，感謝地說：「你們不嫌贅腳，我就跟你們去挖參。」

　　小罕子在挖參人中間生存下來。這些挖參人都比他年齡大，對他格外照

顧，就像對待自己的親兄弟一樣。

轉眼之間，到了中秋，山裡的天氣涼爽，小罕子穿單衣服有點抗不住，諸葛古明就把自己身上穿的袂襖脫下來披在他身上，小罕子才覺得身上暖和了。這天夜裡，窩棚門口來了一隻斑斕猛虎。呵！好大的一隻老虎！從頭到尾足有八九尺長，兩隻像玻璃球似的眼睛，閃著綠幽幽的青光，直盯著窩棚裡的人。大夥看見了，都吐出一口冷氣，沁出一身冷汗。小罕子卻面不改色，心不慌，滿不在乎地說：「老虎有啥可怕的，我出去一刀攮死它。」說完，手拿快當刀子，開門要出去。手疾眼快的諸葛古明伸手把他拽回來，開口就訓斥他：「你真想作死！誰得罪了山王爺，就別想順順噹噹地放山，都得橫死在山裡呀！它是神，得孝敬它才行。」

滿族人認為主宰深山老林的就是老虎，把它尊奉為山王爺。獵人上山也不打虎，放山的如果遇到老虎，就要按著見神的規矩，先摘下帽子，輪流向老虎扔帽子。如果誰的帽子被老虎叼去，就要跟老虎走，老老實實地讓它吃掉。這樣白白送命的一年不知道有多少人。

諸葛古明和大夥趴在門縫裡，心驚膽顫地看了一會兒，覺得無法可施，只好按著天意辦了。他回頭看看弟兄們，一個個無精打采，心裡覺得不是滋味，有氣無力地說道：「山王爺找咱們來了，咱們還是按照老規矩辦事吧。」

大夥都非常尊重把頭諸葛古明，把他的話當作命令，一個個順從地摘下帽子，正要往外扔的時候，小罕子上前制止，不慌不忙地說道：「你們家裡都有妻子兒女，拉家帶口的不容易，你們不能跟老虎去呀！我獨身一人，無牽無掛，就讓我跟山王爺去吧。」

「不行，你年紀小，今後還要幹大事呢。」諸葛古明說：「我們都上了年紀，孩子長大成人了，可以照顧家，我們死了也沒啥掛心事。」

大夥都異口同聲地對他說：「你的心意我們領了。你小小的年紀，正是有出息的時候，怎麼能讓你替我們去死呢？」

大夥都爭著搶著出去，儘管把頭諸葛古明怎麼說，可是誰也不肯留下來。

諸葛古明弄得頭昏腦漲，尋思一會兒，以命令的口吻說道：「聽從天意，按著歲數大小，依次把帽子扔出去。」

老虎雖然是大山牲口，很凶惡，但它還是怕人的。諸葛古明第一個把帽子扔出去，老虎以為是打它，嚇得直往後退。誰都想把帽子拋在老虎身邊，讓它叼自己的帽子。第二頂帽子拋到老虎身邊時，它又向後退了幾步。這樣一來，帽子拋得越來越遠。小罕子心尋思：我使最大的勁，帽子也拋不到老虎跟前，哎！有辦法了。他趁哥哥們扔帽子的空當兒，到外屋鍋裡撈出拳頭大一塊剛煮熟的麅子肉，放在帽子裡當誘餌，讓老虎上鉤。他使勁把帽子扔出去，結果帽子還是落在最後邊。老虎站在那裡一動也不動，四下看了一陣兒，看再也沒有打它的意思，就直奔帽子過來了。可能是老虎離老遠就聞到了麅子肉的香味，對其他人的帽子連聞也沒聞，直奔小罕子的帽子走去，到跟前一口就把帽子叼起來，搖著尾巴，慢騰騰地走了。

小罕子見老虎叼走了自己的帽子，心裡懸著的石頭落了底，覺得踏實多了。他和哥哥們一一告別，然後推開餷子門，跟在老虎後面走。他翻過了一座小山，老虎在前邊走，他仍然在後邊跟著。山裡靜悄悄的，什麼聲音都能聽得清。附近不時地傳來婉轉動聽的黃鸝的鳴叫聲。從遠處不斷地傳來黑熊的嗷嗷聲，山貓的喵喵聲，野鹿的啾啾聲。他聽到各種鳥雀的鳴唱和各種野獸的吼叫，暗自想道：「為什麼別的野獸都可以捕獵，唯獨老虎不能動它一根毫毛？長白山裡有幾百種鳥、幾百種野獸為什麼只有老虎能夠成神？」

想來想去，終於悟出個頭緒來，使他醒過腔兒了，老虎哪裡是什麼神，是凶猛的野獸，決不能上當受騙！他橫下一條心，要和老虎大幹一場，決不能白白地送死！

小罕子剛翻過第四座山，就聽遠處傳來虎崽子的叫聲。這時候，他警覺起來，心裡合計：「這裡一定有個虎窩。」他兩眼盯著離自己有五六丈遠的斑斕猛虎，心裡說道：「想拿我餵你的虎崽子，妄想！」這時候，老虎猛然回過頭來，兩隻前爪往地上一按，全身向前一縱，朝小罕子撲過來。小罕子往旁一

閃，老虎撲個空。它調過頭來，騰空躍起，朝著小罕子猛撲過去。小罕子蹲下，緊接著就地一滾，咕嚕嚕，滾到另一邊去了。老虎撲到小罕子剛才站著的地方。好險哪！只見老虎張著大嘴，一口咬下來，啃了一嘴草根和黑泥。這回老虎急眼了，回身轉來，張著血盆大口，吼聲如雷，一對大眼珠子直盯著小罕子。它立起後腿，揮舞前爪，向只有五步開外的小罕子頭頂壓下來。說時遲，那時快。當老虎從半空向他撲來的時候，他已經從腿綁裡拔出快當刀子，趁老虎重重的身軀落地的一瞬間，將半尺長的快當刀子刺進老虎的前胸，用手腕使勁絞了絞，馬上拔出快當刀子，熱乎乎地鮮血咕咚咕咚地往外冒，就像噴泉一樣，濺到了幾米遠的樹上，綠色的草地上。那老虎吼叫著，從半空栽倒在地，無力地搖晃著尾巴，喘息著。小罕子手持快當刀子，又朝老虎的天靈蓋攮去，幾刀就給老虎腦袋開了瓢。老虎的身子扭動了幾下，不一會兒，就軟塌塌地躺在那裡，一動也不動了。

小罕子拖著死虎連夜往回走。下半夜，來到他住的窩棚門外，就聽屋裡邊召喚他的名字邊哭，哭得越來越厲害。他看哥哥們沒有忘記他，感動得流出了熱淚。他咕咚咕咚地敲門：「哥哥，我沒有死，快開門吧。」

諸葛古明一聽是小罕子的聲音，就趕快拉開頂門槓，推開門，一看真是小罕子，身後還拖著一隻死虎，高興得手舞足蹈，對著屋裡的夥伴們大聲地喊：「小罕子回來了！」大夥一窩蜂似的湧到門外，高興得把他抬起來，向空中拋去。當天夜裡，大夥湊了點食物和珍貴的野味，生火做飯，擺宴設席，慶賀小罕子大難不死，又回到挖參人中間來。

諸葛古明喜中生悲，認為小罕子打死山神爺惹了大禍，要遭大災大難。第二天天不亮，他就把大夥喊起來收拾東西，趕快下山。小罕子看小米吃光了，就把老虎剝了皮，把肉剁成小塊兒，放在背筐裡背著，準備路上好吃。大夥跟著把頭諸葛古明拉林子，走近路。一天沒吃東西，餓得走不動了，就坐下來休息。小罕子打個火堆，把虎肉穿成串兒烤。他烤熟了不少虎肉乾兒，送給哥哥們吃，可是把頭諸葛古明不發話，誰也不敢動嘴。小罕子不管那一套，一連吃

了好幾串虎肉乾兒，吃得嘴丫子直淌油。他邊吃邊挑逗地說：「真香，真香啊！」

小罕子看哥哥們兩眼定定地盯著虎肉乾，嘴裡還直淌「哈喇子」，嘴不說心尋思：「這回到時候了，送給他們虎肉乾准保吃。」他把烤熟的一串串虎肉乾送給哥哥們，他們一聲不響地接過去，大口大口地吃著，吃得可香了。哥哥們的肚子填飽了，也提起精神了，又說又笑。可是諸葛古明說啥也不要虎肉乾，說打死老虎本來就錯了，再吃虎肉就是錯上加錯。他寧可餓著肚子也不吃，都餓昏過去了。在林子裡又找不到可吃的東西。無奈，小罕子嚼著虎肉乾，嘴對嘴地喂他，到底把他救過來了。他直吧嗒嘴，品出了老虎肉的香味。他有點不好意思，低頭暗自一笑，沒說什麼，就帶著大夥走了。小罕子他們快走出大林子了，在一個山嘴子上的一棵大楊樹下，找到一苗六品葉，參挖出來用手掂量一下，足有八兩重，把頭說是苗寶參。他們走出不遠，只見前邊的漫漫坡上紅彤彤一片，走到跟前一看，呵！原來是一片人參。大夥一起動手，足足挖了小半天，每個人挖了好幾十苗大貨，都賣了不少錢。從此，人們把老虎尊奉為山神爺的規矩破除了，平時上山遇著老虎就打，至於其他放山的陳規戒律也不講究了，大夥可以自由自在地放山了。

宮新華（講述）

文　欣（蒐集整理）

老罕王的傳說（之六）

　　傳說，老罕王祭祖是先拜王杲，後拜祖陵。由於這件事很蹊蹺，所以有人荒誕地編瞎話，說王杲是老罕王親爹。

　　實際上是怎麼回事呢？王杲本是罕王的姥爺，滿族話叫「科羅瑪法」，他對老罕王恩重如山。

　　王杲姓喜塔臘氏，是襲職的建州右衛都指揮使。他原名叫阿古。少年時阿古長得是一表人才，很討人喜歡。他隨阿瑪多貝勒到撫順馬市互市時，被認識多貝勒的明朝撫順城的守備官張御使看中，收做了乾兒子。張御使給他起了個漢名叫王杲，並將他留在撫順家中，教他學習武藝和漢族文化。

　　王杲是個非常聰明的人。小的時候便從阿瑪那裡學會了金朝時使用的大字和小字，還懂得蒙古話。這回又學會漢語、漢字。他在張御使家看了不少古今小說，有《水滸傳》、《三國演義》、《西遊記》等，同時他還看過《易經》、《奇門遁甲》，學會了占卜術，懂得陰陽八卦。

　　他原想靠著張御使提攜，將來在明朝官場上混個一官半職。沒想到他在撫順待了一年多時，他的阿瑪多貝勒因與明朝邊官鬧了糾紛，被明朝邊官給殺了。他聽到這個消息，便不辭而別，連夜偷偷地逃離撫順，回到自己的老家古勒寨。

　　當時女真人社會秩序混亂，王杲憑著他的聰明才智和高超的武藝，宣佈自己承襲了阿瑪建州右衛都指揮使的職務。後來，他迅速地控制了建州右衛的女真各部落。王杲為了讓大家都承認他繼承的合法性，便上奏明廷，在奏摺上自稱是撫順城張御使的門生，要求明廷恩准他繼承建州右衛都指揮使，明廷批准了他的請求。從此王杲成了明朝的地方官員，建州右衛的門領。

　　一來二去，王杲便發達起來。他也有了兒女，大女兒叫額穆齊，長得很好看，兒子一個叫阿台，一個叫阿海。額穆齊十六歲那年嫁給了建州左衛都指揮

使覺昌安的兒子塔克世。後來王杲的兒子阿台又娶了塔克世長兄禮敦的女兒為妻，可稱為親上加親。

額穆齊過門遷到夫家赫圖阿拉城。他們兩口子感情不錯，她給塔克世生了四個孩子。一五五九年生大兒子努爾哈赤，小名叫小罕子，這就是後來的老罕王。接著又生了舒爾哈齊、雅爾哈齊和一個女兒。沒想到額穆齊到了二十五六歲就有病死了，撇下了幾個孤苦伶仃的孩子。

塔克世叫二媳婦納拉氏肯姐代替大媳婦主持家務。肯姐是海西女真哈達貝勒王台的女兒，這個人很刁蠻。大媳婦一死，她就虐待大媳婦所生兒女。當時努爾哈赤才八九歲，舒爾哈齊才五六歲。她整天叫這哥倆去外邊幹活，並且不給這四個孩子吃好的、穿好的，平時對他們罵罵咧咧。小罕子實在待不下去了，只好領著大弟弟舒爾哈齊投奔了古勒寨，去找自己的姥爺王杲。

王杲見到兩個外孫，心裡很難受，便留他們住下來。從此，小罕子和弟弟舒爾哈齊便成了王杲的家庭成員。

王杲這個人是一個亂世梟雄。他襲職後，首先帶領全族寨人建築了古勒寨山城，然後把本部落青壯年都組織起來練兵習武，操練成陸軍或水軍，擴充實力。他坐鎮古勒城中，命令部眾掌管了蘇於河的百里水渡，卡住了北方女真人各部向明王朝朝貢和通往撫順馬市等地的必經之路。由於他控制了水渡，誰要經此過，必拿買路錢。否則便搶劫並殺害不想給錢的過客。

王杲雖然對外凶神惡煞，但對兩個外孫卻很慈祥。他處處關心小罕子這兩個小哥倆。冬給穿棉，夏給換單，天天好吃好喝。給他們的任務就是與他們的舅舅阿台、阿海一起操練武功。小罕子哥倆管阿台叫納克楚阿姆巴（大舅），管阿海叫納克楚費安古（小舅）。他們每天天不亮就開始練武，弓鏃棍棒，刀槍劍戟，樣樣都學。小罕子和舒爾哈齊就是這時候開始習武的。王杲還叫小罕子哥倆學習寫漢字。他把從張御使家拿回來的《三國演義》、《水滸傳》等書拿出來，教給小罕子哥倆看。有時還教小罕子預測凶吉，教他彈唱琵琶，指點他武功。小罕子在這裡不但得到了家庭的溫暖，而且懂得了不少歷史等知識。

可以說，小罕子要不是小時候得到科羅瑪法的啟蒙，一輩子就是個普通的女真人，成就不了什麼大事業。

王杲勢力的崛起，引起了明廷的警覺。他們把王杲列入東夷賊首的黑名單。在這種情況下，王杲耍了一個手腕，為了麻痺明廷，發展自己的勢力，這年他帶了五百匹良馬，上北京給皇帝進貢。這次給外孫，小罕子也備了匹小馬，叫他騎著，領著他到了北京城。明廷還真以為王杲忠於朝廷，不但給了不少賞賜，還允許他參觀北京城。王杲帶著外孫子大搖大擺地逛起了北京，這一次使小罕子大開眼界，小罕子作為一個山溝的小孩，突發奇想，我什麼時候也能住在北京城呢？

王杲勢力日益強大，連建州左衛、建州衛的指揮使也聽從了他的調遣，他成了統領建州三衛的大首領，自稱起了「大都督」。同時，他也開始驕橫起來。張御使在撫順時，他還不敢放肆。自張御使調走後，新上任的賈一翼御使一到任，王杲就沒把他放在眼裡，他經常說：「賈御使，這是個假要死，叫起來怎麼這麼彆扭！」他每次到撫順馬市時，都強行向明朝撫夷官要銀子，撫夷官如果不給，他就破口大罵。有一次他在飯館裡喝醉了酒，他就用漢話唱著罵起了賈御使：「賈一翼！賈一翼！你就是有兩個真尾巴我也不怕你！」

他罵人的話，被明朝的一個士兵聽到了，告訴了賈御使，賈御使立即命令軍士把王杲轟出了撫順城。這樣更加激怒了王杲。王杲說：「你邊官把我們女真人當草葉，殺了我阿瑪。我罵上你們幾句你就受不了了。等著瞧，我還要報仇，殺你們呢！」

接著王杲開始了復仇行動。他領著兵丁，多次從東州、撫順入邊，燒殺搶掠，掠奪大量的人畜和財物。明王朝知道這個信兒後，派邊軍多次準備進剿古勒城。但王杲也很乖，等你明朝一要派大軍，他就乖乖地把搶掠來的人畜等送回去些，並表示聽從招撫。這樣大事化小，小事化了。這種欺騙明朝的方法很靈，小罕子小時候便把這招學會了。

王杲繼續率部到明邊搶掠，前後殺死與女真人有仇的邊官三十多人。明萬

曆二年春，王杲令部將來力紅犯邊撫順。撫順備禦裴成祖追趕來力紅一直撞到古勒寨。王杲假意出城迎接裴成祖，罵來力紅怎麼能得罪天朝大老爺呢？然後擺席招待裴備禦吃飯。裴成祖也是饞，喝酒還喝多了，他醉了說：「你們這幫老韃子，再不聽話，我就都給你們綁去，拉到北京砍腦袋。」王杲一聽火氣上來了：「你先別綁我。來人，先給他綁起來。」來力紅領人就把裴成祖五花大綁捆了起來，這伙女真人很生氣，在議事廳裡就將裴成祖開膛破肚殺死了。

這一下子可把明廷激怒了。當年冬，明軍遼東總兵李成梁統帥幾萬大軍，直搗古勒城。放火燒了建州右衛住房五百多間，一千多女真人被俘虜後殺死。五百多牛馬被明軍掠去。就是這次戰爭，小罕子和舒爾哈齊也被明軍俘虜。當時李成梁看小罕子哥兒倆太小就沒殺死他們，並把他倆抓回廣寧去了。

在明軍襲古勒城時，王杲那天沒在城裡，聽到信兒逃走了，逃到小罕子六爺的兒子阿哈納的村寨躲藏起來。過了幾個月，明軍探出來王杲藏的地方，於是包圍了阿哈納所住寨子。阿哈納還真夠意思，不顧個人生命危險，與王杲換了衣服，乘王杲的馬。把明軍給引走了。王杲身穿阿哈納的衣服向北逃去了，一直逃到哈達部王台的住處，躲藏起來。

明廷進行了嚴厲的追剿行動，並把王杲的親家覺昌安抓來做人質，令其部下察訪王杲的下落。塔克世從他二媳婦肯姐嘴裡知道了王杲的下落，原來兩個老丈人都在哈達部呢，塔克世為了救自己的阿瑪，將王杲的躲藏處報告給明軍。這樣明軍便包圍了哈達部王台所居住的村寨，嚴令王台交出王杲。王台怕明軍破了自己的村寨，無奈借喝酒之機將王杲灌醉，然後把王杲捆綁起來，交給了明軍。明軍抓住王杲後，用囚車將他押到北京，在明朝皇帝的直接指揮下，在北京菜市口將王杲砍了腦袋。

後來，逃出來的王杲兒子阿台、阿海等又修復了古勒城，並想方設法對明軍進行報復。明廷第二次派李成梁出兵圍剿古勒城。塔克世和尼堪外蘭再次給明軍當了嚮導。這回覺昌安聽說明軍圍住了古勒城，想救阿台的媳婦自己的孫女，就騎馬趕到古勒城。他自以為自己幫過明軍的忙，除掉過王杲，李成梁能

給自己面子，領回自己的孫女。沒想到明軍翻臉不認人，不僅放火燒掉了古勒城，又屠殺城裡兵民兩千多口，並燒死了覺昌安，還殺死了塔克世。

小罕子借祖父覺昌安、父親塔克世被明軍殺死的名義，接管了建州左衛都指揮使的職務。後來又以此為理由對明朝宣戰，並取得了勝利。明萬曆四十四年建立了後金國，成為女真人的大汗，即老罕王。

覺昌安和塔克世死後被葬在興京陵。雖說老罕王知道漢族人有「子不教，父之過」的典故。但他心中老存在一個疙瘩。哪有這樣的父親！姑爺領著官兵去抓老丈人，姐夫領著官兵去打自己小舅子的。再說，自己小的時候，繼母虐待他們兄弟時，你當阿瑪的也不壓個碴兒，如果壓一點碴兒，也不能讓親生兒女受罪，為什麼你不聞不問哪？他對祖父覺昌安也不滿意，你能去古勒城救你孫女，那你怎麼不能去救自己的孫子呢？他經常懷念科羅瑪法（姥爺）和納克楚（舅舅），總覺得自己的阿瑪（父親）和薩哥答瑪法（爺爺）也太不夠意思了。拜拜祖先是給活人眼目看呢，這不拜不行，但怎麼說，姥爺王杲的恩情不能忘。所以每次老罕王上墳時。都先給王杲三拜九叩，然後到自己祖墳前叩個頭就算完事。

曹文奇（蒐集整理）

▌八旗的傳說（之一）

　　過去有「八龍入關」之說，其實八龍入關說的是八條小龍。開始，這八條小龍並不團結，相互之間經常你爭我鬥，逞強好勝。有一天，天上的玉皇大帝得知他們的事後，就召見天使說：「地上有人向我告狀，日頭和月亮總是在一起，這樣天天都是白天，半陰半陽的，人們感到很不舒服，總是吃不下飯，睡不好覺，莊稼也長不好了。人們很著急，都要求把他們分開。你傳我的諭旨，命令八條小龍來完成。」這八條小龍知道命令後，都想立頭功，個個爭先恐後，這個來，那個去，搬月亮，挪日頭，不管費多大的勁兒，怎麼也弄不動，大家急得抓耳撓腮，一點好辦法也想不出來了。正在無計可施時，龍王威風凜凜地來到他們面前，責問：「這麼長的時間，你們為什麼沒有完成玉帝交給的任務？」

　　小龍紛紛搶著說：「日頭、月亮太沉了，我們都使出了吃奶的勁，整天都跟著月亮和日頭後頭跑，總是追不上，有時追上也是跑不動，有時跑到頭裡也是攔不住，還是被它們撞到一邊去了。」

　　龍王問：「你們是怎麼去的？」

　　小龍們回答說：「我們是一個接一個去的。」

　　龍王聽後，大發雷霆，當即罵道：」你們這幫笨蛋，都趕不上下界凡人，他們還知道人心齊泰山移呢！如果你們團結起來，不就可以了嘛。假如你們各拿一支箭，用力一掰就斷了。如果把這八支箭綁在一起，還能掰斷嗎？過去你們不能取勝，就是單個力量太弱的緣故。」

　　小龍們一聽，恍然大悟，當即表示組合到一起，重新回到了天上，相互結合在一起，正像中文字的金字，金字也正好八畫，實際上就是八條小龍組合而成。兩條龍頭合在一起，變成了金字頭上的尖，他們齊心協力，像個楔子，在日頭和月亮之間一拱，就真的把日頭和月亮給拱開了。日頭和月亮分開後，由

於日頭跑得快，就跑到前頭去了。月亮跑得慢，就落在了後邊。

這八條小龍完成了任務，也累得筋疲力盡，紛紛朝地上掉下去，此時，颳起一陣大風。說來也巧，不知道從哪刮來八塊顏色不同的大布落在地上，正巧每條龍落在一塊布上，它們不僅落在布上還長在了布上。

後來，後金國將這八塊帶有龍圖案的布當成了旗標，由於八條龍和八塊布的顏色不同，所以才有了不同的旗色。

小龍落在黃布上，就變成後來的正黃旗；藍色的小龍落在白布上，就變成後來的正白旗；黃色的小龍落在紅布上，就變成後來的正紅旗；樹皮色的小龍落在藍布上，就變成後來的正藍旗。一條小龍，雖然落在黃布上，由於黃布外邊鑲上了一條紅邊，所以就叫鑲黃旗；一條小龍，雖然也落到白布上，但白布外邊鑲上了一條紅邊，所以就叫鑲白旗；一條小龍落到了紅布上，由於紅布外邊鑲了一條白邊，所以就叫鑲紅旗；另外一條小龍落在藍布上，也是由於外邊鑲了一條紅邊，所以叫鑲藍旗。這些旗上都有一條小龍，還有雲彩、火焰等。

八旗的傳說（之二）

清太祖努爾哈赤小的時候，佛滿珠人都稱呼他小憨子，小憨子生得聰明伶俐，又很有膽量。他的祖父和父親被明軍殺害之後，他走投無路，就和王杲上長白山去挖棒槌。

兩個人經過長途跋涉，來到長白山的老林子裡，每天起早貪黑地在山裡轉，可是轉了很多天也沒挖著一棵棒槌。進山時帶的那點米和鹽也快吃完了，兩個人愁得直叫苦。

一天，兩個人又在林子裡轉了大半天，走得又困又乏，正巧碰到一個破窩棚，兩個人實在是走不動了，就商量好在窩棚裡歇一會兒再往前走。兩個人鑽進破窩棚，一會兒的工夫，身上發出的汗味就招來了一群蚊子和小咬。山裡的小咬特別厲害，叮住人不撒嘴，而且還越聚越多，能活活兒把人叮死。兩個人被叮得受不了了，就都脫下衣服來往外轟，轟得差不多了，就把衣服掛在窩棚門上擋著蚊蟲、小咬，可是兩件衣服擋不嚴實，小憨子又把褲子脫下來，把門縫塞了個嚴嚴實實。

兩個人躺下來歇著，不大會兒工夫，王杲就睡著了。小憨子卻睡不著：想到自己的親人都被明軍殺害了，為了報仇，暫時躲進這深山老林，指望著挖點兒棒槌，賣點錢，將來好出山報仇，可是幾天來連一棵棒槌都沒挖著，真是命苦啊！想著想著，也迷迷糊糊地睡了。

小憨子剛睡著，就夢到老林子裡起了一陣狂風，狂風剛過，從草叢中跳出一隻斑斕猛虎，來到近前，叼起門上小憨子的衣服就跑。

進山挖棒槌的人都管老虎叫山神爺，誰也不敢惹它。小憨子一看山神爺來了，嚇得一動也不敢動，眼看著老虎把衣服叼跑了，沒有衣服穿，赤身露體的可怎麼出山哪？心裡很喪氣。可是又一想：這事真有點怪，山神爺為啥只叼衣服不傷人呢？為啥只叼我的衣服，莫不是叫我來了？就跟著去吧！是死是活聽

山神爺安排吧！想到這，他抬腿就追。他快跑，老虎就快跑，他慢跑，老虎就慢跑，總也撞不上。就這麼跑跑停停，老虎就把他引到了一個山坡上。老虎攔下衣服就沒影兒了。小憨子跑到跟前，剛要撿衣服，呵！眼前紅乎乎的一片，都是棒槌花和明珠寶石一般的棒槌果，天上還飛著棒槌鳥。小憨子明白了：這是山神爺來搭救他了，可把他樂壞了，就找個大的挖了起來。挖出來一看，原來是一棵千年的寶參。他又驚又喜，細心地用布把它包好，就往回走。走到一個深潭邊上，他想洗個澡，潭中的水忽然翻起花來，越翻越大，他正呆呆地瞅著納悶的時候，突然從水花中躥出一條五彩金龍，四爪上放出紅黃藍白四色光華，張牙舞爪地奔他撲來，可把他嚇壞了，躲閃不及，就拿手中的棒槌包朝金龍打去。說來也怪，這個棒槌包一出手，竟放出光來，像一顆斗大的明珠，金光燦燦，好看極了，還散發出一種異香。那條金龍一看到這顆明珠，龍頭一甩，就奔明珠去了。小憨子望著那條只顧戲珠的金龍，正看得出神，忽然金龍不見了。小憨子一驚，醒了過來，原來是做了一個夢。

後來小憨子被大家擁戴成領袖，他就按照夢中所見，叫人做了一面龍旗，上邊繡有金龍戲珠，就是為了不忘當年挖棒槌的苦處，叫後人知道創業不易，又根據龍爪上的光華，把他手下的各部分成紅、黃、藍、白四旗。因為他後來又征服了很多部族，人越聚越多，才又分出鑲紅、鑲黃、鑲藍、鑲白四旗，每旗七千五百人，共計六萬人，全都跟著龍旗走，後來有人問八旗人：「你們是從哪來的？」他們都說：「是隨龍來的。」

徐仲武（講述）
劉鐵民（蒐集整理）

松江的傳說

松江過去叫「娘娘庫」，啥意思？為啥叫這個名？這得慢慢講。

相傳，很久以前，在二道江邊住著個小夥子叫富成，靠種田、漁獵供養體弱多病的額娘。這天下晌，額娘突然覺得手腳發脹，疼得不敢動彈。她流著淚說：「額娘真死了倒不要緊，若是癱了就拖累了你，要找個媳婦就好了。」富成憨厚地說：「孝順額娘是應該的，兒去請醫生。」「唉。」額娘嘆口氣道，「這長白山下一個嘎珊（村子）望不到頭，東家西家有十里八里遠，上哪兒請？算了吧。」富成忙找出漁網，說：「兒打點魚來，額娘喝點魚湯發發汗，興許能強點，明天兒去挖人參。」說著提網直奔江邊。

這時，一位公差騎馬而來，高聲喊道：「朝廷有令，男丁從軍出征，明天中午在穆昆達（族長）處集合。」說罷，就奔向別處。

富成心情沉重，沿江邊撒起網來，可左一網，右一網，連一條尼什哈（小魚）也沒打上來。他瞅準一個水窩子，又撒下網，覺得沉甸甸的，忙收網拽到岸上。富成一看愣住了，網裡一隻灰褐色的大雁，水汪汪的眼睛正盯著他呢。他心想：「給額娘做個雁肉湯，更不錯。」便回到家中。

額娘聽著動靜，有氣無力地說：「又到抽丁的時候了……」富成忙道：「額娘，別愁，明早我背您躲進窩集（林子）裡。」「傻孩子。」額娘搖搖頭說，「能躲過麼？咱滿人的規矩，男兒總要當兵的，莫要人家笑話，你去吧。額娘挺著能過，別牽掛。」

富成只好點點頭，拎出大雁，操起尖刀，不知咋的腦袋一忽悠，只見一位美麗苗條的姑娘向他施禮，求道：「別殺我，我會跟哥哥一輩子，服侍好額娘……」富成耳聽雁叫，定眼一瞧，大雁正向他連連點頭呢。額娘看見笑了，說：「這大雁挺懂人情味，放了吧。」富成挺納悶，試探說：「大雁，你要走就快飛吧，不走，就到額娘跟前。」大雁果然來到額娘身旁。額娘高興地說：

「雁啊，我兒明兒個從軍去，你就陪著我吧。」大雁點點頭。

富成說：「額娘，我再去撒網，給它割點草，回來就架火。」富成割了一捆嫩嫩的水草，打了幾條大魚，趕緊往家走，只見房前煙囪冒出縷縷青煙。他猜想，準是額娘病見強了，下地做飯了。可推門一看，剛才給自己施禮的那位姑娘正淘米呢，額娘手扶著牆笑呵呵地看著。見富成進來，姑娘臉羞得緋紅。聰明的富成啥都明白了，又見額娘病好了大半，真是又驚又喜，頓時屋裡充滿歡樂。可一提起明天富成就要走，又令人悲傷難過。額娘說：「這是天意，明早請來穆昆達作證訂婚，待兒回來再完婚。」

無巧不成書。第二天一早，德高望重的穆昆達帶著一群駿馬趕來了。他說：「祝賀富成從軍，族裡給每位壯士好馬一匹，中午集合出發。」額娘一邊感謝，一邊講了昨天的事。穆昆達一聽大喜，忙說：「好哇，我來主持定親！」接著，舉行了簡樸的儀式，富成和雁姑娘向長白山神跪拜磕頭。穆昆達說：「富成走了，你們娘倆搬到我那間房子住吧。」雁姑娘彬彬有禮地說：「老人家，小女想同額娘搬到那裡。」說著，用手一指。眾人一看，只見前邊地方坦蕩，野草莽莽，灌木叢叢，積水片片。「這？」穆昆達嘀咕道，「這能生活？秋冬又如何度日？」額娘笑道：「別忘了，這是雁仙女呀。」穆昆達連連點頭。富成問道：「那這地方叫啥名啊？」這時，一群大雁正盤旋起落，互相嬉戲，好不快活。穆昆達端詳半晌，認真地說：「這是大雁棲息之地，滿語就是娘娘庫，這地方就叫娘娘庫吧。」娘仨拍手叫好。

穆昆達讓富成挑一匹馬，說：「記住，三年後定在娘娘庫給你完婚。」說罷，給其他兵丁送馬去了。中午，富成策馬揚鞭走了，雁姑娘攙著額娘走進娘娘庫。

時間一晃便三年。富成機智勇猛，戰功顯赫，被寧古塔將軍提升為佐領。他獲准回鄉成親，然後攜家眷赴任。穆昆達主持富成和雁姑娘婚禮這天，遠近嘎珊的族人都來了。人們看著新郎新娘，認為真是英雄美女；大夥看著娘娘庫，認為真是好地方。跳家神後，一群男女青年又歌舞起來：

娘娘庫，大雁住，
草綠地肥養萬物，
出了英雄和美女，
遠近聞名都羨慕。
娘娘庫，快來住，
山清水秀通橋路，
長白山下一寶地，
人丁興旺家家富⋯⋯

過了幾天，富成家去了琿春，不少人家搬了來。慢慢地，娘娘庫形成了一片部落，越來越繁榮。

萬寶的傳說

萬寶位於長白山北麓的古洞河畔，土地肥沃，資源豐富，民謠云：「萬寶遍地寶，棒打也不跑。」

史書記載，清政府為保護祖先發祥地，於康熙十六年將長白山一帶封禁起來，人跡罕至。可不久，山東等地洪水氾濫，災民紛紛闖關東，冒禁潛入長白山謀生。

傳說這年春天，從萊陽來個黑黑的小夥兒叫王寶合，他父母雙亡，跟在一夥逃荒的人的後頭尋找落腳點。那時，進山人每遇奇石怪景樹墩，就要磕頭作揖，祈求神靈顯聖。一次，王寶合跪在一旁，磕著頭把知道名的玉皇王母、如來觀音、龍王關公、山神把頭全叫咕一遍，求他們保佑。末了，他把聽到的天池怪獸也講出來，虔誠地求它保佑走好運。他三拜九叩完抬頭一看，傻眼了，那夥人早不知去向。他爬起來邊跑邊喊人。莽莽林海，哪有人回應。猛地，他見一棵樹下坐著個老人，有氣無力地說著什麼……王寶合沒加思索，解開繫在腰後的包袱，拿出僅有的幾張煎餅就給老人吃。老人大嘴一張吃完了，站起來說：「小夥子，上哪呀？」「俺頭次來長白山，也不知上哪，俺跟著你，侍候你，中麼？」老人笑道：「心眼不錯，走吧。」老人一走一跳，好快；王寶合大步緊追，好累。走著走著，王寶合覺得又累又困，竟扶著大樹打起盹兒來。老人來到跟前說：「吃你煎餅報你恩，古洞河邊安下身，大甸子裡好種田，莫忘沙灘勤淘金。治病當抓無腳物，得了珠寶又成親。」王寶合忙說：「那點煎餅算啥。」老人拍拍他肩膀：「記住，快往前走吧。」王寶合身子一晃，睜眼四望，方知是夢。他想這定是天池怪獸來指點，便磕頭作揖，急往前走。

走出樹林，下了山崗，是一片荒草甸子，傳來「咕咚」「咕咚」聲。王寶合循聲找去，只見一條大河浪花翻滾，「咕咚」聲此起彼伏。他想：這「咕咚」河就是古洞河了，還有大甸子，就是俺的家啦！從此，他起早貪黑在大甸子開

荒種地，在古洞河邊挖沙淘金。

有一次，一小隊清軍巡山，王寶合不慎被抓住。清軍把他棒打一頓，還要拆舍毀田，並要把他帶走。王寶合忍著疼痛，左呼右求，拿出一碗金豆豆才算逢凶化吉。以後，遇著官兵，他不是送金送物，就是躲避起來，果真是棒打也不走。

這年，苞米大豐收，金豆一水瓢。上凍時，王寶合挑了些大點的金豆，順著冰爬犁道，硬是步行到了船廠。賣金買了三掛馬車，裝上日用品滿載而歸。他這一走一回，消息傳開，有幾戶人家奔他來，問他住的地方叫啥名？王寶合說叫古洞河，也叫大甸子。這是萬寶最早的地名。

王寶合把幾戶人家安排在東西南北溝岔裡，以防清軍搜查。一有空就教幾個小夥子淘金，越幹越熟練，金子越淘越多。那時，船廠、營口等地提起古洞河黃金，都搶著收購。

一年夏天，西北岔王福的姑娘俊丫突然得病不起，晚上直叫喚，白天叫不醒，眼看姑娘要沒命了。這方圓幾百里，哪有大夫？王福急得團團轉，託人往八方捎信。王寶合冷不丁想起「治病當抓無腳物」，便趕奔王福家。

王福家旁邊有個水泡子。王寶合瞭解到姑娘經常在泡子沿割草，有時還下水，便不動聲色地圍泡子轉了轉，心想：泡子裡的無腳物是什麼？魚、蚌、水長蟲……他有了主意，套上三掛馬車，請了幾個小夥子幫忙拉沙子，整整用七天時間才將泡子填平，最後一條一尺多長的鯰魚蹦了幾蹦死了。俊丫出幾口長氣好啦，她是被鯰魚精迷住了。王寶合把魚眼剜下來，果真是晶瑩的珠寶。不久，王寶合和俊丫成了親。王福死後，王寶合把他葬在大嶺上，那地方便是如今的王福嶺。

長話短說。王寶合勤苦勞作，省吃儉用，幾年功夫就發了。有一年，他覺得財力差不多了，便僱人開修古洞河到長白山天池的道路。可惜，由於那時的艱苦條件，惡劣氣候，勞力短缺，好幾年僅修了古洞河到娘娘庫（松江）二十多公里簡易的大車道，修了娘娘庫到二道白河二十五公里多的羊腸道。王寶合

在他住處東南的山岡上建座大廟，裡面供著他知道的九位神靈。

以後，王寶合因找不到教孩子的私塾先生，舉家遷往船廠。王寶合發跡走了，人們便把他住過的地方古洞河、大甸子改叫「王寶合子」了。

光緒七年，清政府為加強邊務，增加財政收入，廢封禁令，並招民墾荒。長白山一帶人煙大增。許多人來到王寶合子，要學王寶合發家。大夥種地、淘金、打獵、捕魚、放牧、挖參、採藥、伐木……幹啥啥興，漸漸把「王寶合子」音轉為「萬寶合子」，簡稱「萬寶」。當時，兒歌道：「萬寶萬寶聚寶盆，天池怪獸是保護神；家家發財好日子，喜事不斷傳村屯；我敲銅盆噹噹響，盼望怪獸來串門。」

兒歌傳唱至今，萬寶日趨繁榮，成為盛產稻穀、人參等的大鎮。

龍井（之一）

關於「龍井」這個地名的由來，傳說很多，其中流傳著這麼一個故事。

離今天一百多年以前，位於六道河上游的大砬子已有眾多部落，三峰腳下也有了新的村寨。而如今的龍井在當時還只是個無名的千年沼澤地，長滿了茂盛的蘆葦，渺無人煙。山腳有車行道，還有彎彎曲曲的細細的小路穿過沼澤地。後來，年已五旬的姓李的農民領著一家老小，來到六道河東岸上的車行道和小路之間的地方安了家，這塊沼澤地裡才算有了第一戶人家。把這一大片千年沃土開成水田，吃的就不用犯愁，再加上水裡有魚，野雞飛到鍋裡來，用木棒就能逮住獐子，真是一個過日子的好地方。

要說有什麼難處的話，那就是喝水要到二三里遠的六道河去挑來。不過，這也算不上什麼太大的難處。最叫人傷腦筋的是這兒似乎不歡迎有人來居住。到了半夜裡，屋子裡就會發出聲音。有時，還有影影綽綽的黑影出現。甚至，關緊的屋門有時也會自行打開。姓李的農民是個膽子很大的男子漢，毫不畏懼地在這裡住定下來了。見當家人胸有成竹，家裡老小雖有點惴惴不安，但也覺得不甚害怕了。說實話，無論到哪兒也找不到比這兒更好的地方了。

又過了些日子，那些影影綽綽的黑影們互相說的話也聽得清清楚楚了。

「得把這戶人家從這兒趕走，怎麼樣才行呢？」

「是呀，光靠咱們的力量很難成功。」

「關鍵是那個老傢伙。」

「對對，那老傢伙實在難以對付。」

姓李的農民聽了這些話，更覺得放心。他告訴家裡老小，只要有自己在，什麼也不用害怕。

幾天以後的一個晚上，那些黑影又影影綽綽地出現，悄悄議論：「咱們把那老傢伙扔到河裡去。」

「好，等他睡熟以後，咱們就偷偷下手。」

李老漢想看個究竟，故意打起了呼嚕，彷彿睡得很熟，只聽得有一個黑影說：「行了，眼下他睡死了，快來把他搶走！」

李老漢偷眼一看，見黑影們蜂擁而上，抓起他的手腳，抬起他朝門外走去。他猛地大吼一聲：「快滾開，你們這群壞蛋！」

黑影們驚呼一聲，扔下李老漢，狼狽逃走了。從那以後，屋裡就安靜了，也不再見黑影們出現。

誰知又過了些日子，地底下突然發出一陣聲音，大地晃動起來。這聲音連續響了好幾天，而且越來越響，整座房子搖晃得十分厲害，彷彿立即就會傾倒一般。這突如其來的變故，叫全家老小人心惶惶，不知要遇到什麼災難。李老漢不禁連連嘆氣：「看來沒辦法了，這裡實在是不歡迎我的。」

李老漢只得領著全家老小搬到達砬子，搭了個窩棚住下了。就在他家搬到達砬子的第二年初春，有一個姓朴的農民領著家裡老小四處流浪謀生，找到了李老漢窩棚前。雖然小小的窩棚難以住下兩戶人家，但是心地善良的李老漢還是把和自己一樣貧窮的朴老漢一家，高高興興地迎進屋子，親親熱熱地住在一起。

朴老漢見李老漢一家如此盛情，非常感激。眼看春耕時節就要到了，他請李老漢給他找一塊能種的地，或者給他介紹一戶有錢人家租一塊地來種。

李老漢嘆了一口氣，告訴朴老漢在六道河岸邊有自己種過的地和一座歪斜的房子。他又把自己為什麼搬到這個窩棚裡來住的前後經過，一五一十地全告訴了朴老漢。朴老漢一聽，十分來勁兒。

「哦，有這樣的事情？我當過幾天風水先生，咱倆一起去看看。」

李老漢領著朴老漢來到以前住過的地方。朴老漢朝四周仔細打量了一番，一拍大腿，說：「好一塊風水寶地！王侯之地也難以跟這兒相比。這塊寶地底下臥有一條真龍。你這座房子正好蓋在龍尾上。龍派土地爺來把你們趕走，你們卻不聽，龍只得揮動尾巴把你們撢走啦！」

李老漢瞪大雙眼，急不可待地問道：「那麼，此地還能住嗎？」

「當然能住。只要把房子蓋在龍頭前就行了。」

於是，兩位老漢就在離原來房子幾十丈遠的地方重新蓋起了兩座新房。果然相安無事。秋後，莊稼獲得了特大豐收。消息傳開後，又搬來五戶人家，組成了一個小小的村莊。朴老漢把另外六家戶主召集在一起，說：「咱們挑六道河的水吃，太費勁了。假如咱們能找準地方挖一口井，讓真正的龍水湧出的話，不就能不用為吃水而犯愁了嗎？再說，有龍水的地方必定出英雄。咱們的後代要是出了英雄，那該有多麼了不起啊！」

大夥兒決定挖井，一致推舉朴老漢選定井位。朴老漢到處轉悠了一圈，選定了挖井的位置。定位以後，七戶人家宰牛、打糕、釀酒，各自準備了祭品，祭了天地神靈。然後，開始挖井。挖到三尺深，冒出一股清泉。李老漢用黃銅大碗舀了一碗泉水敬給朴老漢。朴老漢嘗了一口，肯定這是真正的龍井。接著，眾人各自喝了一大碗，果然是味道甜美，清爽可口。從此，這個村子的人們不用為吃水犯愁，喝上了延年益壽的龍水。

三年後，朴老漢不幸去世。臨終，他噙著淚水，為沒能在生前看到井中的龍升天而深感惋惜，含恨而終。

又過了幾年，這裡形成了幾十戶的大村莊。過不多久，李老漢也去世了。臨終前，他把兒孫們喚到跟前，最後囑咐道，不管什麼時候，井裡的龍肯定會升天，千萬不可等閒視之，一定要留心察看井口。

李老漢去世後的第二年，週年祭祀那天晚上。半夜裡祭奠完畢，兒子說：「父親受了祭，眼下已經回去啦。」

兒子走出門外，突然眼前一亮。他定睛一看，原來是井口正徐徐噴吐瑞氣。四周亮得如同白晝，接著一道白虹從井口射出，喧聲震天，大地晃動。李老漢兒子驚駭得動彈不得。好一會兒以後，他才揉揉眼皮朝井口望去，只見有什麼東西猛地躥出水井，朝空中飛去。毫無疑問，這是龍升天。

這時，屋子裡的人也被奇怪的響聲驚動，屏住呼吸，豎起耳朵，傾聽著門

外的動靜。李老漢兒子衝進屋裡，大聲叫喊：「龍從井中飛出來了，快出來看！」

眾人不顧三七二十一，光著腳衝出門外，見四周依然亮如白晝，白虹也仍舊掛在半空。龍已經飛上天去，無影無蹤了。

雞打起鳴來，而瑞光卻徐徐消失，不一會兒，四周又是一片漆黑。

李老漢兒子想起朴老漢曾說過，只要井裡的龍升天，後代就能出英雄。第二天一早，他殺豬宰牛，來到井邊祭龍。他又在井邊栽上楊柳樹，又豎了石碑，碑文記載了何年何月何日何時，姓李的曾親眼目睹龍從井中飛出，升天而去。

從那以後，因為龍曾從井中升天，所以把這個地方稱作龍井。今天，在龍井路的南側仍留有那口井的遺址，石碑也還在原處。

金太變（講述）

金明漢（蒐集整理）

龍井（之二）

有一句古話，叫作「江山十年變，江水原處轉」。很久以前，海蘭江和六道河兩岸垂柳成蔭，四季花紅。深山裡，飛禽走獸鬧聲喧天；清流中，魚兒成群擺尾暢遊；平原上，繁花引蝶，杳無人跡。

直到很久很久以後的有一年暮春，才有人闖入了這荒無人煙的禁區。不知從哪兒來的中年男子，頭上既沒戴帽子，也沒戴竹笠，連方巾也沒扎，只是用粗麻布手巾紮了高高的髮髻。他背上馱著整潔簡單的行李，上面騎個小孩，他手裡還領著一家老小。他們蹚過水流湍急的圖們江，翻過上下三十里的夷狄嶺，來到名叫大砬子的地方。這個壯漢來到這裡，放下行李，搭個窩棚，算是安下了家。他又挑了塊好地，引來六道河水，幹起莊稼活來。這壯漢不僅長得耳目端正，而且兩手十分靈巧：他在千萬年腐葉覆蓋的黑土上精心撒下種子。到秋後一看，土豆大得像木枕，谷穗粗得像狗尾，稻粒就像櫻桃般大小。

這個幸運的墾荒者過上好日子的消息不脛而走，於是，找到這個地方來的人越來越多。大砬子的山嶺峽谷，向陽坡地，逐漸蓋起了一棟棟新房子。

又過了數年以後，六道河在和海蘭江合流的右岸，形成了一大片肥得冒油的沃土。

這一年，在渡過圖們江前來謀生的人中間，有三戶人家在沿著六道河尋找好地時，來到這塊平原上。他們立下房基，伐來圓木，蓋起了房子。他們又挖渠引水，開拓成好一大片水田。三戶人家精心耕作，迎來了大好年景。望著成熟的稻穀，誰的心裡都覺得喜滋滋的。可就在這一年初秋，這三家村裡卻發生了一件意料不到的事情。這天，天剛放亮，突然傳來一陣震動大地的怪聲，一下子將春天用圓木蓋起來的三家新房子全都震歪了。三家村男女老少以為天地發生變動，驚恐萬狀。這時，不知是誰嘆了一口氣：「看來這兒的土地動不得，不是我們過日子的地方，還是離開這兒吧！」一聽這話，三家村的人們紛

紛議論起來：「就算這是滅亡的徵兆，也得等收穫以後，才能分頭去找人家聚集的地方。」就這樣，他們收穫以後，離開了這個地方，只剩下三座歪斜的空房子還留在原地，可是再也沒有人來往。

越過圖們江前來尋找活路的人並不就是一年半載裡的事情。每年春暖花開，冰雪消融時節，就會有一兩戶，或者十幾戶成群結隊夥同前來。三家村發生地震後的第二年早春，又有幾戶人家搬遷到大砬子。其中有個姓奉的老頭，帶著兒子、媳婦、孫子一家四口人來到這裡。他老人家雖然頭髮花白，但仍然是血氣方剛。所以，他僅僅聽了些風載雲送的傳說，就來到這無依無靠的地方。可誰知這兒竟連他們老少三代坐的地方也沒有。時令已經入春，北方的餘寒還掃動著尾巴，根本不能在野外露宿。他們不得不找到一家既無籬笆也無院子的人家，小心翼翼地詢問：「屋裡有人嗎？」

屋裡有個年近五十的中年男子聞聲走出，問道：「你們找誰家？」

「唉，我們誰家也不找哇，我們是尋找活路來到這兒的，因天色已晚，想在此地借住一宿……」

「啊，是這樣嗎？如果不嫌寒酸的話，就快請進來吧！」

李老漢一家四口人由主人引進屋裡。他們進屋一看，草棚裡分成大小一般的兩間屋子，男的住在裡屋，女的住在外屋。他們安定下來以後，互相寒暄一番，得知主人也姓李。客地異鄉遇見同宗，大家都感到十分高興。他們又論起祖宗輩分，李老漢年長事為兄，主人則為弟。不僅是李老漢，主人也為偶然相遇，異常高興，立即喚家裡人出來一一相見。主人因為兄長一家路途辛苦，立即重新做了黏米飯熱情相待。

從談吐中，李老漢得知這姓李的一家是在三家村中發生地震之後來到這裡的。吃完晚飯以後，李老漢對主人的熱情款待表示十分感激。可他又為第二天的謀生之路而感到茫然無從，想來想去，他只得懇求門第指一條活路。主人聽了門兄的為難之情，連聲安慰：「不管兄長是因為什麼原因來到我家，就是從兄弟之間的情理來說，也不用擔什麼心！」接著又說：「好在去年收成又不

錯，吃糧食更不用擔心。兄長一家暫時就住在我這裡，等到土地解凍之後，在我家邊上蓋一棟這樣的草棚安身就行了嘛！俗話說：『鄰居親如兄弟』。咱們兄弟把這裡的好地都開墾出來，一定能使日子過得火紅興旺。」李老漢雖然為主人那令人振奮的一番苦心而感動，但感到要實現這一切十分渺茫，所以表現得不十分熱心。主人一看，連忙說：「咱們之所以扔下可愛的家鄉和親人來到這兒，就是因為在那裡沒有自己的土地，遭人歧視。現在既然有了這片能夠隨心所欲開墾的、想念已久的土地，所求的就是和家鄉的親人團聚呀！」這肺腑之言深深地打動了李老漢的心，他想到兩家如果像親兄弟一樣互相依靠，日子就一定能過得比富人家還好。於是，他沒再說二話，決定留下了。

春天裡，他找好房基，蓋起草棚，同時又找到了一塊好地。這時，主人又以十分惋惜的口吻告訴老漢，曾經有塊好地，因煞氣太重，只好不要了。李老漢聽了，很感興趣地對門弟說：「我托先人之福，從小塾讀詩書，善能分辨陰陽。既然有這等好地，不妨前去看著。」

第二天，他們一起動身上路。兄弟倆來到三家村，圍著村子轉了一圈。李老漢邊跟著兄弟轉悠，邊仔細觀察了四周的山勢、地勢和水勢。然後，他一拍膝蓋，連聲讚道：「兄弟，這地方果然不錯！是一塊風水寶地，有神龍臥藏。四周圍繞的是龍頭山，兩江匯合成的蜿蜒江水那是彎曲的龍身。在這裡安家過日子，將來定會出英雄豪傑。」

聽了李老漢的話，原來分散的三戶人家回來了，把歪斜了的房子扶正，重新過日子。加上跟他們一起回來的其他人家，建起了一個九家村。

第一年，果然應了李老漢之言，真是五穀豐登，六畜興旺。於是，這消息傳得很遠，人們像潮水般湧來，逐漸形成個大村。這裡地好，收成好，陽氣旺盛，六畜繁榮，可就是喝水這件事不稱人心。村裡人要從離村很遠的六道河畔挑水，不但行走不便，而且水味也不好。所以，村裡人一直為喝水而憂愁。一天，李老漢把村裡人叫攏在一起，讓大家共同議論。李老漢說：「現在，咱村水路太遠，加上水味不好，還是讓我們在村裡尋找龍水吧！」村裡人異口同聲

一致贊同。

　　從那天開始，李老漢四處察看地勢，勘探並確定了挖掘水井的位置。然後，選定吉日，殺肥豬，打黏糕，給天地神明作了七日祈禱。接著，全村百姓開始挖掘水井。他們夜以繼日地挖，一直挖到十二尺深時，透出了一絲水光。然而底下盡是土砂石礫，十分堅硬，每天連半尺也挖不了。雖然如此，村裡人仍然挖掘不止。到了第三個七天，真是越走山越險，底下竟出現一塊青石板。沒有其他辦法，只能用鑿子一片一片往下削。不知怎麼的，最後連透出來的那絲水光也消失了。這一來，使得一部分人洩氣了。李老漢鼓動他們不要停手繼續挖掘。就這樣又挖了七天。第七天的中午時分，一個小夥子剛將鑿子「托」地往下一打，只見青石板上出現了一個洞眼。一下子，裡頭的水噴出有半空高。這時，半空中，瑞氣繚繞，佈滿五色彩雲。只見高懸的七色彩虹中，一條青龍正在徐徐登天。大家看見青龍登天，高興地說：「對啊，一點不錯是龍水！」於是，各自舀水飲喝。

　　李老漢又舀了一瓢水對村裡人說：「喝了這龍水，能解除骨髓中之邪氣，健全五臟六腑，消病滅災，長命百歲！此地的英雄豪傑定會像這龍水般地湧現出來。從此以後，這個村裡就有了水井。

　　以後，人們又在這個地方修起了公路，成了通向安圖、汪清、圖們的路口。過路人喝了這水，無一不稱讚不絕。

　　人們聽說喝了龍水就能消除病災，後世還能出觀英雄豪傑的傳聞，都接踵而來，不到幾年時間，這裡就成了個大集鎮。

　　從此，人們把這井水稱為龍水，把這水井所在之處叫作龍井。

金明漢（蒐集整理）

仰臉山城的故事

在雪山飛湖湖畔，二道白河與五道白河匯流處的對岸，有座高高的山，這座山上有座千年古城，名叫「仰臉山城」。

其實，這座山城明清時期叫「佛多和山城」。當年，在這裡還曾發生過一場血腥大戰呢。

努爾哈赤統一了建州女真後，引起了海西女真扈倫四部（哈達、輝發、烏拉、葉赫）的強烈不滿，葉赫貝勒布齋便糾集了扈倫四部、長白山二部（珠舍裡、訥殷）、蒙古三部（科爾沁、錫伯、卦爾察），共計九部，結成聯盟。於明萬曆二十一年九月份，合兵三萬，分作三路，大舉進攻努爾哈赤統治的古勒山。最終，努爾哈赤僅以一萬兵力，打敗了三萬聯軍。這就是歷史上著名的「古勒山大戰」。

九部聯軍失敗後，訥殷部兩位酋長搜穩與塞克什率殘兵敗將慌忙逃回了駐地訥殷城（今安圖境內三道白河與奶頭河匯流處）。為了防備努爾哈赤前來報復，兩位酋長將訥殷部所轄的七個村寨軍民全部轉移安扎到佛多和山城內，利用山勢險峻繼續頑抗。

時過不久，明萬曆二十一年閏十一月，努爾哈赤率兵追來，命令額亦都、安費揚古、噶蓋三員大將率兵千人進攻佛多和山城。由於山城兩面是懸崖峭壁，一面是陡坡，還有一面修築了堅固的城牆。三員大將圍攻了三個多月，也沒攻下來。翌年三月，大將額亦都率敢死勇士百人偷偷從側面懸崖爬上山城，訥殷兵猝不及防，死傷無數，城內外屍橫遍野，血流成河。酋長搜穩、塞克什也被殺死，山城終被攻破。世代居住在長白山下的訥殷部便不復存在了。

訥殷部是努爾哈赤統一女真族的最後一個部落，從此，努爾哈赤揚鞭躍馬，馳騁關東，開始向大明王朝叫板，直至入關逐鹿，問鼎中原，統治了中國近三百年。

蔣成義

松花石的傳說

　　相傳，很久以前，在長白山通化這個地方，有一個叫大安的村子，村東頭住著一位老石匠，他有一個女兒叫綠翠，還收了一個徒弟叫玉石。玉石為人忠厚老實，人緣好，又勤快，深受村民們的喜歡。於是，有媒婆牽線說合，將綠翠許配給玉石，老石匠也欣然應允了。

　　正當老石匠忙著給玉石和綠翠操辦婚事的時候，大禍忽然從天而降。皇帝派來選美的欽差，聽說綠翠長得特別漂亮，便降旨要綠翠入宮，侍候皇帝。老石匠眼看女兒要被皇家奪走，真是又氣又怒，便撕碎了聖旨，一頭撞向欽差。欽差惱羞成怒，一刀將老石匠砍死。接著又把綠翠強行拉到轎中帶走。玉石聞訊急忙趕回家，看到師父倒在血泊中，心愛的人又被奪走，便不顧一切追趕上去，死死拖住花轎不放，結果被兵丁亂棍打死。

　　皇帝是個好色昏君，見綠翠美貌，心中大喜，立即降旨，冊封綠翠為貴妃娘娘，擇日舉行大婚盛典。

　　綠翠進宮後，哭得死去活來。無奈之下，她只有絕食抗爭，決定以死相拚，到了第三天，忽然進來一位老者，有人稱他為護國公。老者一邊喝退宮女和左右人等，一邊對綠翠說：「好姑娘，不要再哭了，你在這裡就是哭死也沒有用。況且你這樣做，保不住身家性命是小，還怎麼給你爹爹和玉石報仇呢？」綠翠聽了，覺得老者說的在理，便忙請教這位老者。護國公馬上給她出主意，讓她如此這般，保證能報仇雪恨。

　　護國公走後，綠翠喚宮女端飯進餐，又讓她們為自己梳妝打扮，太監見了，立即向皇帝稟報。皇帝聽了非常高興，立刻來到後宮，看見綠翠滿臉笑容的樣子，以為她已經回心轉意。綠翠請求皇帝跟他一起回鄉祭奠爹爹，然後回宮舉行冊封大典。昏君正在左右為難之際，護國公恰好進宮奏事，這個昏君就把綠翠的要求告訴了護國公，要他幫著出個主意。護國公說：「還是依了綠翠

比較好，免得她尋死覓活。如果皇上不放心，我可以前往護駕，保證萬無一失。」於是，皇帝就讓護國公伴駕左右，兵丁衛士護送，自己和綠翠一塊向長白山通化進發。

綠翠回到村裡，在爹爹和玉石的墳前放聲痛哭，有好幾次差點昏死過去，就在這時，天空中突然電閃雷鳴，接著狂風大作，飛沙走石，整個天地昏暗一片。皇帝和兵丁都被龍捲風一掃而光，紛紛摔死，唯獨護國公巋然不動，一點也沒有受到傷害。

接下來，玉石的墳墓逐漸增大，驟然間變成一座大山。隨後一聲巨響，山崩地裂，大山漸漸被劈開了一條巨縫。又見那巨縫慢慢地推出了兩扇大山門。而那飄飄欲仙的玉石，就滿臉含笑地站在山門旁邊向綠翠招手。綠翠一見是玉石，便縱身向山門撲去。接著，又是一聲巨響，裂縫閉合，大地恢復了原來的模樣。從此以後，人們再也看不到玉石的墳墓，代替它的是一座高聳入雲的山峰。前來護駕的護國公，看到綠翠已經報仇雪恨，又和玉石雙雙團聚。隨後便在開心的歡笑聲中飄然仙逝了。

不久，大安村的鄉親們在大山裡發現了一層綠色透明的石頭。當地的老人們紛紛前往觀看，都說是綠翠撲向山門時，把綠色的衣裙夾在山縫中了。於是，石匠們就順著綠色的痕跡挖鑿起來，希望能救出綠翠。等挖到大山深處，居然挖出了紫紅色和深綠色的彩石，晶瑩透亮，迸發出奇異的光彩。

某天的晚上，石匠們都做了一個奇怪的夢，夢中一位老人（護國公）說：紫紅色的石頭是玉石變的，深綠色的石頭是綠翠的化身。這些彩石叫作「松花石」，可以雕琢成器，是無價之寶。於是，石匠們就把它們雕成各種美麗的器具，以此紀念這對恩愛夫妻。

郝國昆（編）

花莫利

完顏部的女真人，為了起兵反遼，從劾裡缽起，父一代，子一代，忙活了幾十年，到阿骨打繼承部落首領時，到底把按出虎水和黑水兩岸的女真各部落都聯合起來了。

這年八月，阿骨打派出的探馬，探得寧江州的大遼兵人數不多，他馬上決定這年九月攻打寧江州。他祕密派心腹之人，星夜趕往女真各部送信。讓各路兵馬務必於九月一日到拉林河的古城（今黑龍江省雙城附近）會師，然後渡夾津口，下寧江州。

一天晌午，忽見一人騎馬飛奔而來，那人一跳下馬，也顧不得擦汗，就跑向阿骨打，說有十萬火急的軍情稟報。阿骨打一看，這是自己派出的親信。

原來，巴顏部的人內部素來不和，他們接到阿骨打的密信後，有一撥人不願意跟阿骨打起兵反遼，在爭執中打起來了。阿骨打一聽，出了一身冷汗，心想：如果這夥人把反遼的秘事洩露出去，那整個女真人就完了。於是他連夜帶了幾個隨從，飛馬直奔巴顏部。第三天一早，過了松阿里烏拉，就到了巴顏部。找到老首領時，看見他正在生悶氣呢！細一打聽，才知大事不妙。

五天前，巴顏部在合計派哪些人出兵會盟時，有一個小頭目，平時和大遼兵不錯，經常幫他們到諸申中搜刮東西，大遼王為此給過他不少賞賜，所以，當他得知部落老首領要和完顏部一起舉兵反遼時，就炸了，說完顏部那麼少的人，想抵抗大遼兵幾十萬兵馬，那不是綿羊和虎鬥——自找死路嗎！老首領說，我們女真人要長點志氣，不能老做聽人家嚇唬的奴才。那小頭目講不出理，就破口大罵老首領沒良心，老糊塗了。有些小夥子聽了氣不公，就和他打起來了。那小頭目一看贊成老首領的人多，爭論下去要吃虧，就領著一撥人馬在前一天一大早跑了。

阿骨打聽完了，急得兩眼冒火，忙問：「往哪兒跑了？」

站在他們身旁的一個老獵人說：「我看見有十幾個人，騎著馬從盤山道奔青石橋那邊去了。」

老首領一聽，大吃一驚，說道：「這可要壞事，看樣子，他們是翻北山，奔大西嶺，然後過阿什河，直投上京城啊！」阿骨打心急火燎地說：「事不宜遲，我帶人連夜去追，你們也要趕快起程，離會盟的日子只有十天啦。」

巴顏部老首領說：「就這麼辦吧！我給你派三個好獵手領路。會師的事，耽誤不了，請你放心。」說完，那三個老獵手領著阿骨打他們向北山飛奔而去。

當他們追到青石山時，發現搭在山澗中的一座木橋已被破壞了。阿骨打一看，過又過不去，現修也來不及，只好退下山來。剛下了山，就聽從北面傳來一片馬蹄聲，越來越近。阿骨打迎了上去，施禮、打招呼。問道：「你們是從哪裡來的？到什麼地方去？」

「我們是黑水北完都山的吉里迷人，我們要到……」一個吉里迷人剛說到這裡，就被另一個人岔過去：「請問，你們可是完顏部的？」阿骨打發現他們好像有什麼事，就說：「我是完顏部的阿骨打，你們有什麼事嗎？」吉里迷人一聽他就是阿骨打，就都跳下馬來，其中一個頭領模樣的人上前說：「想不到這麼快就撞上了你們，我們吉里迷部落，聽說阿骨打將軍要起兵反遼，大首領特意挑選一百匹馬，讓我們送到完顏部去，略表敬意。」阿骨打點了點頭，又問：「你們為什麼走到這條路上來了？」吉里迷人一聽，明白阿骨打的用意，是對他們不放心，便笑呵呵地答道：「我們是走一路探聽一路，大首領早有交代。我們原也不想走這條路，只是今天早晨路過巴顏部時，偶然得知你們的行蹤，才追趕上來。」說完，那頭領模樣的人從懷中掏出一封密札，交給阿骨打。阿骨打一看，十分高興，又重新和他們施禮。

吉里迷人把馬牽過來，領頭的是一匹又高又大的花莫利，一抹青色，脊樑骨上帶些白花點子，長長的鬃毛，一直披到脖子下。說來也怪。那花莫利一見阿骨打，就像早就認識似的，幾步跑到阿骨打跟前，揚脖長嘶三聲。阿骨打一

見也挺喜歡，抓住馬鬃就想往上騎，那領頭的吉里迷人忙制止說：「大人！這是我們在黑都山套住的野馬中的頭馬，性子很暴烈，你還是馴一馴再騎吧。」

那馬好像聽懂了他們說的話似的，抬起頭向那個吉里迷人瞅了一眼，又向阿骨打點了三下頭。阿骨打笑了笑說：「不要緊，我試試看吧。」說著輕輕翻身上馬。阿骨打一騎上，就覺得比坐在鞍子上還舒服。那馬放開步，又快又穩，阿骨打一拽馬鬃，那馬撒開四蹄，飛也似的跑起來，只聽耳邊風聲，嗚嗚作響，跑了一陣，馬停了下來，阿骨打仔細一看，已經飛過斷橋，越過山澗啦。

阿骨打心中大喜，想再騎回去找那些人，花莫利好像看透了他的心思，立刻揚起脖子長嘯了三聲，不一會兒，跟阿骨打來的女真兵和那些吉里迷人，都飛馬跳過斷橋，跟上來了。

阿骨打心想，這可是老天保佑，要成就我們的大事。他高興地打了一聲呼哨，率領這撥人，從山道向西南而去。這花莫利如追風趕月，不到一天工夫，就追上了巴顏部逃跑的那夥人。

叛逃的那個小頭目，原以為拆了橋，即使有人來追趕，也撐不上了，這會兒，他發現後面有一夥人在緊追不放時，先是著了慌，又聽後面的人指名喊他，更是嚇破了膽，他就拚命跑起來。阿骨打見他要逃，也不去追趕，拉滿弓，只一箭就把那傢伙射死了。其餘的人，一聽是阿骨打連忙磕頭，都說要聽將軍的吩咐。

這時，阿骨打掐指一算，離會盟的日子只有三天了，要是按原路趕回去，至少要走五六天，自己是統帥，若不如期會盟，就誤了起兵大事。想到這裡，他回身問巴顏部的老獵人：「從這裡抄近道，趕到拉林河古城，得走幾天？」

「就是日夜不停地跑，也得三天，這中間要過一條河，這條河平時就水大浪急，河底還儘是滾石，上個月又趕上漲大水，約莫是很難蹚過去。」

阿骨打到了這一步，真是進退兩難哪。他一想到誤了軍期可了不得，就下了狠心，說：「天無絕人之路，我只好闖一闖啦，你們在後邊慢慢兒找好路走

吧！」大家說，我們一起走還有個主意。這樣，阿骨打就帶領這夥人匆忙趕路，他們七上八下，趕了一天山路，剛走出巴顏地界，果然就遇上一條大河。

阿骨打一夥人，站在河邊上，望著那渾漿漿的、無邊無沿的河水，誰也不吭氣，連馬都嚇得腿軟了。阿骨打淌下了熱淚。他對花莫利說道：「花莫利呀，花莫利！反遼暴，伸張正義，今天求你助我一臂之力。」話剛默唸完，那花莫利一聲長嘶，躍入水中，只走幾步，就被大水捲倒了。那花莫利一驚，猛地騰出水面，這樣，連跳帶游，到底渡過了那條渾水河。

阿骨打上岸回頭一看，後面的人馬都過不來，自己就跳下馬來，向對岸的人深深地施了一禮，說道：「天神保佑我們女真人，度過了大災大難，有一天，我們打敗了大遼兵，我一定要重重報答你們的。現在，我只好先走，望大家多保重，一路平安。」

對岸的人也流著眼淚，向他擺擺手，祝他成功。

阿骨打反身剛要上馬，才發現花莫利四蹄流血，把他心疼得像針扎似的。阿骨打摸著馬鬃，差點哭出聲來。

到了第三天，阿骨打如期跑進古城。那時，各部兵馬都已聚齊了，都心急如焚地等著他呢。大家見統帥到了，一齊上前施禮問候。阿骨打和大家打過招呼，也顧不得自己餓得兩眼冒金花，累得全身直打哆嗦，大聲招呼：「來人！快侍候馬。」花莫利卻不讓其他人碰，最後，阿骨打親手把它牽到古城旁的一個清水池子，飲了水。這工夫，阿骨打見不少人圍著花莫利誇不絕口，便把花莫利的事從頭到尾說一遍。大家都說這是老天爺派來的神馬，這是我們起兵反遼的好兆頭。

阿骨打同各部兵馬盟誓完了，即刻出兵發馬，一鼓作氣打了幾個大勝仗。後來，大遼國兵敗如山倒，不幾年工夫就被女真人滅了國。阿骨打就建立起大金國。

阿骨打得天下後，女真人不忘花莫利的功勞，把阿骨打在古城旁飲花莫利的水池子叫「太祖飲馬池」，把花莫利跳過山澗的那座山叫「義馬山」，把花

莫利躍過的那條河叫「莫利河」。

穆正德（講述）

王禹浪　程　迅　王宏剛（蒐集整理）

「吃包兒飯」的傳說

　　菜包，又稱「吃包兒飯」「吃乏克」「吃菜糰子」，其做法是將白菜、酸菜等葉子放在手掌上，再把已煮熟的米飯（過去以小米飯為主）、炒菜和小蔥、大醬放在上面，用雙手將菜葉合上，或包成長卷形，以手握而食之；或包成團形，雙手捧而食之。其所用菜葉、飯及菜等常因季節變化而有選擇。

　　關於吃菜包的來歷有種傳說：當年老罕王努爾哈赤帶八旗兵出老城去攻打撫順，將撫順圍了個水洩不通，這一圍就是好幾天。堡子裡的老百姓天天給他們做飯吃。等到打了勝仗，拿下了撫順城，老罕王沒有下令休息，而是指揮八旗兵乘勝追擊明軍。說來也巧，大兵開拔時，老百姓剛剛做好飯。軍令如山倒，眼看做好的飯，想吃也不敢吃，只得出發了。可是有一家媳婦看到餓著肚子的士兵就要走，急中生智，對住在她家的幾個兵說：「有辦法了，你們可以把飯帶上，在路上吃。」那時候，哪有帶飯的工具，這幾個當兵的你看看我，我看看你，那意思是說：「你這個小媳婦盡說瞎話，這飯我們怎麼帶呢？」那家媳婦見當兵的不信，也沒說話。只見她把屋外一些剛曬蔫巴的白菜葉子用水洗一下，鋪平，把已經做熟的帶有肉菜的飯盛上一勺子，用菜葉一包，做成大菜糰子，交給這幾個士兵每人一個。士兵們以感謝的目光看了一眼這位聰明的小媳婦，就匆匆忙忙上路了。

　　老罕王為了追擊明軍，沒讓士兵吃飯，他自己也沒吃飯。等到他領兵追出幾十里路之後，又遇上了一場大雨。這時候，老罕王和他的隊伍已是人困馬乏，肚子餓得咕咕直叫。老罕王便命令休息做飯。然而大雨剛過，地是濕的，柴是濕的，根本無法做飯。這時的老罕王是又急又餓又沒有辦法。那幾個帶著菜糰子的士兵見到老罕王的樣子，紛紛將自己懷裡的菜糰子獻給老罕王。老罕王雙手捧著菜糰子大口吃起來，俗話說：飢時糠如蜜，飽時蜜不甜。老罕王在飢餓難忍的時候，吃上這菜糰子，別提有多香了。他吃飽以後，問這菜糰子是

哪兒來的。這幾個士兵如實向他做了匯報。老罕王聽了以後，一拍大腿說：這媳婦真聰明，今後咱們打仗時就不會挨餓了。

從那以後，凡遇行軍打仗，老罕王就讓老百姓做菜糰子給士兵帶上。這一做法慢慢變成了民間的習俗，形成了滿族的一種獨特的食品並一直流傳到今天。

王恩龍（蒐集整理）

黏耗子

早先年旗人家的子弟都當兵，一當兵就變得又饞又懶。有這麼一家兩口子，丈夫退伍回來後，莊稼飯就吃不下去了，下地幹活也沒勁頭。媳婦用好言好語勸他多吃點飯，他都回絕了。別人家早掛鋤了，他家的二遍地還沒鏟完。六月二十五這天是他的生日，媳婦對他說：「今天是你生日，你愛吃啥，說出來我好給你置辦。多吃點，幹活也有勁。你不是屬虎的嗎？吃起飯來應狼吞虎嚥才對，可是你對飯食總是挑挑揀揀的。」

丈夫說：「哎，你只知其一，不知其二呀，生我那年是虎年不假，可是那年是小進，生我那月又是小進，虎上邊加一個小，不就是小虎嗎，所以我名義是屬虎，其實是屬貓的。貓最饞，沒魚沒肉怎麼嚥得下去？」

媳婦一聽，地還沒侍弄上，哪兒有錢買肉啊。於是她悶悶不樂地往莊稼地走去。來到地頭，見蘇子葉已長到小菜碟兒那麼大了。她順手摘下一片蘇子葉，一股清香味兒鑽進鼻子。她說了句「好香」，就端詳起這個蘇子葉來。蘇子葉的香味兒和那長長的蒂把，使她受到了啟發。這回有辦法治丈夫了。她趕忙摘了一些蘇子葉，用旗袍兜著跑回家去。找到黏米麵，包上豆餡兒，做成耗子的形狀，然後再用蘇子葉一裹，蘇子葉的蒂把就成了耗子尾巴。她蒸了一鍋。晌午，丈夫回來了，她高興地說：「我可為你生日準備好了你最愛吃的餑餑。」說著揭開了鍋，丈夫卻說：「這黏餑餑我早就不愛吃了。」

媳婦接著說：「你知道這是什麼餑餑嗎？這是黏耗子。你不是屬貓的嗎？貓可最愛吃耗子。來吧，你給我好好吃飯！」

丈夫被說得沒詞兒了，只好坐下來吃。一嘗，這蘇子葉味道清香可口，實在不一般。一會兒工夫就吃了大半鍋。媳婦說：「這回可吃飽了，幹活有勁頭了，鏟地去吧。」

丈夫吃得也太多了，不消化消化食兒也受不了呀，於是就痛痛快快地扛著

鋤頭下地去了。

這件事兒傳出去以後，在旗人家，家家都蒸起黏耗子，以此鼓勵丈夫參加勞動。每年到這時節，都不忘記。常了就成了一種習俗。

李滿林　（講述）

▋嘎拉哈

抓嘎拉哈是滿族孩子常玩的一種遊戲。嘎拉哈是東北地區一種很古老的玩具，有的塗上了紅綠等各種顏色，是孩子們心愛的玩意兒。據傳說，這是金兀朮傳下來的。在大金國的時候，還是女真人表示吉祥的寶物呢！

金兀朮，是大金國開國皇帝完顏阿骨打的四兒子，從小長得虎頭虎腦，聰明伶俐，學什麼一學就會，淘起氣來，也是豁牙子啃西瓜──儘是道。他額娘特別寵愛他，哥哥、姐姐也都得讓著他。

那時，阿骨打是完顏部的首領，一天到晚總有事，也很少管教他。這樣，金兀朮自小就很任性，做事還沒有長性，學什麼東西一開始很快，學會一點兒就膩味了。雖說他人很靈，可是習文練武，哪一項都趕不上他的幾個哥哥。

阿骨打慢慢地發現這孩子有這些毛病，常常責罵他。可是仗著額娘庇護，阿瑪的話他不朝心裡去。這樣一來二去，金兀朮十五啦，個頭倒是不小，可是正經本領一樣也沒學會。阿骨打怕孩子不成器，想來想去，想出了一招。一天，他對夫人說：「我要到松阿里烏拉那裡去辦事，把這老兒子帶去，長長見識。」夫人點頭也同意。金兀朮一聽帶他出遠門，挺新鮮，一蹦高，樂呵呵地跟著阿瑪走了。

一路上，金兀朮看到不少新鮮事，可是到了江邊的一個部落，沒幾戶人家，住了不幾天，金兀朮就不耐煩了。最讓他撓頭的還是阿瑪，每天雞叫頭遍就讓他起來彎弓耍刀，晚上，點著松明還讓他識文斷字，這真是趕鴨子上架啊！額娘不在，沒人護著他，阿瑪總沉著臉，金兀朮也不敢使性子。

有一天，阿骨打有事要出去，讓兩個隨行當差的看著金兀朮。可是，阿骨打一出門，金兀朮就腳底板兒抹油──溜啦！

這一下，金兀朮就像出籠的鳥，自由自在啦。他先到江邊，看到很多女真人駕著小獨木船叉江魚。當叉起一條活蹦亂跳的大江魚時，金兀朮一個勁兒地

拍手叫好。

日頭傍西了，金兀朮看到一撥獵人打圍回來，扛著麃子、野雞、山跳子。那野雞毛五顏六色的，可好看了。老獵人一看金兀朮希罕，就送給了他。獵人們在樹下歇氣兒的時候，還給金兀朮講打圍的故事，都讓他聽入迷了。金兀朮央求著第二天帶他一起去。

正在這時，兩個當差的上氣不接下氣地找上來啦。一見金兀朮，不由分說，拉著他就往回跑。原來，阿骨打一回來見金兀朮溜出去玩了一天，發火啦！

金兀朮耷拉著腦袋，跟兩個當差的回到那個小部落。一進門，看見阿瑪沉著臉，兩眼直盯著他，金兀朮臉都嚇白了。俗話說：急中生智。這小金兀朮一急，倒也有了一招。

他上前一步，給阿骨打恭恭敬敬請個安，問道：「阿瑪，您的本領都是您小時候出外求師學來的，是嗎？」

「是啊。」

「那為什麼不讓我出外求師呢？」

「唔？」阿骨打竟一時回答不上來了，就反問道，「你也想出外求師？」

「是，阿瑪讓我去吧，如果學不到本領，我就不回來見您和額娘。」金兀朮著急道。

「樹有皮，人有臉，你說話當真？」

金兀朮馬上趴在地上給阿瑪磕個頭說：「孩兒這就走，請阿瑪多保重。」

「學好了本領快回來，你額娘會惦念你。」阿骨打也動了感情，把金兀朮扶起來，給他一張弓、一把腰刀、一桿扎槍。金兀朮拿起這三樣東西，轉身走了。

先說阿骨打，金兀朮走後不幾天，他就回了家。夫人一看就他一個人回來了，忙問：「老四呢？」阿骨打說金兀朮在松阿里烏拉那裡求到一個好師父，習文練武，很有長進。那地方清靜，就讓他在那裡學本領了。夫人一聽孩子能

有出息，也就沒說啥，可阿骨打還是惦念金兀朮。

　　再說金兀朮拜別了阿瑪，來到松阿里烏拉上，這下他也上了小威呼，看別人手中的魚叉，甩出去又遠又准，他也想學，可是自己一甩，直打橫兒往江裡掉，一條魚兒也沒叉上，可胳膊又酸又疼。金兀朮尋思，叉魚也算不了什麼本領，晃晃腦袋不想學了。傍晚，打魚的唱著歌回去了，金兀朮獨自去了江北。

　　第二天，金兀朮路過一個部落，一看十幾個小阿哥都在練箭，搖搖頭又獨自走了，他一邊走，一邊尋思：能人一定在深山老林，我到那裡去找吧，就一個人往東北方向走去。

　　終於，金兀朮走進了一片大林子，趕到一片空地時，正好迎上那撥給他講故事的獵人，他們正在收圍，許多野牲口被攆到這片空地上了。只見他們吶喊一聲，射箭的射箭，投槍的投槍，一會兒就抓到不少野牲口。有的大獸想衝出去，被獵人一扎槍就撂在地上啦。金兀朮也忙活開了，又射箭，又扔扎槍，可是箭射不多遠就掉在地下，最氣人的還是那桿扎槍，一歪竟扎到旁邊的一棵大樹上，還是那個比他還小的小獵人幫他拿下來的呢。金兀朮又洩氣了，蔫不唧地走了。

　　金兀朮走到大林子邊，坐在一根倒木上，又餓又累，正嘆氣呢。忽然，一隻山跳子從身邊跑過，金兀朮跳起來就攆上去，可是怎麼攆也逮不住它，張弓射箭，又沒射上，那山跳子跑不遠，回過頭來，鼓溜著紅紅的小眼睛瞅著金兀朮，像在笑話他。

　　忽然，吱的一聲，這山跳子一下子被一根小木棍打死了。金兀朮吃了一驚，一看，一個白髮老媽媽走過來了，到了跟前說：「孩子，這只山跳子給你燒了吃吧。」金兀朮也餓急了，籠起了火烤起了山跳子。

　　金兀朮看老媽媽挺和善，就把自己一路上求師學藝的事說了，最後唉聲嘆氣說：「我就是找不到一個能人，能一下子教會我各種本領。」

　　老媽媽笑呵呵地說：「我有一招，可以一下子學會各種本領。」

　　「那您老快教我吧，我拜您老為師！」金兀朮急忙磕頭，老媽媽一把拉住

金兀朮的手，說：「只要你能撞一隻麅子，取來它的嘎拉哈，我可以讓你成為一個最靈巧的人。你再用箭射死一隻野豬，取來它的嘎拉哈，我有法子讓你成為一個最有膽量的人。你如能用扎槍扎死一隻黑瞎子，取來它的嘎拉哈，你就能成為一個最有力氣的人。」

金兀朮瞪大了眼睛問：「真的？」

「真的，只要你取來了這三個嘎拉哈，就到這棵大樹底下來找我。」

「好！」金兀朮拎著烤好的山跳子，樂滋滋地走了。

金兀朮邊走邊尋思：得到這三個嘎拉哈，白髮老媽媽就有招使我成為一個大能人，那我再見到阿瑪和額娘該多神氣呵！一高興，他就走得更快了。

金兀朮走到一個山坡上，忽然看見一隻傻麅子正瞪著眼睛瞅著他。哈！機會來了，金兀朮心中一喜，提起腰刀趕上前去。這麅子一直到金兀朮快到跟前了，才動彈身子，可是三跳兩跳就跑遠了。金兀朮急了，撒開腿撐，那傻麅子不緊不慢地就把金兀朮甩到大後面。金兀朮不甘心，還一個勁地猛追。進了林子了，金兀朮跑得喘不過氣來，可麅子卻沒影啦。金兀朮這才後悔平時沒有使腳的功夫。

在林子裡，金兀朮又走了一段，說來也巧，一隻大野豬，正攧攧著大獠牙，向金兀朮跑來。金兀朮馬上張弓搭箭，一箭射出去，箭只在野豬身上打個滑就落地了。原來，野豬撓癢的時候，總是在松樹上蹭，皮上帶了厚厚的一層松油，一般的箭根本射不進去。這野豬讓金兀朮一惹，直奔金兀朮來了。金兀朮急得跳到大樹後面，野豬張開大嘴，把金兀朮撐得圍著大樹團團轉。

突然，金兀朮聽到大野豬「嗷」地叫了一聲，回頭一看，一支箭射進了大野豬嘴裡，大野豬倒地打了個滾，蹬腿死了。

這時，前面來了一個老獵人，手裡拿著弓，過來看金兀朮被野豬傷著沒有。後面又來了幾個獵人，金兀朮一看就臉紅了，原來正是前些日子他遇見過的那撥獵人。金兀朮這才後悔自己平時沒練好射箭，老獵人說：「孩子，你一個人在林子裡危險，跟我們一起走吧。」金兀朮就跟著他們走了。

走不多遠，樹洞裡跑出一隻黑瞎子，看見一撥人，一轉身又回到樹洞裡去了。金兀朮忙說：「讓我來打。」說著，他拿起扎槍趕上去。那黑瞎子一聽有人奔它來了，猛地站起來，張著兩隻大巴掌迎上來。金兀朮使勁把扎槍甩出去，可是被黑瞎子輕輕一巴掌打掉在地下。黑瞎子又上前幾步，一巴掌把金兀朮橫掃在地，金兀朮摔得兩眼冒金花。還沒等他爬起身，那黑瞎子號叫一聲，向後一倒，四腳朝天，撲蹬兩下，就不動彈了。金兀朮上前一看，一桿扎槍正紮在黑瞎子心口上，從後背露出一個尖，又准又有勁。金兀朮問：「這扎槍是怎麼練出來的？」一個獵人說：「我們長年不是行圍就是打魚，常使魚叉就練出來了。」金兀朮想起自己在松阿里烏拉橫甩魚叉的事，又臉紅啦！

三個嘎拉哈一個也沒得到，金兀朮這才醒過腔來：要學到大本領，非得從頭老老實實學不可。他又回到了松阿里烏拉，駕小威呼，叉大江魚。一開始投魚叉，還是直打橫兒，他就向打魚的請教。胳膊甩腫了，他想起老媽媽的話，咬咬牙繼續練。什麼事也架不住天長日久苦練，後來金兀朮也能又快、又准地叉上大江魚啦。

他又跟獵人學射箭，先練臂力，後學弓法，接著練準兒。每天，天剛放亮兒，金兀朮就起來練箭法，一直練到晚上。這樣冬夏不誤，終於練到能走馬射飛雁啦。

金兀朮想起自己被廘子甩掉的事，就每天跟在馬後面跑，一直練到渾身濕透為止。最後，連最好最快的馬他也能攆上啦。

松阿里烏拉凍了又化了，樹葉綠了又黃，不知不覺一年過去啦。金兀朮又瘦又黑，可身子板兒卻又結實又靈巧。這時，他想看看自己到底練得咋樣了，就上了山。

走了半天，碰到一隻廘子，也是先瞪眼瞅人不動彈，等金兀朮走到跟前，才哧溜一下跑啦。跑著跑著，發現人還在後面緊跟著，明晃晃的刀就要砍下來，它就一陣風似的拚命跑起來。跑著、跑著，這傻廘子以為一定把人甩掉了，剛一回頭，被金兀朮一刀砍死啦。金兀朮得到了廘子的嘎拉哈。

金兀尤繼續往前走，發現一棵大樹後面，正探出一隻野豬腦袋，大獠牙又尖又長。金兀尤搭上箭，躲在樹後，大喊一聲「野豬！」那野豬揚頭一看有人過來，張著大嘴躥上來。金兀尤不慌不忙等它到跟前，就是一箭，這一箭竟從嘴裡穿過了後腦，大野豬就地死了，金兀尤又得到了野豬嘎拉哈。

金兀尤又往前走，樹林裡跑出一隻大黑瞎子，看到有人往它那裡走，就呼哧呼哧地站立起來，揮動著兩個前掌。金兀尤憋足了勁，把扎槍甩出去，正好絮在大黑瞎子的心窩裡，從後背裡穿了出來，黑瞎子倒地滾了一氣，嚥氣啦。金兀尤得到了黑瞎子嘎拉哈。

三個嘎拉哈都得到啦，金兀尤高興得連蹦帶跳地去找白髮老媽媽。到了那大樹底下，老媽媽正等著呢，一看金兀尤樂呵呵來了，說：「你把三個嘎拉哈都取來了？」

「是啊！」

「我看看。」

「好！」金兀尤笑眯眯的，遞了過去。

老媽媽拿過一看，三個嘎拉哈被擦得乾乾淨淨，說：「孩子，你把每個嘎拉哈朝上扔三下，接住三下。」

金兀尤不知啥意思，只好照著去做了。做完了，老媽媽說：「你已經是最靈巧、最有膽量、最有氣力的人啦！快回家去吧。」金兀尤一聽，反倒急了，說：「老媽媽，我還沒跟你學本領呢？」

「不，好孩子，你已經學到本領了。」老媽媽微笑著說。

「啊？」金兀尤睜大了眼睛，還沒明白。

「孩子，該回家啦，你阿瑪和額娘正著急呢。回到家你就有各種本領啦。這是三個嘎拉哈給你帶來的。」

金兀尤低頭看看手裡的三個嘎拉哈，再一抬頭，發現白髮老媽媽不見啦，金兀尤向四處踅摸，還是不見人影，這才想到老媽媽一定是個神人，馬上對著大樹磕了三個頭，轉身就走了。

金兀朮渡過了松阿里烏拉，回到家裡。額娘正吵著要阿瑪快把老四接回來，阿瑪正被吵得不知如何是好時，一見金兀朮回來了，額娘、阿瑪都樂出了眼淚。

　　金兀朮取出三個嘎拉哈，對家裡人說：「我得到了這三個嘎拉哈，就成為一個最靈巧、最有膽量、最有氣力的人了。幾個哥哥一看，搖搖頭不相信，金兀朮二話不說，拽著他們的手，到屋外比武。一比武，幾個哥哥才服氣了，騎馬、射箭、投槍哪一項金兀朮都賽過了他們。回到屋裡，哥哥們一定讓金兀朮說說怎麼學到的本領。金兀朮便把遇到老媽媽，去取三個嘎拉哈的事從頭到尾說了一遍。

　　阿骨打和夫人看這老兒子黑了瘦了，可是有出息了，嘴上不說，心裡可真比喝蜂蜜水還甜。以後，金兀朮成為女真人最能征善戰的一個元帥。

　　金兀朮取嘎拉哈，學到了本領的事傳開了。女真各家為了自己的孩子有出息，就把各種嘎拉哈收集起來，讓他們也朝上扔著玩。此後，抓嘎拉哈成為孩子們常玩的一種遊戲。直到今天，東北的孩子還有玩這種遊戲的呢。

摘自《滿族民間故事選一》

額隆袋

滿族的服裝裡有一種長袖馬褂叫額隆袋，它比一般馬褂略微長一些，比長袍又短一些。穿在身上既防寒，又方便。這種衣服最早是在長白山的老山溝裡干山利落的人穿的。後來風行一時，連清朝政府裡的官吏也穿起額隆袋來。那麼額隆袋是怎麼來的？為啥又能風行一時呢？據傳說，從前有個叫額隆窩吉的老頭，在長白山老林裡干山利落，輕易不下山，他也不覺得孤單。他一個人在老林子裡還生活得有來道趣兒的。人們都稱他為看山的老額隆。這一年的年三十兒晚上，老額隆正在包餃子，走進來一個小媳婦兒。她開口就說：「慈悲的瑪發，供我頓飯吃吧。」

老額隆一看這小媳婦尖尖個嘴兒，賊眉鼠眼的，就盤問她：「你往哪兒去？」

小媳婦說：「我觸犯了穆昆達，族裡要處死我，我得遠走高飛。」

老額隆一聽她說得挺可憐的，就答應道：「放下東西跟我一起忙活吧，一會兒給你煮餑餑吃。」

小媳婦把背著的行李捲兒放在炕上，就動手包起餃子來。餃子還沒包幾個，一盆餡子就沒多點兒了。老額隆只好再去拌餡子。一回頭見小媳婦兒正在大口大口地吃生餡子呢，老額隆心裡很納悶兒。就在這時候，炕上的行李捲兒動了起來，小媳婦趕忙使勁拽了兩下從行裡卷裡伸出的繩子頭，行李捲兒立刻不動了。老額隆問：「行李捲兒裡是什麼東西？」

她神情十分慌張，支支吾吾地說：「沒有什麼，是、是隻貓，是隻貓啊。」

見到這些，老額隆起了疑心，仔細一看，她捏的餃子邊上全是些耗子爪的印兒，老額隆心裡全明白了，就在磨石上「霍霍」地磨起刀來。小媳婦驚慌地問：「你磨刀幹什麼？」

「餡子不夠，再砍些肉，把餡子拌得香香的。」

小媳婦聽了，樂得直拍手說：「那可太好了！」

老額隆把刀磨得鋒快，一手握刀，一手往餡裡倒花椒水兒，同時對小媳婦說：「你嘗嘗，味道好不好。」

小媳婦伸著脖子正嘗餃餡子，老額隆順手就是一刀。只見一溜火線，小媳婦不見了。老額隆順著血溜子跟到門外不遠，就看見在雪地上躺著一個肥豬似的大耗子。原來是個耗子精。他轉身回到屋裡，心想行李捲兒裡若是小耗子精，我就一刀剁了它。他用刀挑開行李捲兒一看，裡邊是個七八歲的小姑娘，穿著黑皮大襖，手腳都被繩子綁得繃繃緊，脖子也被繩子勒著，小姑娘暈過去了。老額隆想，這不是它的孩子，若是它的孩子哪能用繩子勒著呢。他就把繩索用刀挑開了。老半天，小姑娘才緩醒過來。睜眼一看，老頭手裡握著刀，嚇得渾身發抖。老額隆說：「你別怕，哈克溫朱子，告訴我。你家住在哪兒？你怎麼叫耗子精背來了？」

小姑娘告訴他說：「我家住在安巴阿林。今天我正在樹上摘松塔，被耗子精抓住把我背跑了。我高聲叫，它就用繩子勒我的脖子。」小姑娘說著就哭起來了。老額隆一看這小姑娘，一雙大眼睛黑溜溜的，挺招人喜歡。再看她的一條腿，已被勒斷了，一個勁兒地往外冒血筋兒。老額隆安慰道：「別哭，我一定把腿給你治好。」

老額隆搗了點巴古牛根子，糊在她的傷口上，又找了些黃瓜籽，叫她天天吃。從這天起，她就住在這裡了。老額隆整天打松鴉、套樹雞兒，給她熬湯。桌上桌下伺候她。雖然勞累忙碌一些，但他有個小孫女覺得生活增加了不少樂趣兒。每天從外面回來，總是先逗小姑娘樂一陣子，再為她忙活飯菜。就這樣過了三個多月。小姑娘的腿好了。她回家臨走那天，她穿一件紫色小襖，對老人家說：「瑪發，你對我比對自己的親孫女還好。我真過意不去，我沒法報答您的恩情，就拆了我的大襖，給您縫了件褂子，拆了我的小坎肩兒，給您的氈帽換了耳扇。冷天您穿在身上，戴在頭上，留個紀念吧。」

說完就把褂子和氈帽交給了老人家。老額隆接過一看，耳扇兒縫得一個長一個短，針線做得裡出外進的很不整齊，做得更不像件衣裳了，很像兩條細口袋，縫在一個粗口袋桶上。可是他想，一個七八歲的孩子，能把它縫起來，也就難為她了。於是他就穿上了。別看這衣服沒個樣，穿著卻挺合身兒。小姑娘又拉著他的手說：「瑪發，什麼時候想找我，就穿上這件衣服，戴上這頂帽子，到最熱鬧的地方去，就能見到我。」

她說完這些話，就對老額隆行了三個禮，一縱身就上樹了。老額隆抬頭一看，她順著樹梢像飛一樣，一眨眼就沒影了，他十分吃驚。再仔細一看縫在袖頭和帽上的皮子，可真不一般。他在林子裡轉悠了大半輩子，還從未見過這樣光澤耀眼的貂皮。他一下子猜到了，這小姑娘一定是個貂精。

老額隆在這大林子裡待了幾十年，還從來沒覺得孤單，可是這小姑娘走了以後，他卻感到十分寂寞。尤其冬天一到，風吹得林子嗚嗚直響，老額隆實在待不下去了。他很想念那小女孩。於是就按著小姑娘的囑咐，穿上褂子、戴上氈帽走出了山林。他逢人就問什麼地方最熱鬧。人們見他衣、帽奇特，話問得也怪，就取笑似的對他說：「你找熱鬧的地方嘛，五國城最熱鬧，各地王爺、貝勒要在那裡鬥寶。可是離這幾千里，你去得了嗎？」

哪知道這老額隆真就不辭勞苦地奔向了五國城。他來到五國城，這裡可太熱鬧了，各路王公、大人、昂邦、貝勒都到齊了。看熱鬧的真是人山人海。在城西四十里，搭了個賽寶台。各王公、貝勒、頭人面前都擺著稀世珍寶。今年的寶物，多得使人眼花繚亂，評判官已經評比了三天，也定不下來，只好打發人去稟報國王。老額隆要找小姑娘，就專往熱鬧的地方擠。台前人最多，他就一勁兒往台前擠。評判官見他擠得凶，以為他帶來了什麼寶物，就叫人們閃開一點，讓他上台。評判官問：「你有什麼寶要拿來比賽嗎？」

老額隆搖了搖頭說：「沒有。」評判官一瞪眼說：「沒有寶往前擠什麼？也不看看你這身穿戴！」

有個貝勒嘲笑老額隆說：「我們以為他有什麼珍奇的寶物呢，在那三條袋

子裡，原來裝的是他這個老活寶。」王公、貴族們聽了這句奚落老額隆的話，就放聲大笑起來。這天正是臘八，他們的笑聲還未停呢，就看從西北來了一幫姑娘，走到賽寶台後的土包上，站成兩列。個兒頂個兒的細眉大眼，長得天仙似的，衣著、打扮一順水兒，紫色小襖雪花長裙，分外鮮豔。只是頭髮梳得太奇特，一根大辮子用紅頭繩一節骨一節骨紮緊。從腦後垂到腿彎，又彎回來裹在腰裡。老額隆看出站在最前頭的那個，跟他要找的那個小姑娘一模一樣。只見，姑娘們一齊把辮子從腦後拽下來，捋去紅頭繩用力一甩，哪是什麼辮子，原來是蓬蓬鬆鬆的大尾巴。一掄起來，看不見姑娘的影子了，光聽嗚嗚地響。寒風加雪立即撲向了賽寶台。人們好像一下子掉進了冰窯，全凍透了。台上那些王公、貴族抱著珠寶沒等走下台來，就被凍硬了。剩下的有的凍掉了耳朵，有的凍掉了鼻子，凍壞手腳的就更多了。國王來到這裡一看，嚇了一跳，問道：「你們怎麼都凍成這個樣子呢？」台上那些沒死的，也凍得哆哆嗦嗦地說不出話來了。可是一看老額隆，卻頭冒熱氣，滿面紅光。風吹到他那兒就散了，雪花飛到他頭頂三尺遠的地方就化了。國王覺得奇怪，上前一看，他戴的帽子是貂皮耳扇兒，穿的衣服是貂皮領子、貂皮袖頭。國王問了他的各字，當即就宣佈：「那些珠寶玉器、稀世珍玩都不算寶，老額隆頭上戴的、身上穿的這貂皮，才是真正的寶物。」

說完，國王重重地賞賜了老額隆。從此貂皮就成了北國的國寶。

人們問老額隆穿的這叫什麼衣服？他自己也不知道這衣服該叫什麼名字，就順口答道：「有人叫它袋子。」

剛說到這兒，一位姑娘跑過來喊：「額隆瑪發，我阿瑪和額娘讓我來接您！」

老額隆抬頭一看，正是他找的那小姑娘，只是還不到一年的工夫，她出落得像個大姑娘了。姑娘高高興興地把老額隆拉到家裡。從此老額隆就和他們生活在一起了。

人們沒問清老額隆穿的衣服叫什麼名字，只聽老額隆說了句「袋子」。因

此，人們就稱它為「額隆袋」了。人們看到這額隆袋既防寒又靈便，就都仿照著做起這種服裝來。於是額隆袋就風行一時，連衙門的官吏也穿起來了。

荊王禎（蒐集整理）

吉林文庫　A0703B03

長白山傳說　第三冊

主　　編	莊　嚴
版權策畫	李　鋒
責任編輯	楊家瑜

發 行 人	陳滿銘
總 經 理	梁錦興
總 編 輯	陳滿銘
副總編輯	張晏瑞
編 輯 所	萬卷樓圖書股份有限公司
排　　版	菩薩蠻數位文化有限公司
印　　刷	維中科技有限公司
封面設計	菩薩蠻數位文化有限公司

出　　版　昌明文化有限公司

桃園市龜山區中原街 32 號

電話 (02)23216565

發　　行　萬卷樓圖書股份有限公司

臺北市羅斯福路二段 41 號 6 樓之 3

電話 (02)23216565

傳真 (02)23218698

電郵 SERVICE@WANJUAN.COM.TW

大陸經銷　廈門外圖臺灣書店有限公司

　　電郵 JKB188@188.COM

ISBN 978-986-496-303-4

2018 年 1 月初版

定價：新臺幣 480 元

如何購買本書：

1. 轉帳購書，請透過以下帳戶

　　合作金庫銀行　古亭分行

　　戶名：萬卷樓圖書股份有限公司

　　帳號：0877717092596

2. 網路購書，請透過萬卷樓網站

　　網址 WWW.WANJUAN.COM.TW

大量購書，請直接聯繫我們，將有專人為您

服務。客服：(02)23216565 分機 610

如有缺頁、破損或裝訂錯誤，請寄回更換

版權所有·翻印必究

Copyright©2016 by WanJuanLou Books CO., Ltd.

All Right Reserved　　　**Printed in Taiwan**

國家圖書館出版品預行編目資料

長白山傳說 ／ 莊嚴主編.-- 初版.-- 桃園市：

昌明文化出版；臺北市：萬卷樓發行，

2018.01

　　冊；　公分

ISBN 978-986-496-303-4(第 3 冊：平裝).--

539.5242　　　　　　　　　107002197

本著作物經廈門墨客知識產權代理有限公司代理，由時代文藝出版社授權萬卷樓圖書

股份有限公司出版、發行中文繁體字版版權。

本書為金門大學華語文學系產學合作成果。　　　校對：劉懿心